制造业工程师管理实用手册系列

设备工程师管理实用手册

杨申仲 编著

机械工业出版社

设备管理近年来发展迅速，并且得到企业更多的重视，智能制造的落地离不开设备维修和管理技术。我国急需设备工程人才，本书全面满足了设备工程师的知识需求。

本书共分7章，第1章为设备工程概述，其余6章围绕设备工程师须掌握知识的六个维度进行论述，包括设备管理体系、设备现场运营、监测故障诊断、设备润滑技术、维护保养修理、设备更新改造。

书中汇集了大量的实用管理资料和图表，针对性、可借鉴性强，很多内容在企业中可以直接采用。本书适合广大企业设备管理工作者借鉴使用，同时也适合作为大专院校的培训教材。

图书在版编目（CIP）数据

设备工程师管理实用手册/杨申仲编著. —北京：机械工业出版社，2020.11（2024.7重印）

（制造业工程师管理实用手册系列）

ISBN 978-7-111-66660-8

Ⅰ.①设… Ⅱ.①杨… Ⅲ.①设备管理-手册 Ⅳ.①F273.4-62

中国版本图书馆 CIP 数据核字（2020）第 184527 号

机械工业出版社（北京市百万庄大街22号　邮政编码100037）
策划编辑：李万宇　责任编辑：李万宇　王彦青
责任校对：张　薇　封面设计：马精明
责任印制：邓　博
北京盛通数码印刷有限公司印刷
2024年7月第1版第4次印刷
169mm×239mm・22.5印张・2插页・436千字
标准书号：ISBN 978-7-111-66660-8
定价：89.00元

电话服务　　　　　　　　　网络服务
客服电话：010-88361066　　机 工 官 网：www.cmpbook.com
　　　　　010-88379833　　机 工 官 博：weibo.com/cmp1952
　　　　　010-68326294　　金　书　网：www.golden-book.com
封底无防伪标均为盗版　　　机工教育服务网：www.cmpedu.com

Preface 前言

现代企业要在市场竞争中立于不败之地，就必须能保证高效率、高质量、低成本生产，而效率、质量、成本在很大程度上受设备的制约。设备的技术状况直接关系到企业的生产水平；设备管理水平直接影响到企业的经营效益。因此，在现代企业中设备管理与维修已经成为关系到企业经济效益及企业生存发展的重要环节。企业中的产品、质量、生产、技术、物资、安全、能源、环保和财务管理，都与设备管理与维修有着紧密的关联。

当今世界科技发展突飞猛进，带动各行业装备水平快速提高，设备的自动化、数字化、智能化水平不断提高。这种趋势不仅要求设备管理模式、技术手段上要不断创新，同时对设备管理工程从业人员的知识结构、技术技能水平和综合素质也提出了更高的要求。

近年来设备管理发展迅速，并且得到了企业更多的重视，智能制造的落地离不开设备维修和管理技术。我国急需设备工程人才，本书全面满足了设备工程师的知识需求。

培养设备工程技术人员要从企业的实际出发，以培养业务能力为主，在工作中逐步掌握管理、技术、经济学的基础，掌握和了解本专业必需的基础知识，包括公共基础、生产技术管理、设备管理专业等知识。对这些多学科知识做到融会贯通，逐渐具备一门现代设备工程学科专长，可以形成新的知识和能力结构。

未来设备管理工程的发展与创新，必将为我国经济发展提供更加坚实的装备保障与服务。经济产业调整和发展模式的创新，"一带一路"发展路线图的实施，以及"互联网+"、智能制造发展蓝图的确立，为我国设备工程的发展拓展了更为广阔的空间，同时也对设备管理、技术的创新发展提出了更高的要求。

本书共分7章，第1章为设备工程概述，其余6章围绕设备工程师须掌握知识的六个维度进行论述，包括设备管理体系、设备现场运营、监测故障诊断、设备润滑技术、维护保养修理、设备更新改造等。

书中汇集了大量可借鉴的实用管理资料和图表，针对性、可借鉴性强，很多内容在企业中可以直接采用。本书适合广大企业设备管理工作者借鉴使用，同时也适合作为大专院校的培训教材。

书中不足之处在所难免，请读者指正。

编著者

目录

前言

第1章　设备工程概述 / 1
- 1.1　设备工程 / 1
  - 1.1.1　现代设备的特点 / 1
  - 1.1.2　当前设备的新特征 / 2
  - 1.1.3　设备工程持续发展 / 3
  - 1.1.4　设备在企业中的地位与作用 / 4
  - 1.1.5　急需培养设备工程人才 / 5
  - 1.1.6　高等院校设备工程专业设置 / 6
- 1.2　设备工程的发展 / 10
  - 1.2.1　生产方式改变促进设备工程发展 / 10
  - 1.2.2　中国设备工程的发展 / 12
- 1.3　我国设备管理工作成效 / 13
  - 1.3.1　涌现多种设备管理模式 / 13
  - 1.3.2　设备管理内涵发生深刻变化 / 14
  - 1.3.3　设备管理机制不断创新 / 22
  - 1.3.4　建立设备工程技术路线图 / 26
- 1.4　设备工程现代化 / 27
  - 1.4.1　管理现代化 / 27
  - 1.4.2　管理市场化 / 28
  - 1.4.3　管理社会化 / 29

第2章　设备管理体系 / 31
- 2.1　设备工程技术路线图 / 31
  - 2.1.1　设备工程的新特征 / 31
  - 2.1.2　新时期设备工程技术路线图 / 34

2.1.3　实施关键要素 / 36
　　2.1.4　保障措施和关键技术开发与应用 / 38
2.2　设备管理方针与目标 / 39
　　2.2.1　制定设备管理方针 / 40
　　2.2.2　建立设备工程目标 / 41
　　2.2.3　设备部门人员素质 / 44
2.3　完善设备工程管理体系 / 47
　　2.3.1　设备管理的新模式 / 47
　　2.3.2　TPM管理体系 / 47
　　2.3.3　建立自主维修体系 / 50
2.4　设备资产管理 / 54
　　2.4.1　固定资产设备折旧 / 54
　　2.4.2　设备资产评估 / 63
　　2.4.3　设备管理成本控制 / 70

第3章　设备现场运营 / 75

3.1　设备状态管理 / 75
　　3.1.1　设备技术状态 / 75
　　3.1.2　设备布置原则 / 76
　　3.1.3　设备工作环境管理与控制 / 77
3.2　设备点检 / 79
　　3.2.1　点检管理的重要性 / 79
　　3.2.2　岗位点检与专业点检 / 82
　　3.2.3　贯彻执行设备点检表 / 83
3.3　设备完好标准 / 85
　　3.3.1　实施设备完好标准 / 86
　　3.3.2　设备完好率的计算 / 91
3.4　作业工艺表应用 / 91
　　3.4.1　作业工艺表编制 / 92
　　3.4.2　典型工序的作业工艺表应用 / 93
3.5　设备软件管理 / 103
　　3.5.1　设备信息化管理 / 103
　　3.5.2　全面获取设备状态信息 / 104
　　3.5.3　促进设备最优运行 / 104
3.6　设备隐患排查治理 / 105
　　3.6.1　设备安全状况严峻 / 105

3.6.2 建立设备隐患排查治理体系 / 106
3.6.3 积极开展设备隐患排查治理 / 107
3.7 加强特种设备管理 / 112
3.7.1 用法律保障特种设备安全运行 / 112
3.7.2 特种设备管理与培训 / 115
3.8 设备事故处理与应急预案 / 121
3.8.1 安全生产工作目标 / 121
3.8.2 安全生产与设备事故等级划分 / 125
3.8.3 特种设备事故应急预案 / 130
3.9 设备节能与环保 / 131
3.9.1 设备运行效率低下、能耗高、污染亟待解决 / 131
3.9.2 中国制造2025——节能环保目标 / 132
3.9.3 强化设备管理，推动节能环保 / 135

第4章 监测故障诊断 / 137

4.1 监测检验 / 137
4.1.1 全面提升监测监控技术 / 137
4.1.2 强化设备在线实时监测 / 138
4.1.3 监测仪器仪表开发应用 / 140
4.2 故障诊断 / 156
4.2.1 设备故障诊断 / 156
4.2.2 故障原因分析 / 162
4.2.3 高端机床故障预报与诊断 / 165
4.2.4 远程故障预测系统的应用 / 176
4.3 智能工业监测 / 186
4.3.1 智能工业监测推动设备管理升级 / 187
4.3.2 完善网络化智能工业监测系统 / 187
4.3.3 构建设备安全智能监控 / 194
4.3.4 推行RBI风险评估检验技术应用 / 201

第5章 设备润滑技术 / 204

5.1 设备润滑管理 / 204
5.1.1 润滑管理任务 / 204
5.1.2 完善润滑管理制度 / 206
5.1.3 润滑"五定"与"三过滤" / 208
5.1.4 强化设备润滑管理 / 209

5.2 润滑材料的选用 / 214
    5.2.1 润滑材料的分类 / 214
    5.2.2 润滑油与润滑脂性能指标 / 214
    5.2.3 润滑材料的选用 / 217
    5.2.4 液压用油的选择 / 220
    5.2.5 润滑油及油脂质量鉴别 / 223

5.3 润滑方式与漏油治理 / 224
    5.3.1 润滑方式 / 225
    5.3.2 全优润滑的应用 / 229
    5.3.3 润滑装置改进 / 230
    5.3.4 设备润滑系统的故障排除 / 231

5.4 润滑油添加剂技术 / 236
    5.4.1 润滑技术的发展 / 236
    5.4.2 润滑油添加剂 / 237
    5.4.3 新型润滑油添加剂应用 / 238

第6章 维护保养修理 / 242

6.1 设备使用维护保养 / 242
    6.1.1 设备使用 / 243
    6.1.2 设备维护保养 / 246

6.2 设备维修 / 260
    6.2.1 维修的方式及分类 / 261
    6.2.2 维修方式的创新 / 265
    6.2.3 设备委外修理 / 271

6.3 设备修理实施 / 276
    6.3.1 修前准备 / 276
    6.3.2 修理工作的主要环节 / 280
    6.3.3 设备修理质量标准与竣工验收 / 286
    6.3.4 设备修理工艺 / 288
    6.3.5 设备高级修复技术 / 289

6.4 设备备件管理 / 295
    6.4.1 备件管理内容 / 296
    6.4.2 备件管理工作流程 / 297
    6.4.3 备件储备定额 / 298
    6.4.4 备件库存资金核定 / 300

第 7 章　设备更新改造 / 310

- 7.1　设备的寿命与磨损 / 310
  - 7.1.1　设备的有形磨损 / 310
  - 7.1.2　设备的无形磨损 / 311
  - 7.1.3　设备磨损的补偿 / 311
- 7.2　设备更新 / 313
  - 7.2.1　设备更新的原则 / 313
  - 7.2.2　设备更新规划编制 / 313
  - 7.2.3　实施过程应注意的问题 / 314
  - 7.2.4　贯彻执行《产业结构调整指导目录》/ 314
- 7.3　设备技术改造 / 332
  - 7.3.1　设备改造规划 / 333
  - 7.3.2　设备改造原则 / 333
  - 7.3.3　实施过程应注意的问题 / 334
  - 7.3.4　改造的技术准备工作 / 335
  - 7.3.5　推进设备改造新技术的应用 / 338
  - 7.3.6　确保设备寿命周期费用最经济 / 340

参考文献 / 348

作者简介 / 349

第 1 章

设备工程概述

设备是现代化生产企业的生命线和生产支柱,先进的设备是保障生产良性发展的基础。但要发挥设备最大功效,提高设备利用率,实现经济效益的最大化,就必须提高企业设备管理整体水平和做好设备运行工作。只有在不断创新设备管理模式的基础上,将先进的设备管理理念与企业的实际情况相结合,才能充分发挥设备的应有性能。

1.1 设备工程

设备工程是运用现代管理理论、科学技术和方法,研究设备寿命周期全过程中物质和价值运动形态的一门学科。物质运动方面研究设备的可靠性、安全性、工艺性和维修性;价值运动方面研究设备的投资、价值、价值补偿,追求生命周期费用最经济。

现代化工业生产设备越来越大型化、复杂化,并且要求连续生产,如发生故障停机将造成重大损失,甚至产生极严重的后果;现代化工业生产对设备的依赖程度越来越高,对设备管理人员、现场操作人员全面掌握设备技术状态的要求越来越高;现代化工业生产设备与产品质量、安全环保、能耗等关系越来越密切。因此,加强对设备工程管理具有特别重要的意义。

1.1.1 现代设备的特点

随着科学技术的迅速发展,科技新成果不断地应用在设备上,使设备的现代化水平迅速提高。现代设备的特点如图 1-1 所示。

1. 大型化

设备的大型化即设备的容量、规模和能力越来越大。例如,我国工业厂房原单台桥式起重机最大起重量为 400t，现已建成的最大单台起重机的起重量可达 1250t；冶金行业的高炉容积已达 4063m^3；三峡电站水电成套机组已达 68 万 kW。在多年的经济发展过程中，设备的大型化带来了明显的经济效益。

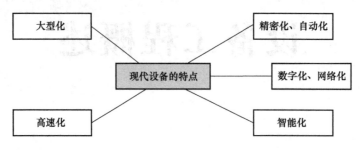

图 1-1　现代设备的特点

2. 高速化

设备的高速化即设备的运转速度、运行速度等大大加快，从而使生产效率显著提高。例如，电子计算机方面，原国产银河Ⅱ型计算机运算速度达 10 亿次/s，2003 年研制成功的"深腾 6800"超级计算机运算速度达 4 万亿次/s。

3. 精密化、自动化

设备的精密化是指最终加工精度等越来越高。设备的自动化是指对产品生产过程的自动控制、对设备工作状态的实时监测、反馈处理等。例如，制造业中的高端加工设备其主轴的回转加工精度达 0.01mm，在我国汽车制造业已拥有多条锻件、铸件生产自动线与柔性制造系统等。

4. 数字化、网络化

数字化、网络化是装备制造业发展的重要方向。随着自动控制、计算机科学和网络技术的高度发展，将先进的微电子技术、电力电子技术、光缆技术、液压技术、虚拟控制技术、通信技术融合到新一代设备中所形成的数字化高端装备等。

5. 智能化

近年来随着信息技术、监测监控与诊断技术的不断发展，通过 ERP、EAM 等管理信息化、智能化系统的应用来优化设备各项流程；通过应用智能自动监测及智能辅助诊断技术，借助系统提供丰富数据状态分析和智能诊断技术，实现对设备状态的自动报警及自我保障，并对设备故障进行早期诊断与趋势预测等，从而达到智能化。

1.1.2　当前设备的新特征

现代设备给企业和社会带来了很多好处，如提高产品质量，增加产量和品种、减少原材料消耗，充分利用生产资源，减轻工人劳动强度等，从而创造了巨大的财富，取得了良好的经济效益。同时，现代设备也给企业生产带来一系列新特征。

1. 购置设备费用越来越高

由于现代设备技术先进、结构复杂、设计和制造费用高昂，大型、精密设备的价格一般都达几十万元之多，高级的进口设备价格更加高昂，有的高达数百万美元。在现代企业里设备投资一般要占固定资产总额的60%~75%。

2. 设备正常运转成本日益增大

现代设备的能源、资源消耗很大，运行费用也高，同时设备维护保养、检查修理费用也十分可观，我国冶金企业的维修费一般占生产成本的10%~15%。

3. 故障停机造成经济损失巨大

由于现代设备的工作容量大、生产效率高、作业连续性强，一旦发生故障停机造成生产中断，就会带来巨大的经济损失。如鞍山钢铁集团公司的半连续热轧板厂，停产一天损失利润100万元；北京燕山石化公司乙烯设备停产一天，损失400万元。

4. 发生事故带来严重后果

设备往往是在高速、高负荷、高温、高压状态下运行，设备承载的压力大，设备的磨损、腐蚀也大大增加。一旦发生事故极易造成设备损坏、人员伤亡、环境污染，并导致灾难性的后果。

5. 社会化协作发展迅猛

设备从研究、设计、制造、安装调试到使用、维修、改造、报废，各个环节往往要涉及不同行业的许多单位、企业，同时改善设备性能，提高素质，优化设备效能，发挥设备投资效益，不仅需要企业内部有关部门的共同努力，而且也需要社会上有关行业、企业的协作配合，设备工程已经成为一项社会系统工程。

1.1.3 设备工程持续发展

1. 设备工程理论的应用扩展

设备工程以设备的一生为研究对象，企业对设备实行自上而下的纵向管理以及各个有关部门之间的横向管理，这些都是系统理论的体现。通过对系统进行分析、评价和综合，从而建立一个以寿命周期费用最经济为目标的系统，保证用最有效的手段达到系统预定的目标。

设备工程已成为多学科的交叉，包括运筹学、后勤工程学、系统科学、综合工程学、行为科学、可靠性工程、管理科学、工程经济学、人机工程学等。

2. 全员生产维修制

全员生产维修制是近年来我国设备战线上广泛应用的设备管理体制，是一种以使用者为中心的设备管理和维修制度，其理念即为全效率、全系统、全员参加。

3. 加快更新改造，提高设备技术水平

加快设备更新改造，也是设备管理中的当务之急。其主要内容为合理的设备配置以及合理的设备折旧、技术改造和更新等。

设备更新与改造是提高生产技术水平的重要途径。有计划地进行设备更新改造，对充分发挥老设备的作用，提高劳动生产率具有重大意义。近几年来，设备更新在世界工业发达国家日益受到重视，其主要特点是更新规模越来越大，更新速度越来越快，效果也越加显著。由于设备长期使用，磨损严重，技术落后，必然带来生产率低、消耗高、产品质量差、各项经济指标不高等问题。因此要实现现代化，必须加快设备的更新改造，提高设备技术水平。

4. 节能减排成为设备管理的主要环节

节能减排已影响或危及政治、经济、文化等各个方面，低能耗、低排放、少排污是设备的设计和制造的主要指标之一，能源的消耗主要来自设备。因此在现代设备管理中，节能减排这一特点也越来越明显和重要了。

1.1.4 设备在企业中的地位与作用

设备管理在企业管理中占有十分重要的地位。企业中的计划、质量、生产、技术、物资、能源和财务管理，都与设备管理有着紧密的关联。

1. 设备是工业生产运行的必备条件

一般设备占工业企业固定资产总值60%以上，是工业生产的物质技术基础。工业企业的劳动生产率不仅受员工技术水平和管理水平的影响，而且主要还取决于所使用的工具和设备的完善程度，设备的技术状态直接影响企业生产过程各环节之间的协调配合。

2. 设备是提高经济效益的重要条件

随着生产的现代化发展，企业用在设备方面的费用（如能源费、维修费、固定资产占用费、保险费等）越来越多，搞好设备的经济管理，提高设备技术水平和利用率，对降低成本意义重大。另外，设备的技术状态也影响企业的能耗和有害物的排放、停产损失、产品质量、原材料消耗、产品工时消耗等，设备管理是企业安全生产和环境保护的有力保证。设备管理工作的成效是通过设备的技术状态而影响产品成本。

3. 设备对技术进步、工业现代化起促进作用

科学技术进步的过程是劳动手段不断完善的过程，科学技术的新成果往往迅速地应用在设备上，所以设备是科学技术的结晶；而新型劳动手段的出现又进一步促进科学技术的发展，新工艺、新材料的应用，新产品的发展都靠设备来保障。为此要提高设备管理水平，加强在用设备的技术改造和更新，力求设备每次修理和更新都使设备在技术上有不同程度的进步。现代设备管理对促进技术进步、实现工业现代化具有重要作用。

4. 设备是保证产品质量的基础

设备是影响产品质量的主要因素之一，产品质量直接受设备精度、性能、可靠性和耐久性的影响，高质量的产品靠高质量的设备来获得。某些情况下，水平较高的操作者可以在精度一般的设备上加工出质量较高的零件，但缺少设备的基础保证往往质量不稳定，并且效率不高。所以搞好设备管理，保证设备处于良好技术状态，也就是为生产优质产品提供的必要条件。

1.1.5　急需培养设备工程人才

近年来，我国工程教育取得了长足的发展，为社会培养了大批工程科技人才。但是经济和市场的全球化趋势，科学技术的高速发展，对工程人才提出更新、更高的要求。新时期我国不仅需要具备良好素质、掌握先进技术、技艺水平高的研究开发和设计人才，还需要具有经济意识和组织管理能力的复合型人才。所以培养工程人才要适应产业结构调整的需要，要满足社会、企业对人才的迫切需求。这既是中国经济和社会发展新阶段的要求，也是我国工程教育的神圣历史使命。

根据人力市场提供的信息，国企、外企和私营企业对设备工程人才需求十分迫切。现在企业中设备部门高级管理人员80%是从相近或相关专业（本科）调配上岗的，一方面进入设备管理岗位后，感到对设备管理不熟悉；另一方面原来在学校学习的专业知识大多无法起到更大作用；另外20%设备部门高级管理人员是从本单位调岗而来，对设备工程内涵的理解要花费很长时间。

为了解决设备工程人才的需求迫切性，全国各地有关部门组织多种形式的短期在职培训，付出了很高的费用，而且往往达不到预期效果。因此，加快培养设备工程技术人员是当务之急。

相关部门从知识面、工作能力、职业素质、实践经验等方面，对214家各类企业抽样调查情况来看，需求差距相差很大，见表1-1～表1-3。

表 1-1 设备部门人才需求和来源调查

人才类别	达到企业要求度（%）	企业现有人才来源
设备综合管理	62.4	其他管理岗位调配上岗 70%；内部提拔 30%
车间设备管理	76.4	车间其他管理岗位调配上岗 80%；内部提拔 20%
设备经济管理	58.2	其他管理岗位调配上岗 60%；内部提拔 40%
机械技术	68.4	相关专业调配上岗 60%；内部提拔 40%
电气技术	72.3	专业上岗 80%；内部提拔 20%
动力（特种设备）技术	28.4	其他专业调配上岗 90%；内部提拔 10%
检测仪器仪表技术	48.4	其他专业调配上岗 60%；内部提拔 40%

表 1-2 设备部门人才知识与能力素质评价

知识素质类别	达到企业要求度（%）	能力素质类别	达到企业要求度（%）
数学以及自然科学知识水平	86.2	交流沟通能力水平	70.2
知识面的要求	65.8	分析问题能力要求	65.4
外语掌握水平	84.4	解决处理能力要求	61.8
专业知识要求	58.6	团队意识及合作能力要求	74.5
基本技能的水平	61.4	继续教育要求	72.4
实践经验的积累	52.3	获取、应用专业知识	62.2
国际化知识水平	62.2	创新能力的要求	62.6

表 1-3 设备部门人才道德素质评价

道德素质类别	达到企业要求度（%）
对企业忠诚度的要求	75.6
敬业精神的要求	82.4
个人诚信的要求	80.6
成本意识的要求	61.2
节能减排、环保意识要求	62.6
社会责任要求	72.4

1.1.6 高等院校设备工程专业设置

在校学生要坚持理论知识教育和实践相结合的原则，从企业的实际出发，以培养业务能力为主，使学生毕业后具有管理、技术、经济学的基础，掌握和了解本专业必需的基础知识，包括公共基础、生产技术基础、管理基础、设备管理专业等知识。对这些多学科知识做到融会贯通，逐渐具备一门新型的设备工程学科专长，形成新的知识和能力结构，如图 1-2 所示。

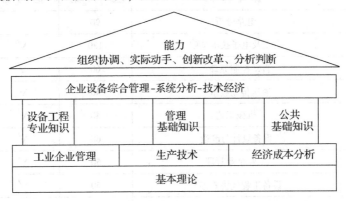

图 1-2 构成新的知识和能力结构

1. 课程设置

为了保证设备工程专业的教育培养出优秀人才，应对学生进行多学科、多课程的教学安排。对该专业的课程设置具体建议见表 1-4。

表 1-4 设备工程专业（本科）教学课程

序 号	课 程 名 称	总 学 时	必 修	选 修
1	政治	180	√	
2	外语	240	√	
3	体育	130	√	
4	高等数学（Ⅰ）	190	√	
5	高等数学（Ⅱ）	90	√	
6	普通物理	180	√	
7	普通化学	50	√	
8	工程应用化学	30	√	
9	机械制图	120	√	
10	理论力学	80	√	
11	材料力学	80	√	
12	机械原理	70	√	
13	机械零件	70	√	
14	计算机基础	48	√	
15	金属材料与热处理	48	√	
16	公差与技术测量	40	√	

（续）

序 号	课程名称	总学时	必 修	选 修
17	电路分析	90	√	
18	电工及电子技术基础	120	√	
19	自动控制原理[①]	60	√	
20	液压传动技术[①]	40	√	
21	机械工艺	40	√	
22	设备设计与改造	60	√	
23	工业企业管理	50	√	
24	设备工程经济管理[①]	50	√	
25	机床电气控制系统[①]	30	√	
26	设备现代管理	40	√	
27	设备维修技术[①]	60	√	
28	设备状态监测与诊断[①]	70	√	
29	微机应用	60	√	
30	故障与失效分析[①]	40	√	
31	专业外语	90		√
32	设备原理与制造	40		√
33	经济法规	60		√
34	系统工程	30		√
35	数控机床	50		√
36	摩擦磨损和润滑	30		√
37	工厂动力与节能技术	60	√	
38	组织行为学	40		√
39	计算机绘图	30		√
40	安全工程[①]	60	√	
41	技术引进业务	20		√
	合　　计	2966	2576	390

[①]为专业课程。

　　除了教师讲课的课堂学习环节外，还应有实习环节，实习教学环节的具体安排见表1-5，关于各类课程的课程时数及比例见表1-6。

表 1-5 实习教学环节

序 号	名 称	主要内容	学 期	周 数
1	教学实习	冷加工实习	第二学期	3
2	教学实习	热加工实习	第三学期	2
3	课程设计	零部件设计或其他	第五学期	2
4	教学实习	机床结构与拆装实习	第六学期	1
5	专业课程设计	机床部件改装设计	第六学期	3
6	专业生产实习	企业生产及设备管理	第七学期	3
7	毕业实习与毕业设计	专题毕业实习及毕业设计	第八学期	10

表 1-6 课程时数及比例

项 目		学 时	课时比例（%）
基础与专业（必修课程）	基础课、技术基础课	2046	79.4
	专业课	530	20.6
必修与选修	必修课	2576	84.9
	选修课	390	15.1

2. 研修课程

研修目标：培养以设备工程为研究方向的设备主管（大型企业）或从事科学研究或高等学校教育工作的高级专门人才。通过两年时间进行公共课、专业课程和选修课的学习及一年时间从事社会调查、科学研究、工厂实习、撰写论文和进行答辩，具体见表 1-7。

表 1-7 设备工程专业研修（硕士）教学课程

课程种类		课程名称	学 时	学 分
必修课	公共课	马克思主义政治经济理论研究	72	3
		外语	133	6
		学分合计		9
	学位主修课	工业企业管理研究	90	3
		企业设备管理研究	64	2
		企业经营研究	64	2
		企业管理组织理论	84	3
		制造业工业技术	24	2
		设备综合工程学	32	2
		学分合计		14

(续)

课程种类	课程名称	学时	学分
选修课	工业生产维修管理	36	2
	市场学研究	63	2
	战略管理	63	2
	管理信息系统	63	2
	涉外企业经营	42	2
	人力资源管理	42	2
	组织行为学	63	2
	工业经济管理研究	42	2
	信息化管理方法研究	42	2
	节能减排工程	42	2
	管理心理学	42	2
	技术经济与价值分析	36	2
	质量控制与管理	36	2
	动力工程和安全技术	48	2
	全员生产维修	36	2
	状态监测诊断技术	63	2
	选修应达到学分合计		10
	社会调查		2
	工厂或教学实践		2
	总　　计		69

1.2　设备工程的发展

20世纪初的设备比较简单，设备管理工作往往凭操作者个人的经验完成。随着工业生产的发展和科学技术的进步，设备的现代化水平不断提高，在现代化生产中的作用与影响日益扩大，设备管理得到重视和发展，逐步成为一门独立的设备工程学科。

1.2.1　生产方式改变促进设备工程发展

工业革命以前，一般都是在设备使用到出现故障时由有经验的操作工人修复；工业革命以后，随着工业生产的发展，设备的数量和复杂程度增加，设备修理的技术要求越来越高，修理难度越来越大，原有的操作工人兼做修理已不能满足要求。因此，逐渐从操作人员中分离出一部分人去专门从事设备的维修，随之也产生了初级的设备管理。

随着设备不断发展以及社会化大生产的出现，设备的故障对生产的影响越来越大，20世纪20年代美国首先提出了"预防维修"，自此，设备管理开始进入防止故障、减少损失的预防维修阶段。

美国提出的预防维修，其基本含义是对影响设备正常运行的故障采取"预防为主"的措施，即在设备使用时加强维护保养，预防发生故障，以降低停工损失费用和维修费用。主要做法是以日常检查和定期检查为基础，从日常及定期检查中，了解设备实际状况，以设备状况为依据进行修理工作。

在20世纪30年代，苏联也开始推行设备预防维修制度，这是以修理复杂系数和修理周期结构为基础的一种维修制度，按设备的复杂程度制订出各种修理定额作为编制预防性检修计划的依据，除了对设备进行定期检查和计划修理外，还强调设备的日常维护。

随着科学技术的发展以及系统理论的普遍应用，20世纪50年代美国通用电器公司提出了"生产维修"，强调要系统地管理设备，对关键设备采取重点维护，以提高企业的综合经济效益。

20世纪60年代，美国又提出了设备工程"后勤学"的观点。强调对设备的系统管理，设备在设计时必须考虑其可靠性、维修性。设备出厂后，要在图样资料、技术参数和检测手段、备件供应以及人员培训方面为用户提供良好的、周到的服务，以使用户达到设备寿命周期费用最经济的目标。从此，设备管理从传统的维修管理转为重视设计和制造的系统工程，设备管理进入了一个新的阶段——设备工程。

设备工程就是根据企业生产经营的宏观目标，通过采取一系列技术、经济、管理措施，对设备的制造（或选型、购置）、安装、调试、使用、维修、改造、更新直到报废的一生全过程进行管理，以保持设备良好状态并不断提高设备的技术素质，保证设备的有效使用和获得最佳的经济效益。

设备管理思想的两个典型理念是"设备综合工程学"和"全员生产维修制"。

1. 设备综合工程学

设备综合工程学是由英国的丹尼斯·帕克斯于1971年提出的，并在英国工商部的支持下迅速发展和逐步完善起来的一门设备工程新学科，它以设备寿命周期费用最经济为管理目标，主要围绕四个方面进行：

1) 对设备进行综合管理，即运用管理工程、运筹学、质量控制、价值工程等管理方法对设备进行技术、组织、财务等多方面的综合管理。

2) 研究设备的可靠性与维修性。无论是新设备设计，还是老设备改造都必须重视设备的可靠性和维修性问题，以减少故障和维修作业时间，达到提高设备有效利用率的目的。

3）运用系统工程的观点关注设备的一生，包括设备从提出方案、设计、制造、安装、调试、使用、维修、改装、改造直至报废的全过程。

4）重视设计、使用、维修中技术经济信息反馈的管理。一方面是设备在使用过程中，由使用部门记录和积累设备在使用过程中发现的各种缺陷，反馈给维修部门，进行状态修理；另一方面，把设备使用记录和积累的设备在使用过程中发现的缺陷反馈到设备制造厂的设计部门，以便在研制新一代设备时加以改进。

2. 全员生产维修制

全员生产维修制（TPM）是日本在设备综合工程学的基础上，结合日本的国情，提出的一套全员参加的生产维修方法。其特点是：

1）把设备的综合效率作为最高目标。

2）强调全体成员参与，即从企业总经理到每一个操作员工都参加设备管理。

3）建立以设备一生为对象的全系统管理体制，包括设备计划、使用、维修、财务等所有部门。把设备的日常点检、定期检查作为实行计划预防修理的依据。突出重点设备，把重点设备的计划预防维修同一般设备的事后修理结合起来。

1.2.2 中国设备工程的发展

新中国成立以后，开展了大规模的经济建设，工业生产得到了迅速发展，建成了一批大型工业企业。第一个五年计划期间，苏联援建了156项重点工程，同时也引进了苏联的计划预修制度，企业开始建立设备的档案、台账、管理和验收制度。结合我国自己的特点，创造出"专群结合、专管成线、群管成网""三级保养"等许多好方法。严重失修和损坏的设备很快得到了整顿和修复，对国民经济的恢复和发展起了积极作用。

改革开放以后，在经济管理体制的改革、调整和企业整顿的过程中，设备管理得到了恢复、巩固和提高，开始大量引进国外设备管理的新方法，设备管理维修学术活动蓬勃发展，进一步保证了我国设备管理的发展，设备管理工作出现了新局面，这是设备管理和维修工作走向规范化、科学化、系统化的一个良好开端。同时，外资、合资制造业在我国的建立，也将国外先进的设备管理经验带到我国，先进设备管理模式和理念得到了空前的发展。

1.3 我国设备管理工作成效

20世纪80年代,我国的设备综合管理体系与管理模式,一方面学习国外先进理念、体制,另一方面继承自己的优良传统,并在摸索实践的基础上,在"安全可靠、经济合理"的方针指导下,由专家、学者、企业设备工作者总结并不断完善。它是以英国设备综合工程学的理论为基础,吸取日本TPM的机制与做法,接受美国后勤学的先进理念,继承我国过去行之有效的"以防为主""三级保养""三好四会""润滑五定"等一系列先进经验,并与信息论、控制论、可靠性工程、工程经济学等现代管理科学相融合。它的内容非常丰富。

设备是现代化企业生产的物质技术基础,是完成生产任务的重要手段,没有安全可靠的设备,就不能实现生产装置长周期的正常、安全和稳定运行,也不可能创造出良好的经济效益。特别是现代化的工业企业,大部分生产装置都处于高负荷、满负荷或超负荷运行状态,生产运行情况也是随市场波动而频繁调整生产计划或生产规模,生产装置的管理难度在不断加大,设备管理人员的工作也更趋繁重。

客观上要求设备管理部门紧紧围绕生产实际,结合本岗位工作特点,建立切合实际的设备管理工作思路,构建适合行业生产特色的设备管理理念,要在逐步实现和追求传统的管理指标(设备完好率)基础上,建立能进一步体现设备价值形态,保证设备技术功能完好和运行可靠,能反映企业总体运行水平的管理新指标,进一步提高设备综合效率;创建效益型的设备管理模式,不但要实现生产装置长周期安全和稳定运行,而且要为企业经济效益最大化提供可靠的物质保障和技术支持。

1.3.1 涌现多种设备管理模式

多年来,我国设备战线上涌现出了多种管理模式,这些管理模式紧密结合企业生产特定条件,充分调动操作员工生产积极性,不断提高设备综合效率,确保生产安全可靠运行并持续增长。

【案例1-1】华东地区某一大型钢铁集团公司设备管理部提出,设备管理要坚持依靠技术进步的方针,执行预防为主的方针,贯彻促进生产发展的方针。具体内容如下:

1. 设备管理要坚持"依靠技术进步"的方针

企业的设备只有具备良好的技术素质,才能保证企业生产经营目标的实现。所以企业设备管理必须坚持"依靠技术进步"方针。一方面对技术落后的陈旧设备进行技术更新；另一方面，采用先进技术对现有设备进行技术改造，全面提高技术装备素质。同时积极采用先进的维修技术和状态监测、故障诊断技术，不断提高设备管理和维修的现代化水平。

2. 设备管理要贯彻"促进生产发展"的方针

企业生产活动与设备管理是矛盾的统一体，相互依赖，相互制约，产品的质量、产量、交货期及成本都依赖于所使用的设备。设备出现故障停机、零件磨损严重、腐蚀以及材料老化，都会对生产造成损失，尤其是连续生产时造成的损失更大。从这个意义上讲，设备管理工作不仅限于对设备性能的维持，而且涉及整个生产系统的维持。因此，企业应提高对生产活动和设备管理之间辩证关系的认识，把设备管理工作放在重要地位。那种放松设备管理，忽视设备维修，拼设备的短期行为，只会加速设备发生故障停机、机器零件性能劣化，最终造成巨大的生产损失。

设备管理工作的根本目的是为生产服务，促进生产发展，所以设备管理工作要急生产所急，把提高设备管理水平和企业生产实际有机地结合起来。

3. 设备管理要执行"预防为主"的方针

从宏观上来讲，"预防为主"是工作核心，是贯穿于设备一生的。一方面，企业在设备管理工作中要树立"预防为主"的指导思想，在选型购置设备时要注重设备的功能性、可靠性、维修性的统一，尤其要注重设备的可靠性和维修性；在使用时要加强维护保养工作，加强设备故障管理，掌握设备故障征兆和发展趋势，开展针对性、预防性修理，使故障停机尽可能减少。另一方面，设备自行制造部门应充分研究设备的可靠性和维修性要求，并加强与设备使用企业进行信息交流和反馈，以不断改进设备的设计和制造质量。

1.3.2 设备管理内涵发生深刻变化

随着企业经济体制改革和市场动态的不断变化，设备管理工作内涵也在发生着深刻变化。管理目标已由单一的保证完成生产任务，转向了实现企业总体经营目标和提高经济效益上，将设备的技术指标与经济指标有机结合。提高设备管理工作水平，保障设备安全、稳定和经济性运行，促进企业经济效益的稳步增长，不仅是增收创效的基本职责，也是追求的共同目标。设备的整体技术状况既是衡量企业管理水平的重要标志，也是实现提高经济效益、节能降耗和安全生产的最基础工作。只有重视设备的全过程管理，才能达到企业高效生产的目标。

【案例1-2】 某省一石化企业通过强化设备前期、中期和后期管理，逐步实现了设备的全过程管理，也探索出具有石化企业特点的设备管理模式。具体做法如下：

1. 重视前期管理，实现投资最大回报

设备前期管理是企业实施设备综合管理的工作龙头，应从项目规划、更新改造、设计选型、购置安装、效益评估等方面入手，紧紧围绕企业生产情况和在技术先进、经济合理、安全环保等综合因素上做文章，以实现投资回报的最大化。设备管理部门不但要重视设备前期管理，而且应从设备立项开始就参与相关的工作。既要从专业上把好关、选好型，又要遵循标准化、系列化和通用化原则，对设备的可靠性、适用性和安全性等提出相关要求。为设备使用、维护检修和备品配件管理，以及实施设备技术改造工作等打好基础，确保设备寿命周期费用最经济和综合效率最高。严禁发生因选型不当或盲目抉择，造成新增设备低效、闲置或检修中出现备品配件不通用、难组织、延误检修时间等问题。例如，化一车间工艺上原来使用的是蒸汽往复泵，因介质温度较低和黏度过大，极易造成堵塞现象，使用效果一直不理想。虽然在设备技术改造时，技术人员重新设计和选用了双螺杆泵，但经实际应用效果仍不理想，经常出现抽真空或堵塞等故障，不但迫使整个生产系统多次停机，也给企业生产造成极大损失。设备管理部门与相关单位经反复分析并进行技术论证，以及借鉴行业内同类设备运行经验，通过不断摸索与实践，于2007年底再次进行了技术改造，选用了新型的AY型离心泵，彻底解决了上述问题。设备投用后不仅运行平稳、性能可靠，而且运行效率得到了大幅度提高。

2. 强化中期管理，确保装置高效运行

如果企业设备管理工作的方法及内容，还停留在只重视在用设备的使用、维护和检修管理上，而轻视或忽视了设备前期和后期管理，甚至是"以修代管"，不但会造成管理工作事倍功半，而且会形成管理上的恶性循环。设备管理作为一项系统工程，最直接和最有效的管理方式就是要抓好设备使用的全过程管理，牢牢抓住"正确使用、精心维护、科学检修、技术攻关、更新改造"五个环节不放。同时切实在管好、用好、修好、改造好设备方面多下功夫，必将使设备管理工作抓出效益、抓出水平，也一定会取得好的效果。

（1）推动全员参与，重视使用管理　设备使用管理是设备全过程管理的重要环节，主要指设备使用、维护阶段的管理，这一阶段是充分发挥设备效能、为企业创造经济效益的重要时期。设备在运行中，由于受到各种外力、使用方法、工况介质等因素影响，其工作性能和技术状况不仅会发生改变，而且生产能力也会逐渐降低。要控制和延缓设备工作能力下降过程，就必须根据不同设备的结构及工作条件特点，科学掌控设备劣化的发生规律，创造适合不同设备工作的环境条件。引导员工正确使用设备，按照设备允许的工作规范，控制好设备的运行负荷及其他各项参数变化，真正做到精心操作和正确维护设备。依靠厂内与设备有关的各环节工作人员，共同努力和大力推行全员、全过程管理，在加强"三基"工作（基础工作、基层管理和基本功训练）基础上，必须做到持之以恒，才能见到成效。

1) 加强操作人员管理。对操作人员来说，首先应加强责任心管理。因为操作人员是设备运行和日常维护保养的直接责任者，与生产系统接触的时间最长，对设备特点及技术功能状况等最了解和最熟悉，发现设备故障及隐患问题的概率也最大。因此，企业不但要重视操作工在设备管理工作中的地位，而且应教育操作工要倍加爱护设备和管理好设备，要严格按照"润滑油五定"和"三级过滤"等要求去做，坚决做到不超温、超压和超负荷使用设备，只要这一层面的工作做好了，企业的设备管理工作开展就主动了。

2) 加强维护和检修人员管理，对维护及检修人员来说，不但要对所维护的设备能认真履行巡检职责，严格执行设备的维护和检修规程，而且能自觉地严把检修工作质量关，减少返修率。企业要积极引入和推行设备检修精度、设备耐用度等技术指标，作为衡量检修人员工作能力和技术水平的参考依据，并进行严格考核。

3) 加强设备专职人员管理。对设备管理部门来说，实施分级管理、强化监督、坚持定期检查、考核、奖惩和贯彻各项规章制度等只是管理的方法和手段，而管出水平和管出效益才是最终目的。因此设备专职管理人员的工作，不但要有明确的规划和范围，而且应把效益型的设备管理理念渗透和体现在管好、用好、修好和改造好全厂设备上，从技术参数、基础资料、备品配件、检修维护管理等方面做好工作，力争实现企业效益最大化。

(2) 实施科学维护和检修，优化技术性能　设备修理是恢复设备技术性能的基本手段，是保障安全生产的重要措施。因为设备在使用过程中，因部件运动、外界因素造成的损耗等，不可避免地会出现不能正常运行等现象，这些隐患如不及时排除，不仅会造成设备过早地丧失技术精度和功能，甚至会发生严重的安全事故。所以，做好设备维护保养工作，及时发现和排除各类故障隐患，优化和改善设备运行条件，不但能防患于未然，也能及时消除设备突发性故障和控制设备的渐发性故障，避免出现不应有的损失。

搞好设备的维护保养和检修工作，应正确处理好生产任务与设备维护、保养和修理之间的关系，特别是对生产任务繁重的设备，更应解决好设备维护与生产任务之间的矛盾。抓好日常维护与检修工作，坚持实施状态监测和特殊技术维护相结合的方法，不仅可以防止出现设备失修和避免过度维修等问题，也可减少发生事后维修及抢修工作的比率，从而提高设备的使用效益和延长寿命周期，提高设备增收创效的能力。同时，在确保各生产装置安全、平稳运行的前提下，还要充分利用生产装置检修和技术改造的计划停机时机，注重优化、改造和更新老旧设备，优化和改进落后的生产工艺，保证在用设备台台完好，在修设备台台修好，为生产装置的高效生产和安全运行，提供可靠的技术保障。

（3）深化基础管理，为企业发展增加后劲　设备管理是一项系统工程，只有基础工作做得扎实和全面，才能创出高水平和实现高效益。为此，企业必须把夯实设备的基础管理工作当作大事来抓，才能确保生产装置的高效和安全运行。

1）建立设备管理工作体系。建立科学和严密的设备管理工作体系，进一步明确设备管理人员的工作任务和职责范围，努力培养出高素质和高层次的设备管理人员、维修人员和运行操作人员，保证设备管理目标和企业总体经营目标的高度一致，实现优质化管理。

2）全力推进制度化建设，有效规范操作者行为，确保设备平稳、安全运行。进一步规范修理人员行为，保证设备维护和保养工作的及时、到位和保质保量地完成。

3）完善基础资料管理工作。通过不断优化和创新管理模式，实现设备操作标准化、设备本质安全化、设备运行合理化，努力追求设备的零事故和零缺陷管理。注重引进和应用先进的科技方法，强化设备技术状态的监测工作，进一步分析研究设备运行时的磨损动态和发展趋势，及时规划和制定可行性的预防措施，确保有效提高设备耐用度。

3. 优化后期管理，进一步挖潜增效

设备后期管理是设备管理工作不容忽视的一个重要环节。只要通过不断探索和实践，尽力盘活闲置设备，优化配置及合理调剂和利用，同样会给企业创造可观的经济效益。几年来，在积极探索设备管理新思路和新方法上，开展了一系列的设备挖潜增效活动，对长期闲置设备或日常修理淘汰下来已不能适应生产需要的设备，通过采取技术改造等措施，不但恢复了应有的技术功能，而且在遇到生产装置改造或生产装置发生故障时，都能及时得到替换，确保了生产系统的正常运行。对符合技术要求的设备及时进行调剂和利用，既缓解了生产上的燃眉之急，同时也节省了购置费用和时间。对部分已退出生产、但技术状况及可靠度仍保持较好的旧设备，通过调剂安装到其他工位继续服役。例如，白土塔底泵，原设计使用的是 ZE25 型泵，在投用初期，因生产装置负荷较低、原料加入量少，设备可以满足生产需要。但随着生产装置扩能改造、润滑油质量升级和原料加入量的不断提高，该泵逐渐暴露出故障频繁、部件磨损加快、检修费用增高等问题，多次影响生产装置的正常运行。对此，技术人员在反复优化配件材质和检修方案仍不能解决问题的情况下，对工艺、处理量、泵型等综合因素进行了分析和论证，最终用从其他生产装置退役的 80AY—100×2 型泵替代了 ZE25 泵。经改造后，设备运行平稳可靠，既满足了工艺要求，又盘活了闲置废旧设备。在五年时间内，工厂先后调剂和利用技改工程解决闲置设备、备件共 301 台（件），仅调剂利用闲置设备就达212台，其中，机泵设备53台，原值1925万元，评估值1155万元，既节约了企业的大量投资，又满足了生产需要。

【案例1-3】 某大型机床企业设备部门在管理上、技术上提出"四项要求"和"五个结合"，这"四项要求"既有综合工程学的思路，又继承了传统的先进经验，把综合管理思想和方法、手段落实到设备管理一生的各个阶段。"五个结合"融合了国际上先进的理念与经验，包括综合工程学、后勤学、全员生产维修制（TPM）的先进内容，也继承了我国传统的先进经验。具体内容如下：

1. 四项要求

1）保持设备完好。设备只有保持完好状态，随时可以投入正常运行，才能保证企业生产系统的正常进行，这是设备管理最基本的任务和要求。设备完好可以通过正确使用设备、精心维护设备、适时修理和改造来实现。

2）不断改善和提高企业技术装备素质。在当前市场经济条件下，企业的生存与其技术装备的素质有很大关系，不断改善和提高企业技术装备素质成为企业当务之急的任务，尤其用新技术（特别是数字集成技术）改造现有设备，更是企业优先考虑的方式。

3）充分发挥设备效能。高性能（指自动化、连续化等）的设备需投入大量的资本，因此，希望设备有较高的利用率和投资回报率。所以应充分发挥设备效能，尤其是高性能设备效能。可以通过提高生产率，减少故障停机和修理停歇时间，综合平衡生产计划和维修计划等途径来充分发挥设备效能。

4）取得良好的投资效益。设备投资效益是设备管理的最终目标，是设备管理出效益的具体体现。这一主要任务可以通过设备一生中技术管理和经济管理的有机结合来实现。

2. 五个结合

1）设计、制造与使用相结合。设计、制造与使用相结合的原则，是应用系统对设备进行一生管理的基本要求，是为克服设计、制造与使用脱节的弊端提出的。设计、制造阶段决定了设备的性能、结构、可靠性及维修性等，这一阶段的费用占设备寿命周期费用的相当比例，所以对设备一生来讲，设计、制造阶段相当重要，它关系到在使用阶段设备效能的充分发挥和设备创造经济效益的实现。设计、制造必须与使用相结合，设计、制造单位应从用户的要求出发，为用户提供先进、高效、经济、可靠的设备，而用户单位应按设备的操作规程合理使用设备、维修设备，并及时向设计、制造单位反馈信息，帮助设计制造单位提高设备质量。

2）维护与计划检修相结合。这是贯彻"预防为主"、保持设备良好技术状态的主要手段。加强日常维护，定期进行检查、润滑、调整、紧固、防腐、治漏，可以有效地保持设备功能，保证设备安全运行，延长使用寿命，减少修理工作量。但是，维护只能延缓磨损、减少故障，不能消除磨损、根除故障，因此，还需要合理安排计划检修（预防性修理），这样不仅可以及时恢复设备功能，而且还可为日常维护保养创造良好条件，减少维护工作量。

3) 修理、改造与更新相结合。这是提高企业装备素质的有效途径，也是依靠技术进步方针的体现。在一定条件下，修理能够恢复设备在使用中局部丧失的功能或补偿设备的有形磨损，它具有时间短、费用省、比较经济合理的优点。设备技术改造是采用新技术、新工艺、新材料来提高现有设备的技术水平，设备更新则是用技术先进的新设备替换原有的陈旧设备。企业设备管理工作不能仅搞修理，而应坚持修理、改造与更新相结合，有计划地对设备进行技术改造与更新，不断提高设备的技术装备素质。

4) 专业管理与群众管理相结合。这是我国设备管理的成功经验，应予继承和发扬。由于设备管理是一项综合管理，涉及技术、经济和管理三个方面，涉及企业部门多、人员广。同时设备管理又是一项专业性很强的工作，所以必须既有合理分工的专业管理，又有广大职工积极参与的群众管理，两者相辅相成才能做好。

5) 技术管理与经济管理相结合。设备存在物质形态与价值形态两种运动，因此相应地有技术管理与经济管理，它们是设备管理不可分割的两个方面。技术管理旨在保持设备技术状态完好，不断提高设备技术素质，从而保证设备高的输出（指高产量、高质量、低成本、按时交货等）；经济管理旨在对设备一生中价值形态进行控制，以达到经济的寿命周期费用和高的综合效率。技术管理与经济管理两者相辅相成，有机结合，使设备投资效益达到最佳。

【案例1-4】华东地区某一大型造船有限公司在2002—2004年间共投入34亿元建厂，2005年投产，年生产能力达260万载重吨。

根据公司的造船模式：共配置了设备4700余台套。其中重、大、精设备50台；进口设备950台，如600t门式起重机、2200t×21m三辊卷板机、4000kN肋骨冷弯机、数控等离子切割机、22.5m×20m平面分段流水线、管子流水线等世界先进的造船设备。

作为一个全新的企业，如何实现公司"建厂、造船、育人、效益"四同时，如何实现公司造船生产的均衡发展，如何走出符合自己企业特色的管理之路，是公司一直思考的核心问题。

(1) 设备管理的基本思想和方法　公司汲取国内外企业的优点，结合自身特点，通过系统化、制度化、区域化、自主化、分类化的集成管理，缩短了设备磨合期，确保了设备的完好率，保证了持续、均衡生产。

1) 系统化管理。作为一个全新企业，在设备系统化管理方面主要是对设备台账及保养运行情况进行管理，监督检查设备的运行状况，迅速反馈信息，为设备的保养和维修提供依据，保障设备在最佳状态运行。通过系统化的管理，以设备寿命周期费用最低、设备综合效能最高为目标，为公司持续稳定生产、降低成本、提高企业的经济效益做出贡献。通过引进专业厂家的设备软件，为设备系统化管理创造了条件。

2）制度化管理。公司建立了《设备管理程序》《重点设备管理办法》《设备事故管理办法》《管理项目控制程序》等20余项管理制度，实现了管理的制度化。为了更好地贯彻各项规章制度，除强化对使用部门的日常巡检和月检外，同时对设备管理人员、维修人员、作业长和专业技术人员进行宣讲、培训、考核，达标上岗。

3）区域化管理。根据公司中心造船模式的需要及生产流程，对设备实行区域管理。每个区域设立兼职的设备管理员，区域作业长作为第一责任人。每月由设备主管部门根据区域管理的要求，对每个部门实施绩效考核。在区域内各种通道都有明显的界线，在生产现场画出作业区域界线，明确各类物品存放区域。各区域设立标牌，分别表示生产、在制品、储备、物流堆放标准。实行自主化管理，对每台设备，明确设备操作人员为第一责任人，设备主管作业长为负责人。由责任人负责设备的日点检、开动台时记录、故障报修、日常润滑、一级保养等工作。每年通过"红旗设备"的评选，表扬自主化管理的先进个人，操作人员主人翁精神明显增强，参与意识大大提高。

（2）建立"以我为主导，以社会力量为支撑的设备保障体系"　现代制造企业为增强综合竞争力，以提高效率和效益为中心，在生产方式和经营管理上正在不断寻求变革和创新，如调整流程，充分运用成组技术、集成技术和信息技术，在机构设置上实行扁平化，在生产组织上构建配套社会化、职能复合化的管理体系等。

1）利用社会技术资源，保证设备维修质量。作为一个新企业，为避免传统维修管理体制"大而全""小而全"造成的高成本、低效率的弊端，采取了新型分类管理法。

① 一级保养。根据设备开动台时和加工精度状态，设备主管部门每月下达保养计划，由设备操作者实施。一级保养完成后，设备管理员及作业长在验收单上签字验收。

② 二级保养。根据不同的设备分类，借助社会专业队伍，由受托单位派出技术小组根据设备技术状态及二级保养计划，制定二级保养方案，包括维修周期、内容、费用等交业主审核后执行。

③ 设备日常维修。由维修小组负责，根据管理部门制定的重点设备巡查表内容进行巡回检查，并承担生产部门设备报修的维修及应急抢修的任务。

④ 设备大修。根据设备特点，选择专业单位作为设备大修定点单位。由定点单位派人员定期对设备进行技术状态跟踪和监测，确保大修周期和质量。对关键及特殊设备直接委托制造厂进行大修，保证设备技术状态的恢复。

目前，公司已将 10 台 32t 门式起重机、电焊机的维修委托给原制造厂，将 20 台高空作业车、38 辆运输车辆委托给专业维修单位维修。

2）利用社会设备资源，满足生产需要。船舶企业的设备种类多、品种杂，要全部配置齐全，一次费用投资巨大。为此，利用社会设备资源，采用多种租赁的方法来满足公司生产的需求。

① 项目与设备一起委托。船厂进坞、出坞、码头系泊作业较为频繁。每次操作均需大功率的拖轮数条协同配合（如出坞需配 2386kW 以上拖轮五条），如采用全套自备，费用十分可观。公司采用项目与设备一起委托的方法，确保了生产的正常进行。

② 融资租赁。3 号码头舾装由出租设备单位出资 800 多万元新造一台 32t 门式起重机，通过融资租借给公司，公司每年只要支付租费即可满足生产需要。

③ 按需租赁。船舶建造过程中，装配、焊接、打磨、涂装、试验、检验，无一不需要高空作业车和轮式起重机。公司购置的高空作业车、轮式起重机、移动式空压机的数量明显不够。通过采用按需租赁，既保证了生产的需求，又不造成设备的闲置及发生维修费用。平均每年共计租赁设备 5200 台（套）。

3）利用社会人力资源，对动力站房开展委托管理。由于企业的动能设备品种多、耗能大，动力站房装机容量及数量也大。在综合平衡的基础上，对部分动力站房，通过利用社会的专业人力资源，采用驻厂、定时、定点、阶段委托管理方式，将其运行、维护保养实施委托管理，既保证了站房运行的专业化操作，又避免了因站房三班制而人员编制较多的弊病。目前，已将 35kV 总降压站、39 个 10kV 的配、变电站委托给有资质的单位管理；将 1 号、2 号空压站房委托给专业单位管理运行。

① 为了加强对受托单位的管理，公司设备主管部门制定了《委托管理项目控制程序》《委托管理项目考核评分标准》作为合同附件，并由专人进行不定期的考核，建立"优留劣汰"及规范可控的长效管理机制。

② 设备管理重心向基层下移，强化班组自主管理。为了确保设备管理重心的下移，在设备管理系统构建时，建立了以公司设备主管（包括设备主管副总经理、部门部长、综合管理室主任）为管理控制级，以设备管理员为执行调度级，以兼职设备管理员的作业长为作业事务处理级的设备三级管理体系。

针对船厂外包工多的特点，由设备主管部门、劳务队使用部门、劳务队共同签订了设备使用合同。合同明确了外包工使用设备的权利与义务，规范了设备的操作。通过这种管理方式，将设备管理向直接使用的劳务队下移，效果明显。

由于公司为新建船厂,员工中绝大部分为新进厂或参加工作不久的大、中专毕业生和新工人,缺乏工作经验。为提高他们的工作能力,公司在设备安装期间,就安排他们到设备生产厂家进行培训,让操作者对结构、性能有深入了解,效果十分明显,这些员工很快成为操作能手和生产骨干。

公司建立了部门设备员组织操作者每周例行一次自检,主管设备管理员每周抽检,主管领导以基础管理及现场检查为基础的月度检查制度。

为强化班组自主管理,在设备管理方面形成了一个互动的学习团队。这种互动是全方位的,上级、下级、同级之间互相学习、促进、提高,并组织不同生产部门、不同设备类别的班前会进行观摩与交流,在丰富班组自主管理内涵的同时,也积淀着公司企业文化的精华。

4) 巩固与深化"5S"管理。设备"5S"管理包括设备的清洁、清理、整理、整顿和素养。通过"5S"的管理,改变了过去对设备一般的清洁、整理和大扫除的管理方式。

公司设备"5S"管理要求操作人员早上开 10min 班前会,上班后养成自觉整理工作环境的习惯,标准化地进行设备日点检,贯彻安全操作规程,认真做好各种交接班记录。

在实行设备"5S"管理中,公司设备管理部门还定期检查其执行情况,组织各班组进行"5S"管理的研讨会,让各个班组进行交流,激发各班组的潜能,使得管理标准不断提升、不断持续改进。

1.3.3 设备管理机制不断创新

通过实施和加强设备基础管理与检修模式创新,不但掌控了设备技术状况,而且对设备缺陷和隐患也做到了有效预防或及时排除,确保设备安全可靠和经济运行,实现了有效控制设备故障。

【案例1-5】某大型火力发电厂,多年来注重设备管理工作,坚持科技创新和实施设备信息化管理,在设备基础、检修维护、运行操作、可靠性分析和技术监督管理等方面进行了不断探讨与实践。利用 RCAM 系统(专门用于设备的管理系统)作为设备管理工作平台,在数据采集、功能完善、工艺流程优选和员工培训等方面发挥出了重要作用,不断丰富和优化了设备管理工作内涵,实现了设备运行的矢量化管理。开发的生产数字化管理系统和燃煤数字化管理系统,使设备运行管理的实时性和有效性得到了极大提高。通过加强点检维护、大小修、技术改造、备件采购、外协送修、仓储与预算等管理工作,按照不同专业进一步完善了设备管理的相关程序及制度,设备运行状况已呈现逐年优化的态势,设备故障缺陷和重大安全隐患均得到了及时预防和排除,保障了发电机组安全和稳定运行。

1. 做好基础管理工作

该电厂首期建设安装了两台 700MW 发电机组。为建设和谐发展、绿色电力的现代化发电企业，不断提高设备管理工作水平，实现"科学发展，打造数字化电厂"的战略目标，在强化设备基础管理工作的基础上，大力推进了设备管理现代化进程，充分利用信息化管理手段，使多项经济指标均位居国内 600MW 级发电机组管理的前列。

（1）充分发挥 RCAM 系统的核心作用　充分发挥 RCAM 系统的核心作用，搭建科学合理的生产及经营管理工作平台，不仅是规范设备管理工作的重要手段，也是实现优化和完善以可靠性为中心的设备维护管理系统的重点科研项目。2008 年电厂进行了机组位置和设备编码体系的再完善，建立了设备技术管理的规范化模板，不但能全面采集到设备台账的相关数据，而且保证了设备技术数据的准确性、规范性和完整性，实现了设备动态信息的不断更新和信息共享的目标。在 RCAM 系统内，将工单策划、审批、执行、完工和汇报等工作，在实现规范化和流程化管理的同时，还实现了利用计算机技术进行工单制定、筛选及优化的闭环管理。管理人员只要通过机组位置和设备编码，就可便捷地查询到该设备的历史维修情况。建立的设备故障代码体系，不但规范和统一了各类故障现象、排除措施和修理方法等，维修人员还通过故障代码体系，可较快找出设备故障发生的原因、故障性质和制定最优化的检修方案。在进行优化检修策略的基础上，还可实施有针对性地预防性维修，使维修目标更加明确和故障处理更加得当。

（2）实现设备维修的预算管理　通过制定完善的成本要素数据及维修成本核算等管理程序，实现了对设备维修的预算管理。在 RCAM 系统中建立了标准化的安全危害、危险物料、应急预防措施、安全隔离等工作文件及管理程序，形成一套完整的安全生产管理体系，实现了检修文件包的数字化管理。设备点检与 RCAM 系统的精密集成，在强化点检定修制时，也从优化各项业务流程、健全业务报表和制定关键性能指标，以及利用物资编码技术开发和智能仓储管理系统等，保证了账物相符和货码一致的准确性，极大地提高了员工的工作效率，为物资清理和数据核对等工作创造了便利条件。RCAM 系统不仅具有制定物资定额和进行库存分析等功能，而且利用物资采购电子商务平台，使计划申请、询（比）价、合同审批、入库及结算等工作，都可实现网络化操作。

（3）实现对设备运行周期的成本管理　根据设备运行状态实施预测性维修时，将备件采购及库存情况、维修计划制定、费用控制与承包商管理等进行有机的结合，实现了对设备运行成本统计和控制的目的。

1）将计算机技术应用到设备管理的决策分析阶段。企业在能源控制、维修策略制定、设备更新与改造、备件库存和关键绩效指标的管理与分析方面，利用计算机技术制定和实施了各项管理流程，实现了对设备运行状况的动态管理。为设备故障判断、保证技术功能可靠、运行效果优化和维修决策制定等，提供了科学和直接的数据依据。

2）技术改造或重点工程项目的管理制度更加健全。开发的设备工程管理系统，使全厂的科研、技术改造、紧急维修、大修等工程项目，从立项审批、方案制定、合同洽商、招投标方式、工程进度控制、质量验收和付款结算等工作，通过RCAM系统都可即时完成，不但建立了全厂三年的设备更新改造滚动规划，对实施效果也能进行及时的跟踪与评估。

3）加强库房管理工作的规范性。根据设备运行状况制定的物资编码规则，是为进一步规范库房业务程序，加强账物管理工作的严肃性和杜绝乱发错发情况发生，保证账物相符而设立的。通过合理制定和及时调整备件储备定额，加强备件流通管理以及强化库存分析等工作，在满足生产需求的同时，最大限度地减少备件库存数量、生产资金占用和降低生产成本等。

（4）制定科学的管理规程　电厂通过制定运行、检修、试运转等一系列设备管理规程，不但使维修工作内容更趋完整，职责更加准确和清晰，也更加符合生产实际的需求。例如，推行的检修作业文件包制度，要求文件包内容不仅要全面、翔实，而且要编制科学合理；为更好地指导检修工作和控制检修质量，不但设置了质量控制点，而且实行了施工单位办理开工报告和维修人员工作票制度；通过实施填写不合格项报告、试运转申请单及编写竣工报告等三级验收管理制度，实现了对设备检修的全过程管理；编制的《设备异常管理标准》，进一步规范了设备异常时的管理工作程序；规定各种检修时的原始记录、图样等技术资料不仅要齐全、准确，而且应做到及时归档和实现数字化管理。电厂通过开展技术图样矢量化管理模式，将全部设备的技术图样进行了扫描和统一编辑，不但制定了规范化的电子存档格式，还打印出标准版式的技术图册，极大地方便了技术人员的图样管理、修改及借阅等工作。

2. 加强设备检修与维护管理工作

为加强设备检修与维护管理工作，电厂建立了完善的设备检修和维护质量保证体系及质量监督体系，实现了对设备检修和维护工作质量的全过程管理。对检修质量不但进行严格的验收与考核，对设备维护与管理工作，也实行了由专人负责的管理方法。

（1）实施点检制　为更好地实施点检制，实现点检系统与RCAM系统的有机结合，制定了点检标准、点检周期和点检方法等。例如，利用点检仪的测温和测振功能，通过接口与RCAM系统连接后，不仅能完成点检任务下载和点检数据上传等功能，也可将点检数据与设备运行状态、备件储备情况、故障及缺陷状况、工单完成情况等，都设置在RCAM系统的同一平台上，这样既有利于相关数据的整合与利用，也极大地方便了管理人员能及时获取设备状态信息和建立设备健康档案等。有利于从多角度分析设备技术状态、劣化趋势、振动情况变化和设备故障点等。

(2) 采用在线监测技术管理重点设备　采用先进的在线监测技术手段管理重点设备，可在第一时间获得设备运行时的技术参数，将设备事故和隐患消灭在萌芽状态，以减少设备停机损失。电厂采用的"锅炉泄漏监视系统""变压器在线监测系统""发电机工况在线监测系统""全厂工业电视监控系统"等，为设备的可靠运行和安全生产提供了有力保障。已形成故障检修、预防维修、点检、可靠性维修、状态检修和预知检修于一体的综合性检修方式，将主要设备的维护和检修工作，从计划性维修转移到基于实际状态的预知性维修。不但使维修量减少很多，也从根本上改变了现有维修方式。例如，在加大和提高预知维修工作的同时，计划维修或事后维修工作量明显减少。不但使检修项目、检修间隔和检修工期安排更趋科学合理，也极大地提高了设备运行的可靠性。

(3) 发电机组的修理措施制定　在发电机组的大、小修工程项目管理中，就项目规划、外协安排、人员调配、质量控制、进度控制和隔离试运行等，主要开展了以下工作。

1) 修前应进行周密策划和充分准备。首先成立了机组检修项目经理部，确定了组织机构并明确了职责范围；充分酝酿和科学确定检修项目及内容；编写《大小修管理手册》作为指导检修工作的技术文件；制定检修项目进度网络图和详细的工程进度计划；绘制现场定置图和确定现场隔离方案；落实好修理厂家及外协清单；跟踪重大的备品配件到货情况；利用 RCAM 系统对机组检修项目进行整体结构策划，主要包括：项目启动、跟踪及管理，全面策划相关人员配备、相关工种调配、物资供应和关键工位器具准备等。为降低工程费用，将检修文件包和系统链接，实现按工单备料和领料的管理方式。

2) 实施检修监理制度。电厂选择了技术水平高和信誉好的工程监理公司，作为企业的工程监理代表。在检修质量管理上，严格执行了文件包式管理和三级质量验收的管理制度，通过制定的"质量监督计划表"等，进一步加强了对检修过程的监督和管理。严把检修数据验收关，凡试验数据不合格或项目验收不达标的问题，都需一查到底，并有书面反馈报告。对施工中的违规行为，不但有权责令其停工，还要出具相关的项目管理罚款单。

3) 分专业进行严格管理。在安全生产、施工现场和外包工程管理方面，对脚手架、工位器具、临时电源、高空及交叉作业和现场孔洞等，都按照相关规范和要求进行严格管理。实行了分专业进行检修的现场通行证制度，对汽轮机、发电机等重要设施的检修区域还需进行特别的隔离管理，并出台了相关专项管理制度。对外单位检修人员，不但要进行入厂教育和专业资质审查，在职业健康和环境保护等方面，也进行了严格规范和管理。

3. 取得的效果

通过实施设备基础管理与检修模式创新，电厂设备管理工作不但取得丰硕成果，员工的技术、技能培训等工作也得到广泛展开，着重处理和消除了一批设备隐患，推进和实施了设备科研和技术改造工作，大大提高了机组运行的安全性和可靠性。例如通过技术改造消除了变压器气体继电器、油流继电器进水的隐患；针对2号机组经常出现再热器保护误动作问题，通过小修对再热器保护功能的可靠性等问题进行了革新和优化，使再热器保护动作的稳定性得到较大提高；针对旁路系统隔离卡电源串联接线方式不安全问题，把旁路系统隔离卡供电改为并联方式，彻底排除了安全隐患；汽轮机保护系统对机组的安全运行起着至关重要的作用，通过将风机振动探头由851升级为861后，风机振动的问题得到根本解决，汽轮机保护系统运行稳定；通过对烟气加热器的吹灰结构进行技术改造，以及采用高压水化学清洗法等，彻底解决了因脱硫造成的烟气加热器管路堵塞问题。

通过实施设备重大缺陷管理及设备技术改造等措施，不但确保了发电机组稳定运行，设备运行质量也有很大提高。全厂等效强迫停运率为0.21%，等效可用系数为94.54%（规定值是85.14%）。主要辅机的可用系数均大于90%；断路器可用系数为99.4%。机组补水率每台平均为0.54%（规定值是1.5%）。主要设备消缺率为100%，辅助设备消缺率为91.5%；自动装置投入率为100%；机组起动成功率达到100%。

总之，设备管理工作是保证企业生存和健康发展的基础，只有不断地追求设备管理模式创新，才能实现提高设备运行可靠性、降低设备维护费用、节能降耗和设备管理成本最小化的目标。以上这些企业共同的特点是，坚持以保证生产运行为主线、以现代管理为核心，进一步夯实设备管理的基础工作，利用信息化管理手段，在全面提升设备管理工作水平的基础上，企业经济效益和市场竞争力均得到极大提高，通过实施科学管理、高效运行和开拓创新，确保了企业生产安全、稳定和经济运行。

1.3.4 建立设备工程技术路线图

结合我国经济社会发展需求，以及发展环境、技术研发、市场实践之间的关系，设备工程技术发展确定了设备管理体系、设备现场运营、监测故障诊断、设备润滑技术、维护保养修理、设备更新改造六个方面，通过信息网络技术与制造业的深度融合发展，互联网技术发展对装备制造业带来颠覆性影响，利用感知、采集、监测检验的运行设备的大量数据，实现设备系统的智能分析和决策优化，使智能、网络化、柔性制造成为生产方式变革的方向，促进我国设备工程迈上新台阶。

1.4 设备工程现代化

设备工程现代化主要包括管理现代化、管理市场化及管理社会化。

1.4.1 管理现代化

设备管理现代化是为了适应现代科学技术和生产力发展水平，遵循市场经济发展的客观规律，把现代科学技术的理论、方法、手段，系统地、综合地应用于设备管理，充分发挥设备的综合效能，适应生产现代化的需要，创造最佳的设备投资效益。设备管理现代化是指设备管理的综合发展过程和趋势，是一个不断发展的动态过程，它的内容体系随科技的进步不断更新和发展。主要内容如下：

1. 思想现代化

思想现代化是管理现代化的灵魂，不同的管理思想，有不同的管理活动、内容和效果，要实现管理现代化，就要求用现代科学管理理论和管理思想指导管理实践。设备管理涉及的理论有：系统论、控制论、信息论、工程经济学、管理工程学、可靠性工程、摩擦学等；现代化管理思想包括设备综合管理观念、战略观念、市场观念、效益观念、竞争观念、安全与环保观念等。

2. 组织现代化

组织现代化是管理现代化的基础。设备管理组织现代化就是要求不断适应经济体制改革，适应现代化大生产的要求，探索建立合理的、有效的设备管理运行体制和组织机构，最大限度地调动和发挥组织中每个成员及群体的积极性和创造性。设备管理与维修的组织形式和结构应当与推行设备管理现代化相适应，组织严密，制度健全，工作高效，充分协调，信息畅通，并具有良好的跟踪和反馈控制能力。

3. 方法现代化

方法现代化是指为适应现代化大生产的要求，一方面要继承传统的行之有效的管理经验和方法；另一方面应积极推广应用先进的管理方法，确保各项管理工作标准化、系统化、科学化。设备一生全过程管理，应实行定量与定性管理方法相结合，尽量以定量方法为主。推广运用的现代化管理方法有：价值工程、网络技术、ABC分析法、决策技术、预测技术等。

4. 手段现代化

手段是管理现代化的工具，例如，采用先进的设备诊断仪器对连续运行的设备状态自动监测和控制，应用计算机辅助设备管理，采用各种精密检测工具提高设备修理精度等。应不断采用现代科学技术成果，对管理手段进行创新，提高管理工作效率和扩展管理功能。

5. 人才素质现代化

管理人才素质是管理现代化的关键和前提。实现设备管理人才素质现代化，关键是努力提高设备管理人员个人素质和整体素质。人的素质包括：技术素质、文化知识素质、实践经验、身体素质、心理素质、群体意识等。应按职责分工和管理层次对设备管理人员提出不同的要求，通过各种途径提高个人素质。整体素质上，做到专业知识结构、知识层次结构、年龄结构等的全面优化。

我国设备管理的战略目标是推行设备管理现代化，这是一项长期的艰巨任务。必须根据我国现代化建设的方针、政策，制定具体的规划和步骤，积极稳步地推行设备管理现代化；必须积极推进设备管理市场化、社会化，为设备管理现代化创造良好的条件。企业应根据自身的实际情况，结合企业管理现代化的进程及设备管理现有基础和水平，制定规划，分步实施，积极创造条件，不失时机地努力推进现代设备管理的进程。

1.4.2 管理市场化

管理市场化是指通过建立完善的设备要素市场，为全社会设备管理提供规范化、标准化的交易场所，以最经济合理的方式为全社会设备资源的优化配置和有效运行提供保障，促使设备管理由企业自我服务向市场提供优质服务转化。

培育和规范设备市场，充分发挥市场机制在优化资源配置中的基础性作用，是实现设备管理市场化的前提。应积极鼓励和促进更多的设备供需方走向市场，只有社会能提供更多、更便捷的专业化服务，才能建立起设备管理社会化的基础。培育和规范设备要素市场，形成统一、开放、竞争、有序的市场体系，才能以优取胜，促进设备管理社会化服务质量的提高和服务体系的完善，促进设备管理市场化的实现。

根据当前设备市场发展趋势，主要有设备维修和专业修理、设备备品配件、设备租赁、设备调剂、设备技术信息、设备培训教育、设备展览、设备项目及咨询等多种形式，随着我国经济持续发展，设备市场发展前景会越来越好。目前要通过全社会努力，进一步培育和规范设备市场，促进经济持续发展，主要做好以下几方面工作：

1. 制定设备市场进入准则

由国家有关部门设立设备市场管理机构负责资质等级的认定和资质证书的核发，通过试点逐步规划、规范统一资质条件、统一申报和审批程序、统一注册和颁发资质证书等，并对出现的问题、动向进行统一协调。

2. 制定设备市场监督管理办法

根据国家有关部门制定的设备市场的管理条例，尽快制定设备市场监督管理办法，有计划地制定和编制设备维修质量标准、设备技术鉴定标准、设备竣工验收标准等，以确保市场交易中有法可依、有章可循。

3. 加强设备市场的价格管理

根据实际工作经验提出设备修理、设备租赁的收费标准，依此浮动收费；备品配件销售按合理差价收费；旧设备调剂原则上依据质量论价，重要设备应进行价值评估。国家有关部门对上述工作实行监督，加强管理。

4. 加强设备市场的合同管理

为保障交易双方的合法利益，稳定经济秩序，设备交易合同条款除质量、价格要求外，还应规定交货期、保修期、修后服务、违约责任以及赔偿等内容。

5. 进一步健全设备市场监督和仲裁机构

一方面预防和惩处市场中违法违纪行为；另一方面，开展服务质量鉴定、纠纷调解、仲裁等工作。监督机构通过鼓励或限制企业或个人的某些市场行为，解决市场出现的各种问题和困难，促进设备市场的健康发展。

1.4.3 管理社会化

设备管理社会化是指适应社会化大生产的客观规律，按照市场经济发展的客观要求，组织设备运行各环节的专业化服务，形成全社会的设备管理服务网络，使企业设备运行过程中所需要的各种服务由自给转变为由社会提供的服务。

设备管理专业化是指设备管理的工作由形成行业的专业机构来承担。把各专业化企业推向市场，遵循社会化的行为准则，成为合格的专业服务机构，并不断在社会化服务中发挥作用。各专业化企业在社会化服务中作用和贡献越多，对设备社会化的影响越大，社会化的发展速度越快，其社会化的服务体系、服务质量就越完善。设备管理的社会化是以组建中心城市（或地区）的各专业化服务中心为主体，与城市的其他系统一起形成全方位的全社会服务网络。其主要内容为：

1. 强化制造企业的售后服务体系

强化承担为用户提供有关设备的使用、维修、咨询和培训操作、维修人员的服务；在中心城市或地区设立设备维修和备品备件供应网点；制造企业应利用售后服务体系的各项业务活动，广泛搜集设备用户的信息反馈，以便积极改进产品的设计、制造水平。

2. 规范设备维修与改造专业化服务中心

鼓励和培育在设备资产、技术状况、维修力量等方面具备条件的单位组建中心城市各类通用设备、专业设备的维修与改造专业化服务中心，为社会提供规范化、标准化服务，尤其重要的是开展精密、数控、大型、稀有等设备的专业化维修以及进口设备、备品配件的消化和创新工作。要结合大修进行技术改造，提高装备质量。

3. 发展设备交易中心

设备交易包括设备调剂、设备租赁、设备销售等服务内容。通过开展技术鉴定和资产评估，促进设备调剂、租赁等工作的规范化。建立和完善中心城市可调剂、租赁设备资源信息系统，为企业提供咨询服务。企业资金短缺，可通过融资性设备租赁进行设备更新。目前，施工设备、运输设备、起重设备的租赁工作已在我国取得了成功的经验，还需要进一步鼓励和培育，以及政策上的配套优惠措施。

4. 推广建立设备诊断技术服务中心

在企业推广状态维修的进程中，各地区和行业协会应充分发挥宏观指导作用，积极倡导和支持建立状态诊断技术的社会化服务机构。中心除为企业提供状态监测诊断技术培训咨询服务外，主要是为企业提供精密诊断技术服务。

5. 逐步建立设备技术信息中心

中心可提供大量设备科学技术、经营管理、设备和备品配件的供需、设备维修保养状态诊断、更新改造等国内外信息，并通过经营者的管理活动转化成生产力，使设备要素得到充分利用和优化配置。企业参与设备技术信息中心的联网可增强适应环境的能力和竞争能力。技术信息中心还可开展技术转让、信息咨询、信息检索服务及信息软件开发。中心应与其他各专业化服务机构、高等院校、企业集团的设备管理库联网并相互发挥效用。

6. 发展设备劳务及教育培训中心

该中心一方面通过市场机制调节劳动力供需关系，促进设备人才的合理流动；另一方面开展设备专业人才，尤其是高级设备维修人员的培训工作，促进设备人才整体素质的提高。

第 2 章

设备管理体系

2.1 设备工程技术路线图

现代企业要想在市场竞争中立于不败之地,就必须要保证高效率、高质量、低成本生产,而效率、质量、成本在很大程度上越来越受到设备的制约。设备的技术状况将直接关系到企业的生产水平;设备管理水平直接影响到企业的效益。

实施设备工程技术路线图,要以产业转型升级为主,以两化融合为手段,按照"创新驱动、绿色智能、重点突破"的发展要求,以满足市场需求为目标,以吸纳现代的新技术、新工艺和新材料为发展基础,使设备工程技术路线图成为企业制定规划和政府及行业决策的依据,以及设备管理与技术人员未来工作的指导。

2.1.1 设备工程的新特征

新一轮科技革命与产业变革给传统生产方式带来革命性创新,由规模批量生产向大规模定制生产转变,现代生产方式的转变对设备的依赖程度越来越大,对技术人员全面掌握设备技术状态的要求越来越高;设备工程将呈现出"安全可靠、高效、节能环保、智能、融合、服务"的新特征。

1. 安全可靠

长期以来,设备与人民群众的生命财产安全息息相关。近年来,随着我国经济的快速发展,特别是特种设备、高危设备数量也迅速增加,由于特种设备、高危设备本身所具有高温高压、高空、易燃易爆、有毒等危险性,与迅猛增长的数量因素双重叠加,使得设备的安全形势更加复杂。

未来确保设备的安全可靠，不能仅靠事后监管，而要将安全意识贯彻到设备从制造到使用、从检测到诊断、从维护到报废的全过程，对每一个过程、每一个环节都要有明确的制度规范、操作规程，落实到企业中的每一位员工，才能有效避免故障和事故的发生。从已发生的设备安全事故看，多数是由安全管理不善，安全责任不落实甚至违章导致的。当前颁布有关法律、法规已明确规定由设备使用单位必须承担安全主体责任。强调安全主体责任，就是要求每个单位牢固树立"以人为本，安全至上"的责任意识，构建起有效的责任约束体系，真正把安全放在重要位置来抓。

不断开发和应用设备安全智能监控技术、故障预估预报技术、事故预示报警技术等，将在第一时间获得设备运行的技术信息，如温度、压力、电流、电压、振声波形、应力应变等，及时反馈到设备显示屏，由操作者进行有针对性的调整和处理，将设备事故和隐患消灭在萌芽状态，以减少设备停机损失，同时逐步建立在线监测监控及故障预警系统、泄漏监视及预警系统等，为设备安全运行提供有力保障。设备可靠性提升，会有效降低设备故障率，延长设备寿命周期，减少维护成本。今后将综合运用计算机技术、故障诊断及趋势预测技术、监测检验技术、安全智能监控技术等，使设备可靠性大大提高，为企业创造更高的效益。

2. 高效

长期以来我们的设备运行效率与发达国家相比还存有一定的差距，从设备设计、制造、使用等各环节都存在很大的提升空间。在使用环节，由于操作者对设备结构、工作原理、运行规律不熟悉、不了解造成的效率下降；同时操作者要进一步提高责任性，真正做到严格执行操作规程，充分采用设备运行监控系统，通过智能化仪器、仪表提供设备状态参数，用有效手段不断进行调整，确保设备在最佳运行点及范围运行，从而提升设备运行效率。

操作者一旦发现设备运行异常或故障，应当立即进行运行参数调整和全面检查，消除设备运行异常现象及故障隐患，并进行有针对性的维护或抢修，使设备尽快恢复正常并高效运行。加强对设备进行定期检测和检验，特别是开展高耗能设备能效测试，同时全面了解设备影响效率的薄弱环节和部位，通过大修或节能技术改造，妥善解决和弥补所有薄弱环节和隐患。

3. 节能环保

设备制造过程一方面要消耗大量的钢材、有色金属、塑料及辅助材料，设备在运行中也要消耗大量的能源和各种生产原料；另一方面设备运行也会产生大量废料（渣）和废气、废水，并造成环境污染。

设备的节能环保：①设备设计、制造、用料要节能节材。②资源消耗环节要加强对冶金、有色、电力、煤炭、石化、建材（筑）等重点行业能源、原材料、水等资源管理，努力降低消耗，提高资源和材料的利用率。③对废物产生环节要强化污染预防和全过程控制，加强对各类废物的循环利用，推进企业废物"零排放"，加快再生水利用设施建设以及降低废物最终处置量。④做好再生资源工作，要大力回收和循环利用各种废旧资源，支持废旧机电产品再制造；不断完善资源回收利用体系。⑤大力倡导有利于节约资源和保护环境的消费方式，鼓励使用具有能效标志产品、节能节水认证产品和环境标志产品等，减少过度包装。

4. 智能

随着信息技术、监测监控与诊断技术的不断发展，促进了企业设备工程水平日益提高，设备智能发展趋势表现为：

1）通过 ERP、EAM 等管理信息化、智能化系统的应用来优化设备管理及运行的各项流程。

2）通过应用智能自动监测及智能辅助诊断技术，由各种离线及在线监测仪器仪表，包括智能点检仪、频谱分析仪、智能燃烧控制组合群、新型无线监测装置等实现状态数据自动交换。

3）借助系统提供丰富数据状态分析和智能诊断技术，实现对设备状态的自动报警及自我保障，并对设备故障进行早期诊断与趋势预测。

未来设备工程发展趋势首先是提高安全可靠性、降低劳动强度，实现数字化、网络化、智能化；其次是提高机器的精度和动态性能，要求对运行与动力系统具有更高的控制能力；为了提高产品服役期内的可靠性和长寿命，减少维修保养时间，降低生产成本，要求系统具有状态监控、故障诊断和智能维护的能力。通过提高设备的智能化程度，深化动力传动、控制部件与电子技术的融合，提高传感器和电子控制器与液压、气动及密封元件的集成度和一体化水平。

5. 融合

当前，世界经济正处于持续调整和快速变革的关键时期，信息化与工业化融合正在加速重构全球工业生产组织体系，不仅为企业创新发展带来了新的机遇，而且为应对资源及环境的挑战提供了新的方式。信息化与工业化的整合已经成为我国发展现代装备制造业的重要途径。推动装备制造业转型，不断提升设备档次和加工能力作为企业两化融合的出发点和落脚点，通过政策引导和技术支持，培育一批实现数字技术集成应用、具有全球配置资源能力、智能制造装备企业，通过运用精益设计、高效自控、服务型协同等先进管理模式，促进现代设备工程技术创新发展。

不断促进设备工程融合规范化、综合化、实时化，从设备简单检查、监视向智能检测、诊断、控制方向发展；从简单监测向信息网络综合监视、安全保障方向发展；从事后检查向实时监测、诊断、预报、视情维护方向发展；从针对单一机组装备向建立开放系统构架、通用模块方向发展。在设备工程发展中，将更多地融入各种新理念和新技术，促进现代设备工程技术发生质的变化，不断推进设备工程管理技术融合发展。新时期在机械、高铁、航天航空、石化、船舶等行业将涌现一批数字集成应用水平世界领先的大企业。通过现代设备工程精益管理、企业人才管理、供应链管理加速网络和数字集成，实现产销一体、管控衔接和集约定制生产，促进企业组织现代化、决策科学化和运营一体化。

6. 服务

工业发达国家已从生产型制造向服务型制造转变，从重视设备设计与制造技术的开发，到同时重视设备使用与智能监控技术的开发，通过提供高技术服务来获得更高的利润。随着经济持续发展，企业自动化高档设备及柔性加工自动线越来越普及，尽管操作人员减少，但设备维护人员会相应增加，为了降低生产成本，企业将通过充分利用社会维修资源，所以未来设备维修工程将成为专业化第三方服务模式，并且具有很大的市场，设备维修工程不再是制造商的附属，而应成为制造业服务化的重要抓手。特别是未来通过开发的安全智能监控技术，从远程安全运行状态检测与管理的试验，进入到实用阶段。这些远程监控系统在机组系统健康管理服务方面，能够提供远程监测与故障诊断，以保证机组安全可靠运行。

2.1.2 新时期设备工程技术路线图

在新时期，可通过推行设备工程技术路线图，促进企业设备的高效运转，为生产正常运行提供可靠保障，具体包括6方面内容，如图2-1所示。

1) 设备管理体系：采用与企业生产经营模式相适应的、稳健高效的设备管理体系，提高企业的设备利用率和经济效益。

2) 设备现场运营：高质量产品和经济效益靠高性能的设备来获得。特别加强设备现场运营的科学有效管理、保证设备技术状态稳定是十分重要的。

3) 监测故障诊断：对设备的信息载体或伴随着设备运行的各种性能指标的变化状态进行安全监测、记录、分析，了解设备运行状态，为做出调整和控制决策提供依据，还可预测有关设备异常、劣化或故障趋势，并提出相应对策。

4) 设备润滑技术：设备润滑是管理维护工作的重要环节，目的是保护设备，确保设备正常可靠运行。

5) 维护保养修理：为保持或恢复设备完成规定功能的能力而采取的技术活动。

第2章 设备管理体系

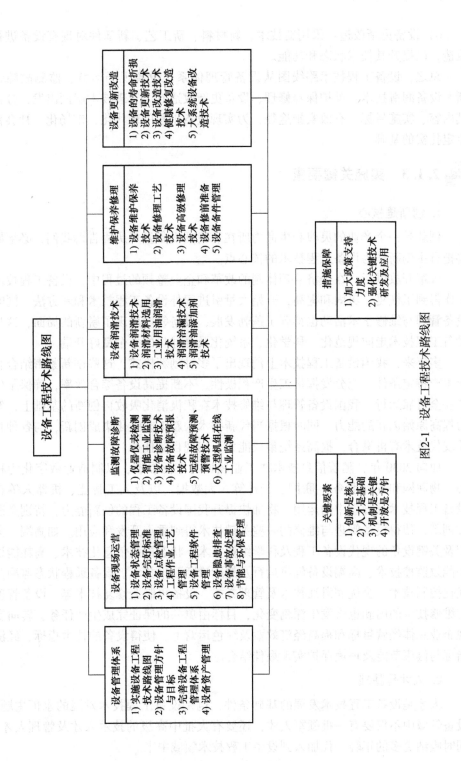

图2-1 设备工程技术路线图

6）设备更新改造：采用新技术、新材料、新工艺、新部件对现有设备进行改造，以提升其技术状态和功能。

总之，设备工程技术路线图从设备管理体系、设备现场运营、监测故障诊断、设备润滑技术、维护保养修理、设备更新改造6个管理技术层面出发，分析其内容、实施目标、有效实施途径，为实现设备工程的现代化、市场化、社会化奠定扎实的基础。

2.1.3 实施关键要素

1. 创新是核心

创新是一个产业的灵魂和生命力所在。我国设备发展历程告诉我们，必须始终把自主创新作为设备工程技术的核心点。

改革开放以后，在经济管理体制的改革和企业整顿的过程中，设备工程技术工作得到了恢复、巩固和提高，开始大量引进国外设备工程技术和新方法，同时设备管理与维修学术活动也得到了蓬勃发展，设备领域出现了崭新的局面，这是设备工程技术走向规范化、科学化、系统化及全球化的一个良好开端。

多年来，我国设备工程技术上涌现出了多种创新模式，这些创新紧密结合企业生产特定条件，充分发挥员工生产积极性，不断提高设备综合效率，确保了生产安全可靠运行，我国设备管理与维修技术在积极消化吸收再创新的基础上，努力提高原始创新的能力，同时根据当代新技术、新工艺强化集成创新，与各种相关现代技术有机融合，提高系统集成能力，实现目标任务。

面向2030年，随着信息技术在工业领域的广泛渗透，以制造业数字化为核心，物联网和务（服务）联网、云计算、大数据，以及人工智能、机器人等在设备工程技术及管理中的运用，将加快提升我国设备工程的创新能力，特别是通过创新，使得设备管理与维修的一些关键技术得到重点开发和应用。如高端、大型及关键设备的现代设备工程及科学维护技术、状态检测信息化技术、高耗能设备能效监控技术、高端设备健康运行及故障诊断预报技术、设备远程状态监测及优化控制技术、全优润滑油技术及管理方式、设备再制造修复技术等。设备管理与维修技术的内涵也将发生深刻变化，目标由单一的保证完成生产任务，转向实现企业总体经营目标和提高经济效益及绿色运营上，使得设备的技术指标、经济指标与健康节能及环境保护实现最佳结合。

2. 人才是基础

人才是设备工程技术发展的基础条件，也是设备工程技术发展的永恒主题。设备领域中不仅要有一批领军人才，还要有大批中高级的技术人才及管理人才，同时吸纳更多的年轻一代加入到设备工程技术领域中来。

信息技术与制造技术的深度融合，对设备人才提出更高的要求：需要具备良好的素质，掌握信息技术、制造技术在设备工程技术及管理中的运用；具备一定的研究开发和设计能力；具备经济意识和组织管理能力。所以人才的培养要适应产业结构调整的需要，要满足社会、企业对人才的需求。这既是我国经济和社会发展新阶段的要求，也是我国工程教育的神圣历史使命。

设备工程技术路线图的实施，迫切需要建立设备工程人才培养机制，利用社会各方面的资源，包括企业、大专院校、科研院所，加快设备的技术人才和管理人才培养速度，强化设备的技术人才和管理人才培养投入强度，进行高层次设备人才培养，开展在岗人员的知识更新与提升，创造条件使设备工程人才留得住、用得好，使设备工程人员在岗位上发挥更大作用，为企业创造更大的经济效益和社会效益。为了解决这些矛盾，全国各地有关部门组织多种形式的短期在职培训，毕竟要付出较多的精力和时间，因此，加快培养设备技术人员及设备管理人员是当务之急。

3. 机制是关键

实施设备工程技术路线图，一是要靠政府及行业组织的指导和支持，发挥专业学会及行业协会的技术引导和业务协调的作用。目前设备工程产业规模小，自主创新能力薄弱，要实现设备工程技术超越，政府及行业组织要实施特殊扶持政策。二是要建立稳固的创新体系和机制。企业是技术创新的主体，通过建立"产学研"结合的自主创新队伍，充分发挥各自的优势，创造条件建立一批高端设备专业维修网络中心、设备高级修复技术研发中心和设备交易市场，以更经济合理的方式为全社会设备资源的优化配置和有效运行提供保障，促使设备工程技术由企业自我服务向市场提供优质服务转化。三是建立高效的激励机制。尊重知识、尊重人才、尊重创新成果，营造良好的创新氛围和环境。

4. 开放是方针

创新来源于探索，科技开发研究更需要自由、开放、探索，自由、开放、探索主要体现是一种学术氛围、学术方法、学术精神，在设备科技研发过程中，需要提倡开放、自由、探索、创新，不但鼓励个人研究创新，尤其要鼓励团队领军人才具有带动整个团队科技开发的探索精神。

面向2030年设备工程产业将实施对外开放的国际化战略，参与全球资源的整合，充分利用国际先进资源、国际先进理念和技术，结合我国设备工程技术的特点和特色，在坚持开放的同时，更要坚持走适合我国国情的路。行业及企业应根据自身的实际情况，结合行业及企业现代化进程，制定规划，分步实施，积极创造条件，不失时机地努力推进设备技术科学发展。在开放的环境中坚持自主创新，在自主创新过程中坚持开放，这是我国设备工程技术发展的基本方针。

2.1.4 保障措施和关键技术开发与应用

1. 保障措施——加大政策支持力度

（1）淘汰落后产能进行补助 根据 2012 年工业和信息化部、财政部、国家能源局联合印发的《淘汰落后产能中央财政奖励资金管理办法》，到 2020 年中央财政将继续采取专项转移支付方式，对经济欠发达地区淘汰落后产能工作给予补助及奖励，企业要把淘汰落后产能工作落实到设备更新、技术改造工作中，同时确保现有设备高效、绿色、安全可靠运行。

（2）对节能与环保项目给予适当奖励 节能与环保是当前设备工程工作中重要环节之一，根据资料介绍，我国现有设备设施运行要消耗能源总量达 91%，而有害物排放占总量的 88%。2011 年由财政部、国家发展和改革委员会颁发了《节能技术改造财政奖励资金管理办法》，到 2020 年中央财政将继续加大安排专项资金，采取以"奖代补"方式，对节能与环保及再制造技术改造项目给予适当支持和奖励，为保证节能与环保技术改造项目的实际效果，奖励资金与节能量挂钩，对完成预期目标项目承担单位给予奖励，奖励资金实行公开、透明原则，接受社会各方面的监督。

（3）贯彻节能与环保规划，强化设备工程综合管理 根据国家节能与环保规划，要求不断调整优化产业结构，继续抑制高耗能、高排放行业过快增长，在今后相当长时期继续要严格落实淘汰落后产能，同时推动设备能效水平提高，强化主要污染物减排，推进大气中的颗粒污染物（PM2.5）环保治理，不断强化设备工程综合管理等，确保和实现经济持续增长。

2. 关键技术开发与应用

（1）高端及大型设备状态检测技术研究 面向 2030 年，开展高端及大型设备状态检测信息化技术研究十分重要，物联网和务（服务）联网、云计算、大数据，以及人工智能、机器人等在设备工程技术及管理中的运用，对于实现设备高效、健康及节能运行的作用将更加明显，将大型设备正常运行大量参数与现场直接获取的大量参数进行比较分析，当监测监检的参数超过初始限值，通过预警系统检测到设备某部位将出现问题，需要操作人员采取有效措施，妥善解决。为设备状态优化运行及健康节能运行打好技术基础，也为实施设备动态的科学维护提供技术条件等。

（2）旋转及过程大型机组故障诊断及预报技术研究 重点面向旋转及过程机组等关键设备，通过传感器及物联网信号采集技术、信息融合技术、状态监测与远程网络技术、云计算及大数据处理技术，建立相关软件环境，结合企业及设备管理平台，在未来逐步强化网络数据库相应的网站技术研究，加快开展应用程序服务器中的程序来提取实时数据，进行故障分析及故障趋势预测，实现预知维护等现代科学维护方式。由于故障诊断及故障预报中心的建立，能方便实施企业群体及大型机组群体的状态监测、故障诊断、故障预报及科学维护，有利于提高趋势预测等故障预警方法的有效性和工程应用价值。

（3）设备绿色润滑技术研究　进一步开展设备绿色润滑油技术的研究，改变润滑材料和润滑管理方式上的传统理念，应用推广全优精确润滑、污染控制、油液监测等关键技术。同时，为改善油品的性能及质量研究添加一种或几种添加剂，由于添加剂的存在增加了接触面积，降低了接触应力，使表面逐渐趋于光滑，从而大大改善了润滑状态。我国润滑油添加剂技术研究在这方面的工作起步较晚，通过不断努力已改变相对落后的状况，并已取得成效。如国产设备大力推广应用润滑油添加剂技术，不但节约大量宝贵的润滑油，而且大大提高设备效率，确保良好设备状态，所以大力开发润滑油添加剂技术研究是十分必要的。

（4）设备高级修复技术研究　设备高级修复技术是由多种具有先进技术的工艺、专用设备和超强性能特殊材料组合而成。在对设备及零部件开展维修时应用，由于在修理时设备及零部件始终处于常温状态，局部不升温，故设备及零部件在修理中不会发生变形，无内应力产生，使原有的尺寸精度保持不变，无潜在的断裂等安全隐患。促进修理周期更短，修复速度更快，有可能在现场进行不解体修理。研究相关的再制造工艺，通过对设备再制造修复技术研究，将会收到很好的技术经济效果。

（5）主要耗能设备能效监控技术及节能环保更新改造技术研究　面向2030年，我国以化石为主的能源结构不会有突破性改变，同时为了确保经济持续增长，必须严格控制能耗总量，所以加大、加强对主要耗能设备能效监控技术和高效、节能环保设备更新改造技术的研究是十分必要的：①统一各种主要耗能设备能效测量仪器仪表和测量点。②统一对测定数据折标和换标系数。③统一能效计算公式和计算方法，达到同类耗能设备能效的可比性，通过对能效监控技术开发和应用，使在用主要耗能设备能效有极大提高，再进一步扩展到整个生产系统能效提升，同时开展节能环保更新改造技术应用，以促进各行业设备运行达到高效、节能环保的要求。

2.2　设备管理方针与目标

企业的方针与目标是对企业经营活动全过程实行综合管理的一种科学管理方法。具体地讲，就是企业领导通过制定的经营方针和奋斗目标，调动企业全体职工的积极性，推动企业的生产经营活动，实现企业的经营目标。它是把系统理论应用于企业管理的一种具体形式。它的要点是以预定方针和最优效果为目标，使企业的各部门、各层次、各项管理工作都围绕着企业方针目标的实现而统筹运动，各司其职，形成一个科学化、标准化、制度化的管理体系。企业要实现其生产经营方针，达到品种发展快、产品质量高、生产效率高、产品成本低、交货及时、服务优良的目标，就应实施方针与目标管理。

2.2.1 制定设备管理方针

企业的方针是企业全体职工统一思想、统一步调的保证。有了这个方针，就可把企业的所有部门和全体职工都动员起来，为实现这个目标而共同努力奋斗。企业方针包括方针、目标和措施三部分。

1) 方针：根据企业当前突出的问题点，以简单语言概括成几句话，它应体现企业的经营目标，既要激励员工的雄心壮志，又要实事求是、切实可行。

2) 目标：根据方针的内容、企业的现状或问题点，逐个对应地提出定量的目标与目标值，目标可以用生产计划指标或经营管理的技术经济指标表示，要突出重点，而不是生产计划指标的罗列。

3) 措施：它应包括措施项目、负责实施的责任部门、协同单位和完成时间。措施要根据目标来制定，以保证目标的实现。

制定设备管理方针、目标见表2-1。

表2-1 制定设备管理方针、目标

方　针	目标及目标值	对策措施
安全可靠、经济合理	加强设备维修管理： 1) 设备完好率95%以上 2) 完好标准定期检验率100% 3) 主要设备计划修理完成率100% 4) 厂房、构筑物完好率95%以上	1) 开展预防维修活动 2) 加强管理，提高计划准确性 3) 做好修前技术准备工作 4) 加强厂房和构筑物的检查，分段达标
	加强设备状态管理： 1) 设备故障率1.5%以下 2) 设备泄漏率2%以下 3) 设备完好评分平均85分以上 4) 无重大事故	1) 坚持日常维护 2) 按期进行维护 3) 按期清洗换油 4) 执行事故分析报告制度 5) 重点设备进行状态监测 6) 评出优秀维护操作者和维修工并给予奖励
	加强备件管理： 1) 提高管理水平，实现动态管理 2) 库房整顿，创一流库房	1) 设备的常用备件及关键件建立动态表 2) 仓库管理应用ABC法 3) 达到一流库房标准
	提高人员素质： 办专业人员学习班四期	1) 组织操作人员排除故障学习班 2) 组织备件技术人员学习班 3) 组织电气动力操作人员学习班 4) 组织状态监测人员学习班

（续）

方　针	目标及目标值	对策措施
安全可靠、经济合理	加强管理基础工作： 1）加强基础工作，建立各种台账、卡片、规章制度、备件图册等 2）建立设备管理程序 3）确保维修费用（大修费用及车间维修费用）不超支	1）定期检查评比，不断完善基础工作 2）编制、学习、推行、检查、巩固各种管理程序 3）审核、预决算全厂维修费，开展定期分析

2.2.2 建立设备工程目标

企业的管理目标就是企业的中长期发展规划与实现规划的战略措施，它们的具体化、数量化就是企业的总目标。把企业的总目标按部门、按层次自上而下逐级加以分解，形成一系列分目标和子目标，层层落实直到个人，这个过程叫做方针目标展开。然后，通过每个人的行动，自下而上层层保证分目标和总目标的实现。

1. 建立设备管理目标体系

设备是企业进行生产经营的物质技术基础，企业的设备工作是企业生产管理的重要组成部分。设备工作的目标管理是企业目标管理体系的一个组成部分，作为企业总系统的一个分系统，它有自身的具体目标。企业的经营目标可用目标树的形式表示，如图 2-2 所示。

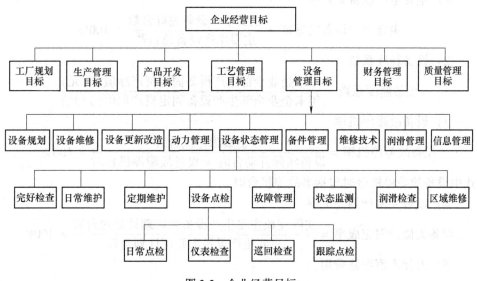

图 2-2　企业经营目标

设备的管理目标,除了保证实现企业不同时期经营总目标对设备工作要求的具体目标外,还包括企业设备正常工作的技术经济指标,它是衡量企业设备管理水平的尺度。通过各项设备管理的技术经济指标构成一个完整的进行综合评价设备管理目标的体系。某公司设备目标体系如图2-3所示。

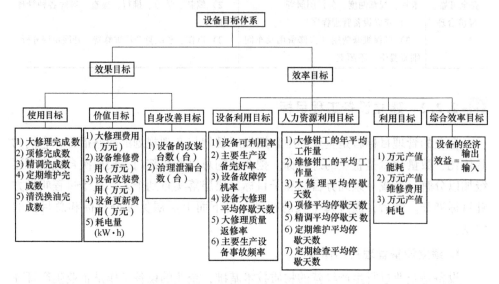

图2-3 设备目标体系

2. 设备主要考核经济指标

1) 主要生产设备完好率

$$主要生产设备完好率 = \frac{主要生产设备完好台数}{主要生产设备总台数} \times 100\%$$

2) 设备新度系数

$$设备新度系数 = \frac{年末企业全部生产设备固定资产净值(万元)}{年末企业全部生产设备固定资产原值(万元)}$$

3) 设备故障停机率

$$设备故障停机率 = \frac{设备故障停机台时}{设备实际开动台时 + 设备故障停机台时} \times 100\%$$

式中设备故障停机台时包括事故停机台时。

4) 设备大修计划完成率

$$设备大修计划完成率 = \frac{实际完成主要生产设备大修理计划内台数}{主要生产设备大修理计划台数} \times 100\%$$

5) 万元产值维修费用

$$\frac{\text{万元产值}}{\text{维修费用}} = \frac{\text{全年实际设备大修理费用总额(万元)} + \text{全年实际维修费用总额(万元)}}{\text{企业全年总产值(万元)}}$$

6) 大修理质量返修率（保修期一律按 3 个月计算）

$$\text{大修理质量返修率} = \frac{\text{保修期内实际返修停歇台时}}{\text{返修设备实际大修理停歇台时}} \times 100\%$$

7) 万元产值综合能耗

$$\text{万元产值综合能耗} = \frac{\text{企业实际消耗各种能的总量(吨标煤)}}{\text{企业全年总产值(万元)}}$$

8) 万元产值总耗电量

$$\text{万元产值总耗电量} = \frac{\text{企业实际消耗电总量(kW·h)}}{\text{企业全年总产值(万元)}}$$

3. 设备管理的长远目标与年度目标

企业设备工作的长远目标，是根据企业生产经营的中长期发展规划对设备工作的要求，并结合企业的发展和创新要求及具体技术经济指标制定出的。在长远目标的基础上，根据企业当年的经营总目标，具体结合企业当年的生产情况和特点及外部环境等，提出企业年度经营目标对设备工作的要求，然后制定设备工作的年度方针、目标和措施，以及年度设备管理工作计划和设备维修生产计划。制定设备管理长远目标与年度目标的程序如图 2-4 所示。

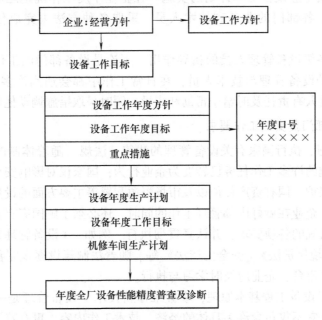

图 2-4 设备管理长远目标与年度目标

对设备的投资工作也可提出专项的长远规划和短期计划，例如，针对企业的设备投资工作，制定出企业设备的长远和短期投资规划。只有重视设备资产的投资，企业的资产结构优化才能实现，才能制定好设备的长远和短期投资规划。

2.2.3 设备部门人员素质

设备管理在企业中是重要的基础性管理工作，它决定着企业的经营效益，保证着生产与经营活动安全、平稳、高效运行，实现着国家倡导的资源节约与环境保护。既然设备管理对企业有着如此重要的作用，不断提高设备部门人员素质就是十分重要的，特别是设备部门负责人应具备什么条件，如何把企业设备管理工作做好，企业领导应重视这一问题。

【案例2-1】某大型企业为了加强设备管理，编制了设备部门负责人职责和具体工作要求。

1. 设备部门负责人职责

（1）当好企业设备资产主管的参谋　企业主管领导承担多方面的管理工作，对设备管理的许多具体专业和技术工作不可能掌握很细。所以在制定规划、计划和进行重大问题决策时，要听取包括设备部门各方面的意见，有时需要设备部门提出计划草案和解决问题的措施。设备部门负责人要组织相关人员做好准备。

（2）负责企业设备工作计划的实施　在企业年度工作确定之后，设备部门负责人要安排各部门的业务和技术人员，采取各种方法去完成任务，实现工作目标。

（3）对各级设备管理人员的指导作用　不论是设备部门的工作人员还是车间（分厂）的设备管理与技术人员，在日常工作中都会遇到许多问题或困难，设备部门负责人有责任及时给予帮助和指导，同时采取措施调动他们的积极性。

2. 设备部门负责人工作要求

（1）学习、执行国家有关设备管理的法律、法规　随着体制改革的深入发展，设备管理的许多工作任务已转变为企业行为；国家仅对影响安全运行、资源节约、环境保护、国有资产保值以及市场资源配置等主要方面的设备工作依法进行宏观管理。企业在做好内部管理工作的同时，还必须了解国家有关设备管理工作的法律、法规的各项要求，并认真贯彻执行。例如，《设备管理条例》《节约能源法》《环境保护法》《安全生产法》等。随着法制建设逐步完善，还会有新的法律、法规出台，企业应及时学习与执行。

（2）了解设备工程基本原理，掌握维修新技术　设备管理是一个专业，更是一门学科。它不仅包含许多具体的经济、技术工作内容，更有着深厚的理论基础和不断更新的管理观念。通常把设备管理与维修等工作范畴统称为设备工程。

在工业发达国家，设备工程已得到一定的认可。作为企业设备部门负责人当然应了解这些理论和丰富的经验，如"设备综合管理"的观念，以及依靠技术进步和实行预防性维修等指导思想。同时，为了工作的需要，设备部门负责人还应掌握涉及设备工程的各种新技术和在设备管理与维修工作中得到普遍应用的信息技术。此外，值得关注的还有润滑技术、故障诊断技术、零件修复技术。这些技术发展很快，并在设备维护与修理领域发挥着显著的作用。

（3）熟悉企业设备构成　为了做好企业的设备管理工作，设备部门负责人不仅要掌握通用性的基本要求，更要熟悉本企业的各种设备、设施的构成与工作原理，了解它们是如何在产品开发与升级中发挥作用的。要做到专用设备与通用设备均衡配置，要使能源设施与物流装置确保生产设备正常运行的需求，要根据设备的特点确定其检修周期、备件供应、维修成本以及维修人员的配备。同时，还要掌握市场研制的新设备对企业设备更新的影响。

（4）重视设备选购的经济技术分析　设备选购是设备前期管理的一个重要环节。选购合适的设备不仅能确保满足生产工艺的技术要求，而且保证了设备的可靠性与维修性，为今后管理与维修工作奠定良好的基础。同时，设备选购也是一项投资活动。因此，企业在设备选购之前应进行经济技术分析。设备部门负责人是这项工作的主持者或重要的参与者。在经济技术分析时，要论证投资效益，要用全寿命周期费用的观念指导工作，不能只追求购置费用低而忽视对设备运行费用的分析与估算，因为设备运行费用在设备一生耗用资金中占有很大的比重。

（5）保证设备正常运行　设备正常运行，即设备按其设计性能满足生产工艺流程所进行的持续、高效、稳定工作的状态。这是企业经营者所关注的，更应是设备部门负责人应关注的。在日常工作中，设备部门负责人要采取各种手段，排除设备因故障产生的停机或效能降低。要保证设备正常运行应做到以下几点：

1）坚持执行各项规章制度，包括安全操作规程、岗位责任制、设备维护与检修规程、交接班制等。

2）认真推行设备维护的各项工作，其中重点是设备润滑工作和设备状态检查工作。根据多数企业的经验分析：60%的设备故障来自润滑不良；认真执行设备关键点位检查工作，可以减少故障停机。

（6）安排设备大修　保持设备的精度与性能仅靠维护工作是不够的，还应根据企业设备构成的特点以及所处地域的社会环境，恰当地安排设备的大修。设备大修是指对设备生产线或单机进行停产和解体检修。其修理工作量应占全部解体修理量的60%以上。

设备部门负责人应按照设备维修和企业设备运行特征，合理确定其修理模式，即以故障为基准的事后维修，以运行时间为基准的计划检修或以状态为基准的预防维修。同时，还应明确修理工作是企业自主完成，或依靠社会专业单位进行。

设备部门负责人应对设备工程许多环节的工作，进行依靠社会机构完成工作的必要考察与联系。如设备采购招标、设备修理委托、设备转让、设备事故或报废鉴定等。

(7) 制定设备管理制度与工作计划　企业的设备管理规章制度、设备管理经济技术考核指标和企业设备管理工作规划、年度计划等，应由企业决策部门研究、审定、发布实行，但这些工作离不开设备部门的各种调查、研究以及对实施经验的分析、总结所形成的基本依据和必要的准备工作。

设备部门负责人要较好地完成这项工作，除应具备一定的学识和经验外，还应掌握以下三方面的知识：

1) 了解国家推行的新方针、政策。近年来国家提出发展低碳经济，这就要求企业要练好内功，着重抓好技术进步和提高管理水平。

2) 了解企业经营发展方向，满足产品开发的需求。例如企业近期要提高产品的产量，在设备管理方面就应加大设备更新、改造的力度并采取相应的措施。

3) 在调研的基础上，分析企业在设备管理工作中存在的问题，找出差距。企业制定考核指标和工作计划，要针对存在缺陷，找出解决问题的办法，不断提高管理水平。

(8) 发挥团队作用　企业的设备管理工作要依靠企业内部涉及设备资产管理各相关部门和各岗位工作人员的共同努力，充分发挥设备管理的团队作用、集体力量。日本 TPM 管理模式，讲求全员管理，即上至企业负责人，下至设备操作工，都要承担本岗位应负的设备管理、维护、检修等项工作的责任。发挥团队作用，具体指：

1) 要明确各工作岗位的职责，分工明确，落实到人，各负其责。其目的是增强职工的责任感。

2) 出现问题或失误，要共同分析、解决，不推诿。

3) 发扬民主，相信群众的创造力和辨别力，允许员工对工作提出建议、意见乃至批评，其目的是体现职工的自主管理的意识。

4) 关心员工的工作，适时安排相关的培训、交流活动，不断提高员工的知识水平与业务素质。

3. 设备管理部门新时期的特点

1) 设备部门负责人是一个专业性较强的工作岗位，其工作内容有较强的系统性和连续性。所以，这个职务应相对稳定，不宜经常调换。因此，作为一个设备部门负责人首先应热爱这项工作，有长期努力工作的打算。

2) 设备工程是一门学科，有其内在的规律性。但同时这项工作又是为企业经营活动服务的。因此，企业设备管理工作会在资金、人员、场地、时间等方面与其他工作产生矛盾。在这种情况下，设备部门负责人既要勇于坚持原则，从设备管理长远利益的角度认真分析问题，提出合理要求；同时又要顾全大局，服从领导层的决定。

3）我们国家的经济发展现在仍处于深化改革阶段。对于设备管理工作，既要积极总结自己的经验、教训，又要认真借鉴国外的先进管理方法。因此，企业的设备管理工作要不断更新观念，与时俱进，不断创造适合企业发展需要的新经验，达到新水平。

2.3 完善设备工程管理体系

当代的设备技术发展飞快，分别朝着集成化、大型化、连续化、高速化、精密化、自动化、流程化、综合化、计算机化、超小型化、技术密集化的方向发展。先进的设备与落后的维修能力的矛盾将日益严重地困扰着企业，成为企业发展的障碍。因此一方面要求企业加强设备的自诊断能力和可维修性，使设备具有更高的可靠性；另一方面呼唤更良好的社会化维修力量，减轻企业设备维修的压力。然而这些目标的实现需要一个发展过程，设备工程管理体系也就在矛盾中不断地发展进步。

2.3.1 设备管理的新模式

现代化的设备具有更强的系统特性，因此要求更先进的设备维修管理体制。近年来的企业发展表明，随着设备的技术进步，企业的设备操作人员不断减少，而维修人员则保持不变或不断增加。另一方面，操作的技术含量逐渐下降，而维修的技术含量却逐年上升。目前的维修人员遇到的多是机电一体化的集光电技术、气动技术、激光技术和计算机技术为一体的复杂问题，当前的设备维修已经是传统体制下的维修工难以胜任的一项工作。先进的设备需要先进的维修技术，更需要先进的管理模式。当代设备涉及学科领域广泛，已成为一门边缘的、综合性的、系统的学科，设备管理的覆盖面也在技术领域和经济领域不断拓展；与之相对应的设备管理体系也由早期的事后维修、预防维修逐渐发展到生产维护和各种设备管理模式并存的阶段。

2.3.2 TPM 管理体系

TPM 为全员生产维修体制，TPM 在日本以及全世界得到认可并不断发展，企业通过实行 TPM，获得良好的经济效益和知名度，充分发挥了设备的生产潜力，并为企业树立了良好的社会形象。

1. TPM 给企业带来效益

表 2-2 为推行 TPM 取得的效果。

表 2-2 推行 TPM 取得的效果

项 目	效 果 实 例
P（生产率提高）	劳动生产率增长：140%（A 公司）；80%（D 公司） 人均产值增长：87%（B 公司）；117%（AS 公司） 作业率增长：17%（T 公司） 停机减少：58%（C 公司）
Q（质量提升）	过程次品减少：40%（AS 公司） 次品减少：70%（T 公司） 客户意见减少：50%（MS 公司）；50%（F 公司）；25%（NZ 公司）
C（成本降低）	人工减少：30%（TS 公司）；30%（C 公司） 维修成本降低：15%（TS 公司）；30%（F 公司）；30%（NZ 公司） 能源节省：30%（C 公司）
D（周转缩短）	库存（日）减少：50%（11 天→5 天）（T 公司） 库存周转增加：200%（3 次/月→6 次/月）（C 公司）
S（安全环境改善）	零事故、零污染（M 公司）
N（劳动情绪高涨）	提交改进建议增长 50%（5→10 次/人·年）（AS 公司） 小组活动增加 200%（1 次/月→2 次/月）（A 公司）

目前，推行 TPM 的企业已遍及北欧、西欧、北美、亚洲、大洋洲。例如，韩国有 800 家公司开始推行 TPM 管理。日本为表彰 TPM 推广成果，设立了 PM 奖，除了日本和日本在海外的子公司外，仅 1998—2004 年期间，就有 956 家企业、1177 家工厂获得各类的 PM 奖，其中最高奖项世界奖由瑞典的沃尔沃汽车公司和日本的马自达汽车公司获得。

我国的一些著名企业，如上海宝山钢铁集团、鞍山钢铁集团及海尔集团也引进了 TPM 管理模式，并取得了明显成效。

2. TPM 定义

TPM 是以最有效的设备利用为目标，以维修预防（MP）、预防维修（PM）、改善维修（CM）和事后维修（BM）综合构成生产维修（PM）为总运行体制，由设备的计划、使用、维修等所有有关人员，从最高经营管理者到第一线作业人员全体参与，以自主的小组活动来推行 TPM，使损失为零。TPM 活动是以改善设备状况，改进人的观念、精神面貌及改善现场工作环境的方式来改革企业的体制，建立起轻松活泼的工作氛围，使企业不断发展进步。

3. TPM 的内容

TPM 包含以下五个方面的要素：

1）TPM 致力于设备综合效率最大化的目标。
2）TPM 在整个设备一生建立彻底的预防维修体制。
3）TPM 由各部门共同推行（包括工程、操作、维修部门）。
4）TPM 涉及每个雇员，从最高经理到现场员工。
5）TPM 通过动机管理，即通过自主的小组活动使 PM 体制得到推动。

4. TPM 活动的发展

1）TPM 以最大限度地发挥设备功能，以零故障、零缺陷为总目标。
2）TPM 是以多叠式的小组活动方式，在技术等级制度的组织之下加以推动的，力争从上至下的政策和自下而上的意见得到贯彻和沟通。
3）TPM 以 5S（SEIRI 整理、SEITON 整顿、SEISO 清扫、SEIKETSU 清洁、SHITSUKE 素养）为基础，开展自主维修活动。
4）TPM 以降低六大损失（设备故障、安装调整、空转及停机、速度降低、加工废品、初期未达产）来提高设备综合效率。
5）TPM 的推动不仅局限于生产部门和维修部门，设计开发等其他业务、行政部门都要纳入其中。

5. TPM 的特点

TPM 全员生产维修主要突出一个"全"字，这个"全"字有三个方面的含义，即全系统、全效率和全员参加。

全系统是指生产维修的各个方面均包括在内，如预防维修、维修预防、事后维修和改善维修；全效率是指设备寿命周期费用评价和设备综合效率；全员参加是指这一维修体制的群众性特征，从公司经理到相关科室直到全体操作员工都要参加，尤其是操作员工的自主小组活动。

三个"全"之间的关系为：全员为基础，全系统为载体，全效率为目标。TPM 的主要目标就落在"全效率"上，"全效率"在于减少或降低六大损失：

1）设备停机时间损失。
2）设置与调整停机损失。
3）闲置、空转与短暂停机损失。
4）速度降低损失。
5）残品、次品、废品损失，边角料损失（缺陷损失）。
6）产量损失（由启动到稳定生产间隔）。

有了这三个"全"字，使生产维修更加得到彻底的贯彻执行，使生产维修的目标得到更有力的保障。这也是 TPM 全员生产维修的独特之处。

6. TPM 的 5S 活动

5S 活动也是全员生产维修的特征之一。这五个词是：整理、整顿、清扫、清洁和素养。这是TPM的基础和精华。

（1）整理　把需要与不需要的物品分开，再将不需要的物品处理掉。让生产现场或工作场所明亮，增大作业空间，减少碰撞事故，提高工作效率。整理的难点在于物品的分类以及处理物品的决策。没有果断、有效的处理，就使下一步的整顿难以进行。

（2）整顿　把留下来的有用物品加以定置、定位，按照使用频率和可视化准则，合理布置、摆放，做到规范化、色彩标记化和定置化，便于快速找到和取用物品。整顿的要点在于事先的设计，先有设计方案，再付诸行动，达到事半功倍，避免整顿之中的返工。

（3）清扫　清除工作场所的灰尘、铁屑、垃圾、油污，创造整洁、明快的工作环境。把清扫和设备的点检、保养结合起来。我们主张由操作员工自己清扫。清扫工作也有一个工作流程的管理问题，如划分清扫区域，明确设备、清扫责任人，确定清扫周期、清扫方法和清扫标准，并设计清扫的考核评估体系。但清扫不能变成一次大扫除，而应成为一项持久的工作。

（4）清洁　前三个S的坚持、深化和制度化，而清洁是更高层次的清扫，即清除废水、粉尘和空气污染，创造一个环保、健康的工作场所。

（5）素养　素养即为精神上的"清洁"。一开始要以制度为推动力，最后达到"习惯"的目标，是形式化→制度化→习惯化→性格化的过程。

2.3.3　建立自主维修体系

设备工程管理推进的核心内容是建立自主维修体系。自主维修体系是以生产现场操作人员为主，对设备按照人的感官（听、触、嗅、视、味）和简易检测诊断仪器来进行检查，并对加油、紧固等维修技能加以训练，使之能对小故障进行修理。通过不断地培训和学习，使现场操作人员逐渐熟悉、了解设备的构造和性能，不但会操作，而且会保养，会诊断故障，会处理小故障。自主维修体系关键在于真正做到"自主"，使现场设备的保养、维护和维修成为操作员工的自觉行为。

自主维修牵涉到人的观念、人的技术和人的追求三个要素，其观念如图2-5所示。自主维修依次分为七个阶段，如图2-6所示。

（1）自主维修的第一步——初期清扫　初期清扫是以设备为主体，对设备区域的垃圾、尘土及污染物进行彻底清除，通过清扫、清洁、整理找出潜在故障隐患，并及时得到排除处置。

（2）自主维修的第二步——技术对策与攻关　技术对策与攻关，首先要解决清扫、清洁中的障碍，即难于清扫的部位和易于污染的部位。对于难于清洁的部位，要设计相应的清洁工具和想办法解决；对于易于污染上灰尘、废料、油污的部位，要制作一些防护罩，以期彻底解决问题，减少这些部位的清洁时间。每个车间应该对自己工作区域的环境负责，维修技术人员应协助车间解决一些清扫、清洁中的难题。

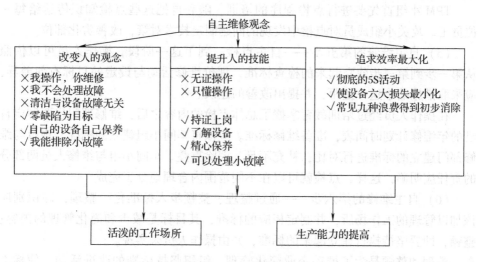

图 2-5　自主维修观念

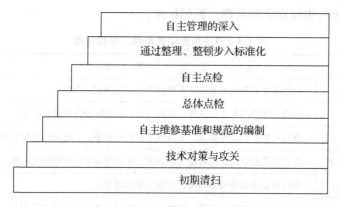

图 2-6　自主维修的七个阶段

（3）自主维修的第三步——自主维修基准和规范的编制　TPM 小组下一步要制定快速和有效进行基础保养和防止劣化的措施，如清洁、润滑、紧固的标准和规范。显然能够分配给清洁、润滑、紧固及点检的时间是有限的，应给操作人员一个合理的目标时间。例如设备运行前与运行后的 10min，周末 30min，月底 1h 等。如果在限定时间内这些工作不能完成，就要设法改进清洁、润滑、紧固操作方式。同时制定具体的规范，其中包括标准、方法、工具、周期等内容。

51

（4）自主维修的第四步——总体点检　通过自主维修的第一步到第二步，可以清洁、润滑、紧固的方式来防止设备劣化，使设备保持其基本状态。第四步是通过总体点检来度量设备的劣化。

TPM 小组首先要进行点检程序的培训，随后再把这些点检知识传达给每一位员工。攻关小组成员对点检中发现的问题制定技术对策，改善劣化部位。

（5）自主维修的第五步——自主点检　到了这一阶段，操作人员可以依照从第一步到第三步建立起来的检查标准，评价维修活动与设定的目标有何差异，应采取措施缩小这一差距，并提出改善的建议。

在操作人员经过培训教育掌握了总体点检的内容之后，维修部门也要制定自己的年维修计划时间表，准备维修标准。应该将车间小组建立的标准、规范与维修部门建立的标准进行对比，补充不足，消除重叠。车间小组与维修人员两部分的责任应明确，这样，点检就可以在不同范围内合理地分工完成。

（6）自主维修的第六步——通过整理、整顿步入标准化　整理，即识别应该加以管理的工作场所，并制定相应的标准，其目标是减少和简化管理的内容；整顿，即要坚持执行建立起来的标准，并由操作人员来实现。

整理和整顿是为了推动企业简化管理，组织坚持标准的改进活动，使标准化、规范化和目视化在企业贯彻始终。

表 2-3 为自主维修中的整理、整顿标准。

表 2-3　自主维修中的整理、整顿标准

项　目	要　素
操作者责任	赋予操作者责任的要求，要坚持执行（包括记录数据）
工作	推进工作程序和工作进程、目视控制，采用仪表仪器进行监测
模具、夹具和工具	通过目视控制，使模具、夹具和工具摆放有序，并建立精度和维修标准
保管好测量仪表	保管好测量仪表，完善防失误设施，并保持测量仪表的功能正常；建立检查标准
设备精度	操作者必须检查设备精度（因其会影响质量）
异常的处理和操作	建立和监视运行、安装、调整、加工状况；建立异常情况处理的工作流程，并执行中不断完善

（7）自主维修的第七步——自主管理的深入　通过从第一步到第六步的小组活动，员工们逐渐变得更自觉、更有能力。最后应成为独立的、有技能的、充满自信的员工，能够监督自己的工作，不断地改进工作。在这个阶段，小组活动应集中在减少六大损失，这时自主维修进入自主管理的新阶段。自主管理的程序如图 2-7 所示，生产现场维修规范化管理流程如图 2-8 所示。

第2章 设备管理体系

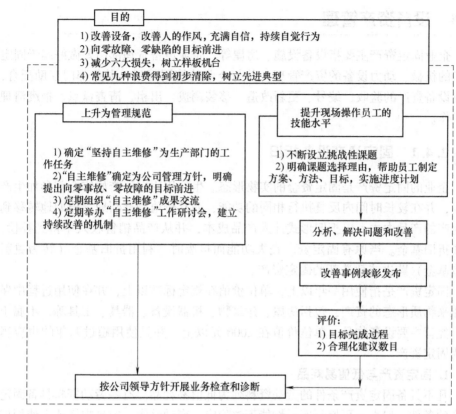

图 2-7 自主管理的程序

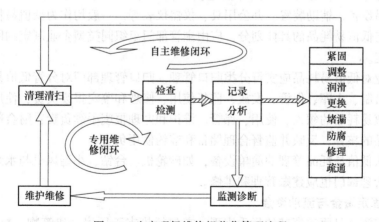

图 2-8 生产现场维修规范化管理流程

2.4　设备资产管理

企业固定资产主要指设备设施、房屋等，企业设备管理部门要做好属于固定资产的机械、动力设备的资产管理，并与企业的使用部门、财务部门互助配合，负责设备资产的验收、编号、更新改造、移装调拨、出租、清查盘点、报废清理等工作。

2.4.1　固定资产设备折旧

企业的固定资产是固定资金的实物形态。生产用固定资产始终全部参加生产过程，并在较长时间内反复执行相同的功能，而其价值则逐渐地、分期地转移到所生产的产品中去，以折旧形式计入产品成本，并从产品销售收入中得到补偿，形成折旧基金。当原有固定资产丧失功能而报废时，利用折旧基金（转为更新改造基金）购进或建造新的固定资产。

固定资产是指使用一年以上，单位价值在规定标准以上，并在使用过程中保持原来物质形态的资产，包括房屋、建筑物、机器设备、器具、工具等；不属于生产经营主要设备物品，单位价值在2000元以上，并且使用超过两年的也应当作为固定资产。

1. 固定资产与低值易耗品

凡不具备固定资产条件的劳动资料列为低值易耗品。有些劳动资料具备固定资产的条件，但由于更换频率、性能不够稳定、变动性大、容易损坏或者使用期限不固定等原因，也可以不列作固定资产，如专用工具、夹具、模具、工位器具、简易设备、辅助装置、办公用具、仪器仪表等，一般均作为低值易耗品。固定资产与低值易耗品的具体划分，应由主管部门组织同类型企业制定的固定资产目录确定。

企业对低值易耗品应实行分类归口管理。归口管理部门对分管低值易耗品的采购、自制、入库、保管、发放、监督使用、修理和鉴定报废负责；使用单位对在用低值易耗品的领入、使用、保管、维护和办理报废手续负责；财会部门对低值易耗品的核算，反映并监督合理储备和节约使用负责。

列入低值易耗品管理的简单设备，如砂轮机、台钻、小型风机与水泵等，设备维修管理部门也应建账管理和维修。

2. 固定资金与流动资金

固定资金是固定资产的货币表现。它包括垫支于厂房、建筑物、机器设备、运输工具和管理用具等主要劳动资料上的资金，在企业全部经营资金中占有很大的比重，是体现企业生产规模和生产能力的重要标志。企业的固定资金沿着固定资产的购建、价值转移和补偿、新购建的顺序进行循环，固定资金的不断循环，形成固定资金的周转，其周转期较长。

流动资金是指在企业生产经营活动中供周转使用的、随供产销过程进行的、一次全部转移价值到产品成本中去的资金。它是用于购买资源，如原材料、辅助材料、燃料等，以及支付工资和其他生产费用的资金。企业占用一定数量的流动资金，是企业进行生产经营活动的必要条件。

流动资金按占用形态可分为5大类，即储备资金、生产资金、成品资金、结算及货币资金。按所处领域分为两大类：一是生产领域的流动资金，它包括储备资金和生产资金；二是流通领域的流动资金，它包括成品资金、结算及货币资金。按管理方式又可分为定额流动资金和非定额流动资金，如图2-9所示。

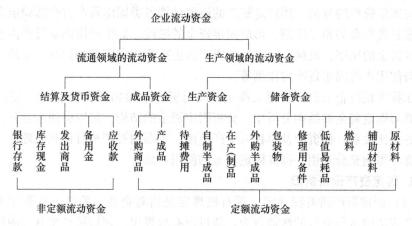

图2-9 流动资金分类

流动资金管理的目的，是在保证生产经营需要的前提下，尽可能地减少资金占用，不断加速资金周转，提高流动资金的运营效果，从而推动企业经营管理。

3. 固定资产的分类

为了加强固定资产的管理，按财会部门的规定，对固定资产作如下分类：

（1）按经济用途分类　可分为以下两类：①生产用固定资产，它是指直接参加或服务于生产方面在用的固定资产，是企业固定资产的主体。②非生产用固定资产，它是指不直接服务于生产过程，而在企业非生产领域内使用的固定资产，如用于职工住宅与公用事业、文化教育、医疗卫生、科研试验、农副业生产，以及其他非工业生产的固定资产。

这种分类可用于分析各类固定资产在其总量中所占的比重，研究固定资产结构对资金运用效果的影响，对于合理安排固定资产各要素的比例关系、促进技术进步、提高固定资产利用效果和基本建设投资效果，都具有重要意义。

（2）按使用情况分类　可分为以下五类：①使用中的。②未使用的。③不需用的。④封存的。⑤租出的。

这种分类可用于分析固定资产的利用程度，促进企业尽快把未使用的固定资产投入生产，及时处理不需用的固定资产，以提高固定资金的利用率。

(3) 按资产所属关系分类　可分为以下四类：①国家固定资产。②企业固定资产。③租入固定资产。④工厂所属集体所有制单位的固定资产。

这种分类可用于分析企业固定资产中的所有制成分与比重。

(4) 按资产的结构特征分类　可分为以下六类：①房屋及建筑物。②机械、动力设备。③传导设备。④运输设备。⑤贵重仪器。⑥管理用具及其他。

这种分类便于分工归口管理与实施分类折旧。

4. 固定资金的结构

按固定资产的分类，用固定资产的原值计算各类固定资产占全部固定资金的比重或各类资金的相互比例，形成固定资金的结构。如生产用固定资产占企业全部固定资金的比率，机械、动力设备资产占生产用固定资产的比率，未使用固定资产与使用中的固定资产的比例等。

在我国现行企业财务管理工作中，固定资产结构如图 2-10 所示，供财务会计核算与固定资金的结构分析用。分析固定资金的结构，可以促使改善各类固定资产的配比关系，使资产及早投入生产使用，不需用资产早日得到处理，从而使固定资产得到充分利用，提高固定资金的使用效果。

5. 固定资产设备折旧

(1) 固定资产所有权界定　所有权界定是指对企业、单位占有和使用的所属资产依法确认所有权的法律行为。通过所有权界定，划清资产所有权的归属关系纳入资产管理范围。

1) 国有资产所有权界定按企业国有资产所有权规定和有关法规执行。

2) 对于因情况复杂，一时难以确定其产权关系的资产，可作为"待界定资产"单独登记，在未依法明确所有权归属之前，任何部门、单位和个人均不得擅自处置和转移。

3) 对资产界定有争议或发生产权纠纷，由资产管理部门会同有关部门依据国家有关政策、法规进行仲裁。仲裁后如仍不能取得一致意见或对仲裁结果不服的，可按法律程序申请复议，直至由人民法院判决。

(2) 固定资产的价值　每台（项）固定的资产价值，通常按原始价值（即原值）和净值同时来表现，在特定的情况下要用重置完全价值来表现。

1) 原始价值：是指企业在投资建造、购置或其他方式取得某台（项）固定资产所发生的全部支出。企业应根据固定资产取得方式不同来确定原始价值。

2) 净值：又称账面净值，指固定资产的原价减去固定资产累计折旧后的净额，它反映了固定资产的现存账面价值。

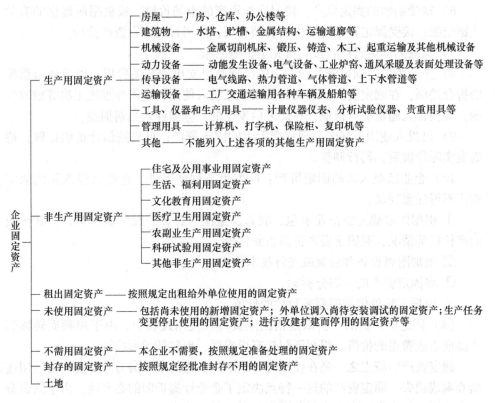

图 2-10　企业固定资产结构

3）重置完全价值：又称现行成本或重置成本，指按照当时的市场价格和生产条件下，重新购建同样的全新固定资产所需的全部支出。

（3）固定资产的登记入账　根据工业企业会计制度，企业固定资产应当按下列规定，确定其原值登记入账。

1）购入的固定资产：按照实际支付的买价或售出单位的账面原价（扣除原安装成本）、包装费、运杂费和安装成本等记账。

2）自建造的固定资产：按照建造过程中实际发生的全部支出记账。

3）其他单位投资转入的固定资产：按评估确认或者合同、协议约定的价格记账。

4）融资租入的固定资产：按租赁协议确定的设备价格、运输费、途中保险费、安装调试费等支出记账。

5）在原有固定资产基础上进行改建、扩建的固定资产：按原有固定资产账面原价、减去改建、扩建过程中发生的变价收入，加上由于改建、扩建而增加的支出记账。

6) 接受捐赠的固定资产：按照同类资产的市场价格，或根据所提供的有关凭据记账，接受固定资产时发生的各项费用，应当计入固定资产价值。

7) 盘盈的固定资产：按重置完全价值记账。

8) 企业为取得固定资产而发生的借款利息支出和有关费用，以及外币借款的折合差额，在固定资产尚未交付使用或已投入使用但尚未办理竣工决算前发生的，应当计入固定资产价值；在此之后发生的，应当计入当期损益。

9) 已投入使用但尚未办理移交手续的固定资产：可先按估计价值记账，待确定实际价值后，再行调整。

10) 企业已经入账的固定资产：除发生下列情况外，企业已经入账的固定资产不得任意变动。

① 根据国家规定的企业承包、联营、重组、合资、股份制、兼并、破产或清产核资等情况，对固定资产价值重新估价。

② 增加附属设备和装置或进行技术改造。

③ 将固定资产的一部分拆除。

④ 根据实际价值调整原来暂估的价值。

(4) 固定资产折旧　折旧是指固定资产在使用过程中，由于损耗而转移到产品成本或费用的价值。损耗既包括有形损耗，也包括无形损耗。

固定资产的特点之一是在使用寿命期限内，它的服务潜力随着资产的使用逐渐衰竭或消失，固定资产的这一特点决定了企业计提折旧的必要性。由于固定资产在使用过程中会逐渐丧失服务潜力（其原因在于使用中的损耗），所以企业必须在固定资产的有效使用年限内计提一定数额的折旧费用，这不仅是为了使企业在将来有能力重置固定资产，更重要是为了把固定资产的成本分配于各个受益期，实现期间收入与费用的正确配比。从这个意义上说，折旧核算是一个成本分配过程，其目的在于将固定资产的取得成本（若有残值，则为扣除残值后的净值）按系统合理方式，在它的估计有效使用期间内进行摊配。在工业企业中，国家的规定是：

1) 计算提取折旧的固定资产有：①房屋和建筑物。②在用的机器设备、仪器仪表、运输车辆、工具器具。③季节性停用和修理停用的设备。④以经营租赁方式租出的固定资产。⑤以融资租赁方式租入的固定资产。

2) 不计算提取折旧的固定资产有：①房屋、建筑物除外的未使用、不需用的固定资产。②以经营租赁方式租入的固定资产。③已提足折旧的固定资产，即固定资产已提足折旧后，不管能否继续使用，均不再提取折旧；提前报废的固定资产，也不再补提折旧。提足折旧是指已经提足该项固定资产应提取折旧的总额。④按照规定已提取维持费的固定资产。⑤破产、关停企业的固定资产。

(5) 折旧的计算方法　一定时期内，固定资产由于损耗转移到产品中去的价值有多少，很难用技术方法测定，而多借助于计算的方法。

固定资产的折旧方法分为直线法、工作量法、加速折旧法和减速折旧法。在这些方法中又包括诸多的方法，如图 2-11 所示。

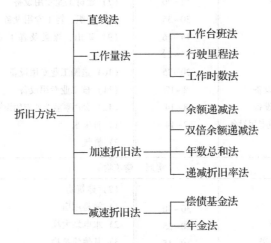

图 2-11　固定资产的折旧方法

在计算折旧额时，要考虑如下几个因素：
1) 固定资产原值。
2) 使用年限（或预计产量、工作量），又称折旧年限，可参考某企业固定资产分类折旧年限，见表 2-4。为让使用年限的确定尽量与固定资产的预计使用寿命相趋近，应以各行业对各类产品的设计使用年限以及工程技术人员用技术预测的方法所预计的使用年限作为调整折旧年限的基础资料。

表 2-4　工业企业固定资产分类折旧年限

通用设备			
分　　类	折旧年限/年	分　　类	折旧年限/年
(1) 机械设备	10~14	(6) 工业炉窑	7~13
(2) 动力设备	11~18	(7) 工具及其他生产用具	9~14
(3) 传导设备	15~28	(8) 非生产用设备及器具设备	
(4) 运输设备	6~12	工具：电视机、复印机、文字处理机	5~8
(5) 自动化控制及仪器仪表：			
1) 自动化、半自动化控制设备	8~12		
2) 电子计算机	4~10		
3) 通用测试仪器设备	7~12		

（续）

专用设备			
(1) 冶金工业专用设备	9~15	(6) 电子仪表电信工业专用设备	5~10
(2) 电力工业专用设备			
1) 发电及供热设备	12~20	(7) 建材工业专用设备	6~12
2) 输电线路	30~35	(8) 纺织、轻工专用设备	8~14
3) 配电线路	14~16	(9) 矿山、煤炭及森工专用设备	7~15
4) 变电配电设备	18~22		
5) 核能发电设备	20~25	(10) 造船工业专用设备	15~22
(3) 机械工业专用设备	8~12	(11) 核工业专用设备	20~25
(4) 石油工业专用设备	8~14	(12) 公用事业企业专用设备:	
(5) 化工、医药工业专用设备	7~14	1) 自来水	15~25
		2) 燃气	16~25
房屋、建筑物			
(1) 房屋		(2) 建筑物	
1) 生产用房	30~40	1) 简易用房	8~10
2) 受腐蚀生产用房	20~25	2) 水电站大坝	45~55
3) 受强腐蚀生产用房	10~15	3) 其他建筑物	15~25
4) 非生产用房	35~45		

(6) 折旧计算

1) 直线法，又称平均年限法。该方法假定固定资产的服务潜力随着时间的消逝而减退，因此，固定资产的成本可以均衡地摊于其寿命周期内的各个期间，其计算公式为

$$年折旧额 = \frac{固定资产原值 - 预计净残值}{预计使用年限}$$

$$月折旧额 = 年折旧额 \div 12$$

【案例 2-2】某项固定资产原值为 300000 元，估计残值为 5000 元，估计使用年限 10 年。则有

$$年折旧额 = \frac{300000 - 5000}{10} 元 = 29500 元$$

$$月折旧额 = 29500 \div 12 元 = 2458.33 元$$

2) 工作量法，又称作业量法。是以固定资产的使用状况为依据计算折旧的方法。它假定固定资产的服务潜力随着它的使用程度的增加而减退，因此，固定资产的成本是根据该项固定资产的实际作业量摊配于各个期间的。其计算公式为

$$单位作业量折旧额 = \frac{固定资产原值 - 预计净残值}{预计总作业量}$$

各期折旧额=单位作业量折旧额×各期实际作业量

具体有：

① 工作时数法：按固定资产总工作时数平均计算折旧额的方法，它适用于机械设备，其公式为

$$每工作小时折旧额 = \frac{固定资产原值 - 预计残值}{规定的总工作小时}$$

各期折旧额=每工作小时折旧额×各期实际工作时数

② 工作台班法：按固定资产总工作台班平均计算折旧额的方法，其公式为

$$每台班折旧额 = \frac{固定资产原值 - 预计残值}{规定的总工作台班数}$$

各期折旧额=每台班折旧额×各期实际工作台班

③ 行驶里程法：按固定资产行驶里程平均计算折旧额的方法，其公式为

$$单位里程折旧额 = \frac{固定资产原值 - 预计残值}{规定的总行驶里程}$$

各期折旧额=单位里程折旧额×各期实际行驶里程

【案例2-3】某运输公司购置一辆新运输车，价值为800000元，预计行驶300000km预计残值10000元，若购置当年行驶了30000km，则有

$$1km 折旧额 = \frac{800000 - 10000}{300000} 元/km = 2.633 元/km$$

当年应计提折旧额=30000×2.633元=78990元

3）加速折旧法，又称递减费用法。即固定资产每期计提的折旧数额，在使用初期计提得多，在后期计提得少，从而相对加快折旧速度的一种方法。加速折旧法有多种：

① 年数总和法：是将固定的原值减去预计净残值后的余额乘以一个逐年递减的分数，这个分数的分子代表固定资产尚可使用的年数，分母是使和年数的逐年数字总和。如要使用年限为 n 年，年数总和法的分母是：$1+2+3+\cdots+n = n(n+1)/2$，其折旧的基本计算公式为

$$年折旧额 = (固定资产原值 - 估计残值) \times \frac{尚可使用年数}{年数总和}$$

【案例2-4】一台小型压缩机的原值为40000元，预计残值1000元，预计使用年限为五年，则年数总和=1+2+3+4+5=5×(5+1)/2=15，年数总和法的计算过程见表2-5。

② 双倍余额递减法：在采用双倍余额递减法时，是按直线法折旧率的两倍乘以固定资产在每一期间的期初账面净值，得出每期应计提的折旧额，它通常不

考虑固定资产残值，其计算公式为

$$年折旧额 = 期初固定资产账面净值 \times 双倍直线折旧率$$

其中

$$双倍直线折旧率 = 2 \times \left(\frac{1}{预计使用年限 \times 100\%} \right)$$

表 2-5 用年数总和法计算折旧

年 份	（原值-残值）/元	尚可使用年数/年	折 旧 率	折旧额/元	累计折旧/元
1	39000	5	5/15	13000	13000
2	39000	4	4/5	10400	23400
3	39000	3	3/15	7800	31200
4	39000	2	2/15	5200	36400
5	39000	1	1/15	2600	39000

加速折旧法的应用：①随着固定资产使用期的推移，它的服务潜力下降了，而修理费用则可能会逐年增加，它所能提供的收益也随之降低，所以根据配比原则，在固定资产的使用早期多提折旧，而在晚期则少提折旧。②固定资产所能提供的未来收益是难以预计的，早期收益要比晚期收益有把握一些，同时由于货币时间价值的客观存在，期限越长，其贴现率越小，从稳健性原则出发，早期多提而后期少提的方法是合理的。

加速折旧法在西方国家被广泛使用，我国近年来也把加速折旧法从理论开始转向实际应用之中。企业之所以愿意采用加速折旧法，主要是固定资产的有效使用年限和折旧总额并没有改变，变化的只是在投入使用的前期提得多，而在后期提得少。这一变化的结果就使得固定资产使用前期编制的会计报表中的收益相应减少，从而推迟了所得税的交纳，可见企业采用加速折旧法，实质上等于获得了一笔长期无息贷款，这正是加速折旧法在一定条件下能够刺激生产、刺激经济增长的原因之一。

4）分类折旧法和综合折旧法。在实际工作中，为简化计算提取折旧的工作，许多企业以某类固定资产为对象计算提取折旧，或以企业的全部固定资产为对象计算提取折旧，前者为分类折旧法，后者为综合折旧法。

① 分类折旧法：是按照固定资产的类别，把一组性质相似的固定资产集合在一起计算提取折旧的方法，例如，某工具厂的金属切削机床。分类折旧法的计提公式为

$$某类固定资产折旧率 = \frac{按个别折旧率计算的某类固定资产年折旧总额}{某类固定资产的原值} \times 100\%$$

$$某类固定资产年折旧额 = 某类固定资产原值 \times 分类折旧率$$

② 综合折旧法：是将整个企业的全部应计算提取折旧的固定资产统一计算

提取折旧的方法。综合折旧法的公式为

$$综合折旧率 = \frac{按个别折旧率计算的全部固定资产折旧总额}{全部固定资产的原值总额} \times 100\%$$

$$年折旧率 = 企业全部应计折旧固定资产原值总额 \times 综合折旧率$$

2.4.2 设备资产评估

设备价值评估是企业、事业单位固定资产设备产权交易的一种经济活动，它是资产评估的一部分。

资产评估是指对资产价格的评定和估计，是通过对资产某一时期价值的估算，从而确定其价值（价格）的经济活动。具体地说，资产评估是指由专门机构和人员，依据国家的规定和有关资料，根据特定的目的，遵循适用的原则和标准，按照法定的程序，运用科学的方法，对资产进行评定和估价的过程。

资产评估主要由六大要素组成，即资产评估的主体、客体、特定目的、程序、标准和方法。评估的主体指资产评估由谁来承担，它是资产评估工作得以进行的重要保证；评估的客体是指资产评估的对象，它是对资产评估内容上的界定；评估特定目的是指资产业务发生的经济行为，直接决定资产评估标准和方法的选择；资产评估标准是对评估价值的质的规定，对资产评估方法的选择具有约束性；资产评估方法是确定资产评估价值的手段和途径。

1. 资产评估目的

资产评估的目的是为了正确反映资产价值及其变动，保证资产耗损得到及时的补偿，维护资产所有者和经营者的合法权益，实现资产的优化配置和管理。

2. 资产评估

资产评估对象是指被评估的资产，即资产评估的客体。资产的存在形态分类，资产的存在形态可以分为以下两类。

1) 有形资产：指那些具有具体实体形态的资产，包括固定资产、流动资产、其他资产和自然资源等。

2) 无形资产：指那些能够长期使用，但没有物质实体存在，而以特殊权利或技术、知识等形式存在，并能为拥有者带来收益的资产。

无形资产一般分为：

① 可确指的无形资产，如专利权、专用技术（诀窍）、生产许可证、特殊经营权、租赁权、土地使用权、资源勘探和开采权、计算机软件、商标。

② 不可确指的无形资产，如商誉权。

3. 设备价值评估原则

设备价值评估，应遵循资产评估的基本原则。

(1) 评估的基本原则

1) 独立性原则。要求设备价值评估摆脱被评估资产各方当事人利益的影响。评估机构是独立的社会公正性机构，评估工作应始终依据国家规定的政策和可靠的数据资料独立进行操作，作出独立的评定。

2) 客观性原则。即要从实际出发，认真进行调查研究，在使用客观可靠资料的基础上，采用符合实际的标准和方法，得出合理可信、公正的评估结论。

3) 科学性原则。指在具体评估过程中，必须根据特定目的，选择适用的标准和科学的方法，制定科学的评估方案，确定合理的评估程序，用资产评估基本原理指导评估操作，使评估结果准确合理。

4) 专业性原则。专业性原则要求资产评估机构必须是提供资产评估服务的专业技术机构。

(2) 评估的经济原则

1) 功效性原则。在评估一项由多个设备或装置构成的整体成套设备资产价值时，必须综合考虑该台（项）设备在整体设备中的重要性，而不是独立地确定该台（项）设备的价值。如评估生产线上的设备，必须考虑该设备在生产线上功能的重要程度。

2) 替代原则。在评估时，考虑某一设备的选择性或有无替代性，是评估时的一个重要因素，因为同时（评估基准日）存在几种效能相同的设备时，实际存在的价格有多种，评估时则应考虑最低价格水平。

3) 预期原则。设备的价值是基于未来收益的期望值决定，评估设备资产价值高低，取决于其未来使用性或获利的能力。因此，要求进行设备价值评估时，必须合理预测其未来的获利能力及取得获利能力的有效期限。

4) 持续经营原则。指评估时，被评估设备需按目前用途和使用方式、规模、频度、环境等情况，继续使用或在有所改变的基础上使用，相应确定评估方法、参数和依据。

5) 公开市场原则。指设备评估选取的作价依据和评估结论都可以在公开市场存在或成立。公开市场是指一个竞争性的市场，交易各方进行交易的目的，在于最大限度地追求经济利益，交易各方掌握必要的市场信息，具有较为充裕的时间，对评估设备具有必要的专业知识，交易条件公开，并且不具有排他性。在公开市场上形成或成立的价格被称为公允价格。

4. 设备价值评估的特点

设备价值评估具有如下特点：

1) 设备资产在企业中占有很大的比重（一般为60%~70%）。因此，设备价值评估在整个资产评估中占有重要地位。

2) 设备特别是大型、重型、高精度数控和成套设备比其他固定资产的技术含量高。对这些设备的评估要以技术检测为基础，并参照国内外技术市场价格信息。

3）设备资产在使用过程中，不仅会产生有形磨损，而且还产生无形磨损，对有些设备尤为突出，对此要进行充分调查和技术经济分析。

4）对于连续性作业的生产线设备，其构成单元是不同类型的装置，对此要以单台、单件为评估对象，分类进行，然后汇总，以保证评估的准确性。

5. 委托方准备工作

委托方在办理资产评估委托之前，凡属国有资产的应首先办妥资产评估申请立项工作，经国有资产管理部门批准后，方可委托资产评估机构评估资产，通过项目接洽签订评估委托协议书，确定评估范围、时间安排等。凡需要进行设备资产评估的项目，委托方和评估机构都需要做好各项准备工作，这对评估工作的进度与质量有十分重要的关系。

委托方组织进行设备资产清查，按评估机构提供的表格及填表要求填好表格，见表2-6和表2-7，并提供下列资料与凭证：

1）设备资产管理及参数的电子文件。
2）厂区和车间设备平面图和地下管线图。
3）设备管理历史和现状概要资料。
4）主要生产工艺流程图。
5）主要设备大修和技术改造竣工决算书（或预算书）。
6）有关设备的统计（年）报表及有关账卡。
7）进口设备的协议、合同、到岸价、关税、运费、安装调试费及其他有关费用资料，以及付款凭证等。
8）有关动力设备和压力容器等特种设备的年度安全鉴定证明及预防性试验报告等资料。
9）运输设备的产权证明及营运证明等。

表2-6 固定资产设备清查评估明细

评估基准日： 年 月 日　　资产占有单位名称：　　金额单位：元

序号	设备编号	设备名称	规格型号	生产厂家	计量单位	购置日期	启用日期	账面价值		调整后账面值		评估价值			增值率（%）	备注
								原值	净值	原值	净值	原值	成新率(%)	净值		
		本页小计														
		合 计														

资产占有单位填表人：　　　　评估人员：　　　　填表日期： 年 月 日

表 2-7　固定资产车辆清查评估明细

评估基准日：　　年　　月　　日　　　资产占有单位名称：　　　　金额单位：元

序号	车辆牌号	车辆名称及规格型号	生产厂家	计量单位	购置日期	启用日期	已行驶里程/km	账面价值		调整后账面值		评估价值			增值率（%）	备注
								原值	净值	原值	净值	原值	成新率(%)	净值		
		本页小计														
		合　　计														

资产占有单位填表人：　　　　　评估人员：　　　　　填表日期：　　年　　月　　日

6. 设备价值评估操作程序

从评估机构的角度来看，设备价值评估工作主要有以下程序：

（1）评估准备阶段

1）做好对委托方关于评估的指导工作。

2）分析委托方提供的资料与数据，明确评估思路。

3）有针对性地搜集有关资料，以提高评估效率。

（2）现场工作阶段　这是价值评估的重点阶段。其主要工作任务是：

1）查明实物，落实评估对象。要尽可能对所有申报评估的设备逐台核实。对数量较多的成批同型号设备可采用抽查办法，以落实评估对象。

2）对设备进行技术鉴定。对设备进行技术鉴定通常是要分层次的。①应对设备所在的生产系统与环境和生产强度进行评价，对维修力量、技改情况，以及操作人员水平等作出评价，为单台设备的技术鉴定提供背景数据。②对单台设备进行鉴定。重点了解掌握：设备的类别和规格型号，制造厂家和出厂日期，主要用途和功能，所用能源和加工精度，设备利用率及运行负荷，设备实际技术状态，设备修理情况及大修周期等。

3）确定设备的成新率。根据对设备宏观技术评价和具体技术鉴定，评估人员应尽可能在工作现场对被评估设备作出成新率判断。

（3）评定估算阶段　这是价值评估的实质阶段。在此期间，一方面要继续搜集所欠缺的数据资料；另一方面要对已搜集的数据资料进行筛选和整理，重点是设备的订货合同、发货票、工程决算书，以及现行设备购置价等数据。对设备产权的确认，要给予特别的重视。另外，还需注意设备抵押、担保和租赁情况，对产权受到某种限制的设备要另行登记造册，单独处理。

在完成上述工作以后，评估人员就可本着客观、公正的原则对设备进行评定估算，估测每台设备的重估价值。

（4）自查总结阶段　由于被评估设备数量多，分布较广，又是分头进行，为了避免出现相同设备在不同场地、不同人员评估，出现不同的评估值，以及重复评估或漏评现象发生，评估机构在设备评定估算工作基本完成后，还要进行自查工作，对设备的估价依据和参数再进行一次全面的核对。在重新核对无误的基础上填写有关表格，编写评估说明或设备评估报告书。

资产评估报告书正文的内容包括：①首部。②绪言。③委托方与资产占有方简介。④评估目的。⑤评估范围与对象。⑥评估基准日。⑦评估原则。⑧评估依据。⑨评估方法。⑩评估过程。⑪评估结论。⑫特别事项说明。⑬评估基准日期后重大事项。⑭评估报告法律效力。⑮评估报告提出日期。⑯尾部。

7. 设备价值评估方法

设备价值评估方法有重置成本法、现行市价法和收益现值法，一般采用重置成本法较多，在特定情况下采用现行市价法或其他方法。

（1）重置成本法具体计算　重置成本由于购建的材料、技术不同可分为以下两类：①复原重置成本：指用原资产相同的材料、建造标准、设计结构和技术条件等，以现时价格再购建相同的全新资产所需的成本。②更新重置成本：指用新型材料、新技术标准，以现时价格购建的相同功能的全新资产所需的成本。

重置成本法是指在评估资产时按被评估资产的现时重置价值，再减去实体性贬值、功能性贬值和经济性贬值来确定被评估资产的评估值的方法，用公式表示

$$评估价值 = 重置价值 - 实体性贬值 - 功能性贬值 - 经济性贬值$$

1）实体性贬值。设备的实体性贬值是由于使用磨损和自然损耗形成的贬值。实体性贬值的估算，一般由具有专业知识和丰富经验的工程技术人员，对设备的主要部位进行技术鉴定并综合分析其使用、维护、修理、改造等情况，并考虑物质寿命等因素，将评估对象与全新状态相比较，考虑由于使用磨损和自然损耗对设备的功能、使用效率的影响程度，判断设备的成新率，从而估算实体性贬值。计算公式：

$$设备实体性贬值 = 重置价值 \times (1 - 成新率)$$

$$设备实体性贬值 = \frac{重置价值 - 残值}{预计使用年限} \times 实际已使用年限$$

式中，残值是指被评估资产在清理报废时收回的现金净额；预计使用年限：即综合考虑经济和物质寿命，设备的有效使用的寿命。

2）功能性贬值。功能性贬值是由于技术相对落后造成的贬值。估算功能性贬值时，主要根据设备的效用、生产能力和工耗、物耗、能耗水平等功能方面的差异造成的成本增加和效益降低，相应确定功能性贬值额。同时，还要重视技术进步因素，注意替代设备、替代技术、替代产品的影响，以及行业技术装备水平现状和资产更新换代速度。

以适当的折现率将评估设备在剩余寿命内每年的超额运营成本折现,这些折现值之和就是被评估设备的功能性损耗(贬值)。其计算公式为

被评估设备功能性贬值=Σ(被评估设备年净超额运营成本×折现系数)

应当指出,新老设备的技术性能对比,有生产效率影响制造成本超额支出,还有原材料消耗、能源消耗、燃料消耗以及产品质量等指标进行对比计算其功能性贬值。

3)经济性贬值。经济性贬值是由于外部环境变化造成设备贬值。计算经济性贬值时,主要是根据由于产品销售困难而开工不足或停止生产,形成资产的闲置,价值得不到实现等因素,确定其贬值额。评估人员根据具体情况加以分析确定。还有其他一些因素,如竞争增加、通货膨胀、原材料供应变化、利率提高、国家经济政策的影响等。当设备使用基本正常时一般不计算经济性贬值。

综上所述,用重置成本法评估机器设备的基本公式是

评估价值=重置价值×成新率

【案例2-5】某企业拟以固定资产作为投资与另一企业联营,其中一台自制设备,依据制造时的材料发票、劳务委托、人工费用等资料确定,直接费用合计为58000元。其中:材料费用50000元、外委费用3000元、人工费用5000元。另外,间接费用合计为40元。

设备评估时无法找到可参照的资产价格。根据设备构成的现行市价,该企业和制造厂家的人工费用标准和车间管理水平等因素进行评定估算,直接费用合计为99500元。其中:现行材料价格80000元、现行委外费用4500元、现行人工费用15000元。此外,间接费用(含车间经费)合计为500元。所以,自制设备重置成本(合计)为100000元(注:实际评估时还要折算其成新率和各类性质的贬值等)。

(2)重置价值 是指被评估资产的原始成本,根据物价变动指数,按现行价格水平计算重置价值。计算公式为

$$重置价值=资产原始成本 \times \frac{评估时定基物价指数}{购建时定基物价指数}$$

【案例2-6】某企业在清产核资时,对一台C618车床进行评估,其原值为55000元,预计使用年限为18年,已使用14年。购置时定基物价指数0.95,评估时定基物价指数1.60。

$$重置价值=55000 \times \frac{1.60}{0.95}=92632 \text{元}$$

注意实际评估时还要折算其成新率和各类性质的贬值等。

(3)成新率的评定 成新率是反映设备的新旧程度,也就是设备的现行价

值与其全新状态的重置价值的比率。由于影响成新率的因素较多，它涉及设备的使用、维护和修理、改造等。设备的成新率不仅要由其已使用时间长短所决定，而且要通过现场的勘察和技术鉴定判定现时的设备实际技术状态，综合考虑诸多因素，真实地反映设备的成新率。确定成新率的计算公式为

$$C = \left(1 - \frac{t}{T}\right) K \times 100\%$$

式中　C——设备成新率；

　　　t——设备已使用年限（并视其利用率情况，经现场验证后，予以修正）；

　　　T——设备预计使用年限（综合考虑物质、经济和技术寿命，并根据现场核实后确定）；

　　　K——设备运行状态（考虑维护保养、工作负荷、工作环境等）调整系数，一般 $K=0.7\sim1$。

式中的各项参数的确定：

1）预计使用年限：合理地确定预计使用年限，既要考虑设备有效使用寿命，也要考虑设备使用的经济性，同时还要考虑到设备由于技术进步出现更先进的同类设备而被淘汰。因此确定预计使用年限，不能完全以规定的折旧年限为准，而应根据实际情况和参照有关技术资料，对不同类型设备的可靠性和经济性指标进行综合分析，如设备寿命周期费用、平均无故障工作时间和大修理间隔期等。

2）已使用年限：要根据设备利用率进行合理调整。其计算公式为

实际已使用年限＝名义已使用年限×平均设备利用率调整系数

式中平均设备利用率调整系数，见表2-8。

表2-8　平均设备利用率调整系数

平均设备利用率（%）	调整系数	平均设备利用率（%）	调整系数
≤20	0.2~0.4	>40~60	0.6~0.8
>20~40	0.4~0.6	>60~100	>0.8~1.0

当设备已使用年限超过预计使用年限时，对于基本上能够使用的设备其成新率≥15%。

3）设备运行状态调整系数：是根据现场对设备工作状态勘察的实际状况评定，见表2-9。

表2-9　设备运行状态调整系数

评定内容	单项数据				权重（%）
	状况	差	良	优	
维护保养	对应值	0.85~<0.90	0.90~<0.95	0.95~1.00	35

(续)

评定内容	单项数据				权重（%）
工作负荷	状况	粗加工	半精加工	精加工	35
	对应值	0.8~<1.0	1	>1.0~1.1	
工作环境	状况	严重腐蚀	烟尘潮湿	正常环境	30
	对应值	0.8	0.9	1	

2.4.3 设备管理成本控制

设备管理的过程主要包括设备的选购、安装调试、使用、维修、改造、更新、报废等。设备管理成本是企业中的各种与设备相关支出的综合，主要包括购置费用、维修费用、设备管理人工成本、维修材料费、外来维修费、停工损失、设备运行的水、电、气的费用等。

企业生产对于设备管理有较高的要求，一方面要保证设备运转的各项技术指标的正常；另一方面要使设备的管理成本保持在较低的水平上。在设备管理工作中必须积极进行成本控制，尽可能达到人与设备资源的合理配置，提高设备利用率，发挥设备投入应用效果。通过对设备的损失实施科学的管理，努力实现"5Z"（零事故、零故障、零缺陷、零库存、零差错）的目标，从而获得最佳的设备综合效率和设备资产保值及增值。

设备管理成本控制的具体做法：

1. 建立科学的现代设备管理体系

1）建立科学的设备管理体系是现代设备管理理念的核心内容，对设备寿命周期的所有物质运动形态和价值运动形态进行综合管理，成为设备成本控制的有效手段。现代设备管理体系吸收了现代管理科学理论和现代科技成果，应用和发展了故障诊断监测技术和统计推断的管理技术，引入了寿命周期费用等概念，建立以全过程管理、寿命周期管理、预防维修制度为核心的设备管理体系，使设备管理部门从日常维修转变到状态监测上来，使设备管理进入了一个全新的阶段。

2）设备管理制度体系是设备管理体系的基础。可以建立以设备基础管理、运行管理、检修管理、备件管理、能源管理、润滑管理等为主线的设备管理制度体系。

3）实施科学的档案管理是设备管理体系的重要方面。要对其适时进行优化、修订和完善，通过动态管理来确保其科学性和有效性；要了解设备的使用性能，掌握操作要领，实施有针对性的维护和检修方案，充分发挥其潜能；要认真记录设备的性能指标，翔实记录各种备件的更换时间、损坏原因以及检修所需时间、更换周期，这些对计划检修、备件储备都具有重要意义。

2. 强化设备前期管理成本控制

1）设备的前期管理包括设备的选型、购置、安装调试等。设计、选用什么样的设备，对投产后运行的经济效益、设备维修投入起着决定性的作用。设计选型时既要考虑到设备的可靠性、适用性、维修性、安全性等因素，又要考虑到企业实际情况，尽量同原有的设备系列化，只有这样才能为设备后续生产、运行、维护的经济性打下良好的基础。不能单纯追求在设备前期管理中降低投资，从设备寿命周期最经济这个角度看，前期的合理投入有利于降本增效。

2）设备的可维修性是降低维修费用、减少停工损失的重要措施，购置设备时要注重对其可维修性的考察。可以运用价值工程考虑寿命周期成本和使用效益，这是控制设备综合成本的有效办法。因此，在设备购置时，要对设备的购置费用、品质、性能、可维修性、使用维修费用进行综合分析，并考虑其经济效益、产品质量、生产效率等，求得最佳的价值。

3）技术资料是分析故障的依据，是解决问题的前提条件，对设备的后期管理起着重要作用。要力求做到设备的资料完整，重视资料的查收和建档工作。除整理随机带来的技术资料外，还应注意收集包装箱内夹带的资料、各装配件附带的零星的资料，并经认真筛选后归档，近年来企业的进口设备越来越多，强化资料保管建档显得更为重要。

3. 加强设备管理中的全面预算管理

全面预算管理是控制成本的有效措施。通过认真调查与统计分析，科学地制定设备管理的全面预算计划，并将指标层层分解、层层控制，对预算外的项目和费用严格监控、层层把关，同时认真进行实绩分析，有效地将费用控制在预算范围内，从而减少设备管理的浪费，降低成本。

4. 做好设备使用维护保养阶段成本控制

1）设备维修是企业设备成本比较明显的部分。要降低维修成本，必须同其他环节的工作相配合，抓好全部各环节的管理。要注意加强设备制造单位和使用部门的横向联系，加强内部各部门人员的协调配合，共同管好设备，以达到设备寿命周期成本最低、综合效率最高的目的。

2）建立设备管理责任制度，完善考核机制，将综合效果与人员的工资收入直接挂钩。设备的正常运转，首要是做好设备的维护保养。谁主管，谁负责，操作员工发现问题后及时汇报，采取必要措施防患于未然；同时交接班记录必须翔实客观，交接班时必须对设备进行细致检查，发现问题及时处理，杜绝带病作业，努力保证维修的效果。

3）加强设备的点巡检工作。综合分析故障原因，具体包括：设计不良、操作不良、施工不良、运转不良、点检不良、诊断不良、修理不良等。对策：制造不发生故障的设备、彻底验收试运转设备、正确的运转操作、正确的定期检查、延长设备使用寿命、提高保全信赖性等。

4）加强对设备的故障变化规律的研究。设备的磨损大致可分为初期磨损阶段、正常磨损阶段和剧烈磨损阶段。要在初期磨损阶段爱护使用，在正常磨损阶段精心维护使用，在剧烈磨损阶段前及时修理。

5）预防维修是企业应该首先考虑的维修方式。应根据设备的不同情况，运用预防维修方式，确保设备的正常运行，减少维修费用，如对状态易于监测的故障实施预防维修。同进对于重点设备的重点部位要重点监控，选择经济性的预防维修方式，努力杜绝设备零部件的非正常损坏以及设备事故的发生。

6）加强润滑工作。许多设备故障是由润滑不良引起的，维修人员必须掌握润滑材料的性能及其合理选用，了解设备的润滑特点，避免因管理和使用中的盲目性，引发众多润滑故障，加剧设备磨损、缩短设备的使用寿命，造成较大的经济损失。对选定的代用油品和润滑油添加剂的应用，需进行试运行，若发现问题，应及时采取技术措施，只有在确认润滑效果良好的，方可正式使用。积极推行润滑工作规范化管理，对设备润滑实施定点、定量、定质、定人、定时管理。

5. 加强零部件的修旧利废工作

1）积极推行修旧利废工作，对于确实有修理价值的零件，采用科学的修复技术，进行彻底修理，以备后用。对于更换下来的备件要分类处理、严格评估和总结，不断提高设备修理质量，降低维修成本，提高备件自给自修能力。

2）应当在企业内部建立有效的激励机制，重视技术改进工作，推广科学地应用修复技术，不断提高维修队伍技术创新的积极性，鼓励员工对设备中存在的不合理处进行技术革新与改造，改善设备的工作性能，实现资源的重复利用，不断降低成本。

6. 对设备进行分类管理

根据设备的综合效率，按照重要程度进行分类，对重点设备、重点部位进行重点管理。其主要评定要素包括：故障的影响、有无替代设备、开动状况、修理难度、对质量的影响、原值等。通过对以上要素进行综合评分，一般来说，重点的 A 类设备约占 15%，一般 B 类约占 70%，次要的 C 类占 15%左右。管理人员根据设备的 ABC 分类，有重点地、有效地实施设备管理与成本控制。

7. 设备成本控制的全员管理

设备管理中的成本控制不能仅靠设备部门，而是要依靠企业的全体人员。通过完善岗位责任制，将设备成本控制工作建立在广泛的群众基础上。要充分调动各环节职能部门的积极性，正确处理部门间的利益矛盾，特别是操作人员的积极性和主动性,有效地解决设备运行中的各种问题,提高设备管理效率,降低设备管理成本。

8. 建立有效的设备管理与成本控制评估体系

构建符合实际情况的设备控制指标评估体系,真实有效地反映设备的投入产出情况和设备对于企业市场竞争的贡献能力。

1)要建立真正反映设备运用状况的设备统计指标,准确反映设备的待机时间、开机时间、故障时间、有效工作时间,以及设备和生产效率、生产量。

2)要建立设备技术状况评价指标,包括设备完好率、故障率、可利用率。

3)建立设备维修管理评价指标,包括设备维修时间、维修次数、维修人员工时利用率与维修质量等。

4)建立以追求设备寿命周期费用最低为目的的设备寿命周期费用统计与评价指标,对设备成本进行统计分析。

5)建立设备安全性、环保性评价指标,包括设备诱发事故次数、综合安全性评价、排污与噪声等环保指标。

9. 加大设备管理与技术创新力度

管理创新和技术创新是推动设备不断进步的重要途径,也是降低设备管理成本的有效手段。现代化的设备管理重点在"管"而不在"修",设备管理要以效益最大化为原则。

1)创新管理方法和管理手段,要将从传统的事后维修到实行点检定修制和对主体设备推行"零故障"管理,从忽视质量管理到改进和强化设备的质量管理,特别是备件和检修质量的严格控制,从质量体系的认证到"一体化"管理体系运行等的理念融入设备管理全过程。

2)重视设备技术创新。技术创新是设备管理现代化的前提条件,通过技术创新,可以提升设备装备水平,取得良好的经济效益。

10. 更新观念、提高员工设备成本控制意识

1)企业成本与经验呈反比关系,经验越丰富,企业成本降低的可能性越大。建立学习型组织,可以降低成本和提高效益。通过平时对员工深入浅出的专业培训,并且创造机会让他们把这些理论知识运用到生产实践中去,对他们进行不定期的测试考核,并与员工的经济利益相结合,从而促进员工学习、理解、掌握和运用所学理论解决实际问题,通过反复地培训、实践、考核,逐步提高员工实施成本控制的业务水平,全面提升设备管理的整体水平。

2)要从培训和引导两个环节入手,通过建立健全员工上岗培训机制和开展全员参与的岗位技能培训,提升员工的自主维修能力和综合素质。通过组织现场观摩、征集成果论文、举办展示板巡展活动、在基层班组播放录像片、开展班前

5min 学习，以及举办研讨会、座谈会、总结表彰会等多种形式的宣传和舆论引导工作，使广大员工对设备管理与成本控制工作在思想上达成共识，并积极参与其中。

3）优秀的企业文化，可以提高企业的学习能力，指导企业员工的行为。企业文化应当是企业员工共同的追求、价值理念和思想行为准则，对于员工的生产经营观念、凝聚力、忠诚度、自我控制、成本意识等具有很大的影响。一个具有优秀企业文化的企业。其员工必然具有良好的节约习惯和强烈的主人翁精神，能自觉维护企业的各项规章制度，奋发向上、积极进取，自觉提高业务素质和工作效率，降低劳动消耗。

设备成本的控制不是简单地限制各种支出，而是运用科学的管理理念，按照经济规律的要求，从管理的不同方面主动地去降低成本。只有掌握设备管理和成本控制的主动权，不断优化工作程序，才能促进员工、设备、管理等要素的和谐共存，才能促进企业的不断发展。

第3章 设备现场运营

设备工程是保证企业生存和健康发展的基础，只有不断地追求设备管理模式创新，才能实现提高设备运行可靠性、降低设备维护费用和设备管理成本最小化的目标。现代企业共同的特点是，坚持以保证生产运营为主线、进一步夯实现场管理的基础工作，利用信息化管理手段，在全面提升设备现场运营水平的基础上，通过实施科学管理和开拓创新，确保设备安全、稳定和经济运行，促进企业经济效益和市场竞争力均得到极大提高。

3.1 设备状态管理

设备状态管理是指正确使用和精心维护设备，这是设备管理工作中的重要环节。设备使用期限的长短、生产效率和工作精度的高低，固然取决于设备本身的结构和精度性能，但在很大程度上也取决于对它的使用和维护情况。正确使用设备可以保持设备的良好技术状态，防止发生非正常磨损和避免突发性故障，延长使用寿命，提高使用效率；而精心维护设备则对设备起到"保健"作用，可改善其技术状态，延缓劣化进程，消灭隐患于萌芽状态，从而保障设备的安全运行。为此，必须明确工厂与使用人员对设备使用维护的责任与工作内容，建立必要的规章制度，以确保设备使用维护各项措施的贯彻执行。

3.1.1 设备技术状态

设备的技术状态是指设备所具有的作业能力，包括：性能、精度、效率、运动参数、安全、环保、能源消耗等所处的状态及其变化情况。设备是为满足生产工艺要求或为完成工程项目而配备的，设备技术状态良好与否，不仅体现着它在生产活动中存在的价值与对生产的保证程度，而且是企业生产活动能否正常进行的基础。设备在使用过程中，由于生产性质、加工对象、工作条件及环境等因素对设备的影响，使设备在设计制造时所确定的功能和技术状态将不断发生变化，预防和减少故障发生，除应由员工严格执行操作维护规程、正确合理使用设备外，还必须加强对设备使用维护的管理，定期进行设备状态检查。

3.1.2 设备布置原则

进行车间的平面布置时，要绘制车间区域平面图，确定车间内各部分的相互位置及面积。由于生产部分是车间内最重要的组成部分，因而车间平面布置的主要内容是生产部分的布置，即设备布置。设备布置是否合理，将影响产品的生产周期和生产成本，对劳动生产率的提高也会产生重要影响。

1. 设备布置的形式

（1）工艺专业化形式　是指把相同类型的设备布置在一起。

（2）产品专业化形式　是指将所有生产设备和工作地按产品加工装配的工艺路线顺序排列。

（3）综合式布置　一般来说，一个大的工厂很难只用一种方式布置其为数众多的设备，而是两种布置形式相结合，形成综合式布置，以满足企业生产的不同要求。

2. 设备布置的原则

1）按照生产过程的流向和工艺顺序布置设备，尽可能使加工对象成直线运动，使产品通过各设备的加工路线最短，设备间运送距离最短，便于员工操作和方便运输。

2）便于物料运输，加速设备间的物料流动，各工序间设备生产能力做到综合平衡，减少在制品占用。

3）合理布置工作地区域和位置以确保安全。各设备之间，设备与墙壁、柱子之间要有适当的距离，设备的转动部分要有必要的防护，尽可能为员工创造良好的工作条件和安全环境。

4）充分利用车间生产面积和生产设备。可把设备布置成直线形、L形、U形等形状，尽量避免多占作业面积。应正确控制设备、墙壁、柱子、过道之间的距离，设备生产能力负荷与员工的操作能力相平衡，防止设备闲置，提高设备使用效率。

5）注意维护设备精度。根据设备工作的特点，如精加工设备要求一定的温度、湿度，光线好、振动小，布置时必须考虑这些特点。

3. 设备布置工具

设备布置工具一般包括布置草图和布置模型两种。布置草图是研究工艺流程和物料流向的平面图或立体图，在布置草图上设备排列应按一定比例展开，并有相应的编号，以便识别和操作；布置模型是一种最常用的布置方式，即用塑料板或木板制成与设备实物形状相似，按一定比例缩小了的设备模型，并用设备模型进行设备的平面布置。

4. 设备布置目标

设备布置目标即在工艺路线合理、确保产品质量的条件下，要达到工厂物料的运输路线和总运量最小的目的。

3.1.3　设备工作环境管理与控制

【案例3-1】某集团公司制定设备、设施工作环境管理与控制方案，具体如下：

1. 目的

规定对设备、设施和工作环境的控制程序、控制要求和有关人员的职责，以确保满足产品的要求。

2. 适用范围

设备、设施和工作环境的管理和控制程序。

3. 职责

1）生产部负责设备、设施的维护和工作环境的管理，设备部配合做好管理工作。

2）各部门按规定的要求确认所需要补充或增加的设备、设施和对工作环境的要求并提出申请，报总经理批准。

3）生产部负责工装设计，检验科组织负责工装、试验台的验收。

4. 程序

(1) 设备、设施管理要求

1）产品实现过程中所需的设备、设施包括：

① 建筑物、工作场所和相关设施。

② 生产设备。

③ 支持性服务用设备、设施。

④ 专用工装、专用试验台。

2）由生产部负责全公司设备管理相关工作，内容包括：

① 对各部门根据质量管理体系策划、管理评审或改进要求提出新增或补充设备、设施或对其改造的申请设备进行审核。

② 制订并组织实施设备、设施年度的维修计划。

③ 组织对设备进行日常的维护、保养和修理。

④ 编制和更新公司的设备、设施台账。

⑤ 对设备使用状态进行监视并采取措施确保设备满足产品要求和生产进度需求。

⑥ 编制设备的操作和维护规程并组织对设备使用人员的培训和考核。

(2) 新增设备的采购、安装和验收

1) 由生产部和检验科商量确定所需设备的功能、性能、型号、规格。

2) 由生产部提出申请，经总经理批准后，由采购人员负责采购。

3) 新增设备到公司后由生产部组织安装和验收。

(3) 设备的使用 由生产部编制新增设备的使用和维护规程，并组织有关人员学习，考核合格后方可上岗。

(4) 设备的维护和保养

1) 对设备实行二级保养。由生产部编制年度设备维修计划，经总经理批准后组织实施。

2) 日常的维护保养：

① 由设备操作人员在每周使用后进行，保养内容包括：清洁、润滑、检查、紧固。

② 每周保养符合要求后做好记录。

3) 设备大修：

① 以维修工为主进行，设备操作人员配合。

② 大修的内容：对设备进行部分的分解、清洁、修复并更换易损件，检查和调整设备精度。

③ 大修定期进行，修理内容应记录并由使用部门组织验收。

(5) 设备的封存和报废

1) 暂不使用的设备实行封存，应在设备台账上注明。

2) 设备报废：由使用部门提出申请并说明理由，生产部审核后由总经理批准。

5. 测试台、工艺装备的管理和控制

(1) 测试台及工装设计 由生产部根据产品加工的需要进行工装设计，并提供图样。

(2) 测试台及工装制造

1) 由办公室编制产品所需工装的台账，并发放到使用部门和生产部。

2) 生产部组织测试台和工装制造，必要时外包。

3) 测试台和工装制造后，由质检科组织使用部门对完工的测试台及工装进行验收和试用，合格后入库并建立库存领用台账。

(3) 工装的使用

1）工装实行首末件检验制。从库房领出工装加工的第一件产品检验合格后方可投入批量生产，如不合格应查明原因。

2）加工的最后一件产品检验合格后，工装方可放入存放区或入库。

（4）测试台的使用　测试台应纳入监测装置的校准系统，按产品工艺和检查基准要求进行控制。

6. 工作环境的控制

公司的质量活动过程对工作环境无特殊的要求。

7. 设备、工作环境控制过程的监视（见表3-1）

表3-1　设备监测项目

监测项目	责任部门	频　次	记录要求
按设备的维修计划实施设备的维修	生产部	每月一次	笔记本
现场设备是否漏油、清洁及符合使用要求	使用部门	每周一次	笔记本

8. 相关文件

设备的操作和维护规程。

9. 记录

1）设备、设施台账。

2）工装台账。

3）设备、监测装置配置申请单。

4）××年度设备维修计划。

5）设备维修/验收记录。

6）设备日常维护保养记录。

3.2　设备点检

设备点检是利用人的感官与仪器仪表，按照"五定"的方法对设备进行检测，通过设备运行异常现象，及时发现设备隐患，掌握设备故障的初期信息，采取对策，将故障消灭在"萌芽"阶段的一种管理方法。

3.2.1　点检管理的重要性

设备点检管理是当前做好现代设备安全可靠运行与信息化管理的关键点，是正确认识和处理操作人员与设备之间关系的核心，也是正确认识和处理生产部门与设备部门关系的核心，操作人员正确运用设备点检管理，将有效推进现代设备工程水平提升。

技术含量较高的设备，对操作人员素质要求更高，只有两者相匹配时才能发挥出设备应有的技术优势。操作人员技能的提高不仅能提高产品的产量和质量，而且还能延长设备的使用寿命。

1. 设备点检"五定"

1）定点：设定检查部位、项目和内容。
2）定法：确定点检检查方法。
3）定标：制定相应标准及数据。
4）定期：设定检查周期。
5）定人：确定点检项目的实施人员。

2. 点检实施方法

1）用视、听、触、嗅、味觉为基本方法（五感点检法）。
2）借助简单仪器仪表进行检测。
3）用专业精密仪器仪表进行检测。

3. 点检基本操作

1）检查、检测。
2）清理、清扫。
3）润滑。
4）紧固。
5）调整。
6）整理和整顿。
7）简单维修和更换。

4. 点检常用技术

1）温度和压力监测技术。
2）应力应变监测技术。
3）电气检测技术。
4）振动和噪声诊断技术。
5）油液检测和分析技术。
6）无损检测技术等。

【案例 3-2】某企业通过开展点检工作，取得很好的成效。对确定设备点检部位和确定点检项目做出具体的规定。

（1）机械设备点检部位范围

1）动力或运动传动的工作部位。如齿轮传动、链绳传动、带传动、液压传动、气压传动和摩擦传动等。

2）旋转机件工作部位。如滚动轴承、转轴、轮对、联轴器、离合器和液力耦合器等。

3）滑动机件工作部位。如滑动轴承、气缸、液压缸、曲柄连杆机构中的滑块、机床导轨和规则台面等。

4）受力承载连接部位。如钢丝绳、各种链条、高强度连接元件、连杆、弹簧、承重的铆焊接部位和缓冲装置等。

5）与作业对象接触、黏附部位。如料斗、料槽、挡板、溜槽、衬板、轧辊、传动带和磨损类输送管道等。

6）与作业对象接触、腐蚀部位。如炉窑壳体、储槽、储罐、化工反应塔、酸碱泵、电解槽和腐蚀类输送管道等。

（2）电气、仪表设备点检部位范围

1）绝缘部位。如老化、劣化、击穿的部位和设备寿命降低等。

2）与环境介质接触部位。如腐蚀、耗损、短路和断路等。

3）受环境影响的部位。如受灰尘污损的接触不良和松脱、受温度影响的绝缘下降和烧损及受潮湿侵蚀的绝缘击穿和短路等。

点检部位：主要找到劣化状态监测的部位，可归纳为四方面，见表3-2。

表3-2 劣化状态监测的部位

劣化状态监测	监测劣化状态的诊断点	劣化、隐患及故障的表现状态
机械监测	受力、超重、冲击、振动、摩擦、运动的点	变形、裂纹、振动、异常声音、松动、磨损等状态
电气监测	电流、电压、绝缘、触头、电磁、节点的点	漏电、短路、断路、击穿、焦味、老化等状态
温度监测	辐射、传导、摩擦、相对运动、无润滑的点	泄漏、变色、冒烟、温度异常、有异味等状态
化学监测	酸性、碱性、异觉、化学变化、电化学的点	腐蚀、氧化、剥落、材质变化、油变质等状态

（3）确定设备点检的项目 在确定了点检部位后，进一步确定设备劣化状态的诊断点，同时明确该诊断点的"表现状态"，通过了解该点当前的设备运行状态，才能找到真正的问题所在。

表3-3为该诊断点"表现状态"的10个方面，要针对企业生产作业线设备的具体情况，确定哪个物理特征才是影响产品作业的最危险的因素，以便有针对性地予以解决。

表3-3中的10项，是根据设备的具体情况，针对不同的物理特征，确定检测目标及适用范围。

表 3-3 物理特征的检测目标和适用范围

序号	物理特征	检测目标	适用范围
1	振动	稳态振动、瞬态振动模态参数等	旋转机械、往复机械、流体机械、转轴、轴承、齿轮等
2	温度	温度、温差、温度场及热图像等	热工设备、工业炉窑、电机、电器、电子设备等
3	油液	油品的理化性能、磨粒的铁谱分析及油液的光谱分析	设备润滑系统、有摩擦副的传动系统、电力变压器等
4	声	噪声、声阻、超声波、声发射等	压力容器及管道、流体机械、工业阀门、断路开关等
5	强度	载荷、转矩、应力、应变等	起重运输设备、锻压设备、各种工程结构等
6	压力	压力、压差、压力联动等	液压系统、流体机械、内燃机、液力耦合器等
7	电气参数	电流、电压、电阻、功率、电磁特性、绝缘性能等	电机、电器、输变电设备、微电子设备、电工仪表等
8	表面状态	裂纹、变形、点蚀、剥脱腐蚀、变色等	设备及零件的表面损伤、交换器及管道内孔的照相检查等
9	无损检测	射线、超声波、磁粉场、渗透、涡流检测指标等	压延、铸锻件及焊缝缺陷检查，表面镀层及管壁厚度测定等
10	工况指标	设备运行中的工况和各项主要性能指标等	流程工业或生产线上的主要生产设备等

3.2.2 岗位点检与专业点检

随着高端设备与自动线持续增加，设备点检技术也随之进一步发展，设备点检又分成岗位点检和专业点检两种形式。其岗位点检必须由操作人员完成，主要负责设备的日常巡检；专业点检必须由专业点检人员完成，这样才体现设备全寿命周期管理的特征。

1. 岗位点检要求

岗位点检是操作人员的日常巡检，通过点检要充分体现操作人员是设备第一责任人的理念，所以操作人员必须熟悉生产工艺设备的结构，掌握相关的设备基本知识，有较强的责任心和观察力，能凭借经验和简易仪器仪表对设备的信息表征进行观察分析，及时发现设备的异常情况，同时做好排除设备简易故障工作。

岗位点检是设备安全信息化管理中的最基本环节,是确保设备安全可靠运行的第一防线。要确保岗位点检发挥应有的作用,设备操作人员必须熟悉点检要求,做好根据点检要求制定点检作业表,并且把设备故障动态情况记入此表内,并且不断提高工作素质,正确维护保养设备;提升检查及调整设备的基本技能,如紧固螺钉、合理加润滑油、间隙调整、更换设备部件等;做好简单故障排除等。

2. 专业点检要求

对于技术含量较高的设备、流水线及智能柔性加工自动线等可设置专业点检岗位,其要求:

1) 专业技术方面:具有预防维修的基础知识,掌握设备的有关技术图样、资料,制定专业点检标准,确定进行自主管理的项目,并且结合精密点检、简易诊断技术的实施,对主要易损件进行定量化管理。

2) 管理业务方面:在开展点检工作的基础上,编制各种自主维修计划预算,如维修工程计划、维修备件材料计划、维修费用计划等,作好原始记录、信息传递、实际数据整理和分析,不断提高设备点检技术的管理水平。

岗位点检和专业点检是设备点检管理两个基本方面,是设备管理发展和分工的产物,是现代设备工程安全信息化管理的具体表现形式。只有两者有机结合充分发挥团队精神,设备效能才能得到充分发挥,根据要求对岗位点检和专业点检进行合理的分工,明确相应的责任。

3.2.3 贯彻执行设备点检表

1) 树立操作者是设备第一责任人理念。设备的安全可靠运行是操作人员完成生产任务的首要条件,因此关注设备的运行状态及安全信息是操作人员的一项重要工作。

2) 建立设备故障信息反馈——设备点检表。只有在熟悉设备的功能和结构的情况下,才能熟练地使用设备,避免因操作失误造成的各种设备故障。不断研发和应用设备点检技术,更好体现在设备点检作业表具体执行过程中。

3) 做好设备点检作业表,既是设备进行巡回检查记录,又能真实、及时了解设备的缺陷或故障情况,为设备开展大修或项修提供可靠的依据。同时,点检作业表也客观反映了设备运行工作质量,激发操作人员和维修人员参加排除故障的积极性,为确保设备完好打下基础。

4) 通过设备点检作业表运用,必须明确:①设备什么时间发生故障;②什么时间已排除故障;③主要由谁排除设备故障等。这些情况必须在点检作业表上得到准确反映,正确认识和使用点检作业表是十分重要的。

5) 点检作业表的巡检内容和部位应根据具体设备而定,要以"六化"为指导,即点检管理制度化、点检队伍专业化、点检内容标准化、点检过程规范化、点检工作信息化和点检结果效益化,建立科学的点检管理机制,利用点检结果来研究和分析设备状态,促进落实设备工程精益管理的相关要求。

6) 设备点检实施:开展点检工作的巡检内容和部位应根据具体设备而定,对检查中发现的故障和隐患要及时处理和排除。

表 3-4 为锅炉点检项目,表 3-5 为空气压缩机点检项目。

表 3-4 锅炉点检项目

设备编号			所在车间		型号规格				
部位	序号	巡检要求		日期	1			2	
		内容(图片呈现)	班次 方法	甲	乙	丙	甲	乙	丙
水位表	1	水位指示清晰,各旋塞开关畅通严密	看、试						
压力表	2	指示数值符合要求	看						
安全阀	3	无漏气现象	看						
排污阀	4	关闭严密	摸						
水处理装置	5	运行正常,使用符合要求	看、试						
给水泵	6	运转正常,无异常噪声	听						
引、鼓风机	7	运转正常,无杂声	听						
上煤机构	8	运转正常	试、听						
出渣机构	9	运转正常	试、听						
除尘器	10	无漏气现象	看						
电气系统	11	动作正确,信号装置指示正确	试、看						
热工仪表	12	指示数值符合要求	看						
操作工(甲)									
操作工(乙)		维修钳工		运转班长					
操作工(丙)									

注:所有项目均有设备部位正常运行的图片,以帮助操作工更快识别异常情况或故障。

点检表使用说明:点检记录一般用符号表示,如正常用"√"号;异常或故障用"×"号;异常或故障由操作工排除用"⊗"号;异常或故障由维修工排除用"⊠"号。点检表用完后,必须在下月 5 日送交设备动力部门归档。

7) 设备点检在设备管理中的作用。设备点检是设备管理体系的基本组成部分,正确认识和处理操作人员与设备之间的关系,是做好设备管理工作的关键。

某冶金行业的不锈钢有限公司,在推行设备管理体系中结合企业生产特点积极推行岗位点检和专业点检,有效推进了设备管理工作。

表 3-5 空气压缩机点检项目

设备编号			所在车间		型号规格		
部位	序号	巡检要求		日期		1	2
		内容（图片呈现）	班次 方法		甲	乙	甲	乙
传动系统	1	运转正常，无杂声	试、听				
安全阀	2	二级缸、一级缸、安全阀可靠，无漏气	看				
压力调节装置	3	在规定压力值动作	试、看				
润滑系统	4	液压泵、注油器工作正常	看				
	5	油管道供油可靠，无漏油	看、试				
	6	油压表指示数值符合要求	看				
气路系统	7	各压力表指示数值符合要求（一、二级缸，储气罐）	看				
	8	各级进、排气阀工作正常	试、听				
冷却系统	9	冷却水供水压力、温度均符合要求	看、测定				
电气系统	10	电动机运转无杂声	听、试				
	11	电压、电流指示数值符合要求	看				
操作工（甲）			维修工姓名		运转班长签字		
操作工（乙）							

注：所有项目均有设备部位在正常运行时的图片，以帮助操作工更快识别设备异常情况或故障，加快设备部位故障的排除或及时调整工艺参数，使设备异常情况尽快消除。

3.3 设备完好标准

设备完好是指设备处于完好的技术状态。设备完好标准综合要求有三条：

1）设备性能良好，机械设备精度能稳定地满足生产工艺要求，动力设备的功能达到原设计或规定额定容量运转时无超温、超压现象。

2）设备运转正常，零部件齐全，安全防护装置良好，磨损、腐蚀程度不超过规定的技术标准，控制系统、计量仪器、仪表和液压润滑系统工作正常，安全可靠。

3）原材料、燃料、动能、润滑油料等消耗正常，基本无漏油、漏水、漏气（汽）、漏电现象，外表清洁整齐。

3.3.1 实施设备完好标准

【案例 3-3】某汽车股份公司通过对设备实施完好标准考核,确保全公司设备完好率大大提高和公司生产正常运行。设备完好标准典型事例如下:

1. 机械加工设备完好标准(见表 3-6)

应用范围:车床、钻床、齿轮加工机床等。

表 3-6 机械加工设备完好标准

序号	项目	内容	定分	考核得分
1	机床精度、性能满足要求	1)机床精度、性能均能满足生产工艺要求 2)加工产品质量达到图样表面粗糙度、几何精度等要求	10	
2	传动系统运转正常、变速齐全	1)设备在运行时无异常冲击、振动、爬行、窜动、噪声和超温、超压现象 2)各档变速正常、灵活、可靠、齐全	10	
3	操作系统动作灵敏、可靠	1)操纵手柄工作时,无绑压配重等附加物 2)各刻度盘进退准确可靠,刻度盘反向时,空程量不应超过 $\frac{1}{6}$ r	10	
4	润滑系统装置齐全完好、管线整齐、油路畅通、运行可靠	1)油嘴、油眼、油杯应逐个检查,凡有三处以上漏缺或堵塞现象又不能现场整改者,视为不合格 2)油路、液压泵应运转(在可能情况下)检查其畅通情况,凡油路不畅或液压泵运转不良,经过现场整改符合要求,可列为合格 3)油线、油毡齐全清洁,装置合理,油标醒目,油窗清晰,刻线正确	10	
5	电气系统装置齐全、管线完整、运行可靠	1)开关容量合理,触头符合要求 2)接触器容量合理,触头符合要求 3)保护系统(短路、过载、限位等)均符合要求 4)电动机驱动机构符合要求 5)控制及测量信号仪表和装置符合要求 6)设备应可靠接地或接零	10	
6	无漏油、漏水、漏气现象	1)基本无漏油指设备 80%以上的结合面无漏油,即每一漏油点 3min 内不超过一滴,表面擦净后 5min 内无明显渗油 2)各冷却循环水路系统无渗漏现象 3)气动装置各阀及接头无漏气现象	10	

（续）

序号	项　目	内　　容	定分	考核得分
7	机床内外清洁、无黄袍、无油垢、无锈蚀	1）各传动面、导轨面、接触面无严重锈蚀，无油垢积灰，外壳各面清洁无黄袍 2）各油箱油质符合要求，并检查换油记录是否符合规定。水箱内无积屑杂物，无异味	10	
8	滑动部位运动正常，各滑动部分及零件无严重拉、研、碰伤	1）导轨及锥孔拉、研、碰伤不得超过如下标准 ① 精密机床拉毛深 0.3mm，累计长度 100mm 或小面积性的咬伤。其他设备拉伤深 0.5mm，宽 1.5mm，累计长度 200mm 或深小于 0.5mm，宽超过 10mm 的面积性咬伤 ② 研伤面积 50mm^2 ③ 碰伤面积 20mm^2，每一表面伤痕超过三处 2）凡拉、研、碰伤经过修复，可列为合格	10	
9	部件完整	1）随机部件齐全，妥善保管，维护良好 2）机床上手球、螺钉、盖板无短缺，标牌完整清晰	10	
10	安全防护装置	1）安全装置齐全可靠 2）防护装置齐全可靠	10	
		小　　计	100	

注：1. 各项考核，按每小项平均计算分值。
　　2. 完好设备为 85 分及以上，低于 85 分为不完好设备。
　　3. 现场整改在 1 天之内完成，仍可给分。

2. 加工中心完好标准（1～6 项为主要项目，共计 10 项，每项定为 10 分）

1）设备精度和性能达到设计出厂要求或满足工艺要求。

2）设备运动机构各级速度运动平稳可靠，机构动作正常，主轴端温度不应超过 60℃，温升不应超过 30℃。

3）设备直线坐标、回转坐标上运动部件进给速度和快速运动平稳可靠，高速无振动，低速无明显爬行现象。

4）设备整机运动中噪声不应超过 83dB（A）。

5）主轴正反转、启动、停止、锁刀、松刀和吹气等动作以及变速操作（包括无级变速）灵活、可靠、正确。

6）设备刀库机械手换刀和托板交换试验动作灵活可靠，刀具配置达到设计要求（最大质量、长度和直径），机械手的承载量和换刀时间应符合要求。

7）设备数字控制的各指示灯、控制按钮、纸带阅读器、数字输入、输出设备和风扇等动作灵活可靠，显示准确。

8）设备安全、保险、防护装置齐全，功能可靠，动作灵活准确。

9) 设备液压、润滑、冷却系统工作正常，密封可靠，冷却充分，润滑良好，动作灵活可靠，各系统无渗漏，油质符合要求，定期清洗换油。

10) 设备内外清洁，内滑动面无损伤（拉、研、碰伤），外部无黄袍、无油垢、无锈蚀，随机附件齐全，防护罩完整。

注意机床精加工精度检测项目以及功能试验、数控系统动态试验，在完好检查时，可根据实际产品工艺要求选择主要项目进行测试。

3. 锅炉设备完好标准（见表 3-7）

表 3-7 锅炉设备完好标准

项目	内　容	定分
1	锅炉蒸发量、压力、温度均达到设计要求或主管部门批准的规定	5
1	汽包（锅筒）、人孔、联箱、手孔及管路、阀门等保温良好，无锈蚀，无泄漏现象	5
2	各受热面（包括水冷壁、对流管束、烟管、过热器、省煤器、空气预热器等）无严重积烟垢	5
2	受压部件符合技术要求，无泄漏现象	5
3	安全阀、压力表、水位表、水位报警器符合技术要求，使用可靠	10
4	炉墙完整，构件无烧损，保温良好，无冒烟现象	5
4	炉墙外表面温度符合有关要求	3
5	燃烧设备完整，燃烧器无烧损，炉排无缺损，传动装置运转可靠，润滑良好	5
5	炉膛内燃烧情况良好，锅炉运行热效率达到规定要求	3
6	水、汽管道敷设整齐合理，阀门选用合理，无泄漏现象，保温良好	6
7	给煤（上煤）装置、出渣装置运转正常	8
8	水处理设备使用正常（包括分析仪器）	6
8	给水设备配备合理，运转正常	4
9	鼓、引二次风机配备合理，运转正常，润滑良好，各调风门或调风装置调节灵活可靠	6
10	烟道系统无冒烟现象，吹灰装置良好，烟囱有避雷、拉紧装置，并定期进行检查	3
10	除尘设备符合要求（排入大气中有害物质含量和烟尘含量符合现行《工业三废排放试行标准》）	5
11	电气设备、电气线路使用良好，安全可靠	5
11	各种仪表装置符合技术要求	5
12	锅炉外表清洁，无积灰，管路、设备漆色符合规定	6

注：1. 本表适用于一般工业锅炉，其他类型的锅炉（如热水锅炉）可参照执行。
　　2. 涉及安全附件、安全装置等不完好状况，必须立即现场整改。

4. 桥式起重机完好标准 （见表3-8）

表3-8 桥式起重机完好标准

项目	分 类	检 查 内 容	定分
设备	起重能力	起重能力应在设计范围内或企业主管部门批准起重负荷内使用，在起重机明显部位应标志出起重吨位、设备编号等	3
		根据使用情况，每两年做一次负荷试验并有档案资料	3
	主梁	主梁下挠不超过规定值，并有记录可查（空载情况下主梁下挠≤$L/1500$或额定起重量作用下主梁下挠≤$L/700$，L为跨度）	5
	操作系统	各运行部位操作符合技术要求，灵敏可靠，各档变速齐全	4
		按要求调整大、小车的滑行距离，使之达到工艺要求，符合安全操作规程	2
	行走系统及轨道	轨道平直，接缝处两轨道位差不超过2mm，接头平整，压接牢固	4
		减速器、传动轴、联轴器零部件完好、齐全，运转平稳，无异常窜动、冲击、振动、噪声、松动现象	2
		制动装置安全可靠，性能良好，不应有异常响声与松动现象（除工艺特殊要求外）	2
		闸瓦摩擦衬垫厚度磨损≤2mm，且铆钉头不得外露，制动轮磨损≤2mm	2
		车轮运行无严重啃道现象，与路轨有良好接触	4
	起吊装置	传动时无异常窜动、冲击、振动、噪声、松动现象	5
		起吊制动器在额定载荷时，应制动灵敏可靠，闸瓦摩擦衬垫厚度磨损≤2mm，且铆钉头不得外露，小轴及心轴磨损不超过原直径的5%，制动轮与摩擦衬垫之间要均匀，闸瓦开度≤1mm①	4
		钢丝绳符合使用技术要求①	5
		吊钩、吊环符合使用技术要求①	5
		滑轮、卷筒符合使用技术要求	2
	润滑	润滑装置齐全，效果良好，基本无漏油现象	10
	电气与安全装置	电气装置齐全、可靠（各部分元件、部件运行达到要求）	5
		供电滑触线应平直，有鲜明的颜色和信号灯，起重机上、下平台不设在大车的供电滑线同侧，靠近滑线的一边应设置防护架、有警铃等信号装置	2
		电气主回路与操纵回路的对地绝缘电阻值≥0.5MΩ，轨道和起重机任何一点的对地电阻≤4Ω，有保护接地或接零措施，每年进行一次测试，并有记录	6
		安全装置、限位装置齐全可靠①	10
		驾驶室或操纵开关处应装切断电源的紧急开关，电扇、照明、音响装置等电源回路不允许直接接地，检修用手提灯电源电压应≤36V，操纵控制系统要有零位保护	5
使用与管理		设备内外整洁，涂装良好，无锈蚀	5
		技术档案齐全（档案应包括产品合格证、使用说明书、检修和大修记录等）	5

① 为主要项目，如该项不合格，则为不完好设备。

5. 除尘设备完好标准（1～4项为主要项目）（见表3-9）

表3-9 除尘设备完好标准

项目	内　容	定分
1	除尘率达到有关规定要求，能满足工艺及环保要求	20
2	除尘器无破损、穿孔、漏气现象，基础、支架牢固，无异常声响和振动	25
3	锁气器或泄灰装置动作灵活可靠，无漏气或堵塞现象	20
4	集成装置布局合理、效果良好，电控系统完好，电动机运行无过热现象，有保护接地措施	20
5	外观整洁，涂装明亮	15

6. 锻压设备完好标准（1～6项为主要项目；共计10项，每项定分10分）

适用范围：锻锤、锻造机、轧机、冲床、剪床、平板机、弯板机、弯管机、整形机、冷镦机、弹簧加工机、滚压机、压力机等。

1) 精度、能力能满足生产工艺要求。
2) 各传动系统运转正常，变速齐全。
3) 润滑系统装置齐全，管路完整，润滑良好，油质符合要求。
4) 各操作系统动作灵敏可靠，各指示刻度准确。
5) 电气系统装置齐全，管线完整，性能灵敏，运行可靠。
6) 滑动部位运动正常，各滑动部位及零件无严重拉、研、碰伤。
7) 机床内外清洁，无黄袍，无油垢，无锈蚀。
8) 基本无漏油、漏水、漏气现象。
9) 零部件完整，随机附件基本齐全，保管妥善。
10) 安全、防护装置齐全，运行可靠。

7. 铸造设备完好标准（第1～3项为主要项目，每项定分20分；4项定分10分；5、6项定分15分）

适用范围：造型机、抛砂机、制芯机、混砂机、落砂机、抛丸机、抛砂机等。

1) 性能良好，能满足工艺要求。
2) 设备运转正常，操作控制系统完整可靠。
3) 电气、安全、防护、防尘装置齐全有效。
4) 设备内外整洁，零部件及各滑动面无严重磨损，滑动、导轨面无锈蚀。
5) 基本无漏水、漏气、漏砂现象。
6) 润滑装置齐全，效果良好。

8. 电气设备完好标准（第1～2项每项定分20分；3～8项每项定分10分）

1) 能满足生产要求，操作和控制系统装置齐全，灵敏可靠。

2) 各种开关、触点接触良好，灭弧装置、安全罩完好齐全。

3) 各种接触器、继电器、磁力起动器容量合理，触头无严重烧伤，衔铁无粘牢不放或延时释放及卡死等现象。

4) 电气设备部件整洁，接线整齐，标志醒目。

5) 运行良好，绝缘强度及安全防护装置符合电气运行规程。

6) 电动机运行无异常声响，温升、电流、电压、功率符合电动机铭牌规定。

7) 设备的通风、散热冷却系统完整齐全，效能良好。

8) 数控、线切割、电火花等特种机床的电气装置，按说明书规定的出厂标准检查。

以上完好标准是对设备完好程度采用评分方法进行评定，总分达到 85 分及以上，并且主要项目均为合格，即为完好设备。

3.3.2 设备完好率的计算

企业生产设备的技术状态完好程度，以"设备完好率"指标进行考核，其目的在于促进企业加强设备管理，经常保持设备处于完好状态，保证生产正常进行。设备完好率的计算式如下：

$$主要生产设备完好率 = \frac{主要生产设备完好台数}{主要生产设备总台数} \times 100\%$$

主要生产设备包括备用、封存和在修的生产设备，但不包括尚未投入生产、由基建部门或物资部门代管的设备。完好台数是指经检查符合完好标准的主要生产设备台数。

凡完好标准中的主要项目，有一项不合格或次要项目中有两项不合格者，即为不完好设备。能立即整改者仍算合格，但应做记录。

企业完好设备台数应是逐台检查的结果，不得采用抽查和估计的方法推算。正在检修的设备，应按检修前的实际技术状况计算，检修完的设备按检修后技术状况计算。

3.4 作业工艺表应用

为了更好地发挥设备效能和提高设备的技术功能，从现场运营情况来看，一致认识到提高设备综合效能不能局限于设备本身，还应包括现场生产管理、质量管理和工艺管理等多项内容，特别是将设备运营与生产、现场安全等内容有机地结合起来，才能使设备工程管理体系得到持续改进，持续改进措施就是大力引入国际先进的生产工序管理模式——作业工艺管理，具体体现在作业工艺表编制、正确运用、不断改善改进。

3.4.1 作业工艺表编制

1) 作业工艺表是将生产零部件、设备作业的各道工序用图表与数据表示出来，使生产员工明确了解工艺要求、品质要求、设备运行维护要求等，确保了生产的安全可靠进行。

2) 作业工艺表由车间技术小组与设备小组共同编制，编制完毕后要经过编制、审核、批准负责人签字确认；当作业工艺变化或设备更新改造后，要对工序加工具体要求进行重新修订，同样要经过编制、审核、批准各负责人签字确认。

3) 作业工艺表用来指导作业人员具体操作设备的一种综合作业工艺管理技术文件，在表内要明确设备现场作业各项技术要求，让操作人员理解设备运行中核心技术要素，在操作时严格按作业工艺表的操作规程要求执行。为了使操作人员更好地理解设备运行重点和要领，在表内"示意图"栏专门配备加工设备的图片和操作时细节、显示仪器仪表的图片等。

4) 为确保每道工序加工品质，表内设立设备作业程序栏目，对使用设备作业前、作业中、作业结束三阶段，操作者必须执行的具体规程；也可以设立设备工序作业指导栏目，对设备使用、刀具使用、品质检验等方面必须执行的内容做出规定。

5) 对重点工序，要在"管理重点"栏填写清楚，作业工艺表见表3-10。

表3-10 作业工艺表

作业工艺			完成日期：	年 月 日		修订日期	批准	审核	编制
			批准	审核	编制				
图号	名称	工序名称	设备名称	作业标准时间		工具、检具名称		其他	
				工时					
				人员					
材质	规格	其他	安全配件	制造条件管理					
			口罩、手套、袖套	管理项目		管理评价	确认方法	确认次数	记录方式
			保护眼镜						
			工作服						
			工作帽						
			其他						

(续)

示意图：

设备作业程序		
作 业 前	作 业 中	作 业 结 束
1	1	1
2	2	2
3	3	3
4	4	4
5	5	5
管理重点		
1		
2		

3.4.2 典型工序的作业工艺表应用

【案例 3-4】某集团公司现场运营中，积极推行国际先进的生产工序管理模式——作业工艺表，更好地发挥设备效益和提高设备的技术功能，收到很好的效果。具体如下：

1) 精车工序作业工艺见表 3-11。
2) 钻孔工序作业工艺见表 3-12。
3) 镀铜工序作业工艺见表 3-13。
4) 拉拔工序作业工艺见表 3-14。
5) 清洗工序作业工艺见表 3-15。
6) 喷砂工序作业工艺见表 3-16。
7) 渗氮（热处理）工序作业工艺见表 3-17。

表 3-11 精车工序作业工艺

作业工艺			完成日期	年	月	日	修订日期	批准	审核	编制
			批准	审核		编制				
图号	名称	工序名称	工序号	作业标准时间			材质		安全配件	
	泵齿	精车A面		工时			4140H		工作服	
				人员						

示意图

① 先清理卡盘装夹面，后装夹产品
② 先关闭防护门，后起动设备

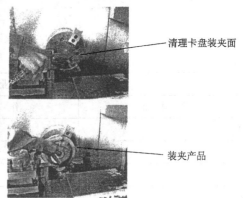
清理卡盘装夹面
装夹产品

设备工序作业指导									
设备名称	加工工步主要内容	使用刀具	刀具编号	加工参数	检验设备或计量器具	自检比例	确认方法	备注	
数控车床LK40	外圆 $\phi204.11_{-0.12}^{0}$mm 齿宽 23 ± 0.20mm 倒角 1.30mm$\times 45°$ 小端面深度 22.15mm ± 0.1mm 倒角 2mm$\times 45°$	刀杆 刀片	T10	主轴转速/(r/min) 进给量/(mm/r)	检验设备： 1) 齿轮径向圆跳动测量仪 3603A 2) 表面粗糙度仪 计量器具： 1) 游标卡尺 0~300mm 2) 深度游标卡尺 0~200mm 3) 游标万能角度尺 0°~360° 4) 半径样板 5) 内径百分表 18~35mm 6) 环规 $\phi29.7$mm	100%	巡检员复检	润滑措施：按规定对设备进行润滑加油、定期换油等 防锈措施：切削液防锈油	
	倒角 $25°$车至 $\phi180_{0}^{+1}$mm $R25\phi164$mm± 0.5mm 深 18mm $R24\phi153.77$mm	刀杆 刀片	T20						
	孔 $\phi29.7_{0}^{+0.025}$mm 倒角 $1_{0}^{+0.5}$mm$\times 30°$	刀杆 刀片	T30	主轴转速/(r/min) 进给量/(mm/r)					

管理重点：
1) 加工项目：①外圆；②孔；③平面度；④同轴度；⑤垂直度；⑥表面粗糙度
2) 设备项目：①每天做好设备巡检，做好点检记录；②严格遵守安全操作规程；③做好维护保养工作

表 3-12 钻孔工序作业工艺

作业工艺	完成日期：	年	月	日	修订日期	批准	审核	编制
	批准		审核		编制			

图号	名称	工序名称	工序号	作业标准时间		材质	安全配件	
	泵齿	钻孔		工时			工作服、防护眼镜	
				人员				

示意图

钻头上缠有长铁屑时，要停车清理，用刷子或铁钩清除，严禁手拉

工作中严禁戴手套

设备工序作业指导									
设备名称	加工工步主要内容	使用刀具	刀具编号	加工参数	检验设备或计量器具	自检比例	确认方法	备 注	
台式钻床 Z516B	定中心距 $\phi 98mm$ 钻定心 3× $\phi 16.5mm$	锥柄钻头 $\phi 16.5mm$		主轴转速 /(r/min) 手动进给			巡检员复查	防锈措施：切削液、防锈油	
立式钻床 Z535	钻孔 3× $\phi 16.5^{+0.6}_{0}mm$	锥柄钻头 $\phi 16.7mm$	—	主轴转速 /(r/min) 进给量 /(mm/r)	游标卡尺 0~200mm	100%			
台式钻床 Z516B	3孔倒角 (6面去毛刺)	锪钻 $\phi 40mm×90°$		主轴转速 /(r/min) 手动进给					

管理重点：
1) 用气枪及时清理产品表面细小铁屑，防止表面划伤
2) 做好设备点检记录
3) 严格遵守安全操作规程
4) 做好维护保养工作

表 3-13 镀铜工序作业工艺

作业工艺	批准	审核	编制	修订日期	批准	审核	编制
产品名称				安全配件	工作服、防护镜、手套、工作鞋		
工序名称	镀铜			材质			

示意图

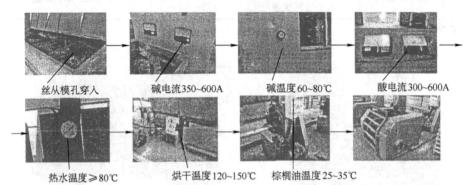

操作时戴好防护眼镜和手套

设备工序作业指导			
序号	工序内容	加工参数	要求
1	穿丝		按正确顺序穿丝
2	（1）水洗		1）丝从模孔中穿过 2）用钢丝球压紧 3）丝的位置低于液面
3	电解热碱洗	温度 电流	表面油脂基本清除干净
4	（2）水洗		基本清除丝表面碱液
5	电解酸洗	电流	彻底清除丝表面酸液
6	（3）水洗		基本清除丝表面油脂
7	镀铜		在丝表面镀上一层浮铜
8	热水洗	水温	基本清除丝表面酸液
9	烘干	温度	丝干燥
10	抛光	温度	将丝表面的浮铜压结实
11	收线		平整，离外沿 2cm

管理重点：
1) 所有拦液板要完好，并在同一水平线上
2) 所有气嘴、水嘴都保持通畅不磨损
3) 抛槽中轮子的出线点、模具、卷拔轮的进线点这三点必须在一条直线上
4) 卷拔轮要保持光洁
5) 接触产品时必须戴好干净、干燥手套
6) 所有缸盖（槽盖）必须盖好
7) 做好设备点检记录，严格遵守安全操作规程

表 3-14 拉拔工序作业工艺

作业工艺	批准	审核	编制	修订日期	批准	审核	编制
产品名称				安全配件	工作服、手套、工作鞋		
工序名称		粗拉拔		材质			

示意图

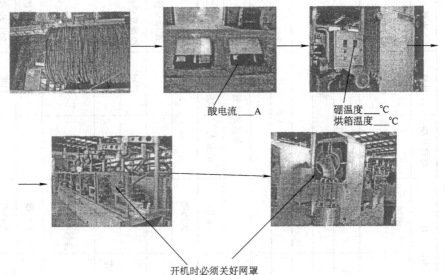

酸电流___A

硼温度___℃
烘箱温度___℃

开机时必须关好网罩

	设备工序作业指导		
序号	工序内容	加工参数	要求
1	放线		
2	机械除锈		剥去大部分铁锈
3	电解除锈	硫酸___g/L 电流___A	清除铁锈（数据由化验室提供）
4	水洗		洗去酸液
5	涂硼	硼砂___% 温度___℃	均匀、适量
6	烘干	温度___℃	干燥
7	拉拔	如下拉拔模配	圆整，不扁、不超、不毛
8	收线		平整，不散乱

拉拔模配：单位为 mm
φ5.5、φ5.0、φ4.3、φ3.7、φ3.2、φ2.8、φ2.5

操作要点：
1) 除锈干净
2) 涂硼均匀、干燥
3) 按正确顺序穿丝
4) 第一模用 SL-G-102B 粉拉拔，后面用 C 型粉拉拔
5) 调整好模具位置
6) 打开冷却装置
7) 调整收线校直轮
8) 做好设备点检记录，严格遵守安全操作规程

表3-15 清洗工序作业工艺

作业工艺				完成日期： 年 月		修订日期	批准	审核	编制
				批准	审核	编制			
生产线	工序名称	设备名称		标准时间	工具、夹具		规格	辅助材料	
涂装线	清洗			工时	清洗槽		1号、2号	专用清洗液（90%工业酒精）	
图号	数量	材质	规格	人员					
	1			安全配件	口罩、手套、袖套	/			
					保护眼镜				
					保护工作服	/			
					面罩				
机种	名称	毛坯半成品		制造条件管理	管理项目	要求	负责人	确认方法	确认频度	记录方式

制造条件管理					
管理项目	要求	负责人	确认方法	确认频度	记录方式
外观清洁度	无污物		目视	全检	现场日报表
清洗次数	两次		目视	图示步骤	
清洗工具	无破损		目视	视情况更换	更换记录
橡胶手套清洁度	无污物		目视	全检	
干燥时间	自然干燥10min		目视	500支/次	
清洗液更换	1号槽		目视	500支/次	
	2号槽				

第3章 设备现场运营

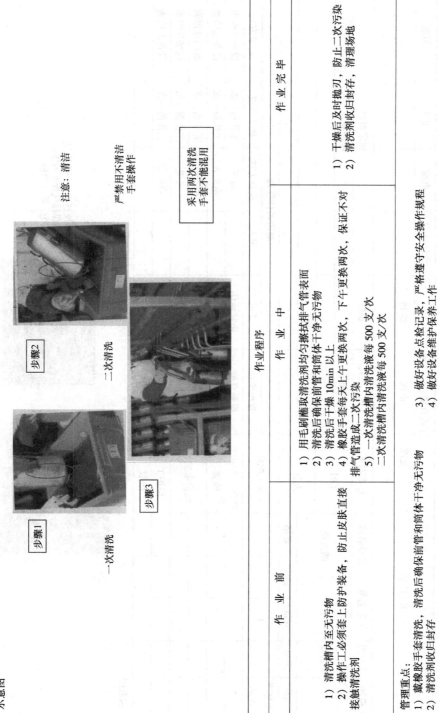

示意图

步骤1 一次清洗
步骤2 二次清洗
步骤3

注意：清洁
严禁用不清洁手套操作
采用两次清洗手套不能混用

作业程序

作 业 前	作 业 中	作 业 完 毕
1) 清洗槽内至无污物 2) 操作工必须套上防护装备，防止皮肤直接接触清洗剂	1) 用毛刷蘸取清洗剂均匀擦拭排气管表面 2) 清洗后确保前管和筒体干净无污物 3) 清洗后干燥10min以上 4) 橡胶手套每天上午更换两次，下午更换两次，保证不对排气管造成二次污染 5) 一次清洗槽内清洗液每500支/次 二次清洗槽内清洗液每500支/次 3) 做好设备点检记录，严格遵守安全操作规程 4) 做好设备维护保养工作	1) 干燥后及时抛刃，防止二次污染 2) 清洗剂收归封存，清理场地

管理重点：
1) 戴橡胶手套清洗，清洗后确保前管和筒体干净无污物
2) 清洗剂收归封存

99

表 3-16 喷砂工序作业工艺

完成日期： 年 月　　修订日期　　批准　　审核　　编制

作业工艺						
批准	审核	编制				
生产线	涂装线					
图号						
设备名称	喷丸机	规格				
工序名称	喷砂					
数量	1	材质				
标准时间	工时		工具、夹具	喷砂架子	辅助材料	橡胶塞头
	人员		规格			

安全配件	口罩、袖套 /	保护眼镜 /	保护工作服 /

制造条件管理

管理项目	要求	负责人	确认方法	确认频度	记录方式
设备点检	正常运转		目视	工作前一次	设备点检表
电流 A			电流表	工作前一次	设备点检表
表面粗糙度/μm			膜厚仪	工作前一次	现场日报表
清洁度	无污物		目视	工作前一次	现场日报表
喷砂时间/min			定时器	工作前一次	设备点检表

名称：机种　毛坯半成品

示意图

挂放整齐，间隙均匀、确保排气管无污物、灰尘，吹尽余砂

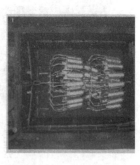

设备作业程序

作 业 前	作 业 中	作 业 完 毕
1) 检查上道工序制作的品质 2) 采用帆布手套吊挂消声器 3) 开启电源（回路起动） 4) 确认吊具输送轨道位置 5) 橡胶塞头塞住前管、尾管孔 6) 毛坯排气管吊挂于吊具架上，上下两层共48只，挂放整齐，间隙均匀 7) 前管护板挂在夹具上 8) 喷丸牌号：三角形，比例为50% 钢砂，圆形，直径φ1.5，比例为50%	1) 先开右门，再开左门 2) 输送轨道将排气管、前管护板、喷砂架送入喷丸机，先关左门，后关右门 3) 起动抽风机、提升机、叶轮ABC、螺旋输机，息吊板，喷丸时间___min，锈、油、小飞边去除，表面无浮尘 4) 当电流＜___时，应及时添加配置的砂量 5) 机器停止后才能打开机门 6) 用压缩空气吹净排气管吊板内余砂，输送轨道将喷砂挂具输出喷砂机，戴胶面手套将工件从喷砂架取下，挂在干净台车上 7) 喷砂过程中若发现吹枪中带水应停止，枪口对工作进行吹风（压缩空气），占满水渍会影响涂装质量，临时对处理方法：①查投气源排水系统是否正常；②枪口向下，排出全部积水 8) 采用橡胶手套收敛消声器，吊挂在干净台车上 9) 首挂经质检确认合格后进入正常操作	1) 关闭气源阀门，清扫作业现场 2) 将完成品摆放在台车上，并做好标识，良品与不良品区分标识，作好记录。良品流入下道工序，不良品送质检确认 3) 喷砂后至涂装工序间，消声器停留时间不得超过___h 4) 做好点检记录，严格遵守安全操作规程 5) 做好设备维护保养工作

管理重点：
1) 工件表面清洁无浮尘、污物、余砂
2) 挂放喷砂处理后的排气管的台车表面无浮尘、污物，每两周清洗一次，每一周清理一次
3) 钢丸每月更换维护保养一次，每天添加一次钢丸，确保电流A在正常范围

表 3-17 渗氮（热处理）工序作业工艺

作业工艺	完成日期： 年 月			修订日期	批准	审核	编制
	批准	审核	编制				

图号	名称	工序名称	工序号	工艺路线	材质	热处理状况
	泵齿	渗氮	100	加工—调质加工—渗氮—加工—改孔—成品包装		调质工艺—精加工

示意图

技术要求：
- 表面硬度：＞   HRC
- 齿面表面硬度：＞15HRN
- 齿部心部硬度：　HRC
- 渗氮有效硬化层深度：＞　mm
- 渗氮白亮层：＜　mm
- 渗氮扩散层：＞　mm
- 渗氮物级别：≤　级

图中标注：顶部风扇、集风板、计算机程序控制柜、LZJ—10F耐蚀型玻璃转子流量计、热电偶、2组PID的控温方式、NH₃进气管、炉内NH₃出气口、φ700、900

安全配件

工作服、手套、工作鞋

工序作业指导

序号	操作内容	设备编号及型号	装炉方式和装炉量	加热温度/℃	保温时间/min	NH₃分解率(%)	控制仪表	冷却要求	作业要求
1	清洗	无铅汽油							表面无油渍、无锈斑
2	装炉烘干	RN—80—6 013 或 014	用树权形料架 230 个/炉，进炉时炉温 ≥400℃						零件之间用专用件隔开，挂1~2个齿形试块
3	第一段渗氮						1) XMTA 数字温度调节仪 2) HT3000H 氮势控制仪	两段渗氮连续进行	根据实时分解率调整NH₃流量和气体流速
4	第二段渗氮								
5	退氮							立即空冷	
6	表面硬度检验	HR150A HRM—450T							按工序检验标准

显微组织及其他项目检验由理化室按规程检验

管理重点：
1) NH₃ 分解率必须控制在±5%之内，操作者应随时调整 NH₃ 流量和气体流速
2) 定期用分解率测定器校对 pc 分解率显示值，修正分解率系数
3) 做好点检工作，严格遵守安全操作规程
4) 做好设备维护保养工作

3.5 设备软件管理

设备软件管理不断研发和应用，确保了在作业人员分流和设备维修费用减少的情况下，保证设备的高效、安全运行，当前主要开展：

1) 实现重要设备的状态预知维修，延长设备检修间隔时间，为合理降低检修费用提供技术支撑。

2) 设备重要备件准备更为精准，从而减少备件费用和备件库存。

3) 设备运行可靠安全，减少人为带来的安全风险。

4) 点检技术与设备软件技术相结合推动设备工程管理的真正升级，促进向智能维修、优化检修的方向转变。

在企业设备管理现状及需求的基础上，通过设备软件管理不断研发和应用，建立以设备状态监测数据和信息化软件技术为支撑的设备管理系统，将使企业建立全生命周期的现代设备工程管理平台，它直接支持底层的各种离线及在线监测仪器，包括点检仪、频谱分析仪、在线监测站及最新的无线监测仪器，并与企业 ERP、MES 等管理信息化和自动化系统实现数据交换。通过人工点检或在线智能点检收集设备状态数据，记录并管理设备运行的积累历史数据，并通过对设备状态数据的分析给出状态报警信息及异常状态记录，并结合设备故障数据及其他相关运行数据指导设备可靠性维护与检修工作的实施及相关备品配件的优化采购，为优化检修提供技术支撑，从而在保证机组安全、稳定和可靠运行的基础上，最大限度地降低设备的运行维护成本。

设备软件管理主要有三方面：设备信息化管理、全面获取设备状态信息、促进设备最优运行。

3.5.1 设备信息化管理

1) 开发设备工程软件技术，实现设备状态管理的信息化。将设备在线监测与点检监测的信息纳入计算机管理，实现设备状态的信息化管理；且设备管理系统可与 ERP 等软件技术信息化系统实现信息的交换与共享，解决信息化系统缺少基础状态数据的难题。

2) 实现设备的智能点检和预知维修。可以最有效地实现设备状态受控，实现状态预知维修。

3) 实现设备管理的标准化和规范化。借助系统提供的综合点检仪和 ID 纽扣，可以使现场工作标准化和程序化，解决现场工作管理难的问题。

4) 强化数据分析。借助软件技术系统提供的丰富的状态分析工具和智能辅助诊断功能，对设备状态进行精密分析和诊断，实现对设备状态的准确掌握，为实现优化检修提供技术支撑。

5）规范异常处理。根据设备状态数据产生的报警及异常信息，通过软件技术系统对设备进行相应处理，并对处理结果进行跟踪监测，进行技术积累，以提高整体的设备检修技术水平和管理水平。

6）规范维修作业流程。从检修计划编制、审核、检修结果记录、备件更换、材料消耗等，实现软件技术系统规范地管理。

7）规范设备基础数据管理。设备管理除了要了解设备当前状态，还必须了解设备的历史状态信息数据，包括设备图样、安装调试数据、技术资料、点检记录、检修与备件更换记录、故障数据等，从而为检修策略的优化提供扎实、可靠的数据。

3.5.2 全面获取设备状态信息

1）结合企业设备管理的现状及未来发展的需求，提出应用设备工程软件技术解决管理系统问题的方案：对于生产线上的关键设备，将采用在线监测的方式实现状态实时受控；对于其他重要设备将采用离线专业点检的方式进行监控；系统通过点检或在线监测收集设备状态数据，并通过对状态数据的分析，使得与设备管理相关的工作有序、高效地开展，并最大限度地降低设备维修费用。

2）通过实施应用这套设备软件技术管理系统，企业将实现对所有重要及关键设备的状态受控与预知维修，并将规范与优化设备管理的各项流程，其主要功能模块包括：基础数据维护、设备资产管理、状态管理、维修工程、备件库存、设备分析等。系统将达到效果如下：

① 促进企业设备管理信息化建设，实现企业内部各种设备信息的积累与共享。

② 为企业提供先进的状态监测及状态分析手段。

③ 提高设备管理人员的工作效率与技能。

④ 规范与优化设备管理的各项程序化流程。

⑤ 将及时发现故障隐患，科学指导设备维修及备件采购。

⑥ 促使企业实施设备状态预知维修，提高设备利用率，降低维修成本。

3.5.3 促进设备最优运行

根据设备及人员现状，并结合自身的产品及技术服务优势，通过应用软件技术管理系统提出针对性的智能监测方案，促进设备达到最优运行。

1）对于关键设备，采用在线监测站，对设备振动信号进行多通道实时监测和诊断，并同步监测设备的温度、转速及各种工艺量信号等。

2) 对于测点较分散、敷设电缆不方便的重要设备，采用无线监测器监测设备温度及振动信号，并通过无线通信站将数据传送到数据库服务器。

3) 对于其他设备采用仪器仪表进行周期性监测，在设备异常时采用频谱分析仪对设备进行精密监测和诊断，从而以最优成本实现了整条生产线设备的状态受控。

设备状态管理系统采用软件技术 B/S 结构，兼容单位所有在线与离线监测仪器，作为整个生产线设备综合监测与管理的平台，实现对生产线重要设备状态的自动监测、智能报警及精密故障诊断，为实现设备状态预知维修提供了科学依据。系统主要软件技术模块有：设备状态信息、状态分析、在线监测、维修信息等。将各个测点纳入监测网络，实现了设备状态信息的有效积累和共享，减少设备事故的发生，减少生产线的非计划停机时间。支撑企业实施设备状态预知维修，科学指导设备维修及备件采购，大大降低维修成本。提高设备管理人员的工作效率与技能，见图3-1。

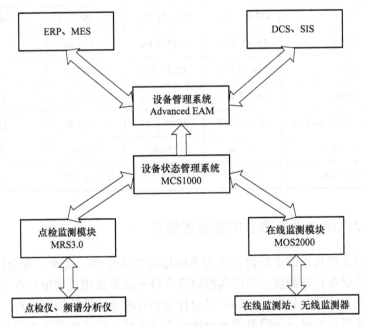

图 3-1 设备工程软件技术应用达到最优运行

3.6 设备隐患排查治理

3.6.1 设备安全状况严峻

随着我国经济的持续发展，设备的数量、种类不断增加，特别是特种设备的数量急剧增加，重大事故时有发生，近年来安全形势总体逐年好转，但依然严峻，一部分单位安全意识淡漠，违章操作等情况仍然存在。目前我国特种设备数量平均每年以 10%~12% 的速度在增长，2009 年我国拥有特种设备总量为 582.56 万台（套），比 2008 年同期上升 11.79%；2012 年已达 821.67 万台（套），比 2011 年上升 12.7%；2013—2017 年特种设备总量均比上年度增加超过 9% 及以上，通过对在用特种设备定期检验也发现存在较多问题。全国特种设备定期检验统计见表 3-18。

表 3-18 全国特种设备定期检验统计

项　　目	数　　量	检验数量	有问题数量	问题检出率（%）
锅炉	59.52 万台	33.50 万台	8.50 万台	25.37
压力容器	214.32 万台	54.12 万台	6.37 万台	11.78
气瓶	13239.4 万只	2739.21 万只	135.99 万只	4.96
压力管道	66.02 万 km	5.57 万 km	0.78 万 km	14
电梯	136.99 万台	105.00 万台	24.43 万台	23.27
起重机械	135.27 万台	52.00 万台	17.07 万台	32.83
场（厂）内专用机动车辆	34.81 万辆	23.88 万辆	3.19 万辆	13.36
客运索道	850 条	534 条	298 条	55.81
大型游乐设施	1.56 万套	1.0938 万套	0.2258 万套	20.64

3.6.2　建立设备隐患排查治理体系

设备隐患排查治理是指设备使用单位违反相关法律、法规、安全技术规范、标准和相关设备管理制度，或因其他因素在特种设备使用过程中存在可能导致事故发生的设备的危险状态、人的不安全行为和管理上的缺陷排查治理。

设备使用单位是设备隐患排查治理的责任主体，应当按照有关安全生产法律法规、设备技术规范和相关标准，建立设备隐患排查治理体系。具体如下：

1）建立和完善设备隐患排查、登记、报告、整改等管理规章制度，明确单位各级负责人和具体岗位从业人员的隐患排查治理责任范围，并予以落实。

2）设备使用单位应当加强对从业人员的教育培训，保证其熟悉管理规章制度和设备安全操作规程，掌握设备隐患排查治理的内容、方法和要求，具备与岗位职责相适应的安全生产知识和设备操作技能。

3）设备使用单位管理人员和其他相关人员应当根据其岗位职责，开展经常性的设备检查,及时发现工艺系统、基础设施、设备本体及保护装置等方面存在的危险状态以及在落实管理责任、设备隐患排查、实施现场管理、执行操作规程等方面存在的缺陷。同时检查:

① 设备相关法律、法规、规章、技术规范和标准的贯彻执行情况,设备管理规章制度、岗位操作规范的建立落实情况。

② 设备运行状况和日常维护、保养、自行检查、检验、检测情况。

③ 从业人员接受设备教育培训、掌握安全知识和设备操作技能情况,作业人员培训考核和持证上岗情况。

④ 重大自然灾害、极端天气、重大节假日、大型活动等重要时段,影响设备安全可靠运行的预防措施。

使用单位发现设备隐患后,应当积极采取措施并及时组织治理,采取对策,坚决将设备故障隐患消灭在"萌芽"阶段。

4)设备使用单位在隐患排查治理过程中,应当采取必要的安全监控保障措施。事故隐患排除前或排除过程中无法保证安全的,应当从危险区域内撤出作业人员,并疏散可能危及的其他人员,设置警戒标志,暂时停产停业或者停止使用。

5)设备使用单位应当建立事故隐患治理结果确认工作机制,严重事故隐患治理完毕后应当组织相关技术人员进行验收或评价;在组织验收合格后,报主管单位备案。

3.6.3 积极开展设备隐患排查治理

设备使用单位应建立健全隐患排查治理体系,对本单位的设备隐患实行自评、自控、自查、自改、自报及差异化、动态化管理。

【案例3-5】某集团在开展设备隐患排查治理工作中,还结合设备安全风险分级管控工作,构建了双重预防机制。在防范和遏制设备隐患与事故进程中,进一步规范设备使用中开展安全风险分级管控和隐患排查治理工作,取得了很好的效果。

设备安全风险分级管控是指对设备使用中可能导致人员伤亡、财产损失及其他不良社会影响的设备设施和活动等进行风险辨识、科学评价,并按照安全风险级别采取分级管控措施。设备使用单位以在用的单台(套)设备为辨识单元确定安全风险等级。

集团通过落实设备安全风险分级管控和隐患排查治理的部署要求,在设备安全风险分级管控方面重点开展以下工作:

1)结合本集团设备安全风险分级结果,细化管控措施,明确使用单位管控和监管责任,组织落实不同风险等级的差异化动态管控。

2）绘制本集团设备安全风险等级分布图，标注位置分布、风险类别、风险特征、管控责任单位、责任人等基础信息。根据风险点辨识管控情况，编制本集团设备风险评估报告。及时发布风险公告警示、预警信息。将风险点管控、事故隐患整改纳入集团"网格化"管理内容，跟踪督促设备事故隐患整改。风险分级是根据风险辨识结果，按照风险高低和需关注程度进行排序的过程。风险等级从高到低分为重大风险（1级）、较大风险（2级）、一般风险（3级）、低风险（4级），分别用红色、橙色、黄色、蓝色四种颜色表示，见表3-19。

表3-19 设备安全风险分级

风险等级	管控级别	风险色度	描述
1级	重大风险	红色	极易发生设备事故，造成重特大设备事故及巨大财产损失，造成极其恶劣的社会及政治影响
2级	较大风险	橙色	易发生设备事故，造成重大设备事故及较大财产损失，造成恶劣的社会及政治影响
3级	一般风险	黄色	较易发生设备事故，造成一般设备事故及一般财产损失，造成一定的社会及政治影响
4级	低风险	蓝色	可能发生设备事故，造成一般设备事故、事件及轻微财产损失，一般不会造成社会及政治影响

3）对不同级别的安全风险实行差异化管控，主要加大对较大及以上安全风险监督检查的频率和力度。对较大、重大等级安全风险每年定期进行分析、评价、预警，强化风险管控技术、制度、管理措施，把可能导致的后果限制在可防、可控范围之内。

4）设备安全监察部门要根据风险点辨识管控情况，编制设备安全风险管控报告，分析本区域内设备安全风险现状及成因、主要风险、变化规律及趋势等，确定、调整、改进分级管控的方法措施和应急处置方案。

设备使用单位应结合自身实际，按照"一分厂一清单、一设备一表格"的要求，细化编制本单位设备安全风险辨识评估清单。

5）设备风险辨识评估是动态发现、筛选并记录各类风险点的过程。设备风险辨识评估应基于"全面系统"的原则，对风险点进行辨识评估，系统掌握风险点的种类、数量和分布状况，摸清设备安全风险底数。

设备使用单位应按照设定的辨识评估标准、程序和方法，按设备台（套），全方位、全过程辨识评估设备设施、作业环境、人员行为和管理体系等方面存在的安全风险，做到系统、全面、无遗漏。通过设备安全风险辨识评估表开展工作，见表3-20和表3-21。

表 3-20　锅炉安全风险辨识评估表

序号	风险指标	风险因素	辨识标准	得分	得分小计	备注
1	设备	锅炉应由具有资质的生产单位生产	1. 锅炉设计、制造、安装、改造、修理单位无许可资质（5分） 2. 无产品质量证明（5分） 3. 无制造监督检验证书（5分） 4. 进口设备无安全性能监督检验证书（5分） 5. 无安装、改造、重大修理监督检验证书（5分） 6. 拆卸后移装的设备，需进行检验的，无检验报告（5分） 7. 使用国家明令淘汰和已经报废的特种设备（5分）			
2	使用年限	使用年限	1. 使用年限≤10年（5分） 2. 10年<使用年限≤15年（10分） 3. 15年<使用年限≤20年（15分） 4. 无设计使用年限，使用超过20年（18分） 5. 超设计使用年限继续使用（18分）			
3	锅炉运行装置	装置运行情况	1. 锅炉等保温装置不完好（20分） 2. 燃烧装置不完好（20分） 3. 水、汽管道运行不完好（20分） 4. 水处理装置运行不完好（20分） 5. 鼓、引风装置及烟道运行不完好（20分）			
4	使用燃料	燃料分类	1. 燃煤（5分） 2. 燃油（8分） 3. 燃气（10分）			
5	压力等级	设备设计压力分级	1. 低压（3分） 2. 中压（6分） 3. 高压（8分） 4. 超高压（10分）			
6	使用维保状况	应按时按规定定期维保	未按规定每月进行日常维保，每年进行全面检验（20分）			

（续）

序号	风险指标	风险因素	辨识标准	得分	得分小计	备注
7	安全保护装置	应根据设备特点配备报警及安全保护装置等	应配备锅炉防雷报警及安全保护装置的配备不齐全，或未按设计要求配置（6分）			
8	事故及运行情况	是否异常运行或发生过事故	曾发生设备事故或操作原因造成损坏等情况（6分）			
9	停用情况	设备停用应设置停用标志	设备停用1年以上的，未采取有效的保护措施，未设置停用标志（5分）			
		设备停用后启用应组织自行检查	设备停用1年以上的，重新启用时，未组织自行检查（5分）			

注：1. 安全风险辨识评估表分值达到或超过单位规定分值，应引起高度重视，并立即采取措施，排除安全隐患。

2. 应对每台锅炉进行安全风险辨识评估。

表 3-21　压力容器安全风险辨识评估表

序号	风险指标	风险因素	辨识标准	得分	得分小计	备注
1	设备	压力容器应由具有资质的生产单位制造	1. 压力容器设计、制造、安装、改造、修理单位无许可资质（5分）			
			2. 无产品质量证明（5分）			
			3. 无制造监督检验证书（5分）			
			4. 进口设备无安全性能监督检验证书（5分）			
			5. 无安装、改造、重大修理监督检验证书（5分）			
			6. 拆卸后移装的压力容器需进行检验的，无监督检验报告（5分）			
			7. 使用国家明令淘汰和已经报废的压力容器（5分）			
2	使用年限	使用年限	1. 使用年限≤10年（5分）			
			2. 10年<使用年限≤15年（10分）			
			3. 15年<使用年限≤20年（15分）			
			4. 设计使用年限超过20年继续使用（18分）			

(续)

序号	风险指标	风险因素	辨识标准	得分	得分小计	备注
3	种类	压力容器种类	1. Ⅰ类（5分） 2. Ⅱ类（15分） 3. Ⅲ类（20分）			
4	使用介质	介质分组	1. 第一组介质：毒性危害程度为极度介质、高度危害的化学介质、易燃易爆介质、液化气体（10分） 2. 第二组介质：除第一组以外的介质（6分）			
5	压力等级	压力容器设计压力分级	1. 低压（3分） 2. 中压（6分） 3. 高压（8分） 4. 超高压（10分）			
6	使用状况	压力容器安全状况等级	1. Ⅰ～Ⅱ级（5分） 2. Ⅲ级（15分） 3. Ⅳ级（20分）			
7	安全保护装置	应根据压力容器特点配备报警及联锁保护装置	配备压力容器防雷报警及联锁保护装置的配备不齐全，或未按设计要求配置（6分）			
8	事故情况	是否发生过事故	曾发生事故或操作原因造成损坏等情况（6分）			
9.	停用情况	压力容器停用应设置停用标志	压力容器停用1年以上的，未采取有效的保护措施，未设置停用标志（5分）			
		压力容器停用，再启用组织自行检查	压力容器停用1年以上的，重新启用时，未组织自行检查（5分）			

注：1. 安全风险辨识评估表分值达到或超过单位规定分值，应引起高度重视，并立即采取措施，排除安全隐患。
2. 应对每个压力容器进行安全风险辨识评估。

3.7 加强特种设备管理

《中华人民共和国特种设备安全法》(以下简称《特种设备安全法》) 由中华人民共和国第十二届全国人民代表大会常务委员会第三次会议于 2013 年 6 月 29 日通过，并自 2014 年 1 月 1 日起施行。这标志着我国特种设备安全工作向科学化、法制化方向又迈进了一大步。

3.7.1 用法律保障特种设备安全运行

近年来，随着我国经济的快速发展，特种设备数量也在迅速增加。特种设备本身所具有的危险性，与迅猛增长的数量因素双重叠加，使得特种设备安全运行形势更加复杂。《特种设备安全法》的出台，必将为特种设备安全运行提供更加坚实的法制保障。

从以往特种设备发生的安全事故看，大多是由于单位安全管理不善、安全责任不落实导致的。因此，《特种设备安全法》规定由特种设备生产、经营、使用单位承担安全主体责任。必须不断提高各级人员的安全意识，增强使用人员的自我保护能力。在使用或者操作特种设备时，必须严格遵守安全操作规程。

1. 特种设备管理范围

特种设备是指涉及生命安全且危险性较大的设备，根据国家《特种设备安全法》规定：是指锅炉、压力容器（含气瓶）、压力管道、电梯、起重机械、客运索道、大型游乐设施和场（厂）内专用机动车辆。

(1) 锅炉　是指利用各种燃料、电或者其他能源，将所盛装的液体加热到一定的参数，并对外输出热能的设备。其范围规定为容积大于或者等于 30L 的承压蒸汽锅炉；出口水压大于或者等于 0.1MPa（表压），且额定功率大于或者等于 0.1MW 的承压热水锅炉；有机热载体锅炉。

(2) 压力容器　是指盛装气体或者液体，承载一定压力的密闭设备。其范围规定为最高工作压力大于或者等于 0.1MPa（表压），且压力与容积的乘积大于或者等于 2.5MPa·L 的气体、液化气体和最高工作温度高于或者等于标准沸点的液体的固定式容器和移动式容器；盛装公称工作压力大于或者等于 0.2MPa（表压），且压力与容积的乘积大于或者等于 1.0MPa·L 的气体、液化气体和标准沸点等于或者低于 60℃液体的气瓶、氧舱等。

(3) 压力管道　是指利用一定的压力，用于输送气体或者液体的管状设备。其范围规定为最高工作压力大于或者等于 0.1MPa（表压）的气体、液化气体、蒸汽介质或者可燃、易爆、有毒、有腐蚀性、最高工作温度高于或者等于标准沸点的液体介质,且公称直径大于25mm的管道。

(4) 电梯 是指动力驱动,利用沿刚性导轨运行的箱体或者沿固定线路运行的梯级(踏步),进行升降或者平行运送人、货物的机电设备,包括载人(货)电梯、自动扶梯、自动人行道等。

(5) 起重机械 是指用于垂直升降或者垂直升降并水平移动重物的机电设备。其范围规定为额定起重量大于或者等于0.5t的升降机;额定起重量大于或者等于1t,且提升高度大于或者等于2m的起重机和承重形式固定的电动葫芦等。

(6) 客运索道 是指动力驱动,利用柔性绳索牵引箱体等运载工具运送人员的机电设备,包括客运架空索道、客运缆车、客运拖牵索道等。

(7) 大型游乐设施 是指用于经营目的,承载乘客游乐的设施。其范围规定为设计最大运行线速度大于或者等于2m/s,或者运行高度距地面高于或者等于2m的载人大型游乐设施。

(8) 场(厂)内专用机动车辆 是指除道路交通、农用车辆以外仅在工厂厂区、旅游景区、游乐场所等特定区域使用的专用机动车辆。

特种设备包括其所用的材料、附属的安全附件、安全保护装置和与安全保护装置相关的设施,图3-2所示为特种设备管理范围。

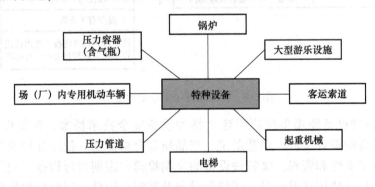

图3-2 特种设备管理范围

2014年年底我国特种设备登记数量已达1036.46万台,在工业企业生产活动中发挥着很大作用,但我国特种设备事故率仍然较高一些设备事故多发的势头仍未得以根本扭转,且重大事故时有发生,安全形势依然严峻;安全监察检验工作定位不够清晰,单位(企业)主体责任落实不够到位,单位诚信和社会安全意识还比较薄弱;监管体制改革有待深化,工作体系有待完善,方式方法还欠科学,检验资源配置效率有待提高,监管效能有待增强;与国际先进水平相比,我国特种设备安全运行管理与节能工作在法制、科技、管理等诸多方面还存在较大差距。

2. 特种设备使用登记

1）特种设备使用单位应当使用符合安全技术规范要求的特种设备。特种设备投入使用前，使用单位应当核对特种设备出厂时附带的相关文件；特种设备出厂时，应当附有安全技术规范要求的设计文件、产品质量合格证明、安装及使用维修说明、监督检验证明等文件。

2）特种设备在投入使用前或者投入使用后30日内，特种设备使用单位应当向直辖市或者市级（设区）特种设备安全监督管理部门登记，如图3-3所示。登记标志应当置于或者附着于该特种设备的显著位置。

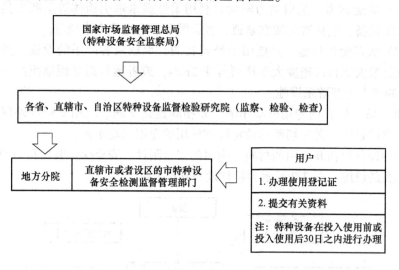

图3-3 特种设备使用登记示意图

3）特种设备使用单位应当建立特种设备安全技术档案，包括以下内容：①特种设备的设计文件、制造单位、产品质量合格证明、使用维护说明等文件及安装技术文件和资料。②特种设备的定期检验和定期自行检查的记录。③特种设备的日常使用状况记录。④特种设备及其安全附件、安全保护装置、测量调控装置及有关附属仪器仪表的日常维护保养记录。⑤特种设备运行故障和事故记录。⑥高耗能特种设备的能效测试报告、能耗状况记录以及节能改造技术资料。

4）特种设备使用单位应当对在用特种设备进行预防性检查工作（见图3-4）。特种设备使用单位对在用特种设备应当至少每月进行1次自行检查，并进行记录。特种设备使用单位在对在用特种设备进行自行检查和日常维护保养时发现异常情况的，应当及时处理。特种设备使用单位应当对在用特种设备的安全附件、安全保护装置、测量调控装置及有关附属仪器仪表进行定期检验、检修，并作出记录。

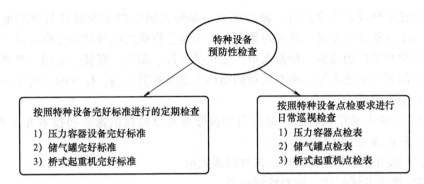

图 3-4　特种设备预防性检查

5）特种设备使用单位应当按照安全技术规范的定期检验要求，在安全检验合格有效期届满前 1 个月向特种设备检验检测机构提出定期检验要求。检验检测机构接到定期检验要求后，应当按照安全技术规范的要求及时进行安全性能检验和能效测试。未经定期检验或者不合格的特种设备，不得继续使用。

6）特种设备出现故障或者发生异常情况时，使用单位应当对其进行全面检查，消除事故隐患后，方可重新投入使用。特种设备不符合能效指标的，特种设备使用单位应当采取相应措施进行整改。

7）特种设备存在严重事故隐患，且无改造、维修价值，或者超过安全技术规范规定使用年限的，特种设备使用单位应当及时予以报废，并应当向原登记的特种设备安全监督管理部门办理注销。

8）锅炉、压力容器、电梯、起重机械、场（厂）内专用机动车辆的作业人员及其相关管理人员（以下统称特种设备作业人员），应当按照国家有关规定经特种设备安全监督管理部门考核合格，取得国家统一格式的特种设备作业人员证书，方可从事相应的作业或者管理工作。

9）特种设备的安全管理人员应当对特种设备使用状况进行经常性检查，发现问题的应当立即处理。情况紧急时，可以决定停止使用特种设备并及时报告本单位有关负责人。

10）特种设备使用单位应当对特种设备作业人员进行特种设备安全、节能教育和培训，保证特种设备作业人员具备必要的特种设备安全、节能知识。

3.7.2　特种设备管理与培训

开展对特种设备管理及作业人员的培训与考核，对素质水平的提高有十分重要的意义。

1. 特种设备安全培训

搞好特种设备安全培训工作对于提高监察、检验、管理、作业人员的素质水平,保证特种设备安全运行,减少事故,保障人民生命安全起到关键的重要作用,有十分重要的意义。培训对象既包括安全监察机构的领导与监察人员,也包括检验检测单位的检验、检测人员,还包括设计、制造、安装、使用、修理、改造单位的相关从业人员,所有人员的培训质量及各类法规、标准的宣贯关系到特种设备安全运行。

1)明确办班培训目的。即提高相关作业人员的政治素质和技术业务素质,保证特种设备安全运行。

2)选用有针对性的教材,选好授课人员。

3)严格考试纪律,检验培训成果。

2. 建立特种设备作业人员培训考核体系

1)提高特种设备作业人员培训考核的工作质量。我国特种设备检测机构根据具体实际,通过对作业人员安全知识理论教学和现场模拟仿真设备的操作训练相结合,使作业人员的培训考核从传统的安全知识教育转向以安全操作技能训练为主的方向发展,减少了特种设备操作事故隐患。

2)建立培训考核体系,全面提高作业人员实际安全操作技能。①建立特种设备检测新基地,包括培训检测基地内设业务大厅、设置呼叫系统,便于考核安排;多媒体阶梯教室,内部配备投影仪、计算机等教学设备;电化考试室,是理论练习和无纸化考试的主场地。②建立培训考试新系统,包括培训系统和考试系统。培训系统功能有模拟练习、课后作业、知识竞赛等。考试系统功能根据设置试题的难度系数,从题库中随机出卷,学员上机考试,学员可当场查询考试成绩,增加了考试的公平性和透明度,使教师能够从出题、批卷、成绩统计等繁重的任务中解放出来,提高了培训效率。

【案例3-6】某大型石化集团为加强压力容器管理开展培训工作。

搞好在用压力容器管理,是确保安全生产的重要条件。压力容器是具有爆炸危险、有压力(密闭)的特种设备,为了确保安全运行,必须加强压力容器的统计建档、安装使用、维护保养、状态检测、定期检验、报废更新等环节的管理。

(1)压力容器的基本知识

1)概述。凡承受流体压力的密闭容器均可称为压力容器。但容器的容积大小不一,流体的压力也有高低及介质不同。由原国家质量监督检验检疫总局颁布的 TSG 21—2016《固定式压力容器安全技术监察规程》中指出,压力容器是指同时具备下列三个条件的容器:①最高工作压力大于或者等于 0.1 MPa(不包括液体静压力)。②设计压力与容积的乘积大于或者等于 2.5 MPa·L。③盛装介质为气体、液化气体和最高工作温度高于或者等于标准沸点的液体。

2）压力容器的分类。

按工作压力分类，可分为：①低压容器，0.1MPa（1kgf/cm²）$\leq p<$1.6MPa（16kgf/cm²）。②中压容器，1.6MPa（16kgf/cm²）$\leq p<$10MPa（100kgf/cm²）。③高压容器，10MPa（100kgf/cm²）$\leq p<$100MPa（1000kgf/cm²）。④超高压容器，$p\geq$100MPa（1000kgf/cm²）。

按生产工艺过程的用途分类，可分为：①反应容器，用来完成介质的物理、化学反应的容器，如反应器、发生器、高压釜、合成塔等。②换热容器，用来完成介质的热量交换的容器，如余热锅炉、热交换器、冷却器、冷凝器、蒸发器、加热器等。③分离容器，用来完成介质的流体压力平衡和气体净化分离等的容器，如分离器、过滤器、洗涤器等。④储运容器，用来盛装生产和生活用的气体、液体及液化气体等的容器，如各种型号的储槽、槽车等。

3）压力容器的结构。

压力容器最基本的结构是一个密闭的壳体，受压容器最适宜的形状应为球形。但球形容器并不能普遍取代其他类型的容器，中、低压容器大多数是圆筒形。卧式压力容器简图如图3-5所示，一般由筒体、封头、法兰、密封元件、接管、支座六个部分组成。图3-6所示为典型压力容器贮槽。

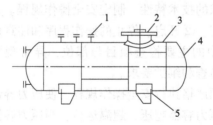

图3-5 卧式压力容器简图
1—接管 2—人孔法兰 3—筒体 4—封头 5—支座

（2）压力容器设备管理内容

1）建立和健全压力容器技术档案和登记卡片，并确保其正确性。其内容包括：①原始技术资料，如设计计算书、总图、各主要受压元件的强度计算资料。②压力容器的制造质量说明书。③压力容器的操作工艺条件，如压力、温度及其波动范围，介质及其特性。④压力容器的使用情况及使用条件变更记录。⑤压力容器的检查和检修记录，包括每次检验的日期、内容及结果，水压试验情况，发现的缺陷及检修情况等。

2）做好压力容器的定期检查工作。首先要拟定检查方案，并提出检查所需的仪器与器材、人员，对检查中发现的问题，应提出处理方法及改进意见等。

3）压力容器的检修焊接工作必须由经考试合格的焊工担任。

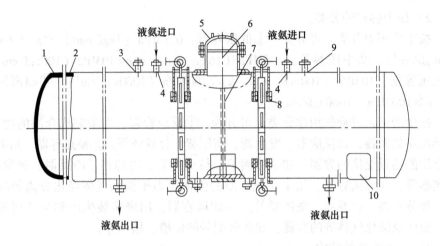

图 3-6 典型压力容器贮槽
1—封头 2—槽体 3—弛放气出口 4—液氨进口 5—人孔盖
6—人孔 7—隔板 8—玻璃板 9—安全阀接口 10—支撑板

4) 建立和健全安全操作规程。为了保证压力容器的安全合理使用，使用单位要根据生产工艺要求的技术特性，制定安全操作规程。其内容包括：①压力容器最高工作压力和温度。②开启、停止的操作程序和注意事项。③压力容器的正常操作方法。④运行中的主要检查项目与部位，异常现象的判断和应急措施。⑤压力容器停用时的检查和维护要求。

每个操作人员必须严格执行安全操作规程，使压力容器在运行中保持压力平衡、温度平稳。严禁压力容器超压、超温运行，当压力容器的压力超过规定数值而安全泄压装置又不动作时，应立即采取措施切断介质源。对于用水冷却的容器，如水源中断，应立即停车。

5) 加强压力容器的状态管理，其内容包括：①建立岗位责任制，即操作人员应熟悉本岗位压力容器的技术特性、设备结构、工艺指标、可能发生的事故和应采取的措施，且必须经过安全技术学习和岗位操作训练，并经考核合格才能独立进行操作。②加强巡回检查，即应认真进行对安全阀、压力表及防爆膜等安全附件的巡回检查，严禁超压、超温运行；加载和卸载的速度不要过快，对高温或低温下运行的压力容器应缓慢加热或缓慢冷却；尽量减少压力容器的开、停次数。③定期对压力容器开展完好标准检查。

(3) 强化压力容器安全可靠运行 由于压力容器结构特殊，类型复杂，操作条件苛刻，导致发生事故的可能性较大。压力容器发生事故时，不仅本身遭到破坏，往往还会诱发一系列恶性事故，因此它的安全、环保、能耗问题就应特别重视。

由于压力容器运行中有各自的特性，且工艺流程不同，都会有特定操作程序和方法，一般按开机准备、开启阀门、起动电源、调整工况、正常运行和停机程序等。

1) 压力容器严禁超温、超压运行。由于压力容器允许使用的温度、压力、流量及介质充装等参数是根据工艺设计要求和在保证安全生产的前提下制定的，在设计压力和设计温度范围内操作压力容器才可确保运行安全。反之，如果压力容器超载、超温、超压运行，就会造成压力容器的承受能力不足，因而可能导致爆炸事故发生。

压力容器造成超温超压运行原因：①压力容器内物料的化学反应引起，是由于加料过量或物料中混有杂质。②液化气体的压力容器因装载量过多或意外受高温影响。③操作人员误操作引起；未切断压力源误将压力容器出口阀关闭；或误开启阀门，或减压装置不动作。

2) 工艺参数的安全控制。压力容器在长期运行中，必定会产生异常情况或某部分的缺陷，因此压力容器操作应在运行中对工艺参数进行安全控制，尽量减少或避免出现异常情况或缺陷。工艺参数是指温度、压力、流量、液位及物料配比等。①温度安全控制。温度过高可能会导致剧烈反应而使压力突增，可能造成压力容器爆炸，或反应物的分解着火等。温度过低还会使某些物料冻结，造成管路堵塞或破裂，致使易燃物泄露而发生火灾和爆炸。②投料控制。a. 投料顺序控制。b. 投料量控制，投料量与速度不能超过设备的传热能力；否则，物料温度将会急剧升高，突沸而发生事故。c. 加料温度如果过低，往往造成物料积累过量，温度一旦适宜便会加剧反应，使温度及压力都会超过正常指标，从而造成事故。③压力、温度波动控制及充装量控制。

3) 精心操作，严格遵守安全操作规程、工艺操作规程。应做到平稳操作，即运行期间保持载荷的相对稳定。

4) 加强异常情况应急处理。在用的压力容器，随着压力容器内介质的反应及其他条件的影响，往往会出现异常情况，如停电、停水、停气或发生火灾等，需要试验管理人员及时进行调节和处理，以保证生产运行的顺利进行。试验实训人员在压力容器运行期间应执行巡回检查制度，对压力容器进行检查。检查内容包括工艺条件、设备状况及安全装置等方面，具体为操作压力、操作温度、液位、储罐等压力容器是否在安全操作规程规定的范围内等，特别是那些影响压力容器安全（如产生腐蚀、压力升高等）是否符合要求。试验实训人员在进行巡回检查时，应随身携带检查工具，如扳手、检测专用仪器仪表，沿着固定的检查路线和检查点，仔细观察阀门、机泵、管线及压力容器各部位，查看运转是否正常，以及各个连接部位是否有跑、冒、滴、漏现象。巡回检查要定时、定点、定路线。

5) 认真填写操作记录。操作记录是生产操作过程中的原始记录，它对保证产品质量、安全生产至关重要。操作人员必须注意观察压力容器内介质压力、温度的变化，同时及时、准确、真实记录压力容器实际运行状况有关参数等。

(4) 压力容器维护保养　压力容器维护保养工作的目的，在于提高设备完好率，使压力容器能保持在完好状态下运行，提高使用效率，延长使用寿命，保证运行安全。

1) 保持压力容器完好的防腐层，如涂装、喷镀或电镀和衬里等。要保持防腐层完好无损，经常检查防腐层有无自行脱落或在装料和安装容器内部附件时被刮落或撞坏。并注意检查衬里是否开裂或焊缝处是否有渗漏现象。发现压力容器防腐层损坏时，应及时修补后才能继续使用。

2) 消除产生化学腐蚀的因素，如盛装氧气的压力容器，常因氧气中带有较多的水分而在容器底部积水，造成水和氧气交界面严重腐蚀。最好是使用氧气经过干燥，或者在容器运行过程中经常排放容器的积水。在压力容器运行过程中，要消灭压力容器的跑、冒、滴、漏，既浪费原料和能源、污染工作环境，还常常造成压力容器设备的腐蚀，严重时还会引起容器损坏。

3) 加强压力容器在停用期间的维护。实践证明：许多压力容器事故恰恰是忽略在停止运行期间的维护而造成的。对于停用的压力容器维护保养措施是：①必须将内部的介质排除干净，特别是腐蚀性介质，要经过排放、置换、清洗及吹干等技术处理。要注意防止容器内的死角积存腐蚀性介质。②经常保持压力容器的干燥和洁净，防止大气腐蚀。科学试验证明，干燥的空气，对碳钢等铁合金一般不产生腐蚀，只有在潮湿的情况下（相对湿度超过60%），并且金属表面有灰尘、污垢或腐蚀产物存在时，腐蚀作用才开始进行。③压力容器外壁涂刷油漆，防止大气腐蚀，还要注意保温层下和压力容器支座处的防腐等。

4) 压力容器安全附件的维护保养。为防止压力容器因操作失误或发生意外超温、超压事故，压力容器通常根据其工艺特性的需要装设有安全附件。其中安全阀和压力表是压力容器最常用的安全附件，要使其经常处于完好状态，保持准确可靠、灵敏好用。①压力表要定期校验，校验周期不低于6个月，校验后的压力表应贴上合格证并铅封。压力表有下列情况之一时，应停止使用并更换：有限止钉的压力表，在无压力时，指针不能回到限止钉处；无限止钉压力表，在无压力时，指针距零位的数值超过压力表的允许误差；表盘封面玻璃破裂或表盘刻度模糊不清；封印损坏或超过校验有效期限；表内弹簧管泄漏或压力表指针松动；压力表指针断裂或外壳腐蚀严重；其他影响压力表准确指示的缺陷。②安全阀应经常保持洁净，发现安全阀有渗漏迹象时，应及时进行更换或检修，禁止用增加载荷的方法（如加大弹簧的压缩量）来减除安全阀的泄漏。应定期作手提排气试验，且必须实行定期校验，包括清洗、研磨和压力调整校正。安全阀的定期校验每年至少进行一次，拆卸进行校验有困难时应采取现场校验（在线校验）。安全阀有下列情况之一时，应停止使用并更换：安全阀的阀芯和阀座密封不严且无法修复；安全阀的阀芯与阀座粘死或弹簧严重腐蚀、生锈；安全阀选型错误。

安全阀在整个压力容器设备中所占价值和体积较小，容易被人们忽视。但安全阀作为压力容器的基本安全附件，在压力容器运行的安全性和经济性方面起着重大作用。

3.8 设备事故处理与应急预案

近年来，虽然设备事故总体上处于较为平稳的态势，但安全形势依然十分严峻，事故主要原因是企业安全主体责任不落实，对安全工作重视不够，投入不足、管理不力、违法、违规使用设备。按照要求进一步落实设备安全工作的部署，全面落实企业安全生产主体责任，以不断提高设备使用管理水平，有效防止和减少设备事故。

3.8.1 安全生产工作目标

1. 当前安全生产的主要问题（见图3-7）

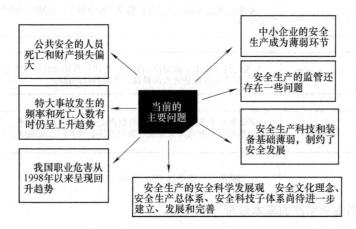

图 3-7　当前安全生产的主要问题

2. 安全生产的重要性

安全生产是关系到我国社会稳定大局及可持续发展战略实施的重要问题。安全生产的重要性如图3-8所示，安全生产的特性如图3-9所示。

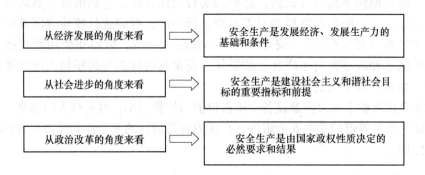

图 3-8　安全生产的重要性

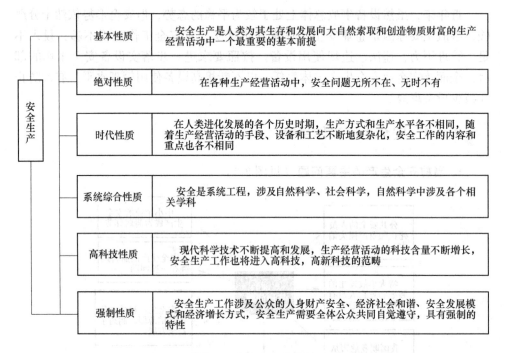

图 3-9　安全生产的特性

3. 控制安全生产的基本政策

安全生产事关人民群众的生命财产安全，事关改革发展和社会稳定大局，国家高度重视并采取一系列重大举措加强安全生产工作。

1）控制指标（安全生产事故死亡人数）公开发布，使各地政府加强领导、加强监管。

2）控制指标公开发布，使安全生产责任落实到基层、落实到企业。

3) 定期公布安全生产控制指标实施进展情况和发生重特大事故责任单位,让人民群众及时了解安全生产形势和状况,接受社会监督。

某年我国安全生产事故死亡人数及控制指标见表 3-22;2009 年特别重大生产安全事故责任企业具体情况见表 3-23;某年我国特种设备共发生伤亡事故 256 起,其中死亡 325 人,受伤 285 人,见表 3-24;特种设备事故发生环节见表 3-25。

表 3-22　某年我国安全生产事故死亡人数及控制指标

序号	项　目	全年实际死亡人数/人	占总数比例（%）	占全年下达控制指标比例（%）
1	工业、矿山、商贸等事故	11532	13.86	91.5
	其中：1）煤矿事故	2631	3.16	83.5
	2）建筑施工事故	2760	3.32	104.2
	3）烟花爆炸事故	188	0.23	98.9
	4）特种设备事故	315	0.38	100.0
	5）其他	589	6.77	89.4
2	道路交通事故	67759	81.45	93.3
3	火灾事故	1076	1.29	76.9
4	铁路交通事故	1825	2.19	81.5
5	农业及农业机械事故	262	0.32	81.9
6	水上交通、民航飞行等	742	0.89	76.1
合计	各类事故	83196	100	92.5

表 3-23　2009 年特别重大生产安全事故责任企业（单位）

序号	事故责任单位	事故类型及情况
1	中央电视台新台址建设工程办公室	位于北京市朝阳区的中央电视台新址附属文化中心工地发生火灾事故,造成重大经济损失
2	山西焦煤集团西山煤电集团公司	屯兰矿发生瓦斯爆炸事故
3	重庆市能源投资集团松藻煤电公司重庆巨能建设（集团）公司川九建设公司	同华煤矿发生煤与瓦斯突发事故
4	河南省平顶山市新华区四矿	发生瓦斯爆炸事故
5	黑龙江龙煤集团鹤岗分公司	新兴煤矿发生煤与瓦斯突发和瓦斯爆炸事故

表 3-24 某年我国特种设备发生死亡事故情况

项 目	事故起数	同比 ±	同比 ±（%）	死亡人数	同比 ±	同比 ±（%）
合计	256	-43	-14.0	325	-9	-2.7
锅炉	25	-3	14.0	19	-1	-5.0
土锅炉	13	-3	-19.0	10	-1	-9.0
压力容器	29	-7	-19.0	37	-2	-5.0
气瓶	33	7	27.0	42	14	50.0
压力管道	9	0	0.0	17	-2	-11.0
电梯	33	-6	-15.0	29	-2	-6.0
起重机械	58	-10	-15.0	94	80	18.0
房屋起重机械	26	-39	-60.0	49	-42	-46.0
场（厂）内机动车辆	26	13	100	26	13	100.0
客运索道	0	0	0.0	0	0	0.0
大型游乐设施	4	-1	-20.0	2	0	0.0

表 3-25 特种设备事故发生环节

项 目	事故起数	同比 ±	同比 ±（%）	死亡人数	同比 ±	同比 ±（%）
合计	256	-43	-14.4	325	-9	-2.7
使用	177	12	5.3	212	13	6.5
制造	24	-31	-56.4	32	-42	-56.8
安装、维修	26	11	73.3	49	34	226.7
气瓶充装、运输、存储	17	1	6.3	20	-1	-4.8
管理	12	9	300	12	9	33.3
其他环节	0	-3	0	0	-11	0

【案例 3-7】 近年来发生的特别重大的典型安全生产事故。

1) 2009 年 2 月 22 日 2 点 20 分山西屯兰煤矿南四盘区 12403 工作面发生瓦斯爆炸，造成 77 名矿工遇难，发生一起特别重大安全事故。据媒体介绍发生这起安全生产事故的直接原因，一是煤矿内通风设备未起到作用；二是检查瓦斯含量的仪器部分失灵。初步认为山西屯兰煤矿发生事故原因是管理意识淡薄，特别是设备管理存在缺陷和失误。

2) 2007 年 4 月 18 日 7:45，辽宁省铁岭市某特殊钢有限责任公司炼钢车间丙班人员正在吊运作业，一个装有约 30t 钢液重达 60t 的浇包位于浇注台车上方，包底距地面 5.5m 开始下行作业，在吊运至铸锭台车上方 2~3m 高度时，突然发生滑落，包底猛烈撞击浇注台车，使浇注台车发生偏移，浇包则向相反方向倾覆，包内近 30t 温度约 1590°C 的钢液涌出，冲向 6m 外的真空炉平台下方工具间开门方向，造成在工具间开班前会的甲班 31 人死亡，6 人受伤。

起重机主钩开始下降作业时，由于下降接触器的控制回路中有一个连锁常闭辅助触点锈蚀断开，下降接触器不能被接通，致使驱动电动机失电；电气系统设计缺陷，制动器未能自动抱闸，导致浇包失控下坠；当驾驶员发现浇包下降异常时，将操纵手柄打回零位，主令控制器回零后，制动器制动力矩严重不足，未能有效阻止浇包继续失控下坠，浇包撞击浇注台车后落地倾覆，造成多人死亡，是导致事故发生的直接原因。

4. 新时期安全生产工作目标

1) 建立六大体系：①建立、完善企业安全保障。②政府监管和社会监督。③安全科技支撑。④法律法规和政策标准。⑤应急救援。⑥宣传培训。

2) 提高六种能力：①企业本质安全水平和事故防范。②监测执法和群防群治。③技术装备安全保障。④依法依规安全生产。⑤事故救援和应急处置。⑥从业人员安全素质和社会公众自救、互救。

3) 推动安全生产状况持续稳定好转。

4) 加快安全生产长效机制建设。

3.8.2 安全生产与设备事故等级划分

1. 事故等级

国务院安全生产监督管理部门会同国务院有关部门，制定事故等级划分的规定。生产安全事故分类及其相应法律责任划分见表 3-26。安全事故等级划分为四类：一般事故、较大事故、重大事故、特别重大事故。特种设备事故分类见表 3-27。

表 3-26　生产安全事故分类及其相应法律责任划分

	项　　目	特别重大事故	重大事故	较大事故	一般事故
事故分类	死亡人数	30 人及以上	10~29 人	3~9 人	1~2 人
	受伤人数（包括急性工业中毒）	100 人及以上	50~99 人	10~49 人	9 人及以下
	直接经济损失	1 亿元及以上	5000 万元~1 亿元以下	1000 万元~5000 万元以下	1000 万元以下
法律责任	事故发生单位对事故负有责任	200 万元~500 万元罚款	50 万元~200 万元以下罚款	20 万元~50 万元以下罚款	10 万元~20 万元以下罚款
	事故发生单位主要负责人未依法履行安全生产管理职责，导致事故发生的。（构成犯罪的，追究刑事责任）	一年年收入 80% 罚款	一年年收入 60% 罚款	一年年收入 40% 罚款	一年年收入 30% 罚款

表 3-27　特种设备事故分类

项　　目	特别重大事故	重大事故	较大事故	一般事故
600MW 以上锅炉	发生爆炸	因故障中断运行 240h 以上	—	—
压力管道、压力容器有毒介质泄露	造成 15 万人以上转移	造成 5 万人以上、15 万人以下转移	造成 1 万人以上、5 万人以下转移	造成 500 人以上、1 万人以下转移
客运索道、大型游乐设施高空滞留	100 人以上，并且时间在 48h 以上	100 人以上，并且时间在 24h 以上、48h 以下	有人员在 12h 以上	1. 客运索道高空滞留人员 3.5h 以上、12h 以下 2. 大型游乐设施高空滞留人员 1h 以上、12h 以下
特种设备运行	—	—	锅炉、压力容器、压力管道发生爆炸	电梯轿厢滞留人员 2h 以上
起重机械运行	—	—	起重机械整体倾覆	起重机械主要结构件折断或起升机构坠落

2. 事故报告

1）事故报告应当及时、准确、完整，任何单位和个人对事故不得迟报、漏报、谎报或者瞒报。

2）事故发生后，事故现场有关人员应当立即向本单位负责人报告；单位负责人接到报告后，应当在 1h 内向事故发生地县级以上人民政府安全生产监督管理部门和负有安全生产监督管理职责的有关部门报告。情况紧急时，事故现场有关人员可以直接向事故发生地县级以上人民政府安全生产监督管理部门和负有安全生产监督管理职责的有关部门报告。

3）安全生产监督管理部门和负有安全生产监督管理职责的有关部门接到事故报告后，应当依照下列规定上报事故情况，并通知公安机关、劳动保障行政部门、工会和人民检察院。

① 特别重大事故、重大事故逐级上报至国务院安全生产监督管理部门和负有安全生产监督管理职责的有关部门。

② 较大事故逐级上报至省、自治区、直辖市人民政府安全生产监督管理部门和负有安全生产监督管理职责的有关部门。

③一般事故上报至设区的市级人民政府安全生产监督管理部门和负有安全生产监督管理职责的有关部门。

4）报告事故应当包括下列内容：①事故发生单位概况。②事故发生的时间、地点以及事故现场情况。③事故的简要经过。④事故已经造成或者可能造成的伤亡人数（包括下落不明的人数）和初步估计的直接经济损失。⑤已经采取的措施。⑥其他应当报告的情况。

5）事故报告后出现新情况的，应当及时补报。

3. 事故调查

1）特别重大事故由国务院或者国务院授权有关部门组织事故调查组进行调查。重大事故、较大事故、一般事故分别由事故发生地省级人民政府、设区的市级人民政府、县级人民政府负责调查。省级人民政府、设区的市级人民政府、县级人民政府可以直接组织事故调查组进行调查，也可以授权或者委托有关部门组织事故调查组进行调查。未造成人员伤亡的一般事故，县级人民政府也可以委托事故发生单位组织事故调查组进行调查。

2）事故调查组组长由负责事故调查的人民政府指定。事故调查组组长主持事故调查组的工作。

3）事故调查组履行下列职责：①查明事故发生的经过、原因、人员伤亡情况及直接经济损失。②认定事故的性质和事故责任。③提出对事故责任者的处理建议。④总结事故教训，提出防范和整改措施。⑤提交事故调查报告。

4）事故调查组有权向有关单位和个人了解与事故有关的情况，并要求其提供相关文件、资料，有关单位和个人不得拒绝。事故发生单位的负责人和有关人员的事故调查期间不得擅离职守，并应当随时接受事故调查组的询问，如实提供有关情况。事故调查中发现涉嫌犯罪的，事故调查组应当及时将有关材料或者其复印件移交司法机关处理。

5）事故调查中需要进行技术鉴定的，事故调查组应当委托具有国家规定资质的单位进行技术鉴定，必要时，事故调查组可以直接组织专家进行技术鉴定。

6）事故调查组成员在事故调查工作中应当诚信公正、恪尽职守，遵守事故调查组的纪律，保守事故调查的秘密。

4. 事故处理

1）重大事故、较大事故、一般事故，负责事故调查的人民政府应当自收到事故调查报告之日起15日内做出批复；特别重大事故，30日内做出批复。

有关机关应当按照人民政府的批复，依照法律、行政法规规定的权限和程序，对事故发生单位和有关人员进行行政处罚，对负有事故责任的国家工作人员进行处分。

2）事故发生单位应当按照负责事故调查的人民政府的批复，对本单位负有事故责任的人员进行处理。负有事故责任的人员涉嫌犯罪的，依法追究刑事责任。

3）事故发生单位应当认真吸取事故教训，落实防范和整改措施，防止事故再次发生。防范和整改措施的落实情况应当接受工会和职工的监督。

安全生产监督管理部门和负有安全生产监督管理职责的有关部门应当对事故发生单位落实防范和整改措施的情况进行监督检查。

4）事故发生单位对事故发生负有责任的，依照下列规定处以罚款：①发生一般事故的，处10万元以上20万元以下的罚款。②发生较大事故的，处20万元以上50万元以下的罚款。③发生重大事故的，处50万元以上200万元以下的罚款。④发生特别重大事故的，处200万元以上500万元以下的罚款。

5）事故发生单位主要负责人未依法履行安全生产管理职责，导致事故发生的，依照下列规定处以罚款；属于国家工作人员的，并依法给予处分；构成犯罪的，依法追究刑事责任：①发生一般事故的，处上一年年收入30%的罚款。②发生较大事故的，处上一年年收入40%的罚款。③发生重大事故的，处上一年年收入60%罚款。④发生特别重大事故的，处上一年年收入80%的罚款。

6）有关地方人民政府、安全生产监督管理部门和负有安全生产监督管理职责的有关部门有下列行为之一的，对直接负责的主管人员和其他直接责任人员依法给予处分；构成犯罪的，依法追究刑事责任：①不立即组织事故抢救的。②迟报、漏报、谎报或者瞒报事故的。③阻碍、干涉事故调查工作的。④在事故调查中作伪证或者指使他人作伪证的。

7）事故发生单位对事故发生负有责任的，由有关部门依法暂扣或者吊销其有关证照；对事故发生单位负有事故责任的有关人员，依法暂停或者撤销其与安全生产有关的执业资格、岗位证书；事故发生单位主要负责人受到刑事处罚或者撤职处分的，自刑罚执行完毕或者受处分之日起，5年内不得担任任何生产经营单位的主要负责人。

为发生事故的单位提供虚假证明的中介机构，由有关部门依法暂扣或者吊销其有关证照及其相关人员的执业资格；构成犯罪的，依法追究刑事责任。

5. 设备事故管理

【案例3-8】某集团公司对设备事故管理规定如下：

设备事故指设备因非正常损坏造成停产或效能降低，停机时间和经济损失超过规定限额者。

(1) 事故的分析

1）设备事故发生后，应立即切断电源，保持现场，按设备分级管理的有关规定上报，并及时组织有关人员根据"三不放过"的原则（事故原因分析不清不放过；事故责任者与群众未受到教育不放过；没有防范措施不放过），进行调查分析，严肃处理，从中吸取经验教训。一般事故由事故单位主管负责人组织有关人员，在设备管理部门参加下分析事故原因。如事故性质具有典型教育意义，由设备管理部门组织全厂设备员、安全员和有关人员参加的现场会共同分析，使大家都受教育。重大及特大事故由企业主管设备厂长（经理、总工程师）组织设备、安技部门和事故有关人员进行分析。进行事故分析的基本要求是：①要重视并及时进行事故分析。分析工作进行得越早，原始数据越多，分析事故原因和提出防范措施的根据就越充分。要保存好分析的原始证据。②不要破坏发生事故的现场，不移动或接触事故部位的表面，以免发生其他情况。③要严格察看事故现场，进行详细记录和照相。④如需拆卸发生事故部件时，要避免使零件再产生新的伤痕或变形等情况发生。⑤分析事故时，除注意发生事故部位外，还要详细了解周围环境，多访问有关人员，以便得出真实结论。⑥分析事故不能凭主观臆测作出结论，要根据调查情况与测定数据进行仔细分析判断。

2）发生事故单位，应立即在事故发生后 3 日内认真填写事故报告单，报送设备管理部门。一般事故报告单由设备管理部门签署处理意见。

3）设备事故经过分析、处理并修复后，应按规定填写维修记录，由车间机械员负责计算实际损失，记入设备事故报告损失栏，报送设备管理部门。

4）企业发生的各种设备事故，设备管理部门每季应统计上报，并记入历年设备事故登记册内。

（2）设备事故的原始记录　设备事故报告记录应包括以下内容：①设备编号、名称、型号、规格及事故概况。②事故发生的前后经过及责任者。③设备损坏情况及发生原因，分析处理结果；重大、特大事故应有现场照片。④发生事故的设备在进行修复前、后，均应对其主要精度、性能进行测试；设备事故的一切原始记录和有关资料，均应存入设备档案。凡属设备设计制造质量的事故，应将出现的问题反馈到原设计、制造单位。

（3）设备事故的性质　设备事故按其发生性质可分为以下三类：①责任事故。凡属人为原因，如违反操作维护规程、擅离工作岗位、超负荷运转、加工工艺不合理以及维护修理不良等，致使设备损坏停产或效能降低者，称为责任事故。②质量事故。凡因设备原设计、制造、安装等原因，致使设备损坏停产或效能降低者，称为质量事故。③自然事故。凡因遭受自然灾害，致使设备损坏停产或效能降低者，称为自然事故。

（4）设备事故的处理　任何设备事故都要查清原因和责任，对事故责任者应按情节轻重、责任大小、认错态度分别给予批评教育、行政处分或经济处罚，触犯刑律者要依法制裁。

对设备事故隐瞒不报或弄虚作假的单位和个人，应加重处罚，并追究领导责任。设备事故频率应按规定统计,按期上报。

(5) 设备事故损失计算

1) 停产和修理时间的计算。

停产时间:从设备损坏停工时起,到修复后投入使用时为止。

修理时间:从动工修理起到全部修完交付生产使用时为止。

2) 修理费用的计算。

修理费用是指设备事故修理所花费用,其计算方法为

修理费(元) = 修理材料费(元) + 备件费(元) + 工具辅材费(元) + 工时费(元)

3) 停产损失费用的计算。

设备因事故停机,造成工厂生产损失,其计算方法为

停产损失(元) = 停机小时 × 每小时生产成本费用

4) 事故损失费用的计算。

由于事故迫使设备停产和修理而造成的费用损失,其计算方法如下:

事故损失费(元) = 停产损失费(元) + 修理费(元)

3.8.3 特种设备事故应急预案

根据规定大型集团应当制定特种设备应急预案。设备使用单位应当制定事故应急专项预案,并定期进行事故应急演练。

压力容器、压力管道发生爆炸或者泄漏,在抢险救援时应当区分介质特性,严格按照应急预案规定程序处理,防止二次爆炸。

特种设备事故发生后,事故发生单位应当立即启动事故应急预案,组织抢救,防止事故扩大,减少人员伤亡和财产损失,并及时向事故发生地县以上安全监督管理部门和有关部门报告。

【案例 3-9】某企业大型车间制定的特种设备事故应急预案。

1) 事故抢救组织者:①第一组织者×××。②当第一组织者不在现场时,由第二组织者立即进行组织抢救。③当第二组织者不在现场时,由第三组织者立即进行组织抢救。

2) 设备(包括火灾事故)事故发生后,立即按应急预案中的规定,将车间总电源指定专人关闭;关闭车间内氧气管道、乙炔管道等易燃易爆管道总阀门;关闭车间内有毒介质管道总阀门;有关专人也应设立第一专人、第二专人、第三专人。

3) 按应急预案中规定的逃生路线,组织人员迅速撤离现场,减少人员伤亡,根据事故原位置,按不同路线进行逃生,如图 3-10 所示。

4) 如发生火灾和易燃易爆、有毒介质压力容器、压力管道发生爆炸或泄漏

事故，应立即由专人向现场员工发放防毒面具，以减少人员伤亡。

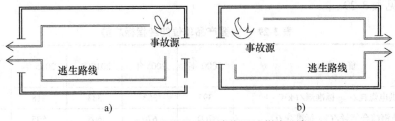

图 3-10　组织人员按逃生路线迅速撤离现场

5）每月或每季定期进行事故应急演练，结束后进行及时总结，不断提高应急演练水平。

3.9　设备节能与环保

近年来，我国设备管理及技术均得到了一定程度的发展。但是相对于社会经济及科技快速发展的要求，还存在问题。

3.9.1　设备运行效率低下、能耗高、污染亟待解决

1. 设备运行效率

目前，燃煤工业锅炉平均运行效率为 73%，比国际先进水平低 8%；中小型电动机设计效率为 90%；风机、水泵平均设计效率为 82%，均比国际先进水平低 5%，风机、水泵系统运行效率低 12%；机动车燃油经济性水平比欧盟低 12%，比日本低 15%，比美国低 11%；载货汽车百吨千米油耗为 7.6L，比国外先进水平高 30% 以上，内河运输船舶油耗比国外先进水平高 10%~20%。主要设备运行效率见表 3-28。

表 3-28　主要设备运行效率

名　　称	2005 年	2015 年
燃煤工业锅炉运行效率（%）	65	70
中小型电动机设计效率（%）	87	89
风机平均设计效率（%）	75	81
泵平均设计效率（%）	75	81
气体压缩机设计效率（%）	75	82

2. 能耗

我国火电供电煤耗由原 392g 标准煤/(kW·h) 下降到 2015 年的 318g 标准

煤/(kW·h)；吨钢综合能耗由原 760kg 标准煤/t 下降到 2015 年的 595kg 标准煤/t，见表 3-29。

表 3-29　主要产品单位能耗指标趋势

能耗指标	2000 年	2005 年	2010 年	2015 年	2020 年（预测）
火电供电煤耗/[g 标准煤/(kW·h)]	392	353	333	318	308
吨钢综合能耗/(kg 标准煤/t)	760	670	605	595	565
电解铝耗电/(kW·h/t)	16500	15100	14013		13200
铜综合能耗/(kg 标准煤/t)	470	405	350		280
合成氨综合能耗/(kg 标准煤/t)	1780	1590	1402		1330
乙烯综合能耗/(kg 标准煤/t)	990	930	886		840
烧碱（离子膜）综合能耗/(kg 标准煤/t)	445	395	351		310

3. 污染

2013 年我国能源消耗总量为 37.5 亿吨标准煤，占世界能源消耗总量的 18.2%，其中消耗煤占世界消耗煤的 30%，是世界最大的煤炭消费国，煤炭在我国能源消费构成中约占 66.4%，这种局面在短期内不会有根本改变。同时也造成锅炉用煤在燃烧过程中排放出大量二氧化碳、二氧化硫、一氧化碳、氮氧化物烟尘以及致癌物质等，严重污染了大气。燃煤造成的二氧化硫和烟尘排放量约占其排放总量的 70%，燃煤的二氧化硫年排放量约为 1500 万 t；造成酸雨面积已占国土面积的 1/3。我国烟尘排放量 2013 年为 990 万 t。这种用能方式带来能源过度消耗，用能设备燃料燃烧中二氧化硫、二氧化碳、一氧化碳等温室气体的大量排放已造成臭氧层破坏，已成为我国经济发展面临挑战的关键因素。因此加快淘汰落后设备设施，强化设备运行的节能减排，减轻能耗过度增长给环境保护带来的巨大压力，努力改善环境质量已成为亟待解决的问题。

3.9.2　中国制造 2025——节能环保目标

2015 年 5 月由国务院颁布中国制造 2025，主要从创新能力、质量效益、两化融合、绿色发展四个方面提出今后制造业主要发展方向，其中明确到 2020 年与 2025 年分别应达到节能环保目标。

1. 未来能源发展趋势

（1）全球未来能源发展趋势

1）能源版图发生深刻变化：

① 能源消费增长重心加速向发展中国家转移。

② 油、气供应呈现出中东、亚洲、非洲等多点供应局面。
③ 随着全球供需形势变化，使用方有更多选择权。
2）世界能源格局不变：
① 油气作为战略资源与国际政治经济矛盾交织格局没有改变。
② 金融资本对石油价格波动影响力没有改变。
③ 发达国家能源科技的优势地位没有改变。

2. 我国未来能源发展趋势

1）继续实施节约优先战略，依靠能源绿色、低碳、智能发展，走清洁、高效、安全、可持续发展之路。
2）传统能源要清洁发展，清洁能源要规模发展。强调煤炭集中高效利用代替粗放使用。
3）建设一批重大能源工程，提高能源保障能力。
① 适时东部沿海地区启动核电重点项目建设。
② 加强陆上、海洋油气勘探开发，促进页岩气、页岩油、煤层气等开发。
③ 加强风能、太阳能发电基地建设。
4）鼓励各类投资主体有序进入能源开发领域，电力体制改革实现厂网分开，深化煤炭资源税改革。

根据资料表明：2000—2010 年我国能源消费年均增速为 9.4%，2011—2014 年平均增速降至 4.3%，预计新时期能源消费增速将进一步回落至 3%左右。

3. 节能环保目标

根据我国经济发展的情况，在中国制造 2025 中反映了节能环保目标要求，具体见表 3-30。

表 3-30　中国制造 2025 中反映了节能环保目标

项目（目标值）	2020 年	2025 年
规模以上单位工业增加值能耗下降幅度	2020 年比 2015 年下降 18%	2025 年比 2015 年下降 34%
单位工业增加值 CO_2 排放量	2020 年比 2015 年下降 22%	2025 年比 2015 年下降 40%
单位工业增加值使用水量	2020 年比 2015 年下降 23%	2025 年比 2015 年下降 41%
工业固体废物综合利用率（2013 年为 62%，2015 年为 65%）	73%	79%

在新时期能源规划中强化了规划引导，弱化项目审批，并阐述了油气、煤

炭、可再生能源、核电等能源领域发展方向和目标。

(1) 弱化项目审批、优化能源结构　近年来，我国能源生产能力稳步提高，但能源形势依然复杂严峻，能源利用方式粗放问题突出。数据显示，2013—2016年，我国单位 GDP 能耗从为世界平均水平的 1.8 倍回落到 1.2 倍，但仍是发达国家平均水平的 2.1 倍。我国能源结构中化石能源比重偏高，非化石能源占能源消费总量的比重仅为 13.2%。面对这些矛盾，遵照"十三五"能源规划，推进能源节约，大力优化能源结构，增强能源科技创新能力，推动能源消费革命、供给革命、技术革命和体制革命。

(2) 清洁高效开发利用煤炭　煤炭作为我国主体能源的地位近期不会改变，而清洁高效利用煤炭是保障能源安全的重要基石。积极实施煤电节能减排升级改造行动计划，如新建燃煤机组供电煤耗低于 300g 标准煤/（kW·h），污染物排放接近燃气机组排放水平；现役 60 万 kW 及以上机组力争 5 年内供电煤耗降至 300g 标准煤/（kW·h）。要制订煤炭消费总量中长期控制目标，加快淘汰分散燃煤小锅炉。因地制宜稳步推进"煤改电""煤改气"替代改造。

此外，在油气方面，要创新勘探体制机制，大幅提高油气储采比。同时，重点突破页岩气等非常规油气资源和海洋油气勘探开发。

(3) 大幅提高可再生能源比重　大力发展可再生能源是推动能源结构优化的重要方面。截至 2015 年末，全国发电装机总量达 15.08 亿 kW，其中，水电装机 3.2 亿 kW，火电 9.9 亿 kW，核电 2717 万 kW，并网风电 1.28 亿 kW，并网太阳能发电装机容量 4158 万 kW。

发展可再生能源具体要求：

① 在做好生态环境保护和移民安置的前提下，积极发展水电。到 2020 年，力争常规水电装机达到 3.5 亿 kW 左右。

② 坚持集中式与分布式并重、集中送出与就地消纳相结合，在资源丰富地区规划建设大型风电基地和光伏基地，在其他地区加快风能分散开发和分布式光伏发电。

③ 积极发展地热能、生物质能和海洋能等其他可再生能源。

④ 加强电源与电网统筹规划，积极发展智能电网，科学安排调峰、调频、储能配套能力，切实解决弃风、弃水、弃光问题。

(4) 安全发展核电　推进核电建设，对于保障能源安全、保护环境等有重要意义。数据显示，截至 2015 年末，我国核电发电量 1689.93 亿 kW·h，占全国发电总量的 3.01%。投入运行的机组 30 台，装机容量 2848 万 kW，在建核电机组达到 24 台，装机 2655 万 kW。

今后，要在采用国际最高安全标准、确保安全的前提下，稳步推进核电建设。

要坚持引进消化吸收再创新，按照我国三代核电技术路线，重点推进华龙1号、AP1000、CAP1400、EPR核电技术、VVER核电技术，同时加快国内自主技术工程验证，重点建设好大型先进压水堆、高温气冷堆重大专项示范工程。加强国内天然铀资源勘查开发，完善核燃料循环体系。此外，要积极推动核电"走出去"，提前布局，系统谋划。

3.9.3　强化设备管理，推动节能环保

通过制订我国能源生产和消费革命长期战略，确保我国能源安全。能源安全是关系国家经济社会发展的全局性、战略性问题，对国家繁荣发展、人民生活改善、社会长治久安至关重要。面对能源供需格局新变化、国际能源发展新趋势，保障国家能源安全，必须推动能源生产和消费革命。推动能源生产和消费革命是长期战略，必须从当前做起，加快实施重点任务和重大举措，强化设备管理。

尽管我国能源环保取得了巨大成绩，但也面临着环保需求压力巨大、能源供给制约较多、能源生产和消费对生态环境损害严重、能源技术水平总体落后等挑战。我们必须从国家发展和安全的战略高度，审时度势，借势而为，找到顺应能源大势之道。

推动节能环保工作具体要求：

1) 推动能源环保工作，抑制不合理能源消费。坚决控制能源消费总量，有效落实节能优先方针，把节能贯穿于企业、社会发展全过程和各领域，加快形成能源节约型社会。

2) 推动能源供给革命，建立多元供应体系。立足国内多元供应保安全，大力推进煤炭清洁高效利用，着力发展非煤能源，形成煤、油、气、核、新能源、可再生能源多轮驱动的能源供应体系，同步加强能源输配网络和储备设施建设。

3) 引进能源环保新技术，带动产业升级。立足我国国情，紧跟国际能源环保技术新趋势，以绿色低碳为方向，分类推动技术创新、产业创新、商业模式创新，并同其他领域高新技术紧密结合，把能源环保技术及其关联产业培育成带动我国产业升级的新增长点。

4) 推动能源体制革命，打通能源发展快车道。坚定不移推进改革，还原能源商品属性，构建有效竞争的市场结构和市场体系，形成主要由市场决定能源价格的机制，转变政府对能源的监管方式，建立健全能源法治体系。

5) 全方位加强国际合作，实现开放条件下能源安全。在主要立足国内的前提条件下，在能源生产和消费革命所涉及的各个方面加强国际合作，有效利用国际资源。

6) 通过不断推进国民经济产业结构提质升级发展，强化全社会应对气候变化行动。

应对气候变化是国际社会的共同任务，也是我国科学发展的内在要求。我国高度重视应对气候变化问题，把绿色低碳循环经济发展作为生态文明建设的重要内容，主动实施一系列举措，取得明显成效。我国已成为世界节能和利用新能源、可再生能源第一大国，为全球应对气候变化做出了实实在在的贡献。

7) 节能环保已影响或危及政治、经济、文化等各方面，低能耗、低排放、少排污是设备设计、制造、运行、技术改造等的主要指标。

设备制造一方面要消耗大量的钢材、有色金属及辅助材料；设备运行要消耗大量能源和各种生产原料；另一方面设备运行产生大量废料（渣）和废气、废水，并造成环境污染。

设备的节能环保：一是设备设计、制造用料环节要节能节材；二是资源消耗环节要加强对冶金、有色、电力、煤炭、石化、化工、建材（筑）等重点行业能源、原材料、水等资源消耗管理，努力降低消耗，提高资源利用率；三是废物产生环节要强化污染预防和全过程控制，加强对各类废物的循环利用，推进企业废物"零排放"，加快再生水利用设施建设以及降低废物最终处置量；四是再生资源环节要大力回收和循环利用各种废旧资源；五是消费环节要大力倡导有利于节约资源和保护环境的消费方式，鼓励使用能效标志产品、节能节水认证产品和环境标志产品等。

第 4 章

监测故障诊断

监测故障诊断是人们从医学中吸取其诊断思想而发展起来的状态识别技术，通过对设备的信息载体或伴随着设备运行的各种性能指标的变化状态进行监测、记录，如温度、压力、振动、噪声、润滑油等，并对记录的数据资料进行科学分析，进而了解运行设备当时的技术状态，查明设备运行发生异常现象的部位和原因，或预报、预测有关设备异常、劣化或故障趋势，并做出相应的对策。

4.1 监测检验

近年来，国内市场出现了各种规格、各种功能、各种精度的专业或综合的监测检验仪器仪表和组合系统，为企业设备在线或离线监测、监控设备状态提供了良好的服务。

4.1.1 全面提升监测监控技术

监测检验仪器仪表一般可分为多功能仪器仪表、产品组合仪表以及专业仪器仪表等。多功能仪器仪表是集冲击脉冲、振动分析、数据采集、趋势分析于一身的多功能分析仪表，可以进行温度测量、转速测量；通过触摸式屏幕显示、按键操作，使用方便。产品组合仪表是针对设备的关键零部件和典型产品专门进行监测检验的组合仪表，包括：轴承分析仪、戴纳检测仪、电动机在线综合检测仪、电缆测试仪、电路板检测仪等。专业仪器仪表包括振动类，如测振仪、现场动平衡仪等。

1. 仪器仪表在监测检验中有待进一步发挥作用

1) 从温度、压力、振动、油液四方面来分析，80%企业在监测检验中应用温度、压力方面仪器仪表比较成熟，应用范围比较广，并取得一定成效；近几年在应用振动方面仪器仪表数量增长幅度很快,应用范围越来越大,并取得显著效果;油液方面仪器仪表应用数量相对较少,主要是设备的油液取样后,要专门送油液化验室进行化验,这些检测化验数据不能及时反馈到现场对设备进行调整和处理。

2) 部分大型企业及重点企业在设备监测检验中应用仪器仪表已取得一定效果,中小企业特别是微小企业应用还比较欠缺,造成设备发生一些故障和事故。

3) 在工场内部应用已积累一定经验,但在户外、地下管线等,特别是地下管道监测检验还存在大量缺陷和空白点。

4) 近年设备监测检验技术开发很快,但在应用上还缺乏专门的工程技术人才,特别是油液监测检验技术的应用还需要作更大努力。

2. 监测检验技术开发和应用与国际还存在较大差距

近年来在设备战线工程技术人员的共同努力下,取得较大进展,并取得明显效果。通过大力引进国外先进技术与产品,填补国内空白,如现场油品检验仪器,同时要解决检测仪器仪表的三性:技术先进性、准确性、可靠性,重点开发信息化的整合技术。要从温度、压力、振动、油液四大方面形成完整仪器仪表监测检验技术。大型设备、成套设备从综合、复合、多功能仪器仪表应用上自成体系;主要生产设备仪器仪表检测技术与设备状态监控有机结合,充分发挥设备效能;高危设备、重点设备及系统逐步建立在线监测系统等。

3. 全面提升监测监控技术应用的智能化、网络化与工业化

1) 对国民经济主要产业,特别是化工、石油、冶金、航天航空、建材等行业复合仪器仪表监测监控技术应用全面覆盖,减少和杜绝恶性事故发生,使设备能效明显提高。具体表现有:提高检测设备整体经济性能和效益;根据监测监控信息,确保设备在故障或事故来临前立即停机,并及时采取有效措施恢复设备运行;提高对设备现场运行参数的分析能力,自动有效调整参数,确保设备在最佳范围运行等。

2) 未来仪器仪表检测技术发展方向主要从设备监测监控系统、往复设备在线监测系统、设备状态综合监测系统三个系统来建立和完善监测技术,其关键为设备仪器仪表,以及传感器技术研发;在线监测与软件系统的研发与应用研究。仪器仪表监测技术的发展目标是互联与智能化。

4.1.2 强化设备在线实时监测

1. 提升设备监测检验系统

1) 设备监测检验系统由工厂设备状态监控与管理系统、设备综合维检系统和在线监测系统组成。

仪器仪表检测技术和专用组合检测仪器仪表不断开发和应用，为设备检测专业公司开发设备监测检验系统打下了扎实基础，并在企业得到试验性应用，取得初步成效，比较典型的有 TPCM 系统。

2）通过建立 TPCM 型工厂设备状态监控与管理系统（见图 4-1），使设备离线巡检与在线监测系统有机结合，与资产管理平台 EAM/SAP 等实现数据共享。

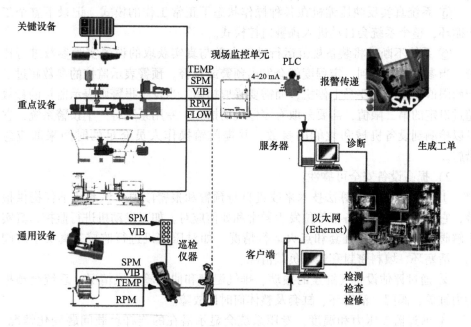

图 4-1　TPCM 型工厂设备状态监控与管理系统

3）研发设备综合维检系统，将通过建立设备维检系统，使运行设备等实现有效监测与维护，确保设备安全可靠、高效经济运行。未来在线监测系统和设备综合维检系统相融合，通过系统运行实现智能逻辑数据采集、智能诊断、智能报警，预计能有效解决超低速、工况复杂的设备监测和诊断难题。

2. 不断完善在线监测系统

近年来设备专业公司开发了很多设备在线监控系统，如哨兵专用系统，在企业中初步应用得到好评，填补了我国监控监测在线大型压缩机和发动机的空白点，未来该系统将不断提高集成化和智能化功能。

1）在线监测系统是用来监控大型高速压缩机故障的实时在线监测系统，它是一套高可靠的系统，通过对各类大型压缩机进行监测，如一旦发生压缩机设备性能降低，在线监测系统能提前预知故障原因，并指明所需采取的措施，避免灾难性事故的发生，帮助用户预防突发性的停机事故，避免发生重大事故，并同时提供实时的参数等。具体要求：

① 系统为压缩机系统提供安全可靠和经济的运行条件。

② 系统提供操作界面，提供可靠的运行信息。

③ 系统可以与 PLC 系统对接，自动在灾难性事故发生之前停机。

④ 系统帮助工程师（机械师）提高现场分析和诊断问题的能力。

⑤ 系统真实反映压缩机在各种操作状态下正常工作的模式，记录下整个工作循环，整个系统会自动进入预警监控模式。

⑥ 系统不断地将装备规范运行性能参数与真实获取的设备实时参数进行比较，当参数值超高到一定程度就会发出预警或报警。预警表示监控的参数超过了初始限值，但不需要马上停机，而需要采取措施。当发生报警则表示监控的参数超过设定的第二限值，需要采取有序停机的措施。专用系统有一个预警系统，它可以检测到设备机械和性能的参数，并提前给操作人员充足的时间采取应急措施。

2）提高设备安全可靠性：

① 系统使用智能算法技术来改进自身预警和报警限值。该系统不仅提供报警，它还可以指示设备某部位发生异常和如何应对。如对发动机进行监控，真实了解阀门、活塞环、缸套和点火运行情况；如对压缩机进行监控，真实了解阀门、活塞环、填料密封和连杆负载情况。

② 通过评估设备气缸盖的振动、排气温度和曲轴箱通风情况，系统会预报动力缸盖、阀门、活塞环、缸套及整体何时出故障。

③ 通过监控压力和温度，专用系统会显示潜在的连杆负载问题变化情况，显示某气缸发现连杆负载超出运行极限值。

3）提高设备整体经济性：

① 系统通过检测压缩机的输出功率，然后转换成为实际的运行费用，这样用户就可以了解设备整体经济性能，未来系统还可以设置计算设备热效率、燃料用量和费用等。

② 系统通过监测，显示压缩机整体性能的三个关键信息点，显示设备额定负载、最佳工作负载、运行负载。

③ 系统提高了资源利用效率。系统帮助操作人员、诊断工程师和维修人员工作得更有成效。它提供有用的信息，描述故障严重程度并且给出建议，使风险在设备损坏或意外停机前得到纠正，所以设备能发挥更高的效能。

4.1.3 监测仪器仪表开发应用

1. 多功能分析仪器仪表

（1）多功能分析仪　集冲击脉冲、振动分析、数据采集、趋势分析于一身的多功能分析仪器,可以进行温度测量、转速测量。适宜的外观设计,触摸式屏幕,简单按键操作,使用得心应手(见图 4-2 和图 4-3)。其主要特性如下:

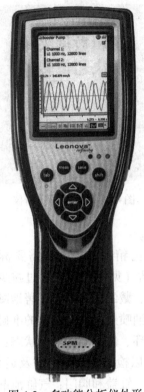

图 4-2　多功能分析仪外形

图 4-3　多功能分析仪正在检测轴承运行状态

1)冲击脉冲方法是唯一成功的深入进行滚动轴承监测的技术。它提供了设备运行中轴承表面和润滑状态的精确信息,贯穿整个轴承寿命周期。采用专用的冲击脉冲传感器,通过硬件和软件的共同作用,所获得的信号被放大 5~7 倍,从而可直接发现轴承的前期故障。冲击脉冲传感器采用独特的机械滤波(32kHz),从而可以检测出不平衡、不对中、松动等低频信号,不受其他振动信号的影响。采用冲击脉冲频谱方法分析减速器问题,很容易分清是齿轮问题还是轴承问题。

2)可靠的振动分析功能,可以检测振动速度、加速度和位移,按 ISO 10816 最新标准所有指定的设备等级和报警限值均在菜单之中。

3)采用精确轴对中模块,运用独特的线扫描激光技术,可进行设备的水平和垂直方向对中;采用动平衡模块,检测单面或双面转子平衡,操作更加容易;具备起停车分析与捶击试验功能,可作为根源分析的工具,从而展示设备结构振动特征、共振频率和临界速率表象。

4) 可容纳所有生产设备的运行状况数据；直观查看设备当前状态，图解评估清晰并可拓展多种功能，客户可根据需求选择。

(2) 轴承故障分析仪　目前最成熟的滚动轴承测量仪，不但能定性，而且能定量判断轴承故障的原因，可实现不停机故障检测（见图 4-4）。采用冲击脉冲技术，用冲击脉冲能量的 dBm/dBc 指标来描述，定性、定量判定轴承故障。根据取得的值，构成不同的模态，分析轴承故障的原因，如缺油、磨损缺陷等。具有红黄绿三色指示显示轴承状态，现场使用十分方便。该故障分析仪有 T 型、A 型等。

图 4-4　轴承故障分析仪

(3) 戴纳检测仪　戴纳检测仪用于发动机的精确检查（不需要拆卸发动机）。检查过程更安全、更快、更容易，也更清洁（见图 4-5）。通过减少检查时间，以及避免拆卸和装配发动机产生的维护工作，戴纳检测仪可显著地减少维护费用。测量的精度依靠探头插入到火花塞孔、燃油喷射器孔等位置的准确度。将符合要求的空气压力引入气缸后，可以确定活塞环、缸套和阀门的状态；使用真空度，可以测量连杆和活塞销轴承的磨损。还可以检查发动机部件及运行情况，如动力缸状况和磨损，包括缸套、活塞环、气孔、缸盖和阀门；气缸泄漏率及窜气；气门沉陷和传动机构；活塞销和连杆间隙（磨损和趋势）。

图 4-5　应用戴纳检测仪在检测大型发动机运行状况

(4) 电动机在线综合诊断系统

1) 特性：

① 新一代电气信号分析（ESA）技术成果，已通过 IEEE 及美国能源部的专业考核。

② 通过在线监测的电流电压数据，诊断电源品质、电压与电流谐波、定子电气与机械故障、转子条故障、气隙故障、轴承故障、对中与平衡故障、驱动装置故障等。

③ 小巧的手持式设计、自动化操作，现场使用如图 4-6 所示。

④ 自动识别转速与极频、软件自动确认转子条与定子槽隙数目。

⑤ 输入轴承型号，软件即可自动确认轴承故障。

⑥ 自动确认静态与动态磁偏心。

2) 智能诊断：

① 交流电动机转子故障分析。

② 交流电动机转子气隙与磁偏心分析。

③ 交流电动机定子分析。

④ 耦合与负载机械特性诊断（对中、平衡、轴承、齿轮、松动等）。

⑤ 变频装置故障分析。

⑥ 直流调速系统故障分析。

⑦ 同步电动机诊断。

⑧ 直流电动机电枢诊断。

⑨ 直流电动机励磁绕组诊断。

⑩ 电源供电品质分析。

⑪ 谐波与功率分析。

3) 最简单的操作：

① 在控制柜（可在 PT/CT 上）卡接三相电压夹头与三相电流钳接。

② 仪器简单，通过按键进行数据存储。

③ 蓝牙无线技术，将数据上传到计算机。

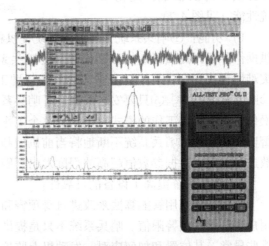

图 4-6 现场使用

④ 输入电动机铭牌数据。

⑤ 自动分析得出结论，并打印报告。

(5) 哨兵在线监测系统　哨兵系统是用来监控高速往复式压缩机和发动机故障的实时在线监测系统。它是一套被证明高可靠、久经考验的系统，已问世多年。压缩机系统一旦发生性能降低，该系统能提前预知故障原因，并指明所需采取的措施，避免灾难性的事故发生。帮助用户预防突发性的停机事故，避免发生重大事故，并提供实时的参数，优化系统性能（见图4-7）。

图4-7　操作人员采用哨兵在线监测系统对压缩机进行故障诊断

1) 功能：①哨兵系统为压缩机系统提供精确和经济的运行。②哨兵系统提供操作界面，提供可靠的诊断信息。③哨兵系统可以与PLC系统对接，自动在灾难性事故发生之前停机。④哨兵系统帮助工程师（机械师）提高现场分析和诊断问题的能力。⑤只要安装并启动了哨兵系统，它就会真实反映压缩机在各种操作状态下正常工作的模式，记录下整个工作循环后，哨兵系统就会自动进入预警监控模式；⑥哨兵系统不断地将当前机械和性能参数与之前真实反映获取的参数进行比较，根据参数值超高的程度发出预警或报警。

2) 哨兵系统提高了设备的可靠性：

哨兵系统使用智能算法来改进自身预警和报警限值，但是它也可以灵活地让用户自己设置报警限值。哨兵系统不只是提供报警，它还可以指示出设备发生了哪些异常、其位置和如何应对；发动机上监控参数，如阀门、活塞环、缸套和点火情况；压缩机上监控的参数，如阀门、活塞环、填料密封和连杆负载情况。

3) 哨兵系统检测设备整体经济性能和效率：

① 哨兵系统通过检测压缩机的输出功率，然后转换成为实际的费用，这样用户就可以看到它的价值是多少。哨兵系统可以计算设备热效率、燃料用量和费用以及压缩机功率，包括整体的和分阶段的。

② 哨兵系统通过检测，显示压缩机整体性能的三个关键信息点，如哨兵系统显示压缩机不能满负载工作，会显示1000马力⊖压缩机已超过额定负载2.5%，立即进行调整。

⊖　1马力=735.499W。

3) 哨兵系统能够提示应改进的地方，如哨兵系统可显示某单元油耗费用超出预算 1200 元/天；它还可以提示设备的早期问题。

4) 哨兵系统提高了资源利用效率。哨兵系统帮助操作人员、诊断工程师和维修人员工作得更有成效。它提供了有用的信息，描述故障严重程度并且给出建议，使故障在设备损坏或意外停机前得到纠正。所以哨兵系统可将资源用在更有效的地方。

2. 专业检测仪器仪表

(1) 袖珍测振仪

1) 特性：

① 袖珍型设计，结实、便携、可靠，十分适合现场点检使用（见图 4-8）。

② 可测量振动位移、速度、加速度、高频加速度四种参数。

③ 特别加强处理的耳机，可以屏蔽外部噪声，确保只能监听到测试中的设备信号。

④ 数字显示四种参数，单键操作，使用十分简便。

2) 参数：

① 位移：1~1999μm（峰峰值），10~500Hz。② 速度：0.2~199.9mm/s（真有效值），10~1000Hz。③ 加速度：0.2~199.9m/s^2（峰值），10~1000Hz。④ 高频加速度：1~199.9m/s^2（峰值），1~15kHz。

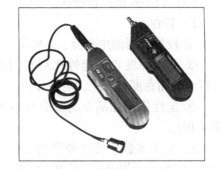

图 4-8 袖珍测振仪外观

(2) 经济型现场动平衡仪

1) 特性：

① 现场无需转子拆卸，在原始安装状态下可直接在设备上平衡，简单、快速方便，不平衡引起的振动迅速下降。

② 具有单面、双面平衡能力，可适用于各类转子的现场平衡。

③ 两种转速相位输入模式（光电型或直接取自系统电涡流转速信号）和两种振动幅值输入模式，即仪器直接测量加速度传感器或直接读取设备自身存在的涡流位移信号，极大地方便了现场使用（见图 4-9）。

④ 结合现场需要，仪器设计了

图 4-9 经济型现场动平衡仪

多种平衡计算选择最佳方法,如试重法、已知影响系数法等,尤其是后者只需要一次停机,直接配重,减少了起停机次数,这在现场实际操作中具有很重要的意义。

⑤ 仪器还兼备频谱分析功能,可直接测取设备振动的频谱值,从而为正确判定设备振动原因提供科学依据。

⑥ 大屏幕液晶显示,交直流供电。

⑦ 仪器专为恶劣工业环境设计,结实、可靠、交互按键式操作。

2) 技术参数:动平衡工作转速为 600~30000r/min(速度传感器)(标配);30~30000r/min(电涡流传感器、低频位移传感器)(选配);幅值量值为 0~8000μm;相位跟踪为 360°内±1°。

(3) 数字式油品检测仪

1) 特性:

① 现场检测油中水分、总碱值(TBN)。

② 使用黏度检测套件比对新旧油品的黏度得出油品黏度的变化,定性分析。

③ 定性检测油品中的盐分及不溶物(见图 4-10)。

2) 技术参数:检测种类为水分、总碱值(TBN) 2min;盐分、不溶物 1h;黏度为 1min。尺寸为 47cm×40cm×18cm,质量为 5.5kg。

图 4-10 数字式油品检测仪

3) 典型应用:各种润滑油和燃油。

(4) 快速油黏度计 主要功能如下:

1) 将采样油与永久装于参考管内的已知黏度的油样作比较,无需任何计算,黏度直接在表上读取(误差±5%)。

2) 平动活塞抽取油样,排出时自动洁净内腔(见图 4-11)。

3) 适用于各种液压、润滑油($cSt^{\ominus}$单位);范围:0~400cSt。

4) 仪器测量范围:0~400cSt,40℃,两种推荐读数范围 8~200cSt 和 20~400cSt。

图 4-11 快速油黏度计

(5) 现场油质检测仪

1) 特性:

① 现场快速检测各项污染物,如金属颗粒、氧化物、水、防冻液、汽油、

$\ominus$ $1cSt = 10^{-6} m^2/s$。

酸等，给出定性定量的概念。

② 决定油品是否仍可使用或需更换，对各种油品进行快速检测，避免了所有油品送到化验室检测。

③ 广泛用于各种关键设备，如压缩机、发动机、齿轮箱、工程机械及其他各种机械设备（见图4-12）。

④ 现场操作十分简单，只需在检测腔中滴入几滴油样，即可从其综合介电常数的变化，确定油品的污染程度。

2）性能：

① 检测油污染程度。

② 检测新购油品质量。

③ 检测范围：各种润滑油、液压油。

3）技术指标：表头指针范围±25μA；环境温度-25~55℃；电池供电；重复性误差≤3%；整机功耗≤380MW。

图4-12 现场油质检测仪

（6）经济型超声测厚仪

1）特性：

① 简单方便的按键操作，结构结实、可靠；采用单片机控制，自动化程度高。

② 采用补偿功能，测量结果更准确；背光灯设计，更加方便现场使用。

③ 宽温度范围，低温可达-10℃（见图4-13）。

2）技术参数见表4-1。

图4-13 经济型超声测厚仪

表4-1 经济型超声测厚仪技术参数

项目	数据	项目	数据
显示方法	四位液晶数字	低电压指示	有
测量方法	超声波	接触显示	显示
测量频率	5MHz	电源	5号电池、两节
显示精度	0.1mm	外形尺寸	124mm×67mm×30mm
测量范围	1.2~255mm	温度	-10~40℃
声速调节	500~9990m/s	湿度	20%~90%
误差	(1%+1) mm	质量	240g

(7) 超声腐蚀厚度测试仪

1) 特性：

① 精确测量各种材质厚度及其腐蚀程度（见图 4-14）。

② 多种型号选件，可提供对所有金属、陶瓷、玻璃及大多数硬质塑料甚至橡胶等材质的厚度测量。

③ 最高分辨率达 0.001mm。

④ 可提供高温探头用于高温下壁厚的精确测量。

2) 技术参数见表 4-2。

图 4-14 超声腐蚀厚度测试仪

表 4-2 超声腐蚀厚度测试仪技术参数

订货号	M0425LT	M0445N	M0425M	M04007	M0425M—MMX
量程（测厚模式）/mm	1.0~150.0	1.0~200.0	0.60~150.0	0.15~25.4	0.63~500
测量方式	测厚	测厚	测厚、扫描	测厚	测厚、扫描
分辨率/mm	0.04	0.01	0.01	0.001	0.01
声速/(m/s)	2000~10000	1000~12000	2000~10000	1250~10000	1250~10000
适用材质	钢材	钢材	多种材质	多种材质	多种材质
适用环境			防水		防水
适用温度/℃	50	50	选件高温探头 343	50	选件高温探头 343

(8) 超声管壁厚度检测仪

1) 特性：

① 仪器通过移动传感探头，扫描显示内部管壁的厚度变化情况，从而确定管壁的薄弱区域，同时显示厚度值（见图 4-15）。

② 仪器特有的穿透外涂层或覆盖物测量特性，可以对内管壁直接进行测厚，无需清除外涂层。

③ 利用超声检测新技术，动态显示超声波波形及数据，对管壁、阀体、蒸汽接头和储管等设备内部腐蚀情况给出明确结论。

④ 超大明亮的 LED 显示屏：数字与图形同时显示厚度值及波形。

⑤ 可进行厚度快速扫描（达 32 次/s）、冻结；可显示最小厚度值并具有厚度报警功能。

图 4-15 超声管壁厚度检测仪

⑥ A 扫描波形显示，可快速准确地确认底面回波，有利于进一步验证被测厚度值的正确性，并判明被测材料内部缺陷状况，直观准确。

⑦ 独有 B 扫描功能直观显示材料断面形状，用于判断被测材料底面腐蚀状况。

⑧ 操作方便，具备强大的菜单操作功能。

⑨ 内置 16MB 内存，可存储 12000 个测量值；RS—232 接口，随机配有 Windows 系统接口，可输入计算机进行分析、打印，提供检测。

2）典型应用：

① 测试管壁厚。

② 鉴定材料厚度是否在规格范围内。

③ 压力容器中薄弱区域确定。

④ 船舶壳体、输油、输气管道等设施壁厚检测。

3）性能参数：测厚范围 0.63~254mm（单反射测厚模式）；2.54~102mm（穿透涂层测厚模式）；分辨率 0.01mm；声速范围 1250~9999m/s；测量模式单反射测厚模式；穿透涂层测厚模式；操作环境温度 -20~60℃。

（9）经济型涂层厚度测试仪

1）性能：

① 智能化设计，采用单片机控制（见图 4-16）。

② 采用电磁感应及涡流技术，精确测量磁性基层上涂、镀层厚度。

图 4-16 经济型涂层厚度测试仪

③ 操作简便、结构小巧、坚固耐用，适合现场快速测量。

④ 具有单次、连续测量及超差报警功能。

⑤ 背光灯设计，更加方便现场使用。

⑥ 超大量程设计，最大可测 10mm 的涂层。

2）技术参数见表 4-3。

表 4-3 经济型涂层厚度测试仪技术参数

显示方法	四位液晶数字	测量范围	标准型：10~1250μm
测量方法	电磁感应测厚		扩展型：500μm~10mm
测量单位	μm、mm 自动转换	误　差	±(3%H+1)μm
显示精度	1μm	自动关机	1min
测量方式	单一及连续测量	低电压指示	显示"BAT"时需充电

（续）

接触显示	显示"↓"	使用环境	
电源	两节5号电池	温度	0~40℃
外形尺寸	124mm×67mm×2mm	湿度	40℃（20~90）%RH
质量	240g		

注：H是指测量范围。

（10）超声检测仪　BM211B数字超声检测仪能够快速便捷、无损伤、精确地进行工件内部多种缺陷，如裂纹、焊缝、气孔、砂眼、夹杂、折叠等的检测、定位、评估及诊断，广泛应用于电力、石化、锅炉压力容器、钢结构、军工、航空航天、铁路交通、汽车、机械等领域，它是无损检测行业的必备仪器（见图4-17）。应用功能：

1）高精度定量、定位，满足了较近和较远距离检测的要求。

2）近场盲区小，满足了小管径、薄壁管检测的要求。

3）直径值计算：直探头锻件检测，找准缺陷最高波自动换算孔径的值。

4）检测范围（0~10000）mm，无级调节。

5）自动校准：自动测试探头的"零点""K值""前沿"及材料的"声速"；自动显示缺陷回波位置（深度d、水平p、距离s、波幅、当量dB、孔径的值）。

图4-17　BM211B数字超声检测仪

6）自由切换三种标尺（深度d、水平p、距离s）；自动录制检测（探伤）过程并可以进行动态回放。

7）自动增益、回波包络及峰值记忆功能提高了检测效率；自动搜索，不但提高了检测效率，也避免了人为因素造成的漏检。

8）掉电保护，存储数据不丢失；检测参数可自动测试或预置。

9）10个独立检测通道，可自由输入并存储任意行业的检测标准，现场检测无需携带试块；可自由存储、回放300幅A扫波形及数据。

10）DAC、AVG曲线自动生成并可以分段制作；取样点不受限制，并可进行修正与补偿；可以自由输入任意行业标准。

11）B 扫描功能，清晰显示缺陷纵断面形状；与计算机通信，实现计算机数据管理，并可导出 Excel 格式、A4 纸张的检测报告；实时时钟记录：实时检测日期、时间的跟踪记录并存储。

12）PC 端通信软件软键盘操作，实现了计算机控制检测仪主机进行检测的目标；利用 PC 端通信软件可以升级仪器系统的功能。

13）IP65 标准铝镁合金外壳，坚固耐用，防水防尘，抗干扰能力极佳，26 万色真彩屏超高亮显示，亮度可调，适合强光、弱光的工作环境。

14）高性能安全环保锂电池供电，可连续工作 7h。

（11）电缆故障测试仪　该故障测试仪是一款手握式字符数字电缆长度测试及故障定位仪，用来测试各种电缆的长度及电缆故障（见图 4-18）。

1）功能：

① 探测电缆开路和短路，可测试电缆的长度达 2000m。

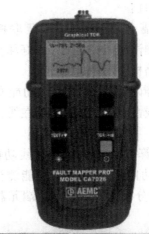

图 4-18　电缆故障测试仪

② 内置常用电缆传播速度值 V_p。

③ 可以手动选择 V_p，利用音频发生器识别跟踪定位电缆。

④ 当与电压超过 10V 的带电测试电缆连接时，音频发生器声音报警显示探测到的电压。

⑤ 加强型添加了污染和潮湿造成的老化测试，阻性电缆故障定位。

⑥ 识别通信电缆的连接和长度，自动范围标尺。

⑦ 同轴电缆，双绞线安全保护到 250V，可选电缆阻抗 50Ω、75Ω、100Ω。

2）技术参数：范围为 2000m、3500m；精度为读数的误差<2%；最小电缆长度为 4m；输出脉冲为 5V 峰峰值；音频发生器为 810~1110Hz。

（12）电路板故障检测仪　电路在线维修测试仪是一种通用的电子电路板故障检测仪器，能够在没有电路图、无需联机测试的条件下，在线（不焊离）检测电路板上各种元器件的故障，实现电路板的器件维修（见图 4-19）。

1）特性：

① 不需电路原理图、无需联机检测环境，直接测试电路板上元器件好坏，检修各类电子电路板。

② 逻辑器件在线、离线功能测试，逻辑器件离线性能测试，存储器在线、离线功能测试。

③ 运算放大器在线、离线功能测试，光耦在线功能诊断、离线性能测试，ASA（VI）曲线分析比较测试，三端元器件功能测试。

图 4-19　电路板故障检测仪

④ 电容、电感性能测试；混合电路用户自定义测试（UDT）；模拟电路故障追踪；晶体管输出特性曲线测试；电路板图像建库测试；电路板网络测试。

2）应用：已经广泛被铁路、化工、医疗、军工、航天、钢铁、纺织、石化、注塑、机械、包装、印刷、数控等行业内的电路板维修领域应用。

(13) 多功能测电表

特性：

1）集测电笔、万用表、钳流表于一身的多功能电工工具（见图 4-20）。

2）内置表笔盒；加强型具有"清洁电源检测"功能，一旦电压中有 5% 以上谐波含量，即可报警指示。

3）加强型还具有 40～600VAC 非接触探电功能，可声、光、振动报警。其技术参数见表 4-4。

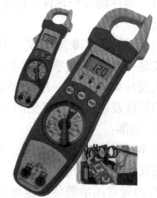

图 4-20　多功能测电表

表 4-4　多功能测电表技术参数

项　　目	基　本　型	加　强　型
订货号	E0361700	E0361702
AC 电压	200～600V（1.2%）	2000mV，200～600V（1.2%）
DC 电压	200～2000mV，200～600V（0.5%）	2000mV，200～600V（0.5%）
AC 电流	200.0A（3%）φ32 卡钳	
电阻	200.0Ω，200.0kΩ（1.0%）	
电容	—	200.0μF（3.0%）

(续)

项 目	基 本 型	加 强 型
频率/kHz	2, 20, 40 (0.1%)	—
高压报警	—	声、光、振动
非接触探电	—	声光报警 40~600VCA
谐波指示	—	>5%THD

(14) 变压器绝缘油质检测仪 可精确全面评判变压器、断路器。刀开关、电缆中绝缘油性能 (见图4-21)。

1) 特性：

① 三种确定的电压升降率为 500V/s、2000V/s、3000V/s，每种升速间设有停止位，宜于现场控制。

② 仪器扣盖自锁设计，确保启动必须在外盖安全锁位后执行。

③ 现场便携式设计，测试时只需将油样或电缆置于仪器内吊盘上，简单、方便、易操作。

④ 在击穿 20ms 内进行弧光检测，窗形面板设计，操作者现场观察测试过程。

⑤ 试验电极，根据 ASTM D877 (3kV/s)、D1816 (0.5kV/s) 或 IEC156 (2kV/s) 标准选订。

图 4-21 变压器绝缘油质检测仪

2) 参数：电压输出为 0~60kVAC，800VA 阻抗负载；数字显示为三位半 LED，0~60kV 刻度，2% 精度；尺寸为 368mm×355mm×292mm；质量为 27kg；电源输入为 230V/50Hz/AC 3A。

(15) 管道内表面状态检测仪 这是一款高级管道内窥及定位的新颖工具 (见图4-22)。其特征为：

1) 彩色图像显示，画面清晰；无需任何牵引装置，很方便伸入管道内部观测。

图 4-22 管道内表面状态检测仪

2) 观测后可以很快确定表面缺陷位置，精确定位；可以现场记录图像和声音,便于以后查阅。

3) 选用配件:方便确定管道走向及埋设深度。

4) 高强度硬质塑料包装,防水设计,机体风扇强制冷却,可长时间现场使用。

5) 显示系统可以直立向上、倾斜45°、水平90°放置,便于现场观测;操作简单,移动方便。

6) 高强度光源设计,滚轮装置可以手动锁定,便于现场精确定位。技术参数见表4-5。

表4-5 管道内表面状态检测仪技术参数

型　号	基本型	增强型
显示器	彩色CRT	15in 液晶[①]
探测距离	61m	122m
操作深度	(150psi) 106m	(150psi) 106m
灵敏度	0.3Lux	0.5Lux
光　源	21超强LCD	16超强LCD
滚轮装置/mm	508×406×508	737×406×805
电　源	110V/60Hz AC, 12VDC	110V/60Hz AC, 12VDC
适用管径/mm	75~300	76~254
存储卡	VCR	160GB 硬盘

① 1in=0.0254m。

(16) 地下管线寻测仪　这是一款多频率、数字式地下管线寻测工具(见图4-23)。其特性为:

1) 数字式信号处理设备,地下管线精确定位工具。

2) 三种不同的探测频率,允许用户根据现场实际情况选择合适的频率,获得较强信号,较常规地下管线寻测仪定位更准确、方便。

3) 可检测工频50~60Hz的线路走向以及14~30kHz无线电波;自动灵敏度控制;探测深度可达5m。

图4-23 地下管线寻测仪

4) 大显示屏,显示探测深度、频率、信号程度、探测方向;防雨设计,便于户外使用。

5) 可用三种方式进行探测:直接连接导体进行探测、感应探测及采用感应钳探测。

(17) 地下管道泄漏探测仪　它是寻找地下管线泄漏点的专业工具（见图 4-24），是仪器装备专利灵敏探测器，专门用来检测地下管线中从漏点、阀门泄漏到土壤中的泄漏声源，是目前企业动力部门确定管线泄漏性价比最好的产品。设计信号频率响应为 100~1200Hz，对于 PVC 类管使用低频，铸铁管、钢管等使用高频。其特性为：

1）检测并精确确定各类管道上的泄漏点。

2）目前市场上最佳的专利探测器，提供最高灵敏度、最低噪声、最佳音质，即使压力低到 20PSI 管中的漏点也能准确探测。

3）十分轻便的放大器，质量仅 28oz[⊖]，条状 LED 显示泄漏声强，六挡滤波可选，确保仪器滤掉任何其他干扰信号。

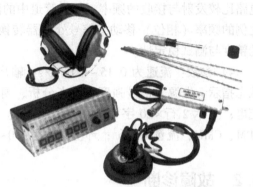

图 4-24　地下管道泄漏探测仪

4）仪器利用目前最新声探测技术，不仅充分放大各种原始泄漏声音，而且使操作者可以有选择地滤掉任何其他干扰信号。

5）三种不同形式的探声器用于现场不同工况。

6）三点式接地探测用于街面或水泥地面精确定点。

7）磁吸式用于在阀体或其他水力装置上探测。

8）接触杆式用于仪表及其他地方的漏点探测。

9）操作十分简单：按键选择频率，旋钮调节音量。

(18) 便携式超声波流量计　利用频差法准确测量管道内流体的流量、流速的工具（见图 4-25）。测量种类从超净水至污水。

1）特性：

① 一套装置可替换各种在线安装流量计，可用于污水及纯净水系统。

② 无需破坏管壁，无需安装，只需将传感器捆绑在管道外。

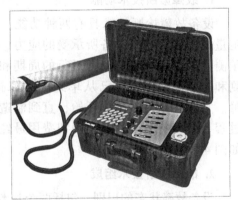

图 4-25　便携式超声波流量计

⊖　1oz=28.3495g。

③ 20 位 LCD 屏可根据选择的工程单位，同时显示瞬态流速和总体流量。

2）应用：泵性能测试、下水系统、燃油、饮用水、牛奶、柠檬汁、润滑油、自来水、腐蚀剂、酸液、流量勘查、冷却管路补偿、泵保护。

3）工作原理。利用钳式压电转换器，经管壁向流体中发射超声信号，信号被流体中不能溶解的悬浮颗粒或气泡所反射。另一个传感器接收反射超声，仪器电路比较发射与接收的频率，如果管道中的液体处于流动状态，则发生与流速成比例的频率（相位）移动，信号处理器转换为流速信号。这种频差法具有更高的精度与测试稳定性。

4）参数：流速为 0.15~6.08m/s；输出 4~20mA，最大隔离电阻为 600Ω；状态指示，电源、信号强度、流态分析、测试错误、溢出、读数、低电压显示、充电；显示 2 行×20 字符 LCD，六位流速，八位累计流量；流速单位为 MPS、LPM、CMM；流量 L，m^3；环境温度为 -30~70℃，0%~95% 相对湿度。

4.2 故障诊断

设备故障诊断技术已渗透到设备的设计、制作和使用各个阶段，使设备的寿命周期费用最经济，并可提高可靠性、维修性、减少停机时间，大幅度地提高生产率，创造良好的社会经济效益。

4.2.1 设备故障诊断

1. 故障诊断技术功能

设备故障诊断技术具有两种功能：一是设备不解体或在运行状态下，能定量地检测和评定设备所承受的应力、劣化和故障、强度和性能；二是能够预测其可靠性，确定正常运行的周期和消除异常的方法。所以设备的状态监测和故障诊断技术，已从单纯的故障排除，发展到以系统工程的观点来衡量。它应从设备的设计开始，直到制造、安装、运转、维护保养到报废的全过程，使设备一生的寿命周期费用最经济，设备全寿命周期诊断技术的应用如图 4-26 所示。

2. 故障诊断技术组成

设备故障状态的识别，包括两个基本组成部分：一是由现场作业人员实施简单的状态诊断；二是由专门人员实施精密诊断，即对在简易诊断中查出来的故障，常常还要进行进一步的精密诊断，以便确定故障的类型，了解故障产生的原因；估计故障的危害程度，预测其发展；确定消除故障、恢复设备正常运行的对策。

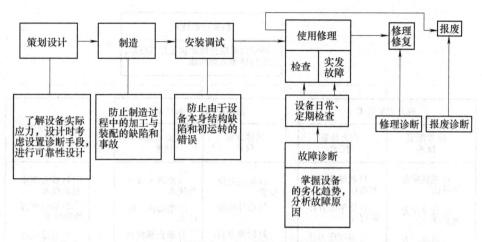

图 4-26 设备全寿命周期诊断技术的应用

设备的简易诊断和精密诊断是普及和提高的关系,设备诊断技术实施中的两个阶段如图 4-27 所示。所以故障诊断,不仅需要具体的测试和分析,还要运用应力定量技术,故障检测及分析技术强度、性能定量技术等,精密诊断的功能如图 4-28 所示。

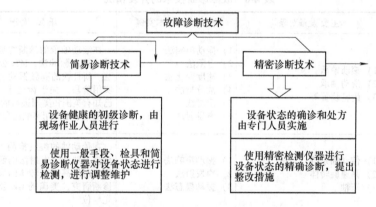

图 4-27 故障诊断技术实施中的两个阶段

3. 故障诊断技术的发展

1)现代故障诊断技术和状态监测在 20 世纪 80 年代引入我国,当时只是作为一种发展动态加以介绍。随着改革开放的进展,我国引进了不少大机组、生产能力大的设备,尤其是流程型的成套设备,都迫切要求采用先进的设备诊断技术,以便发挥最大的生产和经济效益。这样,就促进了我国设备诊断技术的迅速发展,其应用越来越广泛。故障诊断技术的开发情况见表 4-6,设备状态监测技术的应用见表 4-7。

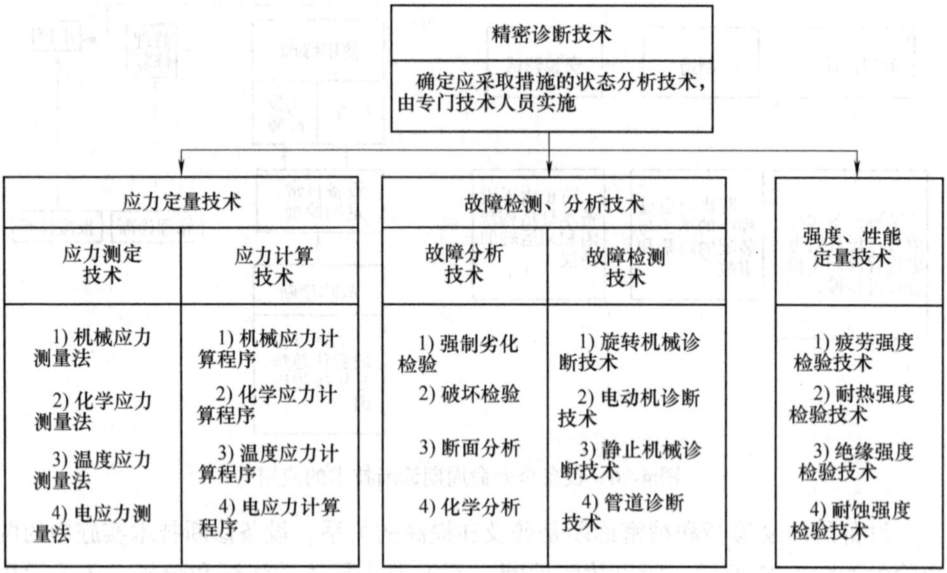

```
                    ┌─────────────────────┐
                    │    精密诊断技术      │
                    │ 确定应采取措施的状态  │
                    │ 分析技术,由专门技术  │
                    │      人员实施        │
                    └─────────────────────┘
```

应力定量技术		故障检测、分析技术		强度、性能定量技术
应力测定技术	应力计算技术	故障分析技术	故障检测技术	
1) 机械应力测量法	1) 机械应力计算程序	1) 强制劣化检验	1) 旋转机械诊断技术	1) 疲劳强度检验技术
2) 化学应力测量法	2) 化学应力计算程序	2) 破坏检验	2) 电动机诊断技术	2) 耐热强度检验技术
3) 温度应力测量法	3) 温度应力计算程序	3) 断面分析	3) 静止机械诊断技术	3) 绝缘强度检验技术
4) 电应力测量法	4) 电应力计算程序	4) 化学分析	4) 管道诊断技术	4) 耐蚀强度检验技术

图 4-28 精密诊断的功能

表 4-6 故障诊断技术的开发情况

分 类	主要设备对象	故障诊断技术实例	开 发 状 况
机械零件	1) 滚动轴承 2) 滑动轴承 3) 齿轮装置等	1) 振动声响法 2) 电阻法 3) 速度变化法 4) 油分析法 5) 温度法 6) 声发射法	在滚动轴承的诊断方面,SPM 公司的冲击脉冲法、MTI 公司的振铃法,新日铁的高频振动法等已达到实用阶段。关于齿轮装置的诊断,已知有英国和美国进行的有关研究。滑动轴承则多用声响法和电阻法
传动机构	1) 传动轴系统 2) 高速旋转体 3) 车轴	1) 振动声响法 2) 声发射法 3) 振动模态法	在传动轴的裂纹检测方面,以振动模态法和声发射法的研究最为盛行。对于高速旋转体的异常振动的诊断研究,美国的 GE 公司处于领先地位
流体机械	1) 水力机械(水轮机、水泵等) 2) 油压机械(泵、缸、阀) 3) 空气机械(空压机、风机)	1) 振动声响法 2) 压力脉动法 3) 空气中超声波法 4) 温差法 5) 效率测定法	压力脉冲法用于水轮机、泵等的诊断,是一种有效的方法,目前已进入实用阶段。对阀的泄漏检测,一般采用温差法和空气中超声波法
原动机	1) 发动机 2) 汽轮机 3) 油压电动机等	1) 振动声响法 2) 气体流动分析法 3) 效率性能法 4) 气体分析法 5) 压力脉动法	关于原动机的诊断,研究得最多的是飞机、船舶、运输车辆的发动机,已经完全实用。关于企业用叶轮机械的监测系统,正在不断开发应用中

(续)

分 类	主要设备对象	故障诊断技术实例	开 发 状 况
加工机械	1）工作母机 2）剪切机械 3）焊接机械等	1）振动声响法 2）负载电流法 3）火花检测法	工作机械振动的诊断和加工性能的诊断已有20年历史，近年来逐步加强了系统性，最近出现了具有自动诊断功能的装置和仪器仪表
工程结构	1）受压容器 2）结构件 3）管道系统 4）焊缝	1）声发射法 2）红外摄像法 3）机械阻抗法 4）超声波法 5）腐蚀监测法 6）振动声响法	对于受压容器和结构件，特别是海洋上的构筑物，声发射法的运用和研究开展得最多。塔、槽等的壁厚测定和腐蚀诊断，除了过去已有的无损检测外，空气中超声波法和机械阻抗法等也正在不断应用中
电力设备	1）旋转电动机 2）静止电力设备 3）动力电缆	1）振动声响法 2）电流分析法 3）绝缘诊断法 4）整流诊断法 5）故障点规（标）定法 6）旋转速度变化法	绝缘诊断、整流诊断及故障点规（标）定法等电气异常诊断的方法已有较长的历史，完全具有实用价值。最近振动声响法和电流分析法以及旋转速度变化法等，也已进入实用阶段，使这类诊断的可靠性大为提高
控制系统	1）电动机控制系统 2）液压控制系统 3）仪表控制系统	1）卡尔曼滤波法 2）传递函数法 3）系统固定理论 4）统计控制理论 5）多变量分析法	各种控制系统的发展，尤其是随着液压控制系统等向高精度、大规模方向发展，增加了这类诊断技术的重要性。传递函数法已经进入实际应用

表 4-7 设备状态监测技术的应用

方法	停机/不停机	故障部位	操作人员技术水平	说 明
（1）目观	不停机	限于外表面	主要靠经验	包括很多特定的方法，广泛用于发动机的定期轮回检查
	停机		不需特殊技术	
（2）温度监测	不停机	外表面或内部	需要专业技术	从直读的温度计到红外扫描仪
（3）润滑液监测	不停机	润滑系统的任意元件（通过磁性栓、过滤器或油样等）	为区别损伤性微粒和正常磨损微粒，需专业技术	光谱和铁谱分析装置可用来测定内含什么元素成分
（4）漏泄检查	停及不停	承压零件	专用仪表，极易掌握	有很多特定方法

（续）

方法	停机/不停机	故障部位	操作人员技术水平	说明
（5）裂缝检查				
1）染色法	停及不停	在清洁表面上	要求专业技术	能查出表面断开的裂缝
2）磁力线法	停及不停	靠近清洁光滑的表面	要求专业技术，易漏查	限于磁性材料，对裂缝取向敏感
3）电阻法	停及不停	在清洁光滑表面上	要求专业技术	对裂缝取向敏感，可查出裂缝深度
4）涡流法	停及不停	靠近表面，探极和表面的接近程度对结果有影响	需掌握基本技术	可查出很多种形式的材料不连续性，如裂缝、杂质、硬度变化等
5）超声法	停及不停	有清洁光滑的表面，在任何零部件的任意位置都可以	为不至漏查，需掌握基本技术	对方向性敏感，寻找时间长，通常可作为其他诊断技术的辅助手段
（6）腐蚀监测				
1）腐蚀检查仪（电气元件）	不停机	管内及容器内（包括设备内外表面）	要求专业技术	能查出 $1\mu m$ 的腐蚀量
2）极化电阻及腐蚀电位	不停机		要求专业技术	能测出有没有腐蚀现象
3）氢探极	不停机		要求专业技术	氢气扩散入薄壁探极管内，引起压力增加
4）探极指示孔	不停机		为使孔钻至正确深度，需相当技术	能测出什么时候达到了预定的腐蚀量
5）试样失重	停机		需掌握基本技术	在拆卸成套设备时监测，可查出 $0.5mm$ 的厚度变化
6）超声	停机		需掌握基本技术	能查出腐蚀情况

2）设备诊断技术的发展途径

① 逐步扩大设备诊断技术的应用范围。要把设备诊断技术扩展到产品质量的检验和工程结构的鉴定，并对工艺过程进行诊断和控制。这将有助于提高各工业部门的生产水平，保证高质优产。

② 加强设备诊断技术方法的开发。从开发诊断的方法上看，各种先进的技术在设备诊断技术中都找到了用武之地，如振动监测、声响监测、温度监测、油样分析、应力应变分析、声发射技术、红外测温技术、铁谱和光谱分析技术、泄漏检测、腐蚀监测等；又如裂纹检测、无损检测、厚度测量等也都成为设备诊断技术中各具特色的方法。

③ 不断对诊断装置的开发研制，建立人工智能、专家系统。

4. 故障诊断过程

设备故障诊断技术是识别设备运行状态的技术，也是研究设备运行状态的变化在诊断信息中的反映。其内容包括对设备运行状态的识别、状态监测和预报三个方面。设备故障诊断过程如图 4-29 所示。

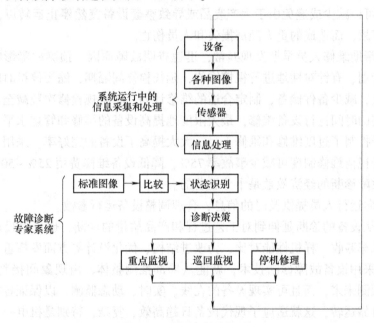

图 4-29　设备故障诊断过程

诊断核心是比较的过程，即将未知的设备运行状态与预知的设备标准运行状态进行比较的过程。

设备诊断的过程可分成三个阶段：①事前——设备开动前（或故障发生前），根据某一特定的设备状态，从过去的实际检测结果的经验，运用概率统计的数学手段，来预测某设备的缺陷、异常或故障的发生。②事中——在设备运行中进行状态监测，掌握设备故障萌芽前状态。③事后——故障发生后（或异常状态出现后）进行诊断，确定设备故障或异常的原因、部位和故障源。设备诊断过程及采用的技术见表 4-8。

表4-8 设备诊断过程及采用的技术

时期	阶段	可采用的有效技术
事前	规划、研制、设计、制造（改造）	预测和分析可靠性、维修性；研究维修方式；开发检测和诊断技术；可靠性、维修性设计
事中	使用、维修	定期的计划预修；状态监测维修；点检；对可靠性和维修性的长期监测
事后	使用、维修、试验、报废	分析故障和异常的原因；计算可靠性、维修性的尺度；故障分析

5. 设备监测诊断应用效果

采用设备故障诊断技术效果具体表现：

1) 可以减少或避免由于生产废品或导致整套设备突然停止运转以及突然发生恶性事故，而造成的重大经济损失和人员伤亡。

2) 帮助维修人员早期发现异常，迅速查明故障原因，预测故障影响，从而实现有计划、有针对性地进行视情维修，延长检修间隔期，缩短停机时间，提高修理质量，减少备件储备，制定合适的维修计划，将常规检修次数减至最少并安排最有利的时间进行设备维修，最大限度地提高设备的维修和管理水平。

由于控制了过度维修和维修不足，大大提高了设备的完好率。采用设备诊断技术实行视情维修制度可减少事故率75%，降低设备维修费用25%～50%。这说明设备故障诊断的经济效益是十分显著的。

3) 向运行人员提供及时的信息，合理调整设备运行参数。

4) 从设备的诊断延伸到对工艺过程和产品质量的诊断，也可对投产前的设备进行试车验收、样机性能对比，为改进结构、优化设计等方面发挥重要作用。

5) 采用设备故障诊断技术，就能从局部推测整体、由现象间接判断本质、由当前预测未来，而且可实现设备的在线、实时、动态监测，以保证各类生产自动线的可靠运转，这就适应了现代设备日趋高效、复杂，特别是机电一体化、智能化的要求。

4.2.2 故障原因分析

设备在运行过程中，其内部零件要承受力、热、摩擦、磨损等多种作用，随着使用时间的增长，其运行状态不断变化，有的性能将逐步退化，从而发生零件（元件）的失效。这是导致设备故障的主要原因，因此，研究零件（元件）失效机理，识别失效模式乃是保障诊断的主要任务，也是奠定故障诊断的信息基础，最终实现降低设备寿命周期费用的目的；而故障分析（失效分析）则是诊断理论的主要组成部分。

1. 故障分类

故障是指设备丧失或降低其规定功能的现象。企业的设备是为满足生产工艺要求或为完成工程项目的预期功能而配备的，设备的功能体现着它在生产活动中存在的价值和对生产的保证程度。设备故障会严重影响企业产品的数量和质量，因而必须探索故障发生的规律；对故障进行管理、记录；对故障机理进行分析，采取有效措施控制故障的发生。

在故障诊断学中，设备的状态即设备的工况，分为故障状态、异常状态和正常状态，可见故障只是设备运行状态中的一种特殊状态。诊断技术即是以研究故障状态的发生、发展和消除的规律性为主要目的的学科。

（1）按故障功能丧失的分类

1）非永久性故障。在很短的时间内，故障造成设备零部件丧失某些功能，通过修理或调整立刻就可以恢复到原来正常运行标准。

2）永久性故障。故障造成某些功能的丧失，直到某些零件被更换后其功能才能继续维持。

（2）按故障发生速度的分类

1）渐发性故障。由于各种原因使设备参数劣化或老化，逐渐发展而产生的故障。其主要特点是：在给定的时间内，发生故障的概率与设备运行的时间有关。设备的使用时间越长，发生故障的概率越高。这类故障与零件表面材料的磨损、腐蚀、疲劳及蠕变等过程有密切关系，事先都有征兆出现，能通过早期检测或试验来预测。

2）突发性故障。故障产生的原因是各种不利因素以及偶然的外界影响共同作用的结果。这种作用已超出了设备所能承受的限度。故障往往经过一段使用间隔时间才发生。突发性故障的主要特征是：在给定时间内，发生故障的概率与设备已使用时间无关。例如，因润滑油中断而使零件产生变形和裂纹；因设备使用不当或出现超载运行而引起零件折断；因各项参数都达到极限值（载荷大、剧烈振动、温度升高等）而引起的零件变形和断裂。

（3）按故障的原因分类

1）磨损性故障。设备正常运行而产生正常的磨损所引起的故障，即设计时预定的正常磨损过程，它反映了设备的使用寿命。

2）操作与维护不良的故障，由于超过设备本身的能力而强迫运行出现的故障，以及运行中维护不当而造成的故障（此类故障一般属于设备事故）。故障原因在于设备所承受的应力超过设计的极限能力。

3）固有的薄弱性故障。故障原因在于设计上该环节或部件的承受能力不足，或在于制造或安装上未达到预定的设计要求，丧失其使用性能。

此外，还可分为结构型故障（如裂纹、磨损、腐蚀、不平衡、不对中等）

和参数型故障（如流体涡动、共振、配合松紧不当、过热等）。当然，人们更注意的是危险性的、突发性的、持续性的、全局性的故障，因为这些故障往往会造成灾难性的损失，也比较难于防范，所以开展设备诊断与状态监测尤为必要。

2. 故障模式

（1）设备的失效类型

1）运动或动力故障型，包括突然停止、失控等。

2）失效结果型，包括出轨、撞坏、坠毁、泄漏等。

（2）零部件的失效类型　零部件的失效类型见表4-9。

表4-9　零部件的失效类型

类型	内容
断裂	1）韧性断裂、脆性断裂 2）过载断裂：冲击过载断裂、静强过载断裂 3）疲劳断裂：高低周疲劳断裂、高温疲劳断裂、热疲劳断裂、冲击疲劳断裂、腐蚀疲劳断裂、微振疲劳断裂、蠕变疲劳断裂 4）环境致断：应力腐蚀断裂、氢损伤致断、液体金属致脆、辐照致断、热振致断、冷脆致断
裂纹	1）铸造裂纹：冷热铸造裂纹、机械铸造裂纹 2）锻造裂纹：加热、冷却锻造裂纹、折叠锻造裂纹、分模面锻造裂纹、龟裂 3）焊接裂纹：冷、热焊接裂纹、再加热焊接裂纹、异常偏析焊接裂纹、应变脆化焊接裂纹、延迟焊接裂纹 4）热处理裂纹：过急冷却热处理裂纹、过热淬裂、结构异常淬裂、夹杂致裂 5）机加工裂纹：磨削裂纹、振动裂纹 6）使用裂纹：冲击裂纹、疲劳裂纹、蠕变裂纹、氢脆裂纹、应力腐蚀开裂、热撕裂裂纹
磨损	黏着磨损、热胶合（胶合）磨损、冷胶合磨损、磨粒磨损、接触疲劳磨损、点蚀、剥落、冲击磨损、腐蚀磨损、冲蚀磨损、微振磨损、电蚀磨损、气蚀磨损
畸变	1）过量变形：冲击过量变形、静载过量变形、纵弯失稳 2）蠕变：使用蠕变、超过盈蠕变、误换蠕变、修补蠕变 3）泡胀
腐蚀	化学腐蚀、电化学腐蚀、生物腐蚀、应力腐蚀、晶间腐蚀
其他失效	打滑、松脱（松动）、泄漏、烧损、复合失效

3. 故障原因

无论是设备或其零部件，影响其失效的基本因素，从宏观上看，可归结为设计制造过程因素（原始因素）和运转维修过程因素（工况使用因素）两大方面，具体如下：

（1）设计因素　为了保证设备及其零部件的质量，必须精心设计，精心施工，以保证设计不会因应力过高，应力集中，或是材料、配合、润滑方式选用不当，对使用条件、环境影响考虑不周而超过在给定条件下正常工作（不失效）的准则。

（2）装配调试因素　在零部件组装成机器的过程中，装配或调试不良，是导致设备发生某种失效的重要因素。常表现为：

① 啮合传动件，如齿轮、蜗杆、螺旋等啮合间隙不合适。

② 连接零件的必要"防松"不可靠，铆焊结构的必要无损检测不良等。

③ 润滑与密封装置不良。

（3）制造（工艺）因素　尽管设计是正确的，但由于工艺制造条件无法满足设计要求，设备发生各式各样的故障而导致失效。如锻造过程的裂纹，焊接过程的未焊透、冷热裂纹，铸造过程的疏松、夹渣，机械加工过程的尺寸公差和表面粗糙度不合适。热处理工艺缺陷，如淬裂、回火脆裂、硬化表层的组织缺陷、硬度不足、硬化层过薄，精加工磨削中的磨削裂纹等。

（4）材质因素　设备其零部件所用材料不符合技术条件，材质内部缺陷实质上是其内部的应力集中源。在外界载荷作用下材质缺陷处呈现高应力而导致某种失效。材质造成的失效，可能是由于设计选材不当，也可能是毛坯冷热加工（特别是热处理）工艺过程产生的缺陷，以及由于安装调试不当而造成。

（5）运行及维修的因素　首先是对运行工况参数（载荷、速度等）的监控，看其是否符合规定要求。此外，润滑条件也是一项重要的因素。润滑条件通常包括：润滑剂和润滑方式是否选得合适，润滑装置以及冷却、加热和过滤系统功能是否正常。

4.2.3　高端机床故障预报与诊断

数控机床已成为我国制造业的主要加工装备，其运行加工状态的可靠性直接影响着加工质量和加工效率。故障预报技术能够提高数控机床平均无故障时间，有效确保数控机床的可靠运行和加工精度，为此开展相关试验研究工作具有重要工程实际意义。其主要内容包括：以高档数控机床为对象，为提高故障预报的准确率进行数控机床典型功能部件的故障预报试验技术研究及试验环境构建；提出数控机床运行状态监测、故障诊断预报的样本试验获取方法；构建以高档数控机床为核心的典型功能部件故障预报测试试验平台；进行样本故障预报案例库的设计；构建样本知识库及知识模型等。研究工作为揭示故障发展和发生的动态性能和精度退化机理以及分析导致故障的影响因素提供了关键性试验技术。

高端数控机床故障预报研究有利于保障关键数控机床的加工质量和运行效率，预防设备故障发生和发展，节约大量维护费用及提高设备科学管理水平，无论对机床可靠安全生产还是现代维护以及科学管理都具有十分重要的意义。

1. 故障预报的研究

机床故障预报技术是保障数控机床可靠运行、提高机床服役性能的现代技术及核心技术之一，也是国内外研究的焦点问题。国内外十分重视对数控机床加工过程检测诊断预报技术的研究开发工作，并将其视为高质量数字化加工的重要技术基础。一些公司开发了相应的监测系统，如西门子公司的数控机床远程监测诊断系统 ePS（FANUC 公司的 18i 和 30i 也具有类似功能），能实现机床电气系统、开关量类型的故障检测；瑞士 KISTLER 公司推出了基于切削力的加工监测系统；ARTIS 研发的刀具监控系统等，实现了基于动态信号的机床故障诊断；日本生产的加工中心已经具备远程故障诊断预报功能，加工中心的故障信息可以通过网络传送到生产厂商的监控中心进行分析和诊断预报，并将诊断结果和处理方法发送到用户端设备，指导用户排除故障。我国目前高档数控机床的大量应用，其诊断预报与维护技术也已取得初步效果。

分析数控机床故障机理，以最有效的方法获取反映数控机床设备状态（静态）、运行状态（动态）的特征量或故障诊断预报知识，并据此建立合适的故障模型。目前有人以数控机床的具体部件为对象进行研究，如刀具切削状态监测与预警、加工主轴振动监测与诊断预报、主轴伺服系统监测与诊断预报、加工工件的质量监测预警等。相应的诊断预报方法以传感器技术、信号处理及分析技术和多传感器信息融合技术为主，通过一定的监控诊断预报模型实现状态判定与故障预报，或依靠数学模型来分析诊断预报对象的某种动态特性的尝试也取得了一定的成果。这些研究从全局制造过程出发，建立过程仿真模型，注重状态的变迁及原因和结果之间的联系，如 Petri 网、有限状态机、有向图模型的应用。从分析诊断预报对象的功能、原理、结构等方面入手，并结合人类专家经验，以建立诊断预报知识库为目标，诊断预报过程以知识推理为主，机理模型、功能模型及故障树模型也是常用的方法。总体上，数控设备故障诊断预报技术的研究主要是沿着诊断预报系统架构研究、智能诊断预报方法研究、故障机理及故障模型研究和系统集成技术研究四个方向深入开展。数控机床的故障诊断预报不仅有一般设备诊断预报的特点，而且表现得更复杂、更特殊，主要表现在以下几个方面：

（1）故障发生的高可能性　数控设备的高度柔性，必然要求系统内部具有高度灵活性和运行模式的多样性，增长了系统的不确定因素和在模式转换过程中故障发生的高可能性。

（2）诊断预报获取困难　由于系统设备复杂，同时加工以柔性任务为目标，加工类型、过程、工况多样，因此，难以全面搜集正常与异常状态的先验样本和模式样本。

（3）故障快速定位难度大　由于数控设备各部件间的动态联动性、离散性致使故障的传播性、故障源的分散性更加明显。同时过程状态及故障的断续性、突发性、模糊性、关联性及时变性的明显，致使故障征兆信息和设备状态信息的获取难度大。

（4）易产生误诊、漏诊　加大过程中随机干扰因素影响大，使诊断预报系统的误诊、漏诊的可能性更大，诊断预报推理的精确性和结论的可信度都有所下降。

（5）加工过程中信息量大而繁杂　适合于监控、诊断与预报的信息资源需要挖掘，对监控策略、故障特征提取和诊断预报知识库管理等环节提出了挑战。

2. 构建故障预报平台

以典型高档数控机床为试验对象，构建整机动态性能故障预报模拟综合试验环境，配备机床整机性能评价所需的检测仪器设备，实现了数控机床典型故障的模拟；为样本数据获取、典型故障监测方法及单元技术的模拟验证提供了基础试验条件。整机机械动态特性的故障预报平台构建方案如图4-30所示。

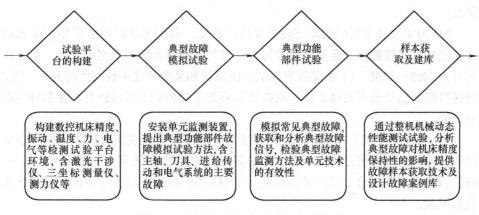

图 4-30　故障预报平台构建方案示意图

根据系统数控机床整机机械动态性能故障预报试验平台的功能要求，以及机床各功能部件的结构特点，以运行状态信息及故障特征信息获取的准确性和完备性为目标，确定各类测试试验仪器及各类传感器的配置和选择标准，同时确定测试仪器及传感器的可安装性及布置方案的合理性。利用整机机械动态性能故障预报试验平台，对数控机床典型功能部件主要故障进行模拟试验设计，主要是模拟主轴系统、刀具系统、进给系统的主要故障，也可以模拟传动系统及机床电气系统的主要故障；同时可模拟有相互关联的两个或多个故障同时发生的工况。

在整机故障预报模拟试验平台上安装典型功能部件的单元监测装置，通过整机静、动态性能测试以及试切标准试件的试验，模拟典型功能部件的常见故障，同时获取主要故障所需的典型信号样本；通过故障模拟试验可以研究典型故障对整机动态特性及精度保持性的影响程度及关系。

3. 获取故障预报样本数据

样本数据的有效获取是实现高档数控机床故障预报所需的动态性能分析和评价的基础，也是建立机床运行性能分析和评价体系的关键。针对高档数控机床典型功能部件，利用构建的整机机械动态性能故障预报试验平台的试验环境，采集和模拟数控机床典型功能部件的主要故障，通过精度、振动、噪声、声发射、温度、力、位移和图像等各类测试仪器系统采集故障诊断预报所需的设备运行状态信号，为单元监测技术与装备的研发提供了真实可靠的试验样本数据，为进一步实现整机样本数据处理和样本数据建库提供了样本数据信息。数据样本获取方法：

1）对机床的位移、速度、加速度、振幅与频率进行机械动态特性的样本数据采集，利用激光干涉仪进行机床机械动态特性测量试验，以示波器的方式实时显示来自激光系统的连续数据"流"，对运动和定位特性进行测量及样本数据的获取。

2）为实现基于时间的动态测量及样本获取，利用基于时间的采集使动态软件提供相对位移数据，通过程序设置来完成采集时间范围内数据的保存。采用比利时 SCM05—SCM—V8 振动噪声测试分析系统和某振动噪声研究所的 INV—USB 高速数据采集及分析处理系统，对机床实际加工时的动态特性进行测量和样本获取试验。

3）采用美国某公司的 DISP 系统对刀具的破损及磨损类故障进行样本获取试验，通过声发射测量试验分析，由检测得到的 RMS 电压信号、频率质心信号、峰值频率信号等评价刀具的磨损程度；采用 DISP 系统进行刀具磨损程度的样本获取试验。

通过以上样本获取试验研究，能够有效地揭示出数控机床典型功能部件故障对整机动态性能和精度退化的发展机理，并且能够分析其影响因素，提供故障预报试验和分析的数据。

4. 状态信息的获取与建库

针对数控机床的样本数据存在着噪声和不确定性因素而难以发现机床状态信息的隐含规律和知识的难题，采用基于粗糙集理论的方法对样本数据进行数据分析和推理，能够有效解决信息获取、知识获取和决策分析中的实际问题。

通过分析样本数据的基本构成，采用基于粗糙集的样本数据获取方法进行建库，利用 Matlab 软件实现样本的存储、检索、管理和维护等数据库管理功能。高档数控机床状态信息试验获取与建库设计框架如图 4-31 所示。

（1）数据样本采集　利用构建的整机机械动态性能故障预报试验平台的试验环境，采集和模拟数控机床典型功能部件的主要故障，通过精度、振动、噪声、声发射、温度、力、位移和图像等各类测试仪器系统采集故障诊断预报所需的设备运行状态信号。

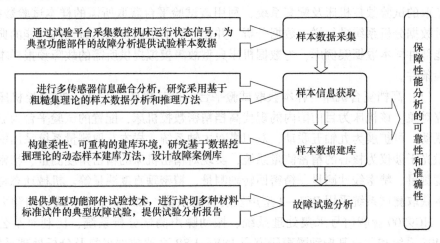

图 4-31 状态信息试验获取与建库设计框架

(2) 整机状态信息的获取方法 在数控机床整机样本试验数据采集的基础上,对数控机床的机械动态性能以及故障信息进行多传感器信息融合分析,对采集的整机样本数据信息进行筛选、归纳、统计、分类和分析,从而获取和提取整机运行状态信息和建库信息。

针对采集到的数控机床动态性能样本数据,利用粗糙集理论进行数据信息获取、数据分析和推理,解决由于复杂数控机床样本数据存在着噪声和不确定性因素而难以发现机床状态信息的隐含规律和知识的难题,以及解决状态信息获取、知识获取和决策分析中的实际问题。

(3) 整机样本数据的建库 为了有效分析影响数控机床加工精度的故障因素、验证故障预报的方法和系统,建立柔性、开放式及可重构的数据库和知识库的环境,为数控机床整机性能运行状态评价、故障机理分析和故障预报的数据和知识提供条件。为了有效利用所建立的数据库和知识库,进一步利用数据挖掘理论,从数控机床运行状态的大量样本数据中提取或"挖掘"有用信息和知识,研究并提出基于数据挖掘理论的整机动态性能样本数据的建库方法,以实现整机样本数据库和知识库的有效组织和利用。

(4) 样本故障预报试验分析 对实际运行的高档数控加工中心进行基于整机的典型功能部件样本数据采集和建库的试验,在试验中进行试切多种材料标准试件的数据采集以及模拟典型故障的数据采集和分析。在试验研究基础上对样本数据的获取与建库的方法进行修正和优化,进行典型功能部件的故障预报试验,实现试验样本的数据获取和分析。

【案例4-1】 高档复合机床故障预报实践。

构建以高档数控机床为核心的样本试验获取和建库的试验平台，同时配备样本获取的试验数控机床及配套系统，利用该试验平台获取所需的样本试验数据，通过数据分析系统进行样本数据分析，并建立影响机床整机机械动态性能的典型功能部件样本数据案例库，为数据机床典型故障模拟提供所需的故障预报样本及试验条件。

（1）高档复合机床的样本获取试验平台　以某机床厂CHD—20数控机床为研究对象。该机床为目前国内的现代高档精密数控机床，配置的试验平台为五轴五联动，可扩展为九轴五联动、双刀塔双主轴系统。样本获取测量系统采用配置以激光干涉仪为核心的精密测量系统，实现对精密机床的精密角度测量、精密平面度测量、精密线性测量、精密回转轴测量、精密垂直度测量等。机械动态特性样本获取测试系统采用PCI—2型声发射检测系统、9257B型压电式切削测力系统、HG9200智能信号采集处理系统、振动噪声测试分析系统，比利时某公司SCM05系统和北京某振动噪声研究所INV—USB高速数据采集及分析处理系统。数控机床整机动态性能故障预报试验平台如图4-32所示。

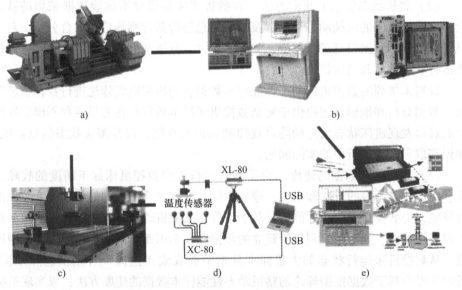

图4-32　整机动态性能故障预报试验平台

a）典型试验整机系统，主轴最高转速5000r/min；主轴电动机功率18kW
b）试验测试及试验数据样本获取分析系统　c）激光干涉仪系统
d）测量光学镜组　e）数据远程传输网络模块，在线分析

（2）高档复合机床的样本获取试验

1）采用比利时SCM05—SCM—V8振动噪声测试分析系统和某振动噪声研究

所的 INV—USB 高速数据采集及分析处理系统，对机床实际加工时的动态特性进行测量和样本获取试验，振动测量、噪声测量与样本获取试验如图 4-33 所示。

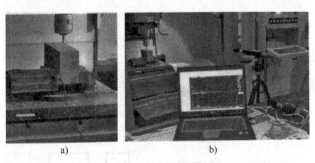

图 4-33　振动测量、噪声测量与样本获取试验
a) 振动测量　b) 噪声测量

2) 运用瑞士某公司的 9257B 型压电式切削测力系统和比利时某公司的 SCM05 振动噪声测试分析系统，进行主轴振动和工件受力测试样本获取试验，如图 4-34 所示。

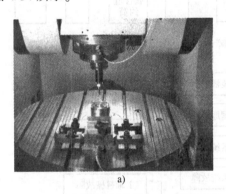

图 4-34　主轴振动和工件受力测试样本获取试验
a) 主轴振动测试　b) 工件受力测试

3) 运用美国某公司的 DISP 系统对刀具的破损及磨损类故障进行样本获取试验，应用检测得到的 RMS 电压信号、频率质心信号、峰值频率信号等评价刀具的磨损程度，进行刀具磨损程度处理样本获取试验，如图 4-35 所示。

(3) 故障诊断预报知识库　依据复合机床结构复杂的特点，建立面向

图 4-35　刀具磨损程度处理样本获取试验

复合机床的故障诊断预报知识库,故障诊断预报知识库建立程序如图4-36所示,同时构建基于车铣复合机床知识库的故障知识元模型,如图4-37所示。

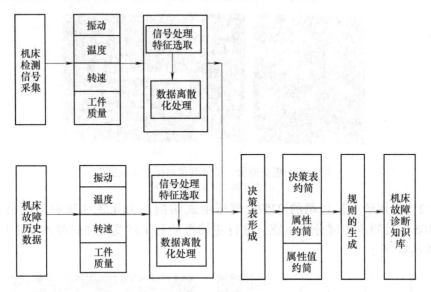

图4-36 车铣复合机床故障诊断预报知识库建立程序图

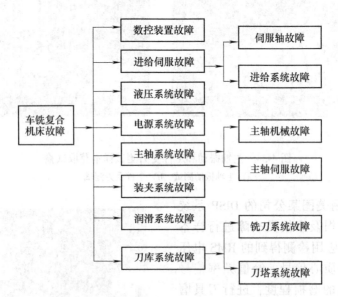

图4-37 车铣复合机床知识库的故障知识元模型

以高档复合机床的故障样本和历史测试数据作为高档复合机床故障诊断和故障预报的属性集,以高档复合机床的故障模式构建诊断预报信息决策表。对高档复合机床各种故障模式所需要的属性条件进行初步约简分类,用基于粒度计算原理的二进制矩阵进行属性和属性值约简，以置信度进行规则评价，进而构建高档复合机床的故障诊断预报的知识库和规则库。

故障预报样本数据的有效获取是实现数控机床动态性能分析和评价的基础，也是建立机床运行性能分析和评价体系的关键。在对试验系统和数据基本构成进行分析的基础上，研究样本试验数据的建库技术并设计故障预报案例库框架；研究并提出故障预报样本试验数据获取方法；提供数据样本的存储、检索、管理和维护等相关技术；研发柔性、开放性建库环境，有利于实现数据资源利用数据信息集成及重构建库。

【案例 4-2】数控加工中心故障诊断及维修。

（1）编码器故障

1）某机床总厂生产的 TH5660 数控立式加工中心采用 FANUC 0M 数控系统。加工中出现"409 SPINDLE ALARM"，主轴伺服放大器同时显示故障代码"31"。

查阅 FANUC 伺服维修说明书，为内置编码器故障。拆开主轴伺服电动机后盖内的风扇，可见一个速度检测编码器及与电动机转子相连的齿轮盘。拆检编码器，感应面有发黑的痕迹，更换编码器后设备工作正常。更换安装时注意编码器与齿轮盘的距离，可用 A4 纸两层的厚度来控制间距，如图 4-38 所示，夹住纸后锁紧编码器的两颗固定螺钉即可。

2）TH5660 加工中心在主轴旋转、主轴定位时均出现"409 SPINDLE ALARM"，同时主轴伺服放大器显示故障代码"27"。

查阅 FANUC 伺服维修说明书，为外置编码器故障。该外置编码器用于检测主轴定位角

图 4-38 编码器安装间距示意图

度。检查发现编码器与主轴相连的同步传动带已很松弛，调整传动带后故障仍不能排除。检查编码器导线引出口，发现密封件已脱落，怀疑编码器进水，拆下编码器用低压气吹干内部的积水，重新安装并用玻璃胶密封好导线引出口，试执行 M03、M04 正常，说明设备故障已基本排除，执行 M19 调整好主轴定位角度，设备恢复正常生产。

（2）伺服及电路故障

1）某进口 YCM—105A 立式加工中心采用 FANUC 0M 数控系统。在自动加工中突然出现"414 SERVO ALARM：XDETEC ERROR"，关机后再开机，报警消除，一移动 X 轴又出现 414 报警。

检查发现当产生 414 报警时，伺服放大器显示故障代码"8"。依据 FANUC 0M 系统维修手册查诊断号 720 号：按［SYS/DGN］→［诊断］→键盘输入 No 720→［INPUT］，查得 DGN720.4=1，为过电流报警。过电流产生的可能原因为

伺服放大器、伺服电动机、放大器与电动机连接电缆故障、机械卡死等。根据机床使用情况检查伺服电动机侧，发现伺服电动机的三条动力线与盖板接触部分已露出铜线，并且可看到明显的放电痕迹。拆下动力线重新包扎后开机，移动 X 轴，414 号报警还是出现。用相同型号的伺服放大器更换后，设备工作正常。此次故障是由于伺服电动机动力线绝缘损坏对地产生短路，并导致伺服放大器损坏。

2) 某 TH5660 数控立式加工中心采用 FANUC 0M 数控系统。Z 轴移动时，负载率达 160%，出现 "434 Z 轴检测错误"。Z 轴不移动负载率达 100%，Z 轴移动停止后，明显感觉伺服电动机还有动作（负载率变化），但坐标值不变，伺服电动机明显有发热现象。

由于 Z 轴能移动，基本可以排除机械卡死的可能。查机床电路图可知，Z 轴设置有刹车装置，怀疑刹车装置没有动作。测量刹车装置用 DC 90V 电源，发现整流器无电压输出，而输入电压 AC 220V 正常，可判断为整流器损坏，更换整流器后，Z 轴工作正常。

(3) 电池无电造成编码器记忆原点丢失故障

1) 某进口 HU63A 数控卧式加工中心采用 FANUC 18i 数控系统。开机产生 "300 B 轴原点复归请求" 及 "B 轴 APC（绝对脉冲编码器）电池电压低" 报警。

该机床的 B 轴带绝对脉冲编码器，原点位置依靠电池保持，只要电池电压正常，原点位置被系统记忆，开机无须作原点复归。在系统通电情况下，将电池 BR—CCF2TH 6V 拆下，先将 B 轴转动到大约在机械原点的位置，按 [OFFSET/SETTING] →找到并修改 PWE 由→0→1，然后修改参数按 [SYSTEM] → [参数] →1815→ [No SEARCH]，修改第四轴 1815.5（参数 1815 分别对应 X、Y、Z 及第 4 轴的原点设定）由 1→0，其次修改 1815.4 由 1→0→1（系统出现 000 报警——要求关断电源），再修改 1815.5 由 0→1，最后关闭系统及设备电源，开机作原点复归，如 B 轴原点不准确，上述步骤可重复多次直至调好 B 轴原点为止。

2) 某 YCM—105A 加工中心采用 FANUC 0M 数控系统。开机后出现 "300 X 轴原点复归要求" 报警，同时显示屏显示 "BAT" 字符。检查编码器电池（通电情况下），发现电池正负极已生锈，更换电池，将 X 轴用手轮摇至机械原点（机床在机械原点处设有▼标记），修改参数 22.0（参数 22.0~22.2 分别对应 X、Y 及 Z 轴机械原点设定）由 1→0→1，系统出现 "000" 报警后，关机再开机作原点复归即可。

(4) 检测开关故障　某进口 HU63A 数控卧式加工中心采用 FANUC 18i 数控系统。在自动换刀过程中，换刀手臂（ARM）从刀库刀杯中拔出少许后停止动作，出现 ATC（自动刀具交换）超时报警。查看梯形图，分析换刀手臂从刀杯拔出刀具的正常过程：刀具有/无检测开关（SQ—A156，有刀时为1，灯指示为绿；无刀时为0，灯指示为红）。若有刀，执行 M100（刀具拔出）后 X75.4 必须改变状态（即由 1→0）才能执行下步动作 M83（ATC 到待机位）。为确保安全，手动取下刀具后，检查接近开关 SQ—A156，用铁质工具试验该开关，其状态指示灯有变化（红/绿），但系统检测状态不变（即 X75.4 不能由 1→0），拆下该开关发现检测表面积有较厚的油泥，擦拭干净后再试验，状态指示灯及检测信号 X75.4 同步变化，说明开关已恢复正常。重新安装好检测开关，执行 ATC 各指示，正常。

(5) 机械故障

1）某进口 HU63A 数控卧式加工中心采用 FANUC 31i 数控系统。在自动加工中主轴突然停止转动且无任何报警。在 MDI 方式下输入"S500 M03;"，主轴转动正常，再输入"S600"，主轴变速液压缸动作，但主轴不旋转。检查主轴高速确认信号 X10.5＝1，说明液压缸动作已到位，应该是变速离合器出了问题。拆开主轴后发现离合器内的一颗销钉已脱落，导致变速失效，原装配的销钉比新销钉直径小 0.01mm 是此次故障的直接原因。更换新销钉后，故障排除。

2）某进口 H5C 数控卧式加工中心采用 FANUC6MB 数控系统。加工中 B 轴转动时声音异常，并产生 443 报警。用手摇脉冲发生器使 B 轴旋转，发现 B 轴时转时不转，不转时能听见 B 轴伺服电动机在转动，之后就会产生 443、440 等报警，拆开伺服电动机减速器侧盖和 B 轴侧盖，用手摇脉冲发生器边操作边观察，发现给定旋转指令时 B 轴多数情况下不转动，此时伺服电动机在不停地转动。查说明书，发现 B 轴为全闭环控制，开始怀疑 B 轴的联轴器出了问题，使得实际位置无法达到给定要求，所以电动机在不停地转，超时后出现 443 报警。拆开减速器，用手试着转动联轴器，很容易转动，原来联轴器已松开。松开紧固螺钉后，锁紧联轴器，再装好紧固装置，用手转动联轴器转动 B 轴，非常轻松，说明 B 轴没问题，装好伺服电动机及联轴器，通电开机，原点复归后手动旋转 B 轴，机床恢复正常。

3）某进口 HU63A 数控加工中心采用 FANUC 18i 数控系统。使用一年左右，Z 轴突然出现爬行现象，该机床为半闭环控制系统，机床并未产生报警。依据常理，首先检查与位置环相关的参数（№ 1851）是否发生变化或被人为改变，核对参数与原始记录相同，将该参数在原始设置的基础上往正负方向各调整了几次，Z 轴爬行现象没有改善，排除参数的原因，再用互换法排除了伺服放大器的因素。通过以上检查基本可以确定爬行是机械方面的故障。经检查，最终发现 Z 轴丝杠与立柱连接处螺母副的四颗内六角圆柱头螺钉（见图 4-39）已全部松动，锁紧螺钉后再运行 Z 轴，爬行消除。

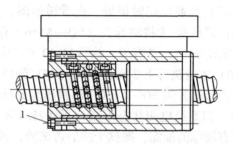

图 4-39 Z 轴丝杠与立柱连接示意图
1—内六角圆柱头螺钉

4.2.4 远程故障预测系统的应用

远程故障预测应用研究的主要过程为：通过远程监测系统实施设备现场在线检测、状态分析和数据远程传输；通过远程网络将采集到的企业现场大型设备在线实测数据传输到实验室的远程终端；然后，利用远程故障预报中心，进一步分析现场设备工作状态、发展趋势和早期故障发展特征，提供设备故障发展、发生信息及设备维护信息，从而实现工业现场设备状态趋势预测及故障预测的验证及应用。

利用远程故障预报中心，能够通过数据接口直接利用现场关键设备的实时数据进行在线数据分析、试验研究和方法验证；还能够通过远程故障预报中心将数据分析结果和故障预测结果直接反馈到企业用户，以指导企业进行针对性的设备维护和设备管理；必要时可将经分析判断后的反馈信号直接实时反馈到设备接口，以启动设备安全保护系统或进行设备运行状态的节能减排优化控制。

故障预测技术及应用是一项复杂的课题和工作，它涉及振动测试、信号分析、故障诊断、趋势预测以及机械、流体、电子、计算机和人工智能等多门学科以及工程应用技术。

在实际应用中要准确判断设备故障发生的原因和部位，特别是要准确预测设备故障发展趋势及故障未来的发生时间，则需要根据不同机械设备、机械动特性及其历史特征、当前状态以及不同故障模式的发展特征，进行状态及故障分析和趋势预测，还需要对各种故障特征和故障趋势预测方法进行长期、反复的试验分析和实践验证，从而将应用研究的结果（如有效的方法和规则等）进一步在故障预报系统中进行集成，为保障设备安全运行以及实现设备现代预知维护提供技术手段。

【案例 4-3】大型旋转烟气轮机机组状态及远程故障监测、预测系统。

大型旋转烟气轮机发电机组是石化企业炼油厂催化裂化关键设备，其再生烟气中的热能和压力能通过它膨胀做功后转变为机械能。烟气轮机组输出的功率用来驱动主风机或者发电机,从而达到回收能量的目的。单级烟气轮机为单级透平,采用轴向进气悬臂转子结构,其大型悬臂式烟气轮机发电机组设计额定功率为 18000kW,实际运行功率一般为 10000~13000kW。机组主要由烟气轮机、联轴器、减速器、发电机和励磁机等组成。大型旋转烟气轮机机组的结构如图 4-40 所示,基本参数见表 4-10。

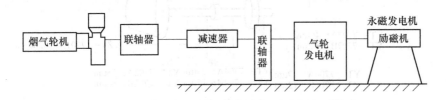

图 4-40　大型旋转烟气轮机机组结构示意图

表 4-10　大型旋转烟气轮机机组基本参数

压力/MPa		温度/℃		生产能力/(kW/h)		介	质
设计	操作	设计	操作	设计	实际	设计	实际
入口 0.35	入口 0.35	入口 700	入口 665~700	18000	13600	烟气	烟气
出口 0.1072	出口 0.1072	出口 510	出口 490~510				

机组的烟气入口、出口温度,烟气入口、出口压力,烟气轮机、联轴器、发电机的振动,连接轴的轴向位移等都是表征机组正常运行的重要参数。为了掌握机组的运行状况,在机组相应位置安装了振动、温度、压力、键相等传感器,通过在线监测为状态及故障预测提供数据,大型旋转烟气轮机机组监测点配置如图 4-41 所示。

根据机组在车间的分布情况,1 号和 2 号主风机与机组同在一个机房内,而气压机在相距较远的另一个机房内,需要设立两个现场监测站来分别进行监测。气压机监测站与主风机、机组监测站以盘装的方式安装在现场操作室内,主要完成数据采集、数据处理、数据存储以及现场显示等功能。两个监测站通过粗同轴电缆连接,并接到车间主控室的光纤 HUB(集线器)上,实现与全厂 MIS(管理信息系统)网的连接。中心分析站放在炼油厂设备处,安装中心分析站软件可实现机组实时数据、历史数据、起停数据的浏览和打印,以及灵敏监测门限设置等功能。浏览器安装了软件并与 MIS 上的计算机连接,主要完成远程浏览机组的实时数据、历史数据和起停数据的功能,通过远程数据传输获取大型设备机组的相关数据。

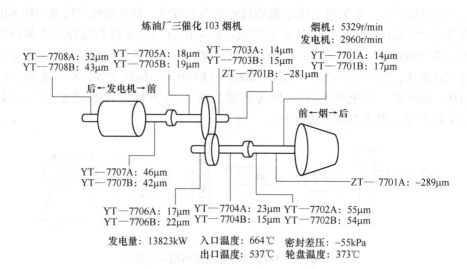

图4-41 大型旋转烟气轮机机组监测点配置

传统的设备维护采用按计划定期维修的方式,这种方式带有较大盲目性,设备有无故障、故障类型、故障部位、故障程度难以准确把握。另外,由于良好部位的反复拆卸,机器的性能往往受影响,甚至低于检修前,而且由于超前维修,带来人力、物力的很大浪费。为此,采用大型旋转机组状态及故障监测预测系统对该烟气轮机机组进行运行状态和故障的监测和预测。经过多年应用研究,积累了大量测试数据,使得机组安全、高效、长周期运行成为可能,也为有计划、有目的维修提供了技术支持。

1. 机组状态及远程故障监测、预测的应用

针对烟气轮机机组的特点,构建了远程状态监测、预测系统。图4-42所示为远程大型旋转烟气轮机机组状态监测、预测系统的模型。利用现场监测系统采集数据,该数据传递给构建的远程网络数据库和远程监控中心。远程监控中心由高性能远程中心服务器、多个企业级旋转机械状态监测系统等组成。旋转机械状态监测S8000系统安装在最终用户端;远程中心服务器安装在集团公司及设备故障预报服务中心。

远程监测中心服务器由大型数据服务器和专用软件等组成,完成对多个代理服务器S8000系统的管理与设置,对多套机组运行数据进行长期存储和管理,提供专业的诊断和预测图谱,为行业专家提供网上共享的工作平台,并提供其他通用网站的功能,并可根据用户需要,开发其他个性化功能。

远程大型旋转烟气轮机机组监测、预测系统的主要构成及其应用情况所述如下。

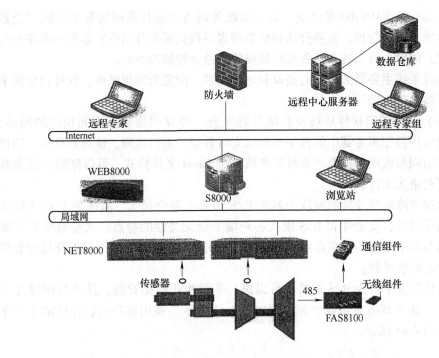

图 4-42 远程大型旋转烟气轮机机组状态监测、预测系统的模型

（1）传感器信号采集　传感器信号采集系统的信号采集内容主要包括：轴振动、轴位移监测，轴转速监测，轴瓦温度监测等，这些属于机组本身监测；轮盘温度监测，前、后轴承进油压力监测，进、排油温度监测，支座回水温度监测等，这些属于机组配套管线监测；另外，还有机组配套安装的仪表盘监测系统。在这些监测系统中，最重要的信号是能够揭示机组机械动态特性的轴振动和位移信号。对于各种数据的采集密度，见表 4-11。

表 4-11　各种数据的采集密度等信息

种　类	采集密度	黑匣子	灵敏监测	定时存储	时间同步	功　能
数据库通信	秒级通信	无	无	5min 左右	不	相关趋势
通信 Modbus	秒级通信	无	无	5min 左右	不	相关趋势
硬接线 Modbus	秒级	无	无	5min	同步	相关趋势
过程量	毫秒级	毫秒级	秒级	5min	同步	故障报警
振动	毫秒级	毫秒级	秒级	5min	同步	波形频谱故障诊断
键相	毫秒级	毫秒级	秒级	5min	同步	触发同步采样

（2）监测系统及远程系统　旋转机械状态监测系统的 S8000 系统配置有代理服务器，其由企业级服务器 WEB8000、现场监测分站 NET8000 和机泵群现场

数据采集分站 FAS8100 等组成。企业级服务器负责运行数据的集中传输以及数据的本地存储和管理；监测分站和机泵群现场数据采集分站负责数据的采集和分析处理，同时也可以独立地负责将数据传输给远程监测中心。

远程系统主要是数据库的提取和远程处理，配置为常规硬件，如远程监测中心服务器、防火墙等。

（3）远程访问软件环境及系统管理平台　建立网络数据库和相应的网站，并通过应用程序服务器中的程序来提取实时数据，进行监测、预测和分析。用户的远程访问和监测所提取的实时监测数据是 Excel 文件格式，可以随时转换为其他需要的格式文件。

远程故障监测及预测模块为基于 C/S 和 B/S 混合模式，系统兼有 C/S 模式高度的交互性、安全性和 B/S 模式客户端平台无关性的特点；试验系统采用基于时间与基于事件的双重存储原则的内存型实时数据库，以解决数据存储与数据有效性之间的矛盾。

系统管理平台为 B/S 模式，可以进行非结构化数据管理，并执行图谱显示等工作。基于 Web 的数据管理界面如图 4-43 所示。调用客户端软件后的主工作界面如图 4-44 所示。

图 4-43　数据管理界面

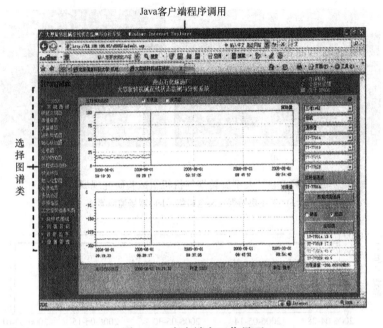

图 4-44 客户端主工作界面

（4）远程机组状态及故障预测系统的应用研究 为了能够实行远程在线的大型设备故障预报方法的应用研究，北京信息科技大学机电系统测控北京市重点实验室与某公司合作建立了远程故障预报中心，该中心以安装于工业现场的企业级远程监测系统 S8000、安装在实验室的远程故障预报平台 RMD8000 等为核心构成。

针对大型旋转烟气轮机机组，远程故障预报中心的企业级远程监测系统的多传感器样本采集系统的主要参数为：八组径向（垂直双向）振动位移，两组轴向振动位移，以及转速、相位、入口和出口压力、入口和出口温度、功率、励磁电压、冷却油温、流量等。

远程故障预报中心能够方便地实施企业群体及大型设备群体的远程状态监测、故障诊断和故障预报，利用该环境有利于进行基于实测数据的重要设备状态和故障的趋势预测方法研究和应用研究，有利于提高趋势预测方法的有效性和工程应用价值。

2. 机组状态及远程故障监测、预测的实践验证

采用远程故障预报中心，在大型石化企业现场进行大型旋转烟气轮机机组工况在线监测、传输和试验研究。试验研究现场如图 4-45 所示。图 4-46 所示为一组大型旋转烟气轮机机组在线监测数据的预测分析曲线。

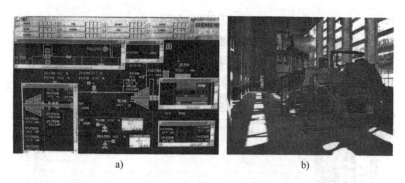

图 4-45 大型旋转烟气机机组试验研究现场
a) 工业现场烟气发电机组 b) 现场监测界面

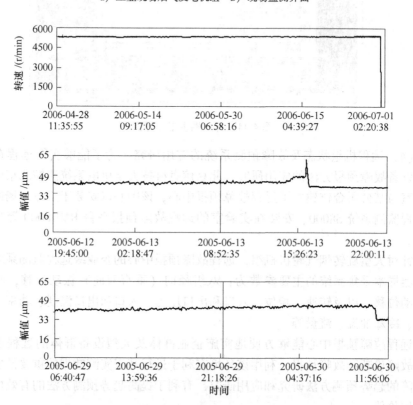

图 4-46 大型旋转烟气轮机机组在线监测数据的预测分析曲线

当机组正常时,大型旋转烟气轮机机组转速一般保持在5300r/min,发电机组转速保持在 3000r/min。机组振动高报警设为 80μm,高高报警设为 100μm。机组共设置八组涡流位移传感器,两组轴位移传感器。

根据监测、预测的结果,机组发生的常见故障归纳为:主风机导叶片跑位,励磁机母线螺栓松动,动静叶片上附着大量催化剂,弹簧吊架吊耳护板焊接开焊,动静叶片断裂,机组动平衡异常等。

(1) 机组状态及故障分析

1) 转子不平衡故障:

① 启机波德图显示在转速 5000r/min 以后,轴振动显示有明显升高趋势。

② 轴振动频谱图显示主要的 1X 成分。

③ 机壳振动显示:垂直方向振动 2.0mm/s 左右,水平方向振动 14.0mm/s 左右,轴向振动 4.0mm/s 左右。振动特征明显反映出悬臂转子不平衡的振动故障特征:水平方向振动大,且具有相对较大的轴向振动。频谱成分显示明显的 1X 分量。

2) 明显的催化剂黏结:

① 在振动趋势中出现振动 1 倍频幅值、相位的轻微变化。

② 频谱显示有一定的等转速间隔的高频成分,存在轻微的高频加速度冲击值,并具有等间隔的转速边整。

③ 振动幅值、相位呈现周期性变化,故障可以自行得到缓解。

根据几次振动变化的比较分析,判断工艺条件变化导致烟气中催化剂颗粒含量及粒度的变化,引起机组转子过流部件催化剂黏结速率和结垢量的改变,导致轴振动的幅值和相位的波动。

3) 运行过程中出现轻微的碰摩现象,并伴有轻微的转子不稳。

① 机组后轴承全谱图中显示存在 1X 反进动,轴心轨迹显示前轴承与后轴承的进动方向不一致。

② 振动波形频谱中存在轻微 0.4X、0.6X、1.4X、1.6X 成分,时域波形显示滤形畸变,重复性差。

③ 轴心轨迹显示:原始轨迹发散、重复性差,认为可能是转子轻微不稳。

④ 机壳振动测试,存在明显的 0.4X、0.6X、1.4X、1.6X 成分等。

(2) 机组早期故障趋势预测分析及验证

1) 催化剂黏结早期故障。发现运行机组轴后振动逐渐增高,根据频谱分析和趋势预测,预报机组两周内叶轮发生故障的概率为 86%,建议停机检修。机组停机检修表明,发现在二级静叶根部催化剂聚集较严重,一级动叶叶顶的后半部、二级动叶叶顶的中部磨损较严重,实际状况和监测、预测结果基本吻合,维修后排除了故障隐患。虽然当时机组还能够运行,但若发生事故将造成较大经济损失,并将付出更多的维护费用。

2) 叶片早期故障。当机组运行保持在良好状态时,根据趋势预测结果,其机组的振动值基本保持平稳。但随着时间推移和发电量的增加,振动分量逐渐增加,根据预测结果初步判断为动平衡早期故障。及时检修表明,由于一级动叶片早期故障导致了转子不平衡故障。实际故障与状态监测预测分析基本一致。

3）零部件松动早期故障。一年来机组维持额定发电量，连续振动一直处于良好的状态，持续对机组进行状态监测预测。当年 11 月初根据组合预测，其振动烈度值出现异常，根据振动烈度发展趋势预测的结果，在两个月内有发生故障的可能，建议厂家在 12 月停机检修。厂家 12 月初停机检修后，发现励磁机母线的螺栓松动，紧好后继续持续额定发电，保证了安全生产。

4）动平衡早期故障。对机组进行了长期监测，在对机组历史数据进行特征提取和趋势分析的基础上，发现机组存在动平衡故障征兆，跟踪两周表明故障征兆有进一步增大趋势，并预测故障在数天内发生故障的概率有可能超过 50%，厂家根据建议缩短了巡检时间，及时排除了机组多只叶片断裂的隐患，避免了较大事故的发生。

【案例 4-4】 大型旋转离心泵机组故障预报的应用。

(1) 机组的监测情况　大型旋转多级分段式离心泵被广泛应用在油田注水机组（电动机-水泵）中。其中典型的离心水泵的结构特点为单吸、多级、分段式，它依靠旋转的带叶片的叶轮将机械能转化为流体能量。对离心泵进行在线监测的项目包括：振动、温度、压力、液位、流量等检测内容。由于离心泵的机械动特性可以反映其工作状态的主要特征，可着重对表征离心泵机械动特性的振动量进行在线故障预报及实时分析判断，实现以降低注水单耗为目标的节能优化控制。实践验证来源于大型旋转注水机组状态在线故障预报系统试运行期间发生的情况。由于新系统尚在考核期间，故将声光报警器和自动停机装置置于关闭状态，在离心泵出现故障时未发出声光预警、报警以及自动控制停机。对意外故障的分析和判断是在事故发生后进行的，通过机组状态在线故障预报系统的故障追记子系统，将故障经历的过程进行了回忆输出，记载了离心泵发生故障时的特征、日期、时间和预先分析判别的结果。

图 4-47 所示为离心泵前轴承座监测点垂直方向测得的状态变化过程。图 4-47 的上部的两条包络线是根据 ISO 2372 标准在档案频谱的基础上，按照频率分量振动级值非线性判据制定的；下面的一条包络线是预警线，上面的一条包络线是报警线。当离心泵运行状态发生重要变化，需要引起值班人员注意时，监测系统发出预警；当离心泵运行状态发生重大变化，需要停机维修时，监测系统发出报警并控制停机。

图 4-47a 所示状态为各频谱线均低于预警、报警线，说明离心泵运行状态正常。

图 4-47b 所示状态为：频率约为 350Hz 的频谱线达到预警线，说明离心泵运行状态发生了重要变化，与此频率相对应的零部件很可能出现问题，需要引起注意。

第4章 监测故障诊断

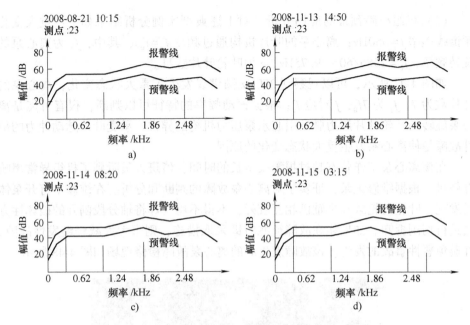

图4-47 离心泵状态变化过程

图4-47c所示状态为：该频谱线继续增长，说明离心泵的该零部件的故障继续发展。

图4-47d所示状态为：该频谱线迅速增长，并超过了报警线，说明离心泵运行状态发生了重大变化，与频率为350Hz相对应的零部件发生故障，并达到了需要停机维修的程度。

根据该机组故障特征及有关机械动特性档案，机组状态在线故障预报系统提前自动在线判断出该机组的叶轮机构发生故障的概率为50%，该机组长期监测建立的故障概率见表4-12。

表4-12 机组故障概率

故障	频率								
	$0.3f_0$	$0.42f_0$	$1f_0$	$2f_0$	$3f_0$	$4f_0$	$5f_0$	$6f_0$	$7f_0$
不对中			10%						
转子动不平衡			35%						
轴承盖松动									
叶轮机构故障									50%
转子内摩擦			10%		15%				
转子组松动			30%						
基座松动			10%						

(2) 机组故障预报的应用分析　对上述典型实例分析结果如下：重大变化频谱线频率 $f=350\text{Hz}$；离心泵的叶片机构通过频率 $f_z=f_0z$，其中，f_0 为离心泵的旋转频率，$f_0=2985/60=49.75\text{Hz}$，$z$ 为叶轮叶片数目。

如图 4-47 所示，可以观察到 350Hz 频谱线发生了重大状态变化，离心泵的叶片数为 7，f_z 为 $7f_0$，f 对应 f_z；根据振动频率的特征可以判断，很有可能是离心泵旋转的叶轮叶片压力脉动引起水泵压力机构的异常，承受叶片脉动冲力的部件故障是使离心泵发生重大状态变化的原因。

在该离心泵工作状态超过报警线不长的时间，值班人员听到了机组异常声响并停机。根据维修记录，证实了对离心泵故障的判断和分析。在维修中打开泵体后发现，叶轮的轮毂和主轴已相互咬死，不得不用气焊将轴分段割开的破坏性方法进行切割拆卸。如果能在故障征兆时即采取措施，则可大大减轻继发性故障，并避免恶性事故的发生。该故障发生后的离心泵故障检修现场如图 4-48 所示。

图 4-48　离心泵故障检修现场

由以上实例可见，通过对机组状态的故障预报及判断在工业现场的验证，由于机组的主要故障特征及判别推理方法输入专家系统，并以概率方式指示故障模式和故障程度，实现了在线智能化自动分析判别。

4.3　智能工业监测

近年来随着信息技术、智能监测与诊断技术的不断发展，促进了企业设备管理水平日益提高，发展趋势表现为：

1) 通过 ERP、EAM 等管理信息化系统的应用来优化设备管理的各项流程。
2) 通过实施点检定修、状态维修对设备管理体制进行创新。
3) 越来越多地采用智能点检技术来管理企业的重要设备。

4.3.1 智能工业监测推动设备管理升级

企业的重要设备不仅本身价值很高，而且其维护费用占据了企业备件和检修费用的很大部分，对企业重要设备实施智能点检，实现设备状态的自动监测、自动报警及智能辅助诊断，可以最有效地实现设备状态受控，在人员分流和费用减少的情况下保证设备的高效运行，为企业带来以下益处：

1）实现重要设备的状态预知维修，减少不必要的维修，延长设备检修间隔时间，为合理降低检修费用提供技术支撑。

2）重要设备备件准备更为精准，从而减少了备件费用和备件库存。

3）设备运行可靠安全，减少人为带来的安全风险。

4）对人员素质和积极性的依赖大大降低。

5）智能点检与 EAM 的结合推动了设备管理的真正升级，改变了目前设备管理忙与盲的被动局面，促进了向智能维修、优化检修的方向转变。

4.3.2 完善网络化智能工业监测系统

【案例 4-5】某测控技术有限公司在深入了解某集团管理现状及需求的基础上，建立了以设备状态监测数据为支撑的设备管理系统，帮助企业建立全生命周期的设备管理工作平台。该系统有别于其他设备管理系统，它直接支持底层的各种离线及在线监测仪器，包括点检仪、频谱分析仪、在线监测站及最新的无线监测仪器，并可与企业 ERP、MES、DCS、SIS 等管理信息化系统和自动化系统实现数据交换。Advanced EAM 通过人工点检或在线智能点检收集设备状态数据，记录并管理设备运行的相关历史数据，并通过对设备状态数据的分析给出状态报警信息，产生异常记录，并结合设备故障数据及其他相关运行数据指导设备可靠性维护与检修工作的实施及相关备品备件的优化采购，为优化检修提供技术支撑，从而在保证机组安全、稳定和可靠运行的基础上，最大限度地降低设备的运行维护成本，设备管理系统如图 4-49

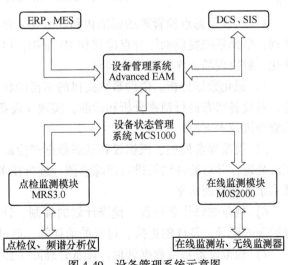

图 4-49 设备管理系统示意图

所示。

(1) 设备管理系统的功能

1) 实现设备状态管理的信息化。将设备在线监测与点检监测的信息纳入计算机管理，实现设备状态的信息化管理；且设备管理系统可与 ERP 等管理信息化系统实现信息的交换与共享，解决信息化系统缺少基础状态数据的难题。

2) 实现重要设备的智能点检和预知维修。可以最有效地实现重要设备状态受控，实现状态预知维修，实现设备工业监测示意图如图 4-50 所示。

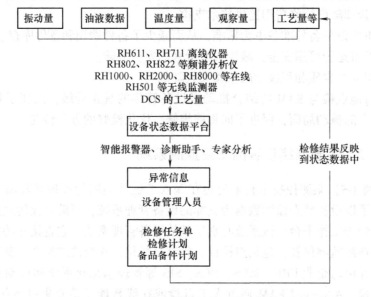

图 4-50 实现设备工业监测示意图

3) 实现设备点检管理的标准化和规范化。建立设备点检标准，实行标准化管理，借助系统提供的综合点检仪和 ID 纽扣，可以使现场点检工作标准化和有序化，解决现场工作管理难的问题。

4) 强化数据分析。借助系统提供的丰富的状态分析工具和智能辅助诊断功能，对设备状态进行精密分析和诊断，实现对设备状态的准确掌握，为实现优化检修提供技术支撑。

5) 规范异常处理。根据设备状态数据产生的报警及异常信息，对设备进行相应处理，并对处理结果进行跟踪监测，进行技术积累，以提高整体的设备检修技术水平和管理水平。

6) 规范维修作业流程。检修计划的编制、计划的审核、委托单的产生、检修结果的记录、备件的更换、材料的消耗等，通过本系统都可规范地实现。

7) 规范设备基础数据管理。设备管理除了要了解设备当前状态，还必须了解设备的历史状态，包括设备图样、安装调试数据、技术资料、点检履历、检修与备件更换履历、故障数据等，从而为检修策略的优化提供翔实、可靠的数据。

（2）构建智能工业监控系统

1）先进的网络功能。支持企业对网络化设备状态管理的需要，通过企业的 Intranet/Internet 网，采用 B/S 结构，软件只需安装在企业服务器上，便可以支持足够多的用户。用户通过 IE 浏览器输入服务器的 IP 地址即可进入系统，便于实现设备的远程诊断，且系统的维护工作也大大减少。

B/S 结构的网络化设备状态监测整体方案支持离线监测、在线监测及无线监测方式，兼容该公司所有的 RH 系列监测仪器，可以实现对设备在线监测数据和离线监测数据的统一管理与分析，实现对设备状态的自动报警，并对设备故障进行早期诊断与趋势预测，为企业点检定修、优化维修提供了一个统一的平台，并为企业 ERP、EAM 系统提供科学的设备状态信息。

2）完善的用户权限管理。可以根据企业实际需要设定用户组权限，并提供相应的密码保护功能，保障系统安全、有序地运行。

3）直观的树型数据库结构。根据企业实际需要建立集团到分厂、到车间、到设备、到数据测点的完整清晰的数据库结构，并把报警等级指示显示在各结构层次的图标上。

4）设备状态一目了然。系统提供的强大的报警设置功能和设备状态模块，使用户对设备状态一目了然，且可以迅速识别有问题的区域。

5）方便的数据采集。点检计划的建立和下达、数据的回收都极为方便，系统同时支持临时任务数据的回收和转移。

（3）完善大机组在线监测站的功能　针对企业最关键的大型机组而推出的实时在线监测解决方案，适合对电力、石化、冶金等行业的关键机组进行在线监测，如汽轮发电机组、大型风机、透平机组、压缩机组等，可实现对设备振动信号的多通道等转速采集，以及温度、电流等工艺量信号的同步监测。一台 RH8000 可同时接入 48 路振动量、20 路工艺量、8 路转速量信号，RH8000 型大机组在线监测站外观如图 4-51 所示。

1）可靠性高。

① 全集成结构：针对在线监测的需求而量身定做的硬件，采用 ARM+FPGA+DSP 结构，集信号调理、电源、数据处理和通信于一个箱体内，这样就可以大幅度减少硬件的散热量，且无硬盘、风扇等易损部件。

② 协调处理：采用 FPGA 对 48 通道进行转速触发采集，用 DSP 对采集数据作预处理和算法分析。

③ 硬件保护：采用软件固化和哨兵电路，保证系统的稳定，可完全避免病毒的感染，保证系统异常死机的及时恢复。

图 4-51　RH8000 型大机组在线监测站外观

④ 电源设计：双路电源冗余，保证在市电存在的任何时刻系统均能正常工作。

⑤ 完备的自检功能：系统采用模块化设计，对每一独立部分的状态都能进行检测，及时把异常报告提交给软件系统。

2) 数据采集准确、全面。

① 动态范围宽：16 位 A/D，加上调理部分的高达 1024 倍的放大，使得系统动态范围在 110dB 以上，保证弱信号的准确获取。

② 分析频率宽、计算能力强：系统的分析频率高达 20kHz，且分析频率与通道数无关，DSP 可对采集的数据进行实时 FFT 计算。

③ 黑匣子：系统具备多种保存触发功能，把任何用户关心的数据都能保存下来，触发前、后的保存数据长度也可由用户设置。

3) 良好的可扩展性。

① 系统采用模块化设计，每个采集箱的最大配置可达 48 路振动通道、20 路工艺量、8 路转速量，可对数台设备进行全面监测。

② 振动兼容加速度、位移等传感器，并可以提供 24V/4mA 的恒流源给 ICP 类型的加速度传感器，-24V 电压给涡流传感器。

③ 转速通道可以接受光电传感器、涡流传感器、霍尔传感器等不同类型的转速传感器的信号。

4) 易用性。

触摸屏与键盘鼠标接口并存，良好的人机界面，可使用 U 盘备份数据，输入、输出灵活配置。

系统采用 6.4in⊖ 的液晶显示器，现场就可以看到系统的工作状态，并能看

⊖　1in = 0.0254m。

到数据的动态显示。

【案例 4-6】 某集团工厂应用智能工业监测系统效果显著。

该集团的铝厂原来建有以"点检制"为核心的设备管理模式,其特有的每个点检站对应一个检修站的基层设备管理结构,为设备状态信息和检修信息的交流与共享创造了一个较好的基础。但设备管理缺乏必要的技术工具和手段,无法及时、准确、全面地获取设备状态信息,因而延缓了其创建经济型状态预知维修模式的步伐。

咨询公司结合该铝厂设备管理的现状及未来发展的需求,提出了应用 Advanced EAM 设备管理系统解决问题的方案:对于生产线上的关键设备,如压缩机、风机等采用在线监测的方式(RH2000、RH1000)实现状态实时受控;对于其他重要设备则采用离线精密点检(RH711)的方式进行监控;系统通过点检或在线监测收集设备状态数据,记录并管理设备相关历史数据,并通过对状态数据的分析,给出状态报警信息,产生异常记录,指导维护与检修工作的实施及相关备品备件的储备及采购工作,使得与设备管理相关的工作有序、高效地开展,并最大限度地降低设备维修费用。

通过实施应用这套设备管理系统,该铝厂实现了所有重要及关键设备的状态受控与预知维修,并规范与优化了设备管理的各项流程,其主要功能模块包括:基础数据维护、设备资产管理、状态管理、维修工程、备件库存、设备分析等。系统实施应用效果如下:

1)加强了企业设备管理信息化建设,实现了企业内部各种设备信息的积累与共享。

2)为企业提供了先进的状态监测及状态分析手段。

3)提高了设备管理人员的工作效率与技能。

4)规范与优化了设备管理的各项流程。

5)可及时发现故障隐患,科学指导设备维修及备件采购。

6)帮助企业实施重要设备状态预知维修,提高设备利用率,降低维修成本。

该集团的钢厂热轧生产线智能点检达到最优运行,其钢厂热轧生产线引进的是日本三菱重工七连轧生产线,设备非常先进,生产的连续性也非常强,生产线上任何一台设备发生故障都可能导致生产的停顿,由此引发的设备检修与重新开机会大大影响企业的经济效益。随着设备逐渐劣化,企业急需合适的状态监测系统。

根据热轧生产线设备及人员现状,并结合自身的产品及技术服务优势,咨询公司提出了有针对性的智能点检方案:整体方案采用该公司设备状态管理系统 MCS1000,并针对不同设备采用不同的监测方式。

1）对于关键设备，如轧机、卷取机采用了该公司在线监测站 RH2000、RH1000 对设备振动信号进行多通道实时监测和诊断，并同步监测设备的温度、转速及各种工艺量信号。

2）对于测点较分散、敷设电缆不方便的重要设备，如各种风机、水泵，采用该公司无线监测器 RH501 监测设备温度及振动信号，并通过无线通信站 RH550 将数据传送到数据库服务器。

3）对于其他设备采用点检仪 RH711 进行周期性监测，在设备异常时采用频谱分析仪 RH822 对设备进行精密监测和诊断，从而以最优成本实现了整条生产线设备的状态受控。

MCS1000 设备状态管理系统采用 B/S 结构，兼容该公司所有在线与离线监测仪器，作为整个生产线设备综合监测与管理的平台，实现了对生产线重要设备状态的自动监测、智能报警及精密故障诊断，为实现重要设备状态预知维修提供了科学依据。系统主要模块有：设备状态、设备信息、状态分析、点检管理、在线监测、备品备件、维修信息（见图 4-52）。

图 4-52　热轧生产线采用 MCS1000 系统实现智能点检

4）系统实施效果。

① 将生产线上 477 台设备、1900 个测点纳入监测网络，实现了设备状态信息的有效积累和共享。

② 运行以来重要设备故障预警了 11 次，大大减少了设备事故的发生，减少了生产线的非计划停机。

③ 帮助企业实施重要设备状态预知维修，科学指导设备维修及备件采购，大大降低维修成本。

④ 提高了设备管理人员的工作效率与技能,帮助企业快速建立自己的技术专家队伍。

【案例 4-7】 某集团风电场风电机组建立状态监测系统。该集团在内蒙古风电场一期的 33 台 1.5MW 机组中采用了先进的 WindCMS 风电机组状态监测系统。WindCMS 通过在线监测的方式实现对风机主轴、两级行星齿轮减速器、发电机、塔体等设备状态的实时受控,并接入机组现有的以维修为核心的重要监测数据,形成完整的设备状态全息图,提供给风电企业的设备运行管理专业解决方案,为风电企业进行设备验收、设备运行维护、设备状态维修、提高设备使用寿命奠定了良好基础;为企业降低运营成本、提升竞争力带来帮助。

系统通过在设备本体安装加速度传感器和转速传感器对设备振动和转速信号进行实时监控,并通过在线监测站 RH1000 对数据进行处理后传送至数据库服务器。风场设备工程师、设备管理人员、点检人员通过 WindCMS 对风机进行状态管理、状态分析与设备检修、维护等工作,集团总部的设备管理层可远程对风机状态数据进行实时的浏览和分析,制定科学的设备维修计划,下达指令,并进行设备维修情况的及时跟踪等。

WindCMS 系统提供了以设备维修决策管理为核心的完整设备状态信息,拥有强大的报警体系和诊断分析工具,多层次设备管理人员可以在系统提供的合理流程化的平台上共同作业,也为集团的诊断专家提供了远程诊断的窗口,可以高效率的解决设备维修决策问题。系统优点:

1)B/S 结构使得企业设备管理层能及时、直观地了解各风电场设备运行状态,实现状态维修和定期维修方案制定,进行设备维修管理决策,降低运营成本。

2)解决因风场分散,设备点检困难、周期长,数据的真实性、可靠性、不易管理等情况。

3)为风机组验收提供了专业的手段,为风电设备长期安全稳定运行提供良好的基础。

4)WindCMS 系统收集的全面、连续、完整的设备状态信息,为进行更深层次的数据挖掘,形成企业自有的知识库,使得从设计、制造、运输、安装、运行维护、维修设备的一生的管理取得明显效果。

5)针对风机组信号特点的智能化报警解决了简单的幅值趋势报警容易出现设备故障的误报和漏报的问题。

6)强大的分析工具,提供了常见故障的分析方法,针对容易发生故障的齿轮、轴承和电机电气等故障提供了专门的分析方法。

7)现场实施工作量小,维护方便。

8)提供远程诊断服务支持。

4.3.3 构建设备安全智能监控

通过仪器仪表检测是设备安全智能监控的主要基础手段,未来主要提升检测仪器仪表的三性:技术先进性、准确性和安全可靠性,重点开发信息化的整合技术。要从温度、压力、振动(声发射)和油液主要四大方面形成完整的仪器仪表安全检测监控技术,具体包括:在大型设备、成套设备的综合、复合、多功能仪器仪表应用上自成体系;主要生产设备仪器仪表检测技术与设备状态监控有机结合,充分发挥设备效能;高危设备、重点设备及系统逐步建立在线监测系统等。仪器仪表安全检测的发展方向有:提升监控检验技术、新型传感器技术及仪器仪表开发应用、构建设备智能监控、完善智能化监控检测系统、提升分布网络化监控检测、全面促进设备安全智能监控发展六个方面。

1. 提升监控检验技术

在大数据时代背景下,全面提升监控检验仪器的数据处理和分析能力。对国民经济主要产业,特别是化工、石油、机械、航天航空和高铁等行业的复合仪器仪表监控检验技术应用全面覆盖,减少或杜绝恶性事故发生,使设备能效明显提高。具体包括:提高检测设备整体经济性能和效益;根据监测检验信息,确保设备在故障或事故来临前立即停机,并具有及时有效的措施来恢复设备运行;提高对设备现场运行参数的分析能力,自动有效调整参数,确保设备在最佳范围内运行等。

2. 新型传感器技术及仪器仪表开发应用

(1) 新型传感器技术 新型 MEMS 传感器在检测技术中的应用将越来越广泛。与传统的传感器相比,MEMS 传感器具有体积小、重量轻、成本低、功耗低、可靠性高、适于批量化生产以及易于集成和实现智能化的特点。同时,微米量级的特征尺寸使得它可以完成某些传统机械传感器所不能实现的功能。

MEMS 传感器的门类品种繁多,按照被检测的量可分为加速度、角速度、压力、位移、流量、电量、磁场、红外、温度、气体成分、湿度、pH 值、离子浓度、生物浓度和触觉等类型的传感器。MEMS 传感器可应用于众多与检测相关的领域,如消费电子领域的加速度计、陀螺仪等,汽车工业领域的压力传感器、加速度计、微陀螺仪等,以及航空航天领域的惯性测量组合(IMU)、微型太阳和地球传感器等。

(2) 新型便携式仪器仪表开发应用 新型便携式仪器仪表是现代仪器仪表的重要发展方向,主要应用于生产、科研现场,具有测量速度快、可靠性高、操作简单、功耗低、小巧轻便等特点。新型便携式仪器仪表遵循低功耗、低成本、高可靠性的设计原则,为提高新型便携式仪器的性能,采用精密单片机技术,以数字量的形式输出测量信息。今后的新型便携式智能仪器不仅可以作为现场仪器单独使用，还可以作为智能传感器与上位机连接，成为智能测试系统的分机。

3. 构建设备智能监控

在设备上安装必要的传感器，在线智能监测设备运行过程中的温度、压力、振动、噪声、电流和电压等工作参数，现场实时显示监测结果并将监测数据上传到数据中心，由数据中心将各项工作参数按一定规则存入数据库，数据中心同时按设定规则将监测数据实时传送到具有查看权的管理终端，方便管理人员动态实时监控设备的运行状态。故障诊断中心可动态获取数据库中保存的监测数据，运用大数据分析和云计算方法对监测数据进行智能诊断分析，对设备的运行状态进行智能监控。

4. 完善智能化监控检测系统

以单片机为主体，将计算机技术与测量控制技术结合在一起，组成智能化监测检测系统。智能仪器仪表最主要的特点便是智能检测，其包含采样、检验、故障诊断、信息处理和决策输出等多种内容，具有比传统测量更加丰富的范畴，是检测设备采用现代传感技术、电子技术、计算机技术、自动控制技术和模仿人类专家信息综合处理能力的结晶。现代计量测试仪器充分开发、利用计算机资源，在最少人工参与的条件下尽量以仪器设备（尤其是软件）实现智能检测功能。与传统仪器仪表相比，智能化监控检测系统具有以下功能特点：

1）操作自动化。仪器的整个测量过程如键盘扫描、量程选择、开关启动闭合、数据的采集、传输与处理以及显示打印等都用单片机或微控制器来控制操作，实现测量过程的全部自动化。

2）具有自测功能，包括自动调零、自动故障与状态检验、自动校准、自诊断及量程自动转换等。智能仪表能自动检测出故障的部位甚至故障的原因。这种自测试可以在仪器启动时运行，同时也可在仪器工作中运行，极大地方便了仪器的维护。

3）具有数据处理功能，这是智能化系统的主要优点之一。由于采用了单片机或微控制器，使得许多原来用硬件逻辑难以解决或根本无法解决的问题，现在可以用软件非常灵活地加以解决。例如，智能型的数字万用表不仅能进行上述测量，而且还具有对测量结果进行诸如零点平移、取平均值、求极值和统计分析等复杂的数据处理功能，不仅使用户从繁重的数据处理中解放出来，而且有效地提高了仪器的测量精度。

4）具有友好的人机对话能力。智能化系统用键盘代替传统仪器中的切换开关，操作人员只需通过键盘输入命令，就能实现某种测量功能。与此同时，智能仪器还可以通过显示屏将仪器的运行情况、工作状态以及对测量数据的处理结果及时告诉操作人员，使仪器的操作更加方便直观。

5) 具有可编程控制操作能力。一般智能化系统都配有 GPIB、RS232C 和 RS485 等标准的通信接口，可以很方便地与 PC 机和其他仪器一起组成用户所需要的多种功能的自动测量系统，来完成更复杂的测试任务。

5. 提升分布网络化监控检测

分布网络化监控检测技术是在计算机网络技术、通信技术高速发展以及对大容量分布式检测的大量需求的背景下，由单机仪器、局部自动检测系统到全分布网络化监控检测系统而逐步发展起来的。

基于分布网络化监控检测系统的分级层次化体系结构应为如图 4-53 所示的多级分层的拓扑结构，即由最底层的现场级、工厂级、企业级至最顶层的网络级。而各级之间则参照 ISO/OSIRM 模型，按照协议分层的原则，实现对等层通信。这样，便构成了纵向的分级拓扑和横向的分层协议体系结构。各级功能简述如下：现场级总线用于连接现场的传感器和各种智能仪表，工厂级用于过程监控、任务调度和生产管理，企业级则将企业的办公自动化系统和检测系统集成而融为一体，实现综合管理。底层的现场数据进入过程数据库，以供上层的过程监控和生产调度使用，从而进行优化控制，数据处理后再提供给企业级数据库，以进行决策管理。

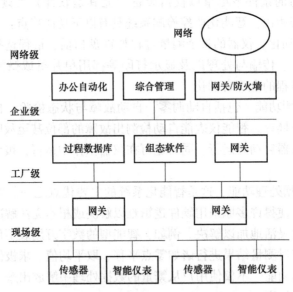

图 4-53　分布网络化监控检测系统的分级层次化体系结构

6. 全面促进设备安全智能监控发展

（1）智能工业检测监控管理升级　当前企业的主要生产设备已经过渡到流

水线、自动线等，不仅本身价值越来越高，而且其维护费用也越来越高，对企业实施智能工业检测监控管理升级是十分必要的，通过实施设备状态的自动监测、自动报警及智能辅助诊断，实现最有效地设备状态受控，在人员分流和费用减少的情况下，保证了设备的高效、安全可靠运行。

1) 为企业会带来：

① 实现重要设备的状态预知维修，延长设备检修间隔时间。

② 设备运行可靠安全，减少人为带来的安全风险。

③ 智能点检与EAM的结合将推动设备技术管理的真正升级，促进向智能维修、优化检修的方向转变。

④ 以互联网为基础，结合大数据技术、云计算及云存储技术，对大量设备运行状态信息应用智能工业监测技术进行综合全面的分析，为故障的发生、发展及预测预报、控制提供科学全面、标准化支持，为专家系统的有关效能性、准确性提供科学的支撑。

2) 智能工业检测监控的发展：

① 智能工业检测监控技术，主要从智能采集、智能分析、智能报警与预测方向进行发展，具体包括：a. 应用设备安全信息化技术优化设备管理各个流程，使设备运行负荷、效率等在最佳范围内。b. 开发和实施现场设备运行趋势预测及故障预测预估技术，使操作人员及时对设备运行参数调整。c. 建立设备状态全息图。

② 未来智能工业检测监控技术，主要逐步延伸到感知技术、智能服务技术和流程智能服务技术三方面进行研发，具体包括：a. 大力发展及应用服务状态感知技术。b. 大力发展及应用设备智能服务技术。c. 大力发展生产流程智能服务技术。

3) 实施途径：智能工业检测监控技术将重点围绕建立大机组在线智能工业监测站、推进设备状态综合监控系统、持续改进高速旋转大设备智能工业监测以及强化设备状态监控及故障预警的信息化技术等方面展开。

（2）建立大型机组在线智能监测站　针对企业最关键的大型机组而推出的实时在线监测解决方案，适合对电力、石化、冶金等行业的关键机组进行在线监测，如汽轮发电机组、大型风机、透平机组和压缩机组等，未来将实现对设备振动信号的多通道转速采集，以及温度、电流等工艺量信号的同步监测。一台大型机组在线智能监测站可同时接入多路振动量、多路工艺量和多路转速量信号等。

1) 提高可靠性：

① 全集成结构。针对在线监测的需求而量身定做的硬件，采用多种综合结构，集信号调理、电源、数据处理和通信于一个箱体内，这样将大幅度减少硬件的散热量，且无硬盘、风扇等易损部件。

② 协调处理。采用 FPGA 对多通道进行转速触发采集，用 DSP 对采集数据作预处理和算法分析。

③ 硬件保护。采用软件固化和高级电路，保证系统的稳定，可完全避免病毒的感染，保证系统异常死机的及时恢复。

④ 电源设计。双路电源冗余，保证在电力存在的任何时刻系统均能正常工作。

⑤ 完备的自检功能。系统采用模块化设计，对每一独立部分的状态都能进行检测，及时把异常报告提交给软件系统。

2）数据采集更加准确：

① 动态范围宽。调理部分具备高达几千倍的放大功能，使得系统动态范围得到扩大，保证弱信号的准确获取。

② 分析频率宽、计算能力强。系统的分析频率高，通过 DSP 可对采集的数据进行实时计算。

③ 黑匣子。系统具备多种保存触发功能，用户关心的数据都能保存下来，触发前、后的保存数据长度将由用户设置。

3）良好的可扩展性：

① 系统采用模块化设计，每个在线智能工业监测站采集箱的最大配置可达多路振动通道、多路工艺量和多路转速量，可对数台设备进行全面智能监测。

② 振动信号兼容加速度、速度、位移等传感器，并可以提供恒流源给各种类型的加速度传感器和涡流传感器。

③ 转速通道可以接受光电传感器、涡流传感器和霍尔传感器等不同类型的转速传感器的信号。

4）易用性强：

① 触摸屏与键盘鼠标接口并存，拥有良好的人机界面，可以使用 U 盘备份数据，输入、输出灵活配置。系统采用高端的液晶显示器，现场可以看到系统的工作状态，并能看到数据的动态显示。

② 设备检测检验系统由工厂设备状态监控与管理系统、设备综合维检系统和在线检测系统组成。随着仪器仪表检测技术和专用组合检测仪器仪表的不断开发和应用，为设备检测专业公司开发设备监测检验系统打下了扎实基础，在企业得到试验性应用，并取得初步成效，比较典型的为 TPCM 系统。

③ 通过建立 TPCM 型工厂设备状态监控与管理系统，使设备离线巡检与在线监测系统有机结合，与资产管理平台 EAM/SAP 等实现数据共享。

④ 研发设备综合维检系统，通过建立设备维检系统，使运行设备等实现有效监测与维护，确保设备安全可靠、高效经济运行。

⑤ 强化在线监测系统和设备综合维检系统相融合，通过系统运行实现智能

逻辑数据采集、智能诊断和智能报警,预计能有效解决超低速、工况复杂的设备监测和诊断难题。

(3) 强化设备状态监控及故障预警　近年来,状态综合监控系统成功开发,并在企业应用中取得了初步成效,使设备磨损得到有效补偿,该系统还在不断完善中特别对监控功能开发将起到更大的作用,如图 4-54 所示。

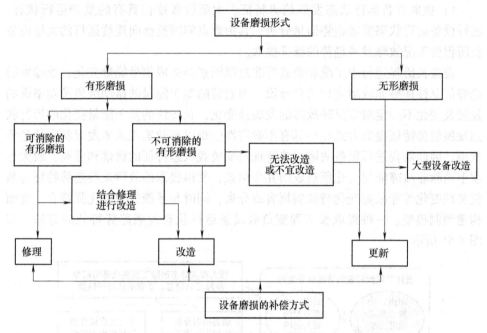

图 4-54　状态综合监控系统示意

1) 利用状态综合监控系统对设备进行状态管理,通过对设备运行状态数据进行实践分析,制定合理维护修理方案。状态综合监控系统通过在设备本体安装加速度传感器和转速传感器对设备振动和转速信号进行实时监控,并通过在线监测站对数据进行处理后传送至数据库服务器。设备工程师、管理人员和点检人员开展对设备进行状态管理、状态分析与设备检修、维护等工作,系统中设备管理高端中心通过远程对设备状态数据进行实时的浏览和分析,制定科学的设备维修计划、下达指令,并对设备维修情况进行及时跟踪等。

2) 状态综合监控系统将通过在线监测的方式实现对各类大型设备主轴、两级行星齿轮减速器、发电机和塔体等设备状态的实时受控,并接入机组现有的以维修为核心的重要监测数据,形成完整的设备状态全息图。通过提供给企业的设备状态综合监测系统专业方案,将为企业进行设备验收、设备运行维护、设备状态维修和提高设备使用寿命奠定良好基础,为企业降低运营成本,为提高竞争力带来支持。

3) 设备状态综合监控系统提供了以设备维修决策管理为核心的完整设备状态信息，将拥有强大的报警预警体系和诊断分析工具，多层次设备管理人员将在系统提供的合理流程化的平台上共同作业，也为高级诊断专家提供了远程诊断的窗口，高效率地解决设备维修决策问题。

(4) 强化设备状态故障处理信息化技术

1) 提取设备运行状态发展趋势特征。大型设备往往具有的复杂运行状态，进行设备运行状态发展趋势信息分析，其中难点问题是面向连续运行的大型设备长历程变工况故障发展趋势的特征提取。

设备长历程运行中工况和负载等非故障因素会造成信号能量变化，故障发展趋势信息往往被非故障变化信息淹没，而通常的基于能量的振动级值及功率谱的发展及变化不一定对应反映故障的发展及变化，且传统的基于能量变化的运行状态发展趋势特征提取方式往往具有不确定性，难以有效实现未来发展状态的趋势预测。因此需要进行设备故障趋势特征与变负载状态特征的解耦和分离，较大程度上消除非故障能量变化所造成的冗余信息，使得提取的故障发展趋势特征与系统负载变化等非故障变化特征弱耦合或分离，同时与系统故障变化强耦合，进而构建预测模型。一种提取长历程变负载设备运行状态发展趋势特征的方法，如图 4-55 所示。

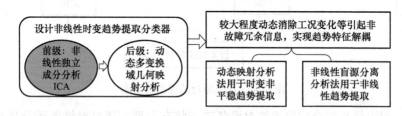

图 4-55　长历程变负载运行状态发展趋势特征提取方法

2) 低信噪比微弱信号特征早期故障的信号处理。早期故障趋势信息是一种故障征兆信息，具有明显的低信噪比微弱信号的特征，在早期故障趋势分析中有用信息极易受到设备时变非平稳运行、环境变化和测试系统噪声等的干扰。传统分析方法往往难以进行有效的早期故障预测，为实现早期故障发展趋势有效分析，需要采用适于低信噪比微弱信息的信号处理，涉及的方法包括：多传感系统检测及信息融合，非平稳及非线性信号处理，故障征兆量和损伤征兆量信号分析，噪声规律（幅度、频率、相位等）与信号特点（频谱、相干性等）分析，噪声背景下小位移、微振动分析，针对微弱信息的信号处理方法（如数据挖掘、盲源分离、支持向量机和粗糙集等）以及有关随机不确定性、模糊不确定性、不完备性和不完全可靠性等的信号处理方法等。

3) 设备早期故障趋势预测模型构建。为实现基于智能信息系统的故障预警，需要构建机电设备早期故障趋势预测模型，构建这类模型大致有两个途径，分别是物理信息预测模型（一般是机械动力学预测模型）以及数据信息预测模型，通常这是两条相互独立且并行的研究途径，近年来构建这两类趋势预测模型相融合的多信息融合新型趋势预测模型，如图 4-56 所示，采用这种多信息融合模型既利用了物理特性信息又融合了数值规律信息，有利于获得较理想的综合预测结果。

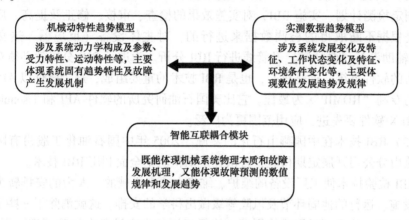

图 4-56　智能互联融合故障预测模型架构

4.3.4　推行 RBI 风险评估检验技术应用

1. RBI 检验技术在国际上的开发

当前设备技术发展迅猛，分别朝着集成化、大型化、连续化、高速化、精密化、自动化、流程化、综合化、计算机化、超小型化、技术密集化的方向发展。先进的设备与落后的检验、维修能力的矛盾严重地困扰着企业，成为经济发展的瓶颈。特别是炼油、化工行业矛盾更为突出。由于这些行业的工厂生产设备大多数是压力容器、压力管道、压缩设备，包括相当数量的各种气瓶等，这些设备运行时处于高温、高压状态，加上介质往往具有腐蚀性或毒性，为了确保设备安全运行，做好对设备的状态管理是十分重要的，而加强对设备的检验也是十分重要的环节，为此国际上采用了 RBI——基于风险评估的设备检验技术，从而保证这些工厂能安全、可靠、经济地运行，并得到最佳经济效益。

2. RBI 检验技术的应用

RBI 技术即为以风险评估管理为基础的设备监测故障预报检验技术。最早由美国 APTECH 工程服务公司提出，目前在世界上处于领先地位。

（1）RBI 技术　RBI 技术即采用先进的软件，结合丰富的工厂实践经验和腐蚀及冶金学方面的知识及经验，对炼油厂、化工厂的设备、管线进行风险评估及风险管理方面的分析。分析的结果是提出一个根据风险等级制定的设备检测计划。其中包括：会出现何种破坏事故；哪些地方存在着潜在的破坏可能，可能出现的破坏概率；应采用哪种正确的测试方法进行检测等，并通过对现场人员进行培训来正确地实施、成功地完成这些检测工作。

(2) 实施 RBI 技术　RBI 技术的实施是一个长期的过程，它包括：分析阶段、制定检测计划、实施 RBI，对实施效果的检查、审核、修正及提高。后续的工作是根据不断取得的检测数据来进行的，对主体设备（反应器、热交换器等）、辅助设备（泵站等）及管线进行 RBI 分析。为进行 RBI 分析就必须有一个强有力的软件系统，这是核心，也是 RBI 技术的重要组成，这个软件以 APTECH 公司的专利 "RDMIP" 为最佳。它比美国石油研究所的软件 API 和 Tischuk 公司的 T-REX 软件要先进，应用范围更为广泛。

(3) RBI 技术在中国燕山石化的实施　2005 年中国石油化工股份有限公司北京燕山分公司开展定期检验，首次在定期检验中全面利用 RBI 技术。

RBI 检验技术使工厂设备的维护、维修由原来机械的、人为的安排转为按设备、设施、运行的薄弱环节及风险等级做出科学的安排。这就消除了一些不必要的停机维护，从而延长了维修周期，使得工厂的生产设备在风险管理下可控制、可预见地运行。燕山石化原本计划在 2006 年对厂内的压力容器、压力管道等特种设备进行大检修，但 2005 年时通过做 RBI 技术项目进行风险评估后，发现这些设备可以使用到 2007 年 7 月份。这样延长的维修周期给企业带来的经济效益至少是上亿元，以一个裂解车间为例，设备停一天的损失就达 300 万元。

(4) 风险的检验　基于风险的检验是一个识别、评估和预估工业风险（压力和腐蚀破坏）的流程，在实施 RBI 过程中技术员可以设计出与衰退预测或观察机制最有效匹配的检查战略。在重型工业企业，特别是石油、化工、医药行业可以从实施 RBI 中获得更大的收益。具体有增加对可能会出现潜在风险的设备的了解；以确保设备的正常运营；提高安全水平；使对设备设施有关项目的检验更优化、更科学化；消除一些不必要的停机维护；建立或进一步完善相关的数据库，包括设备设计能力、流程特性、机械损害和检验战略等。

【案例 4-8】RBI 检验技术成效。

1) 液体管线失效，这一事故会导致严重的河水污染。通过分析确定是因一种早期机械损伤所导致的破裂。用有限元的分析方法确定了管线中局部应力的部位，采用先进断裂学疲劳分析技术确定了将来可能出现失效破坏的时间。

2) 地下天然气管道爆破，原以为是由于该地下天然气管道破裂导致附近一家过氯酸氨生产厂的火灾，通过分析证明正好相反，是该厂失火引起的后果造成了天然气管道破裂。

3）阿曼至印度的天然气输气管项目，为阿曼至印度的天然气输气管项目完成了整个项目的（设计、安装、运行）险情分析，对主要险情作出了安全的风险程度的评估。

4）日本的液化天然气采购合同续约可靠性分析，日本与世界上最大的一家液化天然气生产公司采购液化天然气的20年合同已经到期，应再续约20年。但日本方面对该厂是否能再安全、可靠地供应20年天然气无把握。要求APTECH公司对该供应商作评估。APTECH制定了一项评估方案，对该厂54个主要的影响使用寿命的因素进行了精细分析。提出了每个因素延长其使用寿命的建议方案，并找出了潜在的对使用寿命有威胁的因素，主要涉及材料选择及海水冷却系统腐蚀问题等。针对这些问题提出了解决方案：对某碳钢管路只要按计划做到取样、分析及连续监测，此管线在换管前仍可安全运行；对海水冷却系统，APTECH开发了检测及预警软件系统来防止突发性事故。最终使这家工厂取得了与日本续签20年的供气合同。

5）中国台湾的大型化工企业成功地应用了RBI技术。中国台湾一家大型化工企业由于对环境造成严重污染（被评为D级）而被勒令停产。该企业当时的实际生产能力只达到原设计的40%以下。APTECH公司应邀对该企业的生产过程安全管线及机械整体性进行了分析并提出改进方案，随后又提供了后期咨询服务。九个月后，该企业被环保部门评为B级，恢复了生产，同时生产能力达到了设计能力的90%。

第 5 章

设备润滑技术

设备润滑是设备维护工作的重要环节。设备缺油或油脂变质,会导致设备故障甚至破坏设备的精度和功能。搞好设备润滑工作,对于减少故障以保障生产顺利进行,减少机件磨损以延长使用寿命,都有着重要的作用。

5.1 设备润滑管理

5.1.1 润滑管理任务

设备部门润滑管理的工作任务有:

1) 建立并完善各项润滑管理工作制度和办法。例如润滑组织机构的设置,润滑工作人员的职责,设备日常润滑工作的具体分工,入厂油品的质量检验,设备清洗换油计划的编制与实施,油料消耗的定额管理,废油回收与再生利用,润滑工具、器具的供应与使用管理,治理漏油等,见表 5-1。

表 5-1 设备润滑工作职责划分

润滑管理的主要工作内容		供应部门	设备管理部门			设备使用部门		
			设备负责人	润滑工程师	润滑站	机械师(员)	润滑分站	操作人员
制度组织	制定(修订)润滑管理的制度、规程、标准		▲	△				
	建立润滑档案、补充汇编润滑图表			▲				
	管理润滑站、负责润滑技术工作			▲				
	润滑管理的材料定额制定			▲	△			

（续）

润滑管理的主要工作内容		供应部门	设备管理部门			设备使用部门		
			设备负责人	润滑工程师	润滑站	机械师（员）	润滑分站	操作人员
润滑材料	润滑材料计划（年需用计划、月采购计划）			▲	△			
	润滑材料订货和采购	▲						
	润滑材料入库检验				▲			
	润滑材料保管、发放				▲			
润滑五定管理	取样化验计划、换油计划编制				▲			
	日常人工用油的发放						▲	
	设备换油实施和记录						▲	△
	重点设备、大型油池取样检验				▲		△	
	设备日常润滑状态检查、加油、补油							▲
检查与改进	部门设备润滑状态检查					▲		
	重点设备润滑状态检查			▲				
	设备漏油的治理与改进		△			▲		
	设备润滑系统和装置的改进			▲	△			
废油管理	废油的收集回收				△	▲		
	废油的再生				▲①			
切削液管理	冷却油（液）的配制与使用监督				△	▲		
	冷却油（液）的检验				▲			

注：划▲为主要责任，划△为相关责任。
① 当地有社会化再生油脂厂时企业也可不进行再生。

　　2）编制润滑工作所需的各种基础技术管理资料。例如，各种型号设备的润滑卡片，油箱储油量定额，日常润滑消耗定额，设备换油周期，清洗换油的工艺过程，油品代用与掺配的技术资料等。以指导操作工、润滑工、维修工等做好设备润滑工作。

　　3）指导有关人员按润滑"五定"要求，搞好在用设备的润滑工作。

　　4）实行定额用油管理，按期向供应部门提出年、季度润滑油品需用量的申请计划，并按月把用油指标分解落实到车间、班组及单台设备。

　　5）实施进厂油品的质量检验，禁止发放不合格油品。

　　6）组织编制年、季、月设备清洗换油计划和大储油箱油质化验计划，实施按油质情况确定最佳换油时间。

7）做好设备润滑状态的定期检查与监测，及时采取改善措施，完善润滑装置，防止油料变质，治理漏油，消除油料浪费。

8）收集油品生产厂家研制新油品的信息，逐步做到进口设备用油国产化，做好油品的代用与掺配工作。

9）组织废油的回收与再生利用工作。

10）组织润滑工作人员的技术培训，学习国内外先进经验，推广应用的润滑新技术、新材料和新装置，不断提高企业润滑管理工作的水平。

5.1.2 完善润滑管理制度

为使设备润滑管理工作有章可循，避免脱节混乱，企业应建立健全各项润滑管理制度。

1）供应部门根据设备动力部门提出的年度、季度及月份润滑材料申请计划，如期按牌号、数量、质量采购供应。

2）进厂油品一定要经化验部门检验其主要质量指标，合格后方可发放使用。对不合格油品，要求供应厂家退换或采取技术处理措施。

3）供应部门对供应紧缺的油品，应提前与设备管理部门研究采用代用油品，以免供应脱节，影响使用。

4）入库油料必须专桶专用、标明牌号、分类储存，转桶时应过滤，所有油桶都要将盖子盖好。露天存放时，桶盖部位应抬高一些，以防止雨水和杂质进入桶内。

5）润滑站领到的油品质量有问题时，应立即通知润滑工程师和供应部门到现场研究处理，不得随意发放。

6）润滑材料在库存放一年以上者，应送化验部门重新检验油品质量，未取得合格证者禁止发放使用，并应及时采取技术处理措施。

润滑材料供应管理的工作程序及内容要求如图 5-1 所示。

润滑总站及分站按照任务分工，负责各种油料的收发保管、废油的回收再生与利用、切削液等工艺用油液的配制与发放。

7）润滑站管理规定：

① 油库的各种设施必须符合有关安全规程，严格遵守安全防火制度，按特级防火区要求设置防火设施，对消防检查中提出的问题要限期解决。

② 进库油料入罐、转桶要过滤，油罐、油桶要专用，标明牌号、分类存放，严禁混装，盖子要盖好。

③ 保持站内清洁整齐，地面无油液。各种油罐、油箱、油桶要定期清除沉淀积存的污物，至少每半年排放冲洗一次。站内使用的润滑工具、器具，不用时应摆放在柜子里，保持清洁。

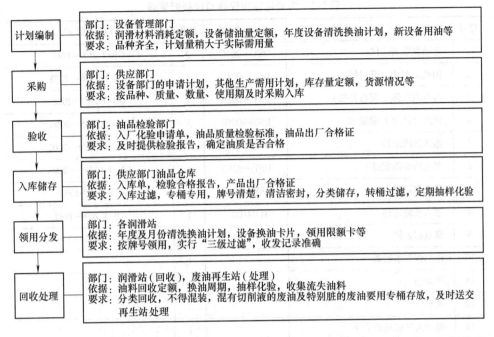

图 5-1 润滑材料供应管理工作程序及内容要求

④ 收发油料必须按规定做好记录,不得乱发、错发。每月定期按要求汇总上报设备动力、财务及供应等部门,按月分析消耗情况,核对账目与实物数量。发现某种油品储备不足时,及时与供应部门联系解决。

⑤ 做好废油回收工作,回收的废油要用专用油桶,适当分类存放,做好标记。有条件的单位可进行废油再生,检验合格者方可使用。

⑥ 按工艺要求配制切削冷却液和其他工艺用油,中央试验室负责配方及技术指导,并定期检验其质量稳定性。

⑦ 妥善保管好润滑工具、器具,破损时以旧换新,并建立好收发账册。

润滑站工作人员有润滑材料化验员、润滑工、钳工和库房管理工。润滑工是技术工种,除要求具有润滑材料知识、润滑管理知识外,还应具有与设备润滑工作有关的多种技能。可以由具备油脂化验技能的润滑化验工全面负责以上人员的工作。

8) 大、中型企业应建立润滑材料化验室,负责润滑材料的进货检验和使用中的润滑油的鉴定。如某大型企业化验室应配置的仪器和设施见表 5-2。

9) 企业应建立润滑材料库,一般应能储备年润滑油消耗量的 1/5~1/3。库房的建筑要通风、避光和防雨、防尘,并要符合安全防火的要求。润滑材料库的设备器械见表 5-3。

表 5-2 润滑化验室仪器与设备配置表

序号	仪器及设备名称	参考型号	数量	检验标准
1	运动黏度测定仪	DSY—004C	2	GB/T 265—1988
2	闪点测定器（开口杯法）	DSY—001A	1	GB/T 3536—2008
3	闪点测定器（闭口杯法）	DSY—002A	1	GB/T 261—2008
4	倾点（浊点）测定器	DSY—0060	1	GB/T 3535—2006
5	泡沫性测定器	DSY—016	1	GB/T 12579—2002
6	氧化特性测定器	DSY—028A	1	GB/T 12581—2006
7	残炭测定器	DSY—009B	1	GB 268—1987
8	锥入度测定器	DYP4100	1	GB/T 269—1991
9	滴点测定器	DYP4104	1	GB/T 4929—1985
10	电热恒温水浴锅		1	
11	干燥箱		2	
12	电炉		2	
13	电子天平或精密天平		1	

表 5-3 润滑材料库（油库）设备器械配置表

序 号	设备及器械名称	型号规格	数 量
1	防爆电动葫芦	1t	1
2	油桶吊钳	0.3~0.75t	4
3	板框式滤油机	BASY—100	2
4	精密滤油机	CLJ—10	1
5	储油罐	5t	2
6	液压油桶搬运车	COY300	3
7	电动油桶泵、计量液压泵		2
8	钳工案		1
9	消防器材		1

10) 润滑分站的设置。润滑分站是各分厂（车间）的润滑管理点。润滑分站应设专职润滑工，负责本分厂（车间）设备润滑的管理。

5.1.3 润滑"五定"与"三过滤"

设备润滑"五定"与"三过滤"是我国设备管理部门总结多年来润滑技术

管理的实践经验提出的。它把日常润滑技术管理工作规范化、制度化，其内容精练，简明易记。贯彻与实施设备润滑"五定"与"三过滤"工作，是搞好设备润滑工作的重要保证。其内容与含义分述如下。

1. 润滑"五定"

"五定"是指定点、定质、定量、定期、定人。

1）定点：确定每台设备的润滑部位和润滑点，保持其清洁与完整无损，实施定点给油。

2）定质：按照润滑图表规定的油脂牌号用油，润滑材料及掺配油品须经检验合格，润滑装置和加油器具保持清洁。

3）定量：在保证良好润滑的基础上，实行日常耗油量定额和定量换油，做好废油回收退库，治理设备漏油，防止浪费。

4）定期：按照润滑图表或卡片规定的周期加油、添油和清洗换油，对储油量大的油箱按规定时间抽油样化验，视油质状况确定清洗换油或循环过滤，以及下次抽验或换油时间。

5）定人：按润滑图表上的规定，明确操作工、维修工、润滑工对设备日常加油、添油和清洗换油的分工，各负其责，互相监督，并确定取样送检人员。

2. "三过滤"

"三过滤"也称"三级过滤"是为了减少油液中的杂质含量，防止尘屑等杂质随油进入设备而采取的措施。它包括入库过滤、发放过滤和加油过滤。

1）入库过滤：油液经运输入库泵入油罐储存时要经过过滤。

2）发放过滤：油液发放注入润滑容器时要经过过滤。

3）加油过滤：油液加入设备储油部位时要经过过滤。

5.1.4 强化设备润滑管理

1. 切削液管理制度

1）切削液等工艺用油液的选用及消耗定额由工艺技术部门确定，其配方、配制方法及质量的定期检查鉴定，由中心试验室负责，并从技术管理上对润滑站进行这方面的指导。

2）润滑站要严格按照工艺规程配制切削液等工艺用油液，负责保质、保量、保证供应生产需用。凡质量不合格及储存变质者不得发放，以免影响产品加工质量和腐蚀机床。

3）使用者要定期更换切削冷却液，清理储液箱，不使用变质腐蚀及会使机床、工件发生锈蚀的工艺用油液。

4）做好工艺用油液的回收处理工作，防止浪费和污染环境。

2. 废油回收及再生管理

1）为节约能源、防止污染环境，用油单位更换下来和收集起来的各种废旧油料，必须全部回收，不得流失，不准抛弃、烧掉或倒入下水道。

2）供应部门建立油料再生站，负责集中管理回收的废油，除将规定部分交石油公司外，剩余部分由再生站负责加工成质量符合技术标准的合格油品用于生产，不合格者不准使用。

3）各用油单位回收的废油应严格按下列要求处理：①回收的废油必须除去明显的水分和杂物。②不同种类的废油应分别回收保管。③污染程度不同的废油或混有冷却液的废油，应分别回收保管，以利于再生。④废旧的专用油及精密机床的特种油，应单独回收。⑤废油和混杂油应分别回收。⑥储存废油的油桶要盖好，防止灰沙及水混入油内。⑦废油桶应有明显的标志，仅作储存废油专用，不应与新油桶混用。⑧废油回收及再生场地要保持清洁整齐，做好防火安全工作。收发要有记录单据，并按用油单位每月定期汇总，上报有关部门。

3. 润滑工安全技术操作规程

1）每日巡检中要注意安全，戴安全帽，按规定通道行走，不准跨越传动装置及运输带，更不能停坐在行车轨道、运输带或机床上。停车以前，不要用手或其他物品伸入油箱检查。

2）按清洗换油工艺流程，换油前需由电工配合将电路断电，挂上"禁止合闸"标牌，并接好抽油泵的临时线。

3）如需检查润滑系统供油情况，需由设备操作者或机修工开动设备，不得擅自起动。

4）注意油桶、油车的运输和行走安全，保持现场卫生。离开现场前要及时擦净溅落在地上的润滑油。

5）刮五级及以上大风时，禁止对室外行车进行润滑和清洗作业。

6）遵守防火规则，工作完毕后用肥皂洗手，切勿用汽油擦洗。

4. 润滑油库安全防火制度

1）油库的防火设施及电器安装必须符合消防管理要求。

2）油库范围内严禁吸烟及用火。必须动用明火时，需按消防部门的规定办理有关手续，并指派专人监护。

3）库内不得存放易燃、易爆物品，如汽油、香蕉水、酒精、油漆等。

4）燃点低的油料不准露天存放，并应设有防范措施。

5）库内防火用具、砂箱、二氧化碳灭火器等消防器材必须安放在指定地点，油库人员必须熟悉所有防火设施的使用方法。

6）对不遵守防火制度者要严肃处理。

5. 润滑工作岗位责任制

润滑工作岗位责任制包括设备管理部门润滑技术管理组的职责，以及润滑工程师、车间机械（动力）师、润滑工、维修工、操作工等对润滑工作的职责。

（1）润滑技术管理组的职责

1）制定润滑油料、擦拭材料、润滑工器具的消耗用量定额，组织各分厂（车间）润滑站编制年、季、月用油计划，汇总报送供应部门。

2）制定润滑管理各项规章制度，必要时进行修改、完善。组织编制设备润滑图表和有关技术资料，业务上指导各润滑站开展工作。

3）组织编制年度设备清洗换油计划，检查计划实施情况。

4）做好技术服务工作，协助基层解决润滑工作中的疑难问题，确定进口设备用油国产化及油品代用，逐步积累润滑技术资料，总结和推广有效的润滑工作经验。

5）组织调查、掌握漏油设备及其原因，提出治漏建议，检查治漏效果，交流治漏经验。

6）学习掌握润滑新技术、新油品、新装置及国内外先进经验，并推广应用。组织润滑技术与业务培训，不断提高润滑工作人员的素质。

（2）润滑工程师、技术员的职责

1）组织全厂设备润滑管理工作，拟订各项管理制度及检查考核办法，经领导批准后贯彻执行。

2）制定设备润滑的各种消耗定额，审批用量计划，进行计划与实耗量的分析，逐步完善定额管理。

3）编制润滑规程、润滑图表和有关润滑技术资料，供润滑工、操作工和维修人员使用。

4）负责设备用润滑油品的选定和变更。对进口设备做好国产油品代用，暂时无法代用时，向供应部门提出订购国外油品申请计划。

5）参与分析和处理设备润滑事故与油品质量问题，向有关单位提出改进意见，并检查改进措施的实施情况与效果。

6）组织治理设备漏油，参与研究和制定重点治漏方案，检查实施进度与效果。

7）指导润滑站根据工艺要求配制供应各种切削冷却液及废油回收和再生利用工作。

8）收集国内外润滑管理工作经验和新油品、新装置等技术资料，结合本厂需要，组织推广应用和业务技术培训。

(3) 车间机械（动力）师润滑工作的职责

1) 领导维修工、润滑工并指导操作工进行设备润滑保养，严格按润滑图表的规定执行。

2) 及时采取措施，保证润滑装置完善及润滑状况良好，执行换油计划，组织治理漏油，消除严重漏油现象。

3) 对润滑不良可能造成损坏事故的设备，有权停止使用，并采取有效措施及时解决。

(4) 润滑工的职责

1) 熟悉负责区域内每台设备的润滑系统、所用油品及需用量。每天上班前按规定给操作工发油（采用双油壶制或送油到车间）。

2) 贯彻执行设备润滑"五定"与"三过滤"规定。

3) 每日巡回检查，督促操作工对设备进行正确的日常润滑；对不按规定加油者提出劝告，并报告车间机械动力师处理。

4) 对设备储油部位每周巡回检查补充加油，保持规定的油面高度，并对脂杯补充润滑脂。

5) 实施月份设备清洗换油计划，在维修工和操作工的配合下按清洗换油工艺规程进行，保证油箱的清洗质量。

6) 每台设备油箱的换油量和耗油量要登记到设备换油卡片上，回收的废油及时退库，每月统计上报，并提出严重漏油设备清单。

7) 每季配合机械动力师、修理组长对负责区域的设备进行一次润滑技术状态的全面检查，并记录在"设备润滑状态记录本"中，对存在的问题应及时安排解决。

8) 质量不合格的油品和冷却液不得擅自使用，应及时报告润滑工程师或技术员处理。

9) 配合润滑工程师进行新品种油料的试用，按要求做好试用记录。

10) 经常保持润滑工具、用具清洁，用后要擦干净，存放在工具柜里。

(5) 维修工润滑工作的职责

1) 每日巡检设备运行及润滑状况，发现润滑缺陷和故障应及时排除。

2) 定期维护设备时，指导操作工做好油毡、油线、过滤器、冷却箱和应拆卸部件的清洗工作。

3) 新设备在试车前，必须彻底清洗油箱后方可加入新油。

4) 检查并摸清设备漏油原因，研究确定治漏方案，组织人力实施。

5) 按润滑分工规定，担负起所维护的公用设备和设备电气部分的维护、加油与清洗、换油工作。

（6）操作工润滑工作的职责

1）熟悉所操作设备的润滑系统和各部位的润滑方法，严格按润滑"五定"要求正确合理润滑。

2）班前检查加油、定期维护时，应检查并清洗油毡、油线、油杯、油窗、粗滤网、冷却箱等，保持设备处于良好润滑状态。

3）出现润滑故障后不能排除时，应及时通知维修工处理，发现油变质和油箱缺油时，及时通知润滑工处理。

4）配合维修工、润滑工进行设备维修、清洗和换油。

5）保管好润滑工具，确保完好状态。

6. 强化润滑管理

润滑管理工作的真正目的是保护设备，使设备正常、良好运行。润滑剂起的是辅助作用。要使设备正常运行，必须良好地润滑，合理选择和使用润滑剂，采用正确的换油方法。做好了这些润滑管理工作，就会延长设备的寿命周期，减少设备维护费用，节约能源，减少环境污染。

美国机械工程学会在《依靠摩擦润滑节能策略》一书中提出，美国每年从润滑方面获得的经济效益达 600 亿美元。英国每年从润滑成果推广应用中获得 5 亿英镑。70%~85%的液压元件失效，是由于油品污染引起的。瑞典 SKF 公司研究表明，将润滑脂中的微粒控制在 $2\sim5\mu m$ 以内，轴承的使用寿命将延长 10~50 倍。

我国新油污染情况还十分严重，新油开桶后微粒污染度已达 8%，我国每 1000 美元 GDP 消耗一次性能源折标准煤为日本的 5.6 倍，电力为日本的 2.77 倍，润滑油消耗量为日本的 3.79 倍。搞好润滑管理工作，我国每年可节约 500 亿元人民币。

目前市场进口油脂每吨几万元至几十万元。一种特殊传感器油高达 100 万元/t，不锈钢加工专用油高达 37.5 万元/t，心脏起搏器磁流体密封油进口价格已接近黄金价格。有资料显示，如果我国能达到日本的节能水平，我国的能源需求量在今后 60 年内将不必增加。日本能源 70%依靠进口，99%以上石油依靠进口，他们重点抓了节能油脂和技术的开发，1973—1982 年间，其国民经济每年增加 3.8%，而能源消耗却每年下降 2%~2.9%。

中石化、中石油两大集团虽占有 70%市场份额，但相当部分为中低档油，而国内 60%高档油市场已被外企占领。

润滑油的支出仅是设备维修费用的 2%~3%。实践证明，设备使用寿命很大程度取决于润滑条件。80%的零件损坏是由于异常磨损引起的，60%的设备故障由于不良润滑引起。著名 SKF 轴承公司指出，54%的轴承失效是由于不良润滑引起的。

5.2 润滑材料的选用

5.2.1 润滑材料的分类

1）按润滑材料形态可分为液体、气体、半固体和固体四种。

2）润滑油是设备润滑应用得最广泛的润滑剂。以石油产品精炼制品为主，有馏分油、残渣油和调和油，还有以合成方法生产的合成烃润滑油。

3）润滑脂又叫黄油或干油，是用稠化剂稠化液体润滑剂制成的半固体产品。润滑脂黏附性好、防锈能力强、密封性能好，适用于苛刻的工况条件，特别适用于滚动轴承的润滑。

5.2.2 润滑油与润滑脂性能指标

1. 润滑油性能指标

（1）粘度　粘度是表示润滑油黏稠程度的指标。粘度由油分子的内聚力大小决定，它是决定油膜厚度的主要因素，也是选用润滑油的主要依据。粘度的表示方法有动力粘度、运动粘度、恩氏粘度和雷氏粘度。我国与国际标准化组织均采用运动粘度。GB/T 265—1988《石油产品运动粘度测定法和动力粘度计算法》确定了运动粘度的测定方法和动力粘度的计算方法。粘度是润滑油的重要质量指标，对润滑油的分级、质量鉴定和选用有着重要的意义。

（2）粘度指数（VI）　油品的粘度随温度的升降而变化的性能叫做油品的粘温特性，用粘度指数（VI）表示。粘度指数测算按 GB/T 2541—1981《石油产品粘度指数算表》规定的方法进行。油品的粘度指数越大，说明在温度变化时其粘度变化越小。液压油、内燃机油、齿轮油等润滑油都要求有较大的粘度指数。

（3）闪点　闪点是润滑油的安全指标。即在规定条件下，将油品加热，蒸发出的油蒸气与空气混合达到一定含量时与明火接触产生闪火时油的最低温度叫做油的闪点。闪点的测定方法有开口杯法和闭品杯法。GB/T 261—2008《闪点的测定 宾斯基-马丁闭口杯法》和 GB 267—1988《石油产品闪点与燃点测定法（开口杯法）》，或 GB/T 3536—2008《石油产品闪点和燃点的测定 克利夫兰开口杯法》，分别给出了闪点的测定方法。闪点的高低表示油品含轻质馏分油的多少，是油品生产、储存、运输和使用的重要指标之一。高温下工作的机械设备，如空气压缩机、内燃机、气锤等要求润滑油具有较高的闪点。一般闪点应高于工作温度 20~30°C。

(4) 倾点和凝点 倾点和凝点是表示润滑油低温流动性的指标。指在规定的试验条件下，将油品冷却到失去流动性时的最高温度叫做油的凝点。换言之，被冷却的油品能流动时的最低温度称为油的倾点。GB/T 3535—2006《石油产品倾点测定法》规定了倾点的测定方法。倾点代表油的低温工作性能。在低温下工作的机械、寒冷地区室外冬季作业的工程机械和行驶的车辆应选用具有低倾点的润滑油，一般润滑油的倾点要低于最低工作温度 15~30°C。润滑油的倾点也影响内燃机的低温起动性能、磨损和燃料消耗。

(5) 水分 水分是指油中水含量的多少。以所含水分占油的百分比表示。GB/T 260—2016《石油产品水含量的测定 蒸馏法》给出了水分的测定方法。水分会加速润滑油的氧化和促进低分子有机酸对金属的腐蚀作用，会破坏润滑油膜的完整性和改变润滑油的性能。新的油品应不含有水分。油品在储存、运输中遭受雨淋或使用中混入水基液体都会使油品的水分含量增加。润滑油的吸湿作用以及油池低温结露也是造成水分增加的原因。

(6) 中和值、酸值和碱值 酸值是以中和 1g 油品中所含有机酸需要的 KOH 的质量，用 mgKOH/g 表示。碱值是以中和 1g 油品中碱性组分所需的酸量，以与酸等当量的 KOH 的质量表示。中和值是石油产品酸值和碱值的习惯统称。GB/T 4945—2002《石油产品和润滑剂酸值和碱值测定法（颜色指示剂法）》和 GB/T 7304—2014《石油产品酸值的测定 电位滴定法》规定了酸值、碱值和中和值的测定方法。酸值对于新油是反映油品精制程度的指标。储存和使用中的润滑油酸值增高，表示润滑油的氧化变质。酸值过高的润滑油会腐蚀机件，应立即换油。

(7) 水溶性酸或碱 石油产品和润滑油中存在的水溶性无机酸、低分子有机酸或碱性物质称水溶性酸或碱。GB 259—1988《石油产品水溶性酸及碱测定法》规定了水溶性酸或碱的测定方法。水溶性酸或碱表示润滑油的精制程度。储存、运输中形成的污染或氧化也会引起水溶性酸或碱的含量变化。

(8) 机械杂质和不溶物 润滑油中所含的固体物质统称为机械杂质或不溶物。润滑油在加工、储存和使用中混入灰尘、泥土和铁屑；以及磨损生成的磨粒都会造成油品的杂质含量增加。一般是用溶剂稀释油样后过滤，测定不溶物的质量，用百分比表示。按使用的溶剂不同，含量值略有差异。GB/T 511—2010《石油和石油产品及添加剂机械杂质测定法》和 GB/T 8926—2012《在用的润滑油不溶物测定法》规定了润滑油的机械杂质和不溶物含量的测定方法。杂质是润滑油中的有害物质，会加剧机件磨损，并堵塞油路。

(9) 氧化安定性 氧化安定性是测试润滑油抵抗氧化作用的能力大小的指标。指在规定条件下，将油样加热催化后，测定油的中和值或不溶物。油品的氧化安定性的测定方法按照 GB/T 12581—2006《加抑制剂矿物油氧化特性测定法》

的规定进行。氧化安定性的好坏决定油品的使用寿命。润滑油中加入抗氧化添加剂可以提高油品的氧化安定性。精密机床润滑、液压设备用油、汽轮机和内燃机等设备用油均要求氧化安定性要好。

（10）残炭和老化特性 残炭表示油品的精制程度。指在规定条件下将油样加热，把空气通入试样使油品老化生成焦炭残留物，测定老化前后试样的残炭值，以残炭值表示润滑油的老化特性。GB 268—1987《石油产品残炭测定法（康氏法）》和 GB/T 12709—1991《润滑油老化特性测定法（康氏残炭法）》规定了残炭的测定方法。残炭含量高，会加速机件磨损及堵塞油路。空气压缩机、内燃机等设备使用的润滑油，残炭指标应低。

（11）抗乳化性 抗乳化性是反映润滑油与水的分离能力大小的指标。指在规定条件下，将油与水搅拌混合乳化，在一定的温度下静置，使油与水重新分离所需要的时间表示抗乳化性，单位为 min。GB/T 7305—2003《石油和合成液水分离性测定法》规定了润滑油抗乳化性的测定方法。蒸汽轮机和水轮机用润滑油要求抗乳化性要好。

2. 润滑脂性能指标

（1）锥入度 锥入度是润滑脂稠度或软硬度的指标，是将润滑脂保持在规定温度下，以规定质量的标准锥体，在 5s 内沉入润滑脂的深度来表示。GB/T 269—1991《润滑脂和石油脂锥入度测定法》规定了润滑脂的锥入度的测定方法。锥入度表示润滑脂的流动性和塑性强度。在一定程度上反映了润滑脂的承载能力大小的流失程度。重负荷摩擦副应选择锥入度较小的润滑脂。锥入度是润滑脂牌号划分的指标。

（2）滴点 滴点是润滑脂耐热性能的重要指标，是润滑脂受热溶化开始滴落的最低温度。即在规定条件下，将润滑脂加热熔化，测定开始滴下第一滴润滑脂时的温度。GB/T 4929—1985《润滑脂滴点测定法》规定了润滑脂滴点的测定方法。滴点是选择润滑脂使用条件的依据，一般润滑脂的滴点应高于使用温度 20~30℃。

（3）润滑脂的其他质量指标 润滑脂还有一些其他质量指标。根据使用条件要求可选择有关标准进行测定。

1）钢网分油（100℃，24h），%。NB/SH/T 0324—2010《润滑脂分油的测定 锥网法》。

2）蒸发量（99℃，22h），%。GB 7325—1987《润滑脂和润滑油蒸发损失测定法》。

3）腐蚀（T_2 铜片，100℃，24h），级。GB 7326—1987《润滑脂铜片腐蚀试验法》。

4）水淋流失量（38℃，1h），%。SH/T 0109—2004《润滑脂抗水淋性能测定法》。

5）抗磨性能（75°C，1200r/min，392N，60min），磨痕直径 d，mm。SH/T 0204—1992《润滑脂抗磨性能测定法（四球机法）》。

（4）混合润滑脂影响性能　由于各种润滑脂的组成和性质不同，如果将它们混合在一起，可能会使其性能产生不同的变化，并影响使用效果。因此应避免混合使用。但是，一般操作者在使用润滑脂的容器、工具及向润滑部位添加润滑脂时，往往不注意而造成不同的润滑脂发生混合，甚至将润滑脂和润滑油随意混合，这样就容易使润滑脂变质和影响润滑效果。现将各种形式的混合对润滑脂产生的影响介绍如下。

1）同种类润滑脂的混合。对同一厂家生产的同类但不同牌号的润滑脂可以混合，如1号钙基脂和2号钙基脂混合后，其滴点、锥入度不会有很大的变化。但如果不同厂家的产品混合后，因原料、工艺不同，会产生性质上的变化。

2）不同种类润滑脂的混合。两种不同性质的润滑脂混合时，由于脂的稠化剂、基础油、结构都不同，会使稠化剂分散不均匀，不易形成稳定的结构，润滑脂就会变软，机械安定性会下降，这样势必影响润滑脂的作用。因此两种不同性质的润滑脂不能随意混合。

3）新润滑脂和废润滑脂的混合。新润滑脂和废润滑脂不能随意混合，不论其种类相同与否。因此废脂中含有大量的有机酸、金属粒子和其他杂质，会加速润滑脂的氧化变质，降低润滑效果。因此，在运行设备上更换润滑脂时应把废脂彻底清除干净，再加入新润滑脂，否则会造成新润滑脂的性能变化，有害于润滑。

4）润滑脂同润滑油的混合，在一般情况下润滑脂不能随意同润滑油混合。在特殊情况下，向润滑脂内加入少量的润滑油是为了提高脂的流动性；向润滑油内加入少量的润滑脂是为了提高润滑油的粘度。

5.2.3　润滑材料的选用

1. 对润滑材料的要求

1）润滑材料要具有良好的减摩性能，能改变摩擦因数、降低摩擦阻力、减小机件磨损。

2）要具有适宜的流动性，能在摩擦副运动部件之间形成润滑油膜。

3）具有一定的油性，有一定的油膜强度。

4）具有良好的化学稳定性，使用中不易氧化变质。

5）具有良好的消泡沫性和抗乳化性。

6）具有良好的防锈、防腐性，不腐蚀金属机件，不会造成橡胶密封件的老化和变形。

7) 具有一定的密封性能，能阻挡杂质进入摩擦部位。

8) 具有低挥发性，能较长时间保持稳定的粘度。

9) 新购润滑材料要符合质量标准。纯净无杂质。

2. 润滑材料的选用因素

正确选用润滑材料是搞好设备润滑的关键。润滑材料的选用要根据摩擦副的运动性质、组成摩擦副的材质、工作负荷、工作温度、配合间隙、润滑方式和润滑装置等条件合理选择。要牢固掌握各种润滑材料的规格、等级、性能和适用范围。

每台设备说明书对设备润滑用油或用脂都作了明确规定，必须参照执行。如有可能自选油品，可参照下列因素。

（1）运动速度　速度越高越易形成油膜，可选用低粘度的润滑油来保证油膜的存在；若选用高粘度的，则产生的阻抗大，发热量多，会导致温升过高。低速运转时，靠油的粘度承载负荷，应选用粘度较高的润滑油；往复运动和间歇运动时速度变化较大，不利于形成油膜，也应该用粘度较高的润滑油。

（2）承载负荷　一般负荷越大选用油的粘度应越高，低速重负荷应考虑油品的允许承载能力，边界润滑和重负荷摩擦副应选用极压性好的油。

（3）工作温度　温度变化范围大时，应选用粘度高的油品；高温条件下工作应选用粘度和闪点高、灰分低以及残炭低的油品；低温条件下工作应选用粘度低、水分少、凝固点低的耐低温油。

（4）工作环境　潮湿环境及有气雾的环境应选用抗乳化性强、防锈性好的油品；尘屑飞扬的环境应注意防尘密封，并采用有效的过滤装置；有腐蚀性气体的环境应改善通风系统，并选用耐蚀性好的油品。

（5）摩擦副的表面硬度、精度与间隙　当表面硬度高、精度高、间隙小时，应选用粘度低的油品；反之，则选用粘度较高的油品。

（6）摩擦副的位置　对垂直导轨、丝杠、外露齿轮、链条、钢丝绳等，因润滑油容易流失，应选用粘度较高的油品。

（7）润滑方式　循环润滑因供油量大，要求散热快，应选粘度较低的油品；人工间歇浇油时选用粘度较高的油品；用油线、油芯、油毡及滴油杯等润滑时，应选用有抗氧化添加剂的油品。

（8）液压系统　为了保证液压系统循环良好，运行稳定，应采用液压油或液压导轨油。选用时，要考虑工作温度、工作压力和液压泵类型对粘度的影响。温度或压力高时，液压油的粘度应较高，反之应较低；工作温度较高时，齿轮泵、柱塞泵应选用粘度较高的液压油。

（9）润滑装置　耗损性人工注油的油孔、油嘴、油杯应选用粘度适宜的润滑油；利用油线、油毡吸油的润滑部位，应选用粘度较小的润滑油；稀油循环润滑系统应选用粘度较小，氧化安定性好的润滑油；集中干油润滑系统应选用锥入度较大的润滑脂。

【案例 5-1】 某公司高档机床主轴轴承的润滑油选用见表 5-4，高档机床导轨的润滑油选用见表 5-5。

表 5-4 高档机床主轴轴承的润滑油选用

轴承类型	配合间隙/mm	工作状态	推荐用润滑油 种类	粘度范围（40°C）/（mm²/s）
滑动轴承	0.004~0.010	工作温度 10~60°C	L—FC 主轴油 L—FD	2~3
	0.01~0.02			5
	0.02~0.06			7~10
静压轴承	0.02~0.10	工作温度 10~60°C 主轴与轴承被压力油隔离开	L—FC 主轴油 L—HL 液压油	10~32
滚动轴承		工作温度 10~60°C 压力润滑	L—HL 液压油 L—HM	10~68

表 5-5 高档机床导轨的润滑油选用

导轨类型		工作状态	推荐用润滑油 种类	粘度范围（40°C）/（mm²/s）
水平	滑动导轨	轻负荷 P<10MPa，v<0.5m/s	L—AN 全损耗系统用油 L—HL 液压油	32~46
		中负荷 P 为 10~40MPa		46~100
		重负荷 P>40MPa	L—G 导轨油	68~150
	静压导轨	压力润滑	L—HL 液压油	32~46
	滚动导轨	浸油润滑	L—HL 液压油	46~68
垂直	滑动导轨	压力润滑	L—AN 全损耗系统用油 L—HL 液压油	46~68

该公司一分厂齿轮传动的润滑油选用见表 5-6。

表 5-6 齿轮传动的润滑油选用

负荷级别	P	工作温度/°C	应 用	推荐用润滑油 种 类	粘度范围 (40°C)/(mm²/s)
轻负荷	<350	10~60	一般齿轮传动，如机床及轻工机械齿轮传动	L—AN 全损耗系统用油 L—HL 液压油	10~100
轻负荷	350~500	10~60	一般齿轮传动，如机床及轻工机械齿轮传动	L—FC 主轴油 L—CKB 工业齿轮油	32~150
中负荷	500~750	10~80	有冲击的齿轮传动	L—CKB 工业齿轮油	100~320
中负荷	750~1100	10~80	有冲击的齿轮传动	L—CKC 中负荷极压齿轮油	150~680
重负荷	>1100	10~90	矿山、冶金重负荷齿轮箱	L—CKD 重负荷极压齿轮油 L—CKE 蜗轮蜗杆油	220~1000
重负荷	>1100	-20~90	汽车齿轮箱	GL—3、GL—4、GL—5 车辆齿轮油	(100°C)4.1~41

5.2.4 液压用油的选择

（1）液压系统对工作液的要求　液压系统使用的工作液既是传递动力的介质，又是液压元件的润滑剂。通常是精制矿物油、合成油配制的各类液压油，也可以使用其他石油产品、合成液或水基乳化液等。液压用油的主要性能如下：

1）具有适当的粘度和良好的粘温特性。液压油的粘度要与系统适应。粘度过低时泄漏严重，功率消耗大；反之，粘度过高，摩擦阻力大，磨损大，系统灵敏度低。一般间歇使用的液压系统和有油温控制设施的液压系统应使用较低粘度的液压油。功率大、工作时间长的液压系统应使用较高粘度的液压油。液压油还要求受温度的变化影响要小，即要有较高的粘度指数。

2）具有良好的润滑性能和减摩性能。液压油要对泵、液压缸、液压阀等元件进行润滑。这些元件精度高、配合间隙小，要求液压油具有良好的润滑性和减摩性。对高压下工作的液压系统和数控机床要求具有良好抗摩性和较大粘度指数，以提高系统的可靠性。

3）具有良好的氧化安定性能。液压系统用油量大，要求油液能较长时间储存使用。油的氧化变质生成的胶质、沥青、炭渣等对液压系统十分有害。油温升高会使油的氧化过程加剧，所以液压油应添加抗氧防腐添加剂来提高油的抗氧抗腐性。

4）具有良好的抗泡沫性能。液压系统由于管路密封不严，以及进油管口吸入空气等原因，会产生泡沫，造成压力不稳、动作迟缓、产生冲击和振动。液压油中添加的抗泡沫添加剂，能有效地加速泡沫分解，提高液压油的抗泡沫性能。

5) 不含水分和机械杂质。水分会造成液压元件的锈蚀,一般液压油水含量≤0.025%(质量分数)。机械杂质会堵塞油路、阀孔,影响系统正常工作。一般新油中不允许含有机械杂质。使用中的液压油会混入杂质和磨屑,造成杂质含量超标,这时应及时滤油。

6) 具有良好的防锈性。液压油中含水和水溶性酸或碱,都会造成对金属的腐蚀和锈蚀。液压油应具有良好的防锈性,保护液压元件不锈蚀。

7) 根据液压油的应用场合,有的设备要求液压油具有良好的高低温性能;有的要求具有耐高温和防火的性能。要根据液压油的使用条件正确选择。

(2) 液压油的选用 液压系统用油主要取决于液压泵的结构、工作温度、工作压力和环境等条件。

1) 液压泵使用油的粘度范围。液压泵是液压系统的心脏,每种结构的液压泵对油的粘度都有一允许范围。油液的最小允许粘度取决于轴承的润滑与密封间隙的大小;油液的最大允许粘度受泵的吸入能力的限制,它是由泵的结构和制造精度决定的。一般液压系统用油粘度为 10~150 mm^2/s(40℃)。按泵的类型推荐使用的液压油粘度范围见表 5-7。

表 5-7 使用液压油的粘度范围 [单位: mm^2/s(40℃)]

泵的类型			油的工作温度/℃	
			5~40	40~80
	叶片泵	压力≤7MPa	30~50	40~70
		压力>7MPa	50~70	55~90
	螺杆泵		30~50	40~80
	齿轮泵		30~70	65~165
	柱塞泵	径向	30~50	65~240
		轴向	40	70~150

2) 工作温度。液压系统工作温度一般应在 60℃以下,短时间可达到 90℃。轻负荷、油温低应选用粘度较小的液压油;工作温度高的重负荷液压系统应选用较大粘度的液压油。

3) 工作压力。系统工作压力高,油的粘度应大;系统工作压力低,油的粘度应小。

4) 工作环境。液压油的品种要根据工作环境选择。寒冷地区冬季在室外工作的液压机械,应选用 L—HR、L—HV、L—HS 低凝液压油。根据工作环境与工作压力选择液压油类别见表 5-8。

表 5-8 根据工作环境与工作压力选择液压油类别

压力/MPa	低中压<8	中高压 8~16	中高压 8~16	高压>16
环境温度/°C	<50	<50	50~80	8~100
室内液压设备	L—HH L—HL	L—HL L—HM	L—HM	L—HM
寒区室外设备	L—HR	L—HV L—HS	L—HV L—HS	L—HV L—HS
地下、水上设备	L—HL	L—HL L—HM	L—HL L—HM	L—HM
高温近火环境的设备	L—HFAE L—HFAS	L—HFB L—HFC	L—HFDR	L—HFDR

5）工况及漏损因素。往复运动的液压油缸应选用粘度较小的液压油；系统泄漏大，应选用粘度较大的液压油。

6）设备性能的要求。数控机床液压系统应选用粘温性能好的抗磨液压油或 NC 设备专用液压油。液压与导轨润滑共用一套系统的设备应使用防爬行性能好的 L—HG 液压油。

（3）液压设备用油的要求　液压设备使用的油品，既是传递动力的介质，又是泵、阀等精密元件的润滑剂。对油的洁净度要求高，使用上要给予严格的管理。对液压用油管理要求如下：

1）液压油箱补充时，必须使用规定的品种和牌号，不允许不同品种油品混用。

2）要严格贯彻加油过滤制度，避免油质污染，确保油液洁净。

3）保持要求的油位，避免吸入空气影响油的质量和液压系统的性能。

4）定期清洗或更换过滤器滤芯。

5）实行按质换油。遇有油质超出规定标准时应立即更换。

6）避免其他液体（冷却水、切削油或切削液）混入液压油池。一旦发现要查明原因，给予彻底治理后，全面清洗油池并换油。

7）油温控制不超过 70°C，以避免油氧化变质。温度过高时要采取冷却降温措施。

（4）液压系统用油的净化　液压系统为控制油的温升，一般油池（油箱）容量大，用油多，换油过频会造成资源的浪费和费用增大。一般液压用油应选用抗氧防腐性能好的油品，以延长油的使用寿命。液压油的洁净度对液压系统的性能影响很大，油中的机械杂质会堵塞阀孔和油路，引起系统动作失灵；还会造成液压泵轴承、柱塞、叶片、齿轮的擦伤。在液压系统中，因油液不合格造成的故障（磨损故障和性能不良故障）约占故障总数的80%以上。液压油中的机械杂质来源于加油污染、检修污染、密封不严的污染以及磨损产生的磨屑。据分析，磨屑的比例约占全部机械杂质的75%以上。因此，性能良好的液压系统都装有不同类型的过滤器，对油液实施净化，以保护液压系统工作正常。

5.2.5 润滑油及油脂质量鉴别

1. 新润滑油的质量鉴别

（1）看 看包装制造是否精制，包装上的字迹颜色是否清晰纯正，看油品的外观是否清澈透明。通常优质润滑油有明亮的光泽，颜色均匀，晶莹透明。凡是流动时有异色、线条者均为劣质或变质润滑油。

（2）闻 合格的润滑油无汽油、煤油、柴油、酒精等刺鼻味，只略带芳香味。凡是对嗅觉刺激大且有异味的机油均为变质或劣质机油。

（3）摸 优质油手感光滑，劣质油手感发涩，有时还会感觉油中有杂质。

2. 使用中润滑油的质量鉴别

润滑油在使用一段时间后，由于机械杂质的污染和来自外界的灰尘，运转机件磨损下来的金属屑以及零件受侵蚀而形成的金属盐，使润滑油变质。润滑油变质后呈深黑色、泡沫多并已出现乳化现象，用手指研磨，无黏稠感，发涩或有异味，滴在白试纸上呈深褐色，无黄色浸润区或黑点很多。若不及时更换会加速零部件的磨损，影响使用寿命，甚至发生安全事故。因此，经常检查使用中的润滑油是否变质并及时更换尤为重要。

3. 润滑油性能简易鉴别

（1）润滑性能鉴别法 取出油底壳中少许润滑油，放在手指上搓捻。如有黏稠感觉，并有拉丝现象，说明油品还有较好的润滑性能可以断续使用；如有发涩的感觉，则说明润滑性能已经劣化。

（2）流动性能鉴别法 只有保持良好流动性的润滑油才能保证润滑。取出油底壳中少量的机油注入容器中，然后从容器中慢慢倒出，观察油流的光泽度和流动情况，质量好的润滑油，油流动时应该是细长、均匀、连绵不断，若出现流动困难或油流不均匀，时而有大块流下，则说明润滑油已变质。

（3）机械杂质鉴别法 在天气晴朗的日子里抽出机油的标尺，与水平面成一定角度。对照阳光，观察油滴情况，在光照下，可清晰地看到润滑油中无杂质为良好，可继续使用；若杂质过多，而看不清刻线时，则说明机油已经太脏需更换润滑油；或者看到使用的油品颜色发黑、发稠，可以直接用手指搓捻，感到手指之间有砂粒之类较大摩擦感，则也表明润滑油内杂质多需要更换。

（4）水分鉴别法 润滑油中如长期混有水分会使油品乳化，丧失润滑性能，因此水分的鉴别也不可忽视。看使用中的润滑油是否有大量的泡沫，如有，则可能混入水分；取适量油品注入试管中，放置30min观察，如果不是清澈透明而是混浊，可初步断定润滑油中含有水分。具体鉴别法：将油品放入试管中，在火焰上加热，若加热的过程中发出"啪、啪"的响声，且在油面以上的试管内壁凝结有水珠，说明有水分存在。

特别说明：①对于使用油的检查，只要有一项不合格则需要换油。②以上检查，油样的采取都是在设备停机后，机油还未沉淀时进行取样，否则可能影响到正确的结论。因为机油沉淀后，浮在上层的往往是好的机油，这样检查的结果只是表面现象，而变质的机油杂质留在油底壳的底部，从而可能造成误检。

4. 润滑脂的鉴别

（1）润滑脂基的鉴别　将润滑脂涂抹在铜片上，放入温水中，若润滑脂和水不起作用，水不变色，透明如初，说明是钙基润滑脂；如迅速乳化并溶于水，并使水变成乳白色溶液，则为钠基脂；如虽溶于水，但很缓慢，说明是钙钠基润滑脂。

（2）纯度的鉴别　纯度高的润滑脂色泽均匀而有光泽，用手指捻动时没有颗粒状杂物。

（3）纤维网状结构的鉴别　把涂有润滑脂的铜片放入装有水的试管中并不断转动，如没有油质分离出来，说明润滑脂的组织结构正常；如有油珠浮在水面，说明该脂的网状结构已遭到破坏而使润滑油析出。这样的润滑脂已失去附着性，如加在轴承里很快就会被甩出来。因此不能再继续使用了。

（4）机械杂质的鉴别　将润滑脂均匀涂在透明的玻璃板上，厚度约1mm，透过光线观察润滑脂中有无机械杂质和硬的块状物。

（5）老化润滑脂的鉴别　取少量润滑脂涂在玻璃上，放置一定时间，如润滑脂面上有一层硬皮并且变黑，说明润滑脂已经老化。如润滑脂面上有润滑油析出，表明已丧失了润滑功能，已不能用于润滑设备中。

以上的分析，给使用者提供了明确而可行的方法，使其可以及时判断润滑剂质量的优劣，减少由于润滑剂使用不当所发生的故障，保证了设备安全运行。

5.3　润滑方式与漏油治理

由于摩擦副的类型和性质不同，对相应润滑材料的要求和选用也有所不同。现代的高精度、高速度、高效率的生产设备，对润滑材料的耐高温、高压、高速、腐蚀等要求越来越高。按摩擦副对润滑材料性能的要求，合理选用润滑材料，特别是正确选定润滑方式与润滑装置，才能减小摩擦、降低磨损、延长设备使用寿命，从而达到节省能源、保证设备正常运转、提高企业经济效益的目的。

5.3.1 润滑方式

润滑方式有很多，具体分类如图 5-2 所示。

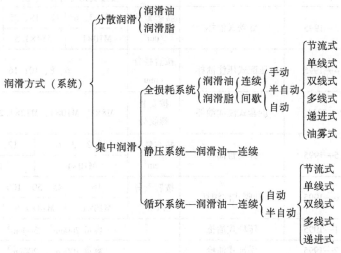

图 5-2　润滑方式分类简图

（1）润滑方式的选择因素
1）设备润滑部位的数量和特点。
2）设备的工作环境。
3）设备使用润滑材料的类型和需用量。
4）设备的结构是否便于循环润滑。
5）设备润滑的自动化程度要求。
6）装置的密封性能良好，不泄漏、不污染环境。

（2）设备对润滑装置的要求
1）能满足设备各个摩擦副的润滑。
2）对润滑剂的供给量便于调节。
3）尽可能使润滑系统机械化，减少人工操作。
4）尽可能实现润滑系统自动化且性能良好、工作可靠。
5）装置的结构尽可能简单，便于维护与检修。
6）要考虑润滑剂的循环使用。
7）装置的密封性能良好，不泄漏、不污染环境。
8）人工加油装置结构简单，一般用于低负荷、低速摩擦副的润滑，某企业人工加油装置见表 5-9。

表 5-9 某企业人工加油装置

标 准 号	装 置 名 称	规 格		
JB/T 7940.1—1995	直通式压注油杯	按安装螺纹分 M6，M8×1，M10×1		
JB/T 7940.2—1995	接头式压注油杯	按螺纹分 M6，M8×1，M10×1 按接头角度有 45°、60°、90°		
JB/T 7940.3—1995	旋盖式油杯	按容量分 /cm³	1.5、3、6 M10×1	12、18、25 M14×1.5	50、100 M16×1.5
JB/T 7940.4—1995	压配式压注油杯	按直径分 /mm	6、8、10、16、25		
GB/T 1156—2011	旋套式注油油杯	按安装螺纹分	M8×1，M10×1，M12×1.25，M16×1.5		
JB/T 7940.5—1995	弹簧盖油杯	按容量分 /cm³	1、2、3、6 M10×1	12、18、25、50 M14×1.5	
JB/T 7940.6—1995	针阀式注油杯	按容量分 /cm³	16 M10×1	25、50、100 M14×1.5	200、400 M16×1.5
JB/T 7942.1—1995	压杆式油枪	容量 200cm³，300cm³		
JB/T 7942.2—1995	手推式油枪	容量 100cm³，200cm³		

1. 使用润滑油的润滑特点

1）具有冲洗、冷却作用。能带走摩擦部位产生的磨屑和热量，减小磨粒磨损和胶合的产生。

2）更换方便，不必拆卸机器设备就能方便地更换润滑油。

3）便于集中润滑和循环润滑，保证设备润滑条件。

4）废油能回收、再生利用，保护环境。

润滑油润滑方式应用见表 5-10。

表 5-10 润滑油润滑方式应用

润滑方式			装 置	原 理	应 用
全损耗系统	无压润滑	人工注油	喇叭口油孔、压配式油杯、旋套式油杯	人工用油壶按时定量注油，油液沿油孔油槽流入摩擦部位，形成暂时性油膜	轻负荷、低速摩擦副、开式齿轮、链条的润滑
		油绳、油垫润滑	带油绳、油垫的油池、弹簧盖油杯	利用纤维的抽吸作用向摩擦副微量连续供油	低速、轻负荷轴套，不连续运转的摩擦副的润滑
		滴油润滑	针阀式注油杯	利用针阀调节流量、连续微量流入摩擦副	适用于分散的摩擦副的润滑，如轴套、齿轮、导轨的润滑

(续)

润滑方式		装置	原理	应用
全损耗系统	压力润滑	人工注油	直通式压注油杯、接头式压注油杯	人工用压注油枪定时向摩擦副定量注油	一般小型机械、间断工作的低速轻负荷摩擦副的润滑
		电动润滑泵润滑	电动间歇润滑装置	机械或电子式定时器控制液压泵,按一定间隔向摩擦副供给一定量的润滑油。机械式开停时间为固定时间。电子式可人工调定开停时间	一般机械设备的多点全损耗性定时润滑
		油雾润滑	油雾器	油雾器将润滑油雾化,随压缩空气进入摩擦部位	高速旋转的轴承,有气垫抬起装置的回转工作台的润滑
循环系统	无压润滑	油环、链条、油轮润滑	油环、链条、油轮	利用油环、链条、油轮把下部油池的油带至上部摩擦部位进行润滑	水平轴上轴承及传动件的润滑。链条用于低速,油环适用中速,油轮适用于低速高粘度油润滑
		油浴润滑、飞溅润滑	油池	与油轮润滑相似,是利用旋转的机件,如齿轮将油带起向机壳内飞溅,供摩擦部位润滑	主要用于齿轮圆周速度≤14m/s的闭式齿轮传动装置
	压力润滑	管线分配润滑	柱塞泵、齿轮泵、转子泵、叶片泵	利用传动机构带动的液压泵或微型电动机带动的泵从油池吸油经管路、分配器向摩擦部位连续供油润滑	机床、内燃机及其他机械
		喷射润滑	液压泵、喷油嘴	将液压泵所供的压力油经喷嘴喷射至摩擦部位润滑	用于圆周速度>14m/s的闭式齿轮和重型机械传动装置
		机外润滑站管线润滑	稀油集中润滑装置	利用独立的润滑泵站经管路分配器对设备各润滑点润滑,回油经回油管流回泵站油箱,循环润滑	组合式、积木式机器设备的集中稀油润滑。油箱大小根据散热量选择,不受设备结构限制

注:链条是指链条自动润滑装置。

2. 使用润滑脂的润滑特点

1) 适用于高压和高温下的摩擦副。
2) 适用于变动载荷和冲击机械的润滑。
3) 结构简单,且具有密封作用。
4) 适用于放射、离心、失重等特殊条件下润滑的要求。

润滑脂润滑方式应用见表 5-11。

表 5-11 润滑脂润滑方式应用

润滑方式		装 置	原 理	应 用
无压润滑	间歇供给	无	人工将润滑脂涂抹于摩擦副上	简易、低速机械的润滑
	连续供给	机壳	润滑脂充填于设备的机壳中、滚动轴承的保持架和端盖内	转速≤3000r/min、温度≤115℃的滚动轴承，圆周速度<4.5m/s的重载齿轮、蜗轮传动装置
压力润滑	人工间歇供给	旋盖式油杯、压注式油杯	人工旋紧杯盖，将润滑脂挤入摩擦副或用专门压力油枪将润滑脂从压注油杯压入摩擦副	用于速度不大、载荷轻的摩擦副
		手动干液压泵	用手推或拉杠杆手柄，柱塞泵将润滑脂经油管、分配器送至摩擦副	锻压机械、重型机械的轴承及其他摩擦部位
	自动间歇供给	机动干液压泵	由设备传动机构、链条、链轮带动干液压泵，将润滑脂经管路向多个摩擦副供给润滑脂	用于锻压设备、矿山机械、重型机械的集中干油润滑。使用润滑脂的锥入度为265~540
		电动干液压泵	由电动机单独带动润滑脂泵通过管路、分配器向摩擦副供给润滑脂。由压力开关控制电动机开停	用于锻压设备、矿山机械、重型机械的集中干油润滑。使用润滑脂的锥入度为265~540
		气动干液压泵	以压缩空气驱动气动干液压泵从贮油桶吸入润滑脂，经管路、分配器向各润滑部位供给润滑脂。由压力开关控制气泵的开停	适用于有压缩空气气源的锻压设备、重型机械的集中干油润滑
	自动连续供给（Perma装置）	Perma自动供脂装置	借助于机器运转时摩擦副的泵吸作用、润滑剂的重力、机器的振动、温差等因素导致装置内橡胶囊中的化学物质膨胀，推动活塞压缩润滑脂缓慢向摩擦副流动，机器停止转动，供脂装置由于压差消失，停止工作	用于印钞机、丝织机等轻工机械和曲轴磨床等小型轻负荷机械设备的集中干油润滑

5.3.2　全优润滑的应用

（1）开展全优润滑　全优润滑理念依托三项核心技术：①精确润滑（对润滑剂与润滑方法的优化）。②润滑与污染控制，即控制固体颗粒、水分、气泡（气体）以及泄漏等。③油液状态监测技术。三者之间可简述为：润滑剂的选用和优化是全优润滑的前提，污染控制是全优润滑价值和实践的核心，而油液监测是润滑剂优化和污染控制所凭借的技术手段。全优润滑不仅仅是润滑剂，没有油液监测就没有污染控制，但只作油液监测而不触及润滑剂优化和污染控制，所取得的经济效益则极为有限。三者互为支持，缺一不可。

1）精确润滑、润滑剂的优化和选择。润滑材料随着机械装备和制造业的发展而日新月异，性能大幅度提升，品种细分。全球范围内对环境保护和能源节省的重视，将润滑剂合理选用和针对性的优化赋予了更广的含义。

润滑装置的优化包括对点与集中润滑、气雾润滑以及油与脂润滑等的优化。润滑剂量的控制是指具体什么时候加（润滑剂）、加多少的问题。

2）润滑与污染控制。润滑油中的污染物主要是指各种固体颗粒和水。润滑污染控制是指采取各种有效措施，保持润滑剂的干净。国外某研究院对六个行业3722台机器进行了失效调查，结果显示82%的机器失效和更换与固体颗粒引起的磨损有关。润滑污染控制已被广泛用于包括脂润滑在内的几乎所有需要润滑的零部件。润滑污染控制已经被现代工业看作是保障设备可靠性、延长设备和润滑油使用寿命的最重要的手段。

3）油液状态监测技术。通过油液检测可以有效地分析出设备和在用油所处的状态，从而有效地指导设备运行和维护。油液监测有三个部分组成：①油液污染状态监测。②油液理化状态监测。③设备磨损状态监测。

优化是强调用最少的投入得到性价比最大的产出，以润滑剂（油）的优化为例，全优润滑不是使用最好的润滑剂，而是考虑在改进润滑维护（如污染控制）的基础上使用合适的润滑剂，与该设备的生产和维修计划相匹配，从而达到最终的目标，即设备寿命周期成本最低、设备寿命周期利润最高。全优润滑理念告诉企业，在设备需要用油时，优先考虑怎样精确选油，合理用油；通过对润滑油的正确运用和维护，减少污染，提高油品的清洁度；通过油液监测技术，延长润滑油的使用寿命，从而达到能源的高度利用，实现低碳排放。全优润滑的理念在日本等工业发达国家实践了多年，日本某些企业取得了十分理想的效果。

（2）全优润滑的工作成效　日本某钢厂通过实施全优润滑，润滑油消耗量指数连续20多年稳定在2%（润滑油消耗指数等于企业全年液压油的购买量与该企业全部液压系统润滑油的总容量之比），同时工厂技术经济指标取得很大成效。例如，全厂轴承采购下降50%，液压泵更换下降80%，润滑油消耗量下降

83%，各种泵大修下降90%，润滑有关的失效下降90%。

(3) 开展全优润滑的方法　国内某企业通过开展全优润滑，取得明显效果，润滑油消耗量下降31%，设备故障修理下降38%。该企业体会是：

1) 全优润滑在企业的开展，关键问题是要解决对全优润滑理念的认识。全优润滑被西方工业界誉为设备维修管理领域的一场革命，它挑战的是人的理念。企业在推行设备全优润滑的工作中最重要、最关键，也是最困难的，不是改变润滑剂或采用油液监测技术，而是从改变传统观念着手，改变人们对设备润滑的观念和理念。全优润滑理念能否被得到有效的推广与应用，真正的障碍是人的理念，特别是企业设备管理层对全优润滑理念的认知。

2) 全优润滑的精髓是以人为本。全优润滑是管理、技术和现场维修的综合体。但需要和必不可少的就是要有全新的设备润滑理念的人，因此，全优润滑的精髓是以人为本。

3) 全优润滑把管理润滑放在首要位置。在我国，设备润滑长期处于被忽略的地位，这是现今企业设备润滑管理效果低下、浪费严重、人才奇缺的根源。润滑技术不单纯是选择合适的润滑剂，它的主要任务是保证具体机器节能、环保、长寿命。影响节能、环保、长寿命的因素很复杂：①机器的工作参数（负荷、转速、精度要求）。②工作环境（高、低温，环境气氛和清洁度）。③与相关机器的联系。④环保要求等。一个好的润滑工程师，需要了解设备的构造、原理、加工性能、运转情况等；了解相关部位使用的材料和受力情况；了解机器失效机理和过程；了解润滑剂的种类、特性和失效过程；了解润滑剂的供应方式；了解国内外有关润滑技术的现状和发展。而获得这些技能，需要掌握一系列相关领域的知识，需要具有深厚的基础。只有具备这些条件，才能针对具体机器工作条件和工作环境，提出满足具体机器个性要求的油品和供油方式，制定出合理的用油规范和标准。

4) 润滑剂是最重要的手段。一台先进的加工设备由成千上万个零件组成，可能只用一种润滑油。一个机械零件失效常常只需要更换一个零件或一组零件，但润滑剂的失效将会影响所有的被润滑的零部件。因此把润滑剂看作重要的手段，而不是廉价的消耗材料，这是对润滑剂的一个重要的认知。实施全优润滑，改变维修方式，可以显著降低设备能耗和企业运行成本，也是我国设备润滑管理领域的重大举措。全优润滑在西方发达国家受到高度重视，成为发展节约型经济、提高企业核心竞争力的必由之路。

5.3.3　润滑装置改进

(1) 改进原则　原有润滑装置不能保证设备润滑时，应给予改进，改进的原则是：

1) 改善设备润滑状态，纠正因设备设计制造原因产生的润滑不良。
2) 减少人工加油工作量，避免人为因素造成的设备润滑故障。
3) 原有润滑装置已损坏，换用性能更优良的润滑装置。
4) 润滑装置的高性能化，用性能优良的润滑装置替代设备原有润滑装置。

（2）改进的方法

1) 改变分散润滑为集中润滑。目前市场经销有各种类型的集中润滑装置，既可用于机械设备的生产配套，又可用于旧型号设备的改造。这些装置中有机械式和电子式控制的，对于将人工加油点的人工润滑变自动润滑十分有利。特别是普通金属切削机床，使用间歇集中供油装置能对机床多个注油润滑部位实现定时、定量集中供油，有利于减少人工加油工作量和改善设备的润滑状态，用于将全损耗系统人工润滑改为定时润滑的稀油集中润滑装置。

2) 给润滑系统加装状态监测显示。采用压力传感器、温度传感器以及显示和信号系统，实现润滑装置和系统的欠压报警、超压报警或超温报警等，可避免操作人员未及时发现润滑故障而造成的设备事故。

3) 采用智能型润滑状态监测系统对重要设备的润滑状态和磨损状态实现在线连续监测。产品有油雾探测仪、显示式铁谱仪等。

5.3.4 设备润滑系统的故障排除

设备漏油是润滑和液压系统常见的缺陷。漏油会造成设备润滑不良，影响设备的性能；漏油还会造成油料的浪费，既污染环境又影响企业的经济效益。

1. 漏油的原因

1) 设计的原因：设备泄漏的主要原因之一是设计不合理。通常表现在：一是选用的密封结构型式，与工作压力、工作温度、介质特性、环境条件不相适应；二是不注意防腐、防振、均压、疏导等措施，只是片面考虑封堵，如设计中未考虑通气、回油、导液装置等。有的设备就是在产品设计时对这方面不够重视，设计人员不熟悉密封技术，以致在设计上遗留下先天性薄弱环节，由此造成设备泄漏。

2) 设备制造的原因：设备制造加工得不好，也往往是造成泄漏的重要原因，其中主要是加工精度和表面粗糙度问题。如齿轮泵、液压阀等都是以间隙来控制泄漏量的，若制造精度不符合设计要求，就会增大内部的泄漏量、降低输油效率或影响动作的精确性。表面粗糙度应根据密封的方法、部位及选用的密封件等来确定，过高过低都不好。密封表面粗糙度值过大容易产生界面泄漏；表面粗糙度值过小，有时也会造成泄漏，如采用液态密封胶或厌氧密封胶时，密封表面粗糙度值 Ra 小于 $0.8\mu m$ 时，反而密封效果不好；采用 O 形密封圈作为动密封，

如轴表面粗糙度值 Ra 小于 $0.025\mu m$，其密封效果也不再提高，甚至反而下降。此外，设备泄漏与密封件表面加工方法也有关系，如有径向加工刀痕的密封面，就比轴向车削加工刀痕的容易泄漏。

3) 密封元件和材料的原因：密封元件和材料选用不当，往往使密封装置使用寿命缩短，密封性能差，造成设备容易泄漏。近年来新的密封材料及其制品不断出现，它们比传统的密封元件和材料的性能要好许多倍，如聚四氟乙烯、膨胀石墨、液态密封胶、厌氧密封胶等的应用，都颇见成效。

4) 设备安装的原因：设备安装的质量对泄漏也有较大影响，如装配工艺混乱，安装技术不好，刮研和拧紧螺栓不遵守技术规程等，也是造成设备泄漏的原因之一。实践证明，一台同样的机械设备，如果是有经验的技工安装，往往性能较好，也不易泄漏。

5) 操作维护方面的原因：操作不当、维护不周到是设备泄漏的直接原因，如加油过多，通气孔阻塞，填料密封压盖未压紧，在接头处出现微漏时不及时处理，密封元件损坏了不及时更换，密封用毛毡圈不浸渍晾干就换上去使用，不及时更换失效的填料、垫片，不熟悉以致不懂得正确使用各种密封件、密封胶等，均会造成设备泄漏。

总之，造成设备泄漏的原因很多，而且各种原因中又包含着多种影响因素，有时互相交叉，比较复杂。因此，必须对每个影响因素作具体分析，找出设备漏油的主要原因。采取合理措施解决。

2. 设备漏油的评定

1) 渗油：油迹不明显，擦净后 5min 内未出现油迹称渗油。

2) 漏油：油迹明显或形成油滴。擦净后 5min 内再次出现油迹或油滴称漏油。

3) 漏油点：有一条明显油迹或一个油滴的部位为一个漏油点。

4) 不漏油设备：静结合面不渗油、动结合面不漏油为不漏油设备。一台设备80%以上的结合面不漏油，而且漏油部位 10min 内不超过一滴，称为基本不漏油设备。

5) 严重漏油设备：每天耗油量 1kg 以上或全部漏油点 1min 内总滴油数在三滴以上。

6) 一般漏油设备：有漏油现象，但未达到严重漏油设备的程度。

7) 治理合格：①达到不漏油设备的要求。②对暂时无法治理的缺陷，采取措施将油引回油池。

3. 设备泄漏的分类

可分液态介质泄漏（即漏油）和气态介质泄漏两类。而设备漏油一般分为渗油、滴油、流油三种。

1）渗油：对于固定连接的部位，每半小时滴一滴油者为渗油。对活动连接的部位，每 5min 滴一滴油者为渗油。

2）滴油：每 2~3min 滴一滴油者为滴油。

3）流油：每分钟滴 5 滴油以上者为流油。

某企业漏油程度等级见表 5-12。

表 5-12 某企业漏油程度等级

项 目	等 级		
	严重漏油	漏 油	轻微漏油
根据油料消耗定额考核	每月超过消耗定额 50%	每月超过消耗定额 25%~50%	每月超过消耗定额 10%~25%
根据漏油处数考核	漏油处数占可能造成漏油部位的 15% 以上	漏油处数占可能造成漏油部位的 8%~15%	漏油处数占可能造成漏油部位的 5%~8%
根据漏油的情况考核	达到流油程度	达到滴油程度	达到渗油程度

4. 设备漏油的治理

设备漏油的治理方法有很多。一般要按照封、堵、疏导和均匀的原则，针对性进行治理，采用改、换、堵、引、封、接、修、管的八字方针来进行治理。

1）改：针对不合理的密封结构，改用不易泄漏的材料或改善系统的压差，达到无泄漏的要求。

2）换：要更换损坏或性能不良的密封件和管件。

3）堵：对因设计、制造质量造成的缺陷，采用堵、粘的方法，堵塞漏油点。

4）引：使用疏导方法使回油通畅，使多余油及时引流回油池。

5）封：封不是永久性堵塞，仅仅是改善结合部位的密封性能。

6）接：对结构上无法引流的润滑部位，增加油管、挡油板、接油盘等，并将油引回到油池。

7）修：修理引起泄漏的零件，焊、粘气孔、裂纹，修复密封部位等。

8）管：加强管理和检查，及时发现，随时治理。

5. 密封技术的应用

密封是防止润滑材料泄漏和防止有害物质进入摩擦部位、污染润滑材料的重要措施。

(1) 密封的分类　按结合部位的相互运动形态，密封可分为静密封和动密封。

1) 静密封。静止结合面的密封称静密封。静密封是依靠密封材料的塑性变形或充填不平达到结合面密封的目的。按密封材料类别可分为非金属密封、金属密封、复合密封和密封胶密封。

① 非金属密封：形式有密封垫、密封条等，材料有钢纸板、石棉橡胶、耐油橡胶、皮革、塑料等，适用于不经常拆卸的结合面和螺塞的密封。

② 金属密封：形式有平垫、波形垫、锯齿形垫、透镜式垫等，材料有铝、铅、纯铜、低强度软钢等，适用于高压油管、蒸汽管的接头和法兰连接的密封。

③ 复合密封：形式为平垫，材料有金属包石棉板、金属丝石棉板、金属缠绕石棉板、金属硅胶垫等，主要用于高温、高压气体的密封和缸盖的密封。

④ 密封胶密封（液体垫圈密封）：密封胶是黏稠流动性膏状物，涂于密封部位后有良好的防漏密封性能，按工作状态下的形态分为干性、非干性和半干性，按成分组成有酚醛树脂型、环氧树脂型、氯丁橡胶型和丁腈橡胶型等。

2) 动密封。两相对运动部件间的密封称为动密封。动密封大多数是轴与壳体或端盖间的旋转及往复运动的密封，分为接触式和非接触式两类。

① 接触式密封：用于液体、气体介质的密封和防尘。接触式密封按密封件类型分为填料密封、碗形密封件密封和机械密封等。

a. 填料密封：使用材料有毡条、橡胶石棉盘根、聚四氟乙烯盘根、夹布橡胶密封圈等，可用于液体和气体的旋转或往复运动的密封。

b. 碗形密封件密封（唇形密封）：主要是橡胶、夹织物橡胶、聚氨酯、塑料等材料制成的碗形密封件。有各种无骨架或骨架油封，Y形、U形、J形、L形等密封圈。

c. 机械密封：机械动密封结构种类复杂，因其密封性能好，适用于高速、高压、有腐蚀性、有毒性、真空等多种状态下液体和气体的输送泵的密封。

② 非接触式密封：非接触式密封不受转速和温度限制，无磨损，适用于气体和液体的密封和防尘。按结构可分为迷宫式密封、动力密封、磁流体密封、气压密封和螺旋密封等。

a. 迷宫式密封：迷宫环的作用使气体或液体的流动产生阻力，难于泄漏，也用于旋转轴的防尘密封。

b. 动力密封：是用于泵类旋转轴处的密封。由专门设计的副叶轮或副叶片，产生与叶轮方向相反的压力，阻力液体从转动轴缝隙漏出。密封可靠、使用寿命长，能满足耐磨损和有腐蚀性的要求。主要用于化工泵类的密封。

c. 磁流体密封：密封环内装有磁性液体，主要用于低压气体密封与防尘密封。

d. 气压密封：利用压缩空气的压力阻止液体从旋转轴的间隙泄漏。需使用压缩空气，气体压力应比密封介质压力大 0.03~0.05MPa。

e. 螺旋密封：利用螺旋泵的原理将缝隙处泄漏的液体推回壳体内。螺旋方向要适应轴的旋转方向。低速时效果较差，适用于高速、高温液体泵的密封。

（2）常用弹性密封件的性能和应用　弹性密封件在润滑系统的密封中应用最广，有关元件的应用见表 5-13。

表 5-13　常用弹性密封件的应用

名　称	简　图	性能及应用
V 形夹织物密封圈 HG4—337		由多层涂胶织物制成，有 A、B 两种类型。A 型用于活塞或活塞杆密封，B 型多用于活塞杆密封。分别由支承环、密封环和压环组成，密封环数量由压力而定。适用压力≤50MPa，温度-40~80°C
O 形橡胶密封圈 GB/T 3452.1—2005		由耐油橡胶制成，结构简单，安装方便。用于静密封、往复密封，也可用于旋转密封。压力≤32MPa，温度-35~200°C
油封　J 形无骨架油封 HG4—338		由耐油橡胶制成，口唇内装有弹簧。用于低压润滑系统和轴承的旋转密封。对内封油，对外防尘
油封　U 形无骨架油封 HG4—339		用耐油橡胶制成，用于低压润滑系统和轴承的旋转密封
油封　骨架橡胶油封 HG4—692		有钢制骨架增强密封件刚度。有低速型、高速型、双唇型、复式多种，用于旋转密封。双唇形防水性好；复式可用于两种不同介质的密封
唇形密封圈　Y 形橡胶密封圈 HG4—335		往复运动用，有纯胶和夹布两种。用于液压缸活塞、活塞杆的密封。纯胶密封圈使用压力<20MPa，夹布压力≤60MPa，温度-30~80°C，用于液体或气体的密封
唇形密封圈　U 形夹织物橡胶密封圈 HG4—336		耐油橡胶夹织物制成。适用压力≤32MPa，温度-25~80°C。用于液体或气体的密封。需配用支承环组合使用
唇形密封圈　V 形塑料密封圈		用聚氯乙烯或聚氨酯制成，用于油、水、乳化液的密封，适用压力≤32MPa，温度-10~60°C 的场合

（续）

名称		简图	性能及应用
唇形密封圈	Y_X形密封圈		断面小，内外唇高度不相同，具有良好的快速运动性能，适用于液压缸活塞、活塞杆的密封。材料聚氨酯，压力为≤32MPa，温度-30~100°C。用于气缸密封时温度≤70°C
	轴用Y_X形密封圈		
	L形橡胶密封圈 HG4—331		耐油橡胶，用于往复运动的孔的密封。适用压力≤1MPa，温度-40~80°C的液体或气体的密封。一般多用于气缸活塞的密封
	J形橡胶密封圈 HG4—332		耐油橡胶制成，用于往复运动的轴的密封。适用压力≤1MPa，温度-40~80°C的液体或气体的密封。多用于气缸活塞杆的密封和滑动轴的防尘
	防尘圈		有骨架和无骨架两种，用于往复运动的轴的防尘密封

5.4 润滑油添加剂技术

5.4.1 润滑技术的发展

多年来润滑技术取得很大进展，高效、节能、环保是今后润滑研究的发展方向，也是金属磨损表面技术的重要发展方向。

（1）薄膜润滑　随着制造技术的发展，流体润滑的设计膜厚正在不断减小以满足高性能的要求。当滑动表面间的润滑膜厚达到纳米级或接近分子尺度时，在弹性流体润滑和边界润滑之间会出现一种新的润滑状态：薄膜润滑，薄膜润滑的一个特性是时间效应。在静态的接触区内的润滑膜厚度随时间基本不变；在高速情况下，膜厚度随时间增加而略有降低；在低速下，膜厚度随时间增加而不断增加。

（2）高温固体润滑　高温固体润滑主要体现在两个方面：高温固体润滑剂和高温自润滑材料。常用的高温固体润滑剂主要有金属和一些氧化物、氟化物、无机含氧酸盐，如钼酸盐、钨酸盐等，另外，还有一些硫化物，如 PbS、Cr_xS_y 也可作为高温固体润滑剂。高温自润滑材料可分为金属基自润滑复合材料、自润滑合金和自润滑陶瓷等。金属基自润滑复合材料是指按一定工艺制备的以金属为基体，其中含有润滑组分的具有抗磨、减摩性能的新型复合材料，它将润滑剂与摩擦副合二为一，赋予摩擦副本身以自润滑性能；自润滑合金是对合金组元进行调整和优化，使合金在摩擦过程中产生的氧化膜具有减摩特性；自润滑陶瓷包括金属陶瓷和陶瓷两大类。

（3）绿色润滑油　绿色润滑油是指润滑油不但能满足机器工况要求，而且其油及其耗损产物对生态环境不造成危害。因此，以绿色润滑油取代矿物基润滑油将是必然的趋势。绿色润滑油研究工作主要集中在基础油和添加剂上。基础油是生态效应的决定性因素，而添加剂在基础油中的相应特性和对生态环境的影响也是必须考虑的因素。就摩擦角度而言，绿色润滑油及其添加剂，必须满足油品的性能规格要求；而从环境保护的角度出发，它们必须具有生物可降解性、较小的生态毒性累积性。

（4）纳米润滑材料　纳米材料具有表面积大、高扩散性、易烧结性、熔点降低、硬度增大等特点，将纳米材料应用于润滑体系中，不但可以在摩擦表面形成一层易剪切的薄膜，降低摩擦系数，而且可以对摩擦表面进行一定程度的填补和修复。

5.4.2　润滑油添加剂

为改善油品的性能及质量而添加一种或几种少量的化学物质，这种物质称为添加剂。由于摩擦学和摩擦力化学的突破性进展，使润滑油添加剂的种类得以不断增加，性能不断提高，而且润滑油的复配技术也得到不断改进和成熟。添加剂的种类很多，从作用来看主要分为两类：一类用以改善润滑油物理性能，另一类用以改善润滑油化学性质。

（1）润滑油添加剂工作原理　由于润滑油中加入了高效添加剂，而绝大多数添加剂是极性物质，这些极性物质与金属表面发生反应，形成化学吸附膜，代替了原来润滑膜，使膜更加牢靠，润滑性能更好。另外，摩擦副在局部高温、高压下，添加剂分解出硫、磷、氯等极性物质，这些极性物质与金属反应，也会生成反应物，防止了胶合的发生。同时，由于添加剂的存在增加了接触面积，降低了接触应力，使表面逐渐趋于光滑，从而大大地改善了润滑状态。

（2）润滑油添加剂的开发　长期以来，国内润滑油产品的开发主要依靠国外添加剂公司提供核心技术，国内企业对国外技术进行适当调整以符合国内产品竞争的需要，没有自主的技术体系已经成为制约润滑油行业稳定发展的关键问题。

近年来国内企业采用合资方式与国外知名添加剂公司共同研究新型多功能添加剂，不断跟进世界润滑油发展新潮流，同时不断与汽车制造商、液压泵等专业厂商合作开发高档润滑油产品，满足类似南极、北极、航空航天等苛刻应用条件的、符合 API IV/V 标准的 PAO、酯类等合成型基础油,并已在小批量生产。

自从 20 世纪 90 年代末期开始,我国一些润滑油公司一起对国外生产的复合汽油、机油添加剂与国内研制的同类产品进行使用性能的研究,试验结果表明通过调整国产润滑油添加剂的组成和比例,可以获得较优的试验结果。国际润滑油添加剂公司的核心技术是拥有一套先进合理的添加剂评价和筛选手段,确保了在众多化合物中成功找出适宜在润滑油中使用的产品。中国润滑油企业在这方面的工作起步较晚,通过不断努力已改变相对落后的状况,并已取得成效。

5.4.3 新型润滑油添加剂应用

1. 添加剂的作用

1) 改善润滑材料的性能,降低油的凝固点,迅速消除油中的泡沫、改善黏温及黏滑特性、增加油膜强度等。

2) 保护油脂不氧化变质,延长油脂的使用寿命,提高抗氧化能力,提高抗腐能力,提高抗乳化性能。

3) 保护金属不受腐蚀,提高油的防腐性,钝化金属提高防锈能力。

4) 增强润滑油脂在恶劣工作条件下的工作能力,增强极压抗磨性,提高机械零件的抗摩擦能力,提高机件的磨损自修复能力。

2. 添加剂的分类

润滑油添加剂按作用可分类成清净剂、分散剂、抗氧抗腐剂、极压抗磨剂、油性剂、摩擦改进剂、粘度指数改进剂、降凝剂等。添加剂的使用方法和用量应根据添加剂的出厂说明。有时需要配制成母液再混合于油中,有的需要在使用时加以稀释后再兑入润滑油里,如硅油需用 10 倍左右的煤油稀释后再兑入润滑油里。油溶性好的添加剂也可直接按比例掺入油中。通常还要先进行少量试配,经过检验和试用,确认性能符合要求方可批量调配,常用润滑油添加剂见表 5-14。

表 5-14 常用润滑油添加剂

添加剂类型及名称		性　能	用　途
清净剂和分散剂	石油磺酸钙 合成磺酸钙 硫磷化聚异丁烯钡盐 烷基水杨酸钙 环烷酸镁、环烷酸钙 聚异丁烯丁二酰亚胺	能吸附油中固体颗粒成为胶状粒子分散在油中使之不能沉淀在机械零件表面。减少胶质、积炭和油泥生成。还可以中和酸性产物,防止机械零件腐蚀	主要用于调制汽油机油、柴油机油,添加量为 1.5%~5.0%

（续）

添加剂类型及名称		性　能	用　途
抗氧抗腐剂	硫磷烷基酚锌盐 硫磷丁辛基锌盐 硫磷双辛基碱性锌盐 硫磷二烷基锌盐	具有优良的抗氧化能力和抗腐蚀、抗磨损能力。提高油在储存和使用中的氧化安定性，延长油的使用寿命。能钝化金属表面，减缓腐蚀	用于调制内燃机油、液压、汽轮机油、压缩机油、齿轮油等油品，添加量为0.5%~1.5%
极压抗磨剂	氯化石蜡 酸性亚磷酸二丁酯 硫代磷酸胺盐 磷酸三甲酚酯 硫化异丁烯 环烷酸铅	能吸附在摩擦表面形成吸附膜。高温时会分解而与金属发生化学反应，生成低熔点物质，起固体润滑剂作用。减小摩擦、防止擦伤和胶合，增加润滑油在极压条件下的润滑性能	主要用于配制汽车齿轮油，中、重负荷工业齿轮油，添加量为0.5%~20.0%
油性剂和摩擦改进剂	二聚酸 油酸乙二醇酯 硫化烯烃棉籽油 苯骈三氮唑脂肪酸胺盐 亚磷酸三苯酯	改善油品在边界摩擦时的润滑性能。保持低摩擦因数和最小磨损。能改善油的粘滑特性，防止低速重负荷时的爬行	用于调制液压油、主轴油、导轨油、汽轮机油和齿轮油等油品，添加量为0.2%~10.0%
抗氧化剂和金属减活剂	2,6—二叔丁基对甲酚 2,6—二叔丁基混合酚 2,6—二叔丁基丁基酚 N—苯基—α苯胺 苯三唑衍生物	减少油品吸氧量，防止油品氧化变质。延长油的使用寿命。金属减活剂能与油中金属颗粒生成络合物，阻止金属对氧化反应起催化作用。提高抗氧化剂的效果	用于调制液压油、变压器油、主轴油、仪表油、汽轮机油、齿轮油等油品，添加量为0.2%~0.6%
粘度指数改进剂	聚乙烯基正丁基醚 聚甲基丙烯酸酯 聚异丁烯 乙烯丙烯共聚物 丙烯酸酯	又叫增粘剂、稠化剂。能防止润滑油温度升高后粘度下降，改善油品的粘温特性，提高油的粘度指数。使润滑油具有良好的低温起动性和抗磨性	用于调制内燃机油、冷冻机油、齿轮油，添加量为0.2%~2.0%
防锈剂	石油磺酸钡、钠盐 环烷酸锌 苯骈三氮唑 烯基丁二酸 氧化石油脂钡皂	对金属表面有很强的吸附性，阻止水、空气与金属的接触，有效地抑制金属表面发生氧化、锈蚀	主要用于配制防锈油，汽轮机油等油中也有少量添加
降凝剂	烷基萘 聚α—烯烃 聚丙烯酸酯	能吸附在油中的石蜡结晶体表面，使油不会产生凝胶状，降低油的凝点温度，改善油的低温流动性	用于调制变压器油、冷冻机油 L—HV、L—HS 液压油，添加量为0.1%~1.0%
抗泡沫剂	甲基硅油 丙烯酸与醚共聚物 蓖麻油聚氯乙烯醚	能降低泡沫的强度和稳定性，缩短气泡存在时间，达到消除泡沫的目的	用于调制主轴油、液压油、内燃机油、汽轮机油等油品
抗乳化剂	胺与环氧化物缩合物 环氧乙丙烷嵌段聚醚	为表面活剂，能使混入水分的油包水型变为水包油型，使水与油分离	用于调制汽轮机油、液压油等油品

【案例 5-2】 润滑油添加剂应用取得显著效果。

1) 某发电机分厂 C61125A 大型卧式车床原设计顶尖、活动托架载荷达 18t，只能加工质量在 2000～5000kg 的发电机、励磁机转子。对于质量在 8900～9800kg 的发电机转子，由于主轴轴承负载过重，会造成主轴转速下降。为了减轻主轴轴承的载荷，以使主轴转速升高，在转子中间增加了一个滚动托架，但却增加了调整卡钳滚动托架找正的时间，延长了产品的加工周期，而且转速只能达到 40～50r/min，加工出的产品质量（表面粗糙度）不能满足工艺要求，长期以来，一直影响分厂的生产能力，降低分厂的生产效率，造成产品质量下降（表面粗糙度达不到工艺要求，$Ra3.2$）。后采取措施，在机床主轴箱机油（30 号机械油）内按润滑油油量比例添加 5% 的某润滑油添加剂。经过八个月试运行，对主轴载荷质量在 2000～5000kg 的发电机、励磁机转子进行加工试验，效果很好，机械、电器均未发现异常，加工出的产品精度达到工艺要求（表面粗糙度 $Ra1.6$）。而后又对主轴载荷质量在 8900～9800kg 的发电机转子进行加工试验，低速 40r/min 逐渐升至 80r/min，检测电动机的起动电流、升速电流、运载电流的变化，均在正常范围内。后来又把转速上升到 140～160r/min，用同样方法对机械、电器进行检测，均未发现异常变化，加工出的产品的质量满足工艺要求（表面粗糙度提高一级达到 $Ra1.6$）。对机床主轴轴承用 CMJ—1 型冲击脉冲计检测，均无异常，证明机械磨损明显减小，轴承使用寿命延长。

2) 齿轮加工设备的工作台传动蜗轮副是齿轮加工设备的心脏。在厂家生产时蜗轮与工作台是配套加工制造的，在更换时也必须是整套更换，该套价格一般占全机价格的 1/10 以上。特别是加工多头（四头以上）蜗轮时，由于齿数少，工作台转动比一般加工时的转动要加快 4 倍以上，因此在专门滚齿机进行加工。从使用情况看，一般蜗杆副 2～3 年就要更换一次。针对这种情况，工厂将某添加剂加入滚齿机工作台润滑油箱中使用，3 年多时间，蜗杆副磨损很小，从目前直观的情况看，可再使用 2～4 年，即加入添加剂后，蜗杆副比原来耐磨 2～3 倍。按一台滚齿机蜗杆副价值 1.2 万元计算，每年可节省费用 4000 元，而消耗 2kg 添加剂仅需 600 元左右。

3) 用滚齿机加工多头少齿的蜗轮，不仅蜗杆副磨损严重，同时滚齿机工作台的旋转导轨副磨损也是非常严重的，因此每 2～3 年在更换蜗杆副时，同时将工作台也一起更换。使用添加剂后，对滚齿机工作台旋转导轨也出现非常明显的耐磨效果。从使用 2 年后拆卸情况看，精度仍然合格，没有明显的研痕出现，因此也不需要再刮研修复。这说明添加剂对两个滑动导轨副表面起到了很好的润滑耐磨作用。此外，添加剂在插齿机、剃齿机、珩齿机，特别是精密磨齿机上的应用，可减少停修时间和修理工作量，应用均取得明显效果。

4) 提高齿面加工粗糙度。工厂在加工钢坯齿轮时，对齿轮齿面粗糙度有一定的要求。因此在切齿时，要求切削液具有良好的润滑、冷却、清洗和防锈作用。2年来工厂在滚齿、插齿、磨齿机床的冷却液中添加3%~5%的某添加剂，使齿轮表面粗糙度比以前有明显提高。添加剂对齿面加工粗糙度值的影响见表5-15。

表5-15 添加剂对齿面加工粗糙度值的影响

对滚齿、插齿齿面粗糙度值	对珩齿齿面粗糙度值	对磨齿齿面粗糙度值
降低 $Ra0.2~0.5\mu m$	降低 $Ra0.1\mu m$ 以上	降低 $Ra0.1~0.2\mu m$

5）提高齿轮加工设备刀具耐用度。在加工钢质齿轮时，合理选用切削液可以有效地减少切削过程中的摩擦，改善散热条件，降低切削力和切削温度。因此，使用添加剂对提高齿轮刀具耐用度也是有效果的。一般刀具的磨损可以分为三个阶段，即初期、正常期和急剧磨损期。其中正常期占使用寿命的90%以上。使用添加剂，利用其对金属不氧化的性能，可延长刀具正常期。将工厂多年齿轮加工设备刀具使用的情况与采用添加剂的设备对比，见表5-16。

表5-16 提高齿轮加工设备刀具耐用度比较

刀 具	精 度	刀具消耗量/（把/年）	
		未用添加剂	使用添加剂
滚刀	A	2	1.5
	A4	3	2
插齿刀	普通	2	1.5

第 6 章

维护保养修理

设备维护保养修理是指为保持或恢复设备完成规定功能的能力而采取的技术活动，这是设备管理与维修中的重要环节。设备使用期限、生产效率和工作精度在很大程度上也取决于对它的使用和维护修理情况。使设备保持良好技术状态，防止发生非正常磨损和避免突发性故障，延长使用寿命；延缓劣化进程，消灭隐患于萌芽状态，从而保障设备安全可靠运行。

设备的技术状态是指设备所具有的作业能力，包括：性能、精度、效率、运动参数、安全、环保、能源消耗等所处状态及其变化情况。设备在使用过程中，由于生产性质、加工对象、工作条件及环境等因素对设备的影响，使设备在设计制造时所确定的功能和技术状态将不断发生变化，为了预防和减少故障发生，除应由员工严格执行操作维护规程，还必须加强对设备使用维护的管理，定期进行设备状态检查。

为了确保设备安全可靠运行，不断开发和应用设备维护保养技术，做好设备维修工作是十分重要的。

6.1 设备使用维护保养

对主要生产设备使用维护保养，特别是高端、高危设备进行维护保养，使之延长设备元器件使用寿命和部件磨损周期，防止意外恶性事故发生，发挥设备加工优势，创造效益。

1) 通过运用预防性维护保养技术，极大提高设备安全、可靠、有效。
2) 设备维护保养朝着更专业的技术方向深入，设备维护保养管理工作将纳入智能资产管理系统；逐步建立设备维护保养系统平台，促进维护保养技术得到更广泛的应用。

3）开展绿色维护保养，重视对环境的影响，促进设备安全可靠、高效运行。

4）追求卓越维护保养，达到降低风险、高可靠性、高作业率，充分利用社会资源创造条件与专业维护保养公司在合作协议框架下建立伙伴关系。

5）实现智能化的设备维护与保养工作。例如精大稀及重要及关键设备，应实现95%的智能化设备维护与保养等功能。普通及常用设备应实现80%的智能化设备维护与保养等功能。

6.1.1 设备使用

设备在负荷下运转并发挥其规定功能的过程，即为使用过程。设备在使用过程中，由于受到各种力的作用和环境条件、使用方法、工作规范、工作持续时间长短等影响，其技术状态发生变化而逐渐降低工作能力。因此，正确使用设备是控制设备技术状态变化和延缓其工作能力下降的重要工作。保证设备正确使用的主要措施是：

1）制定设备使用程序。
2）制定设备操作维护规程。
3）建立设备使用责任制。
4）建立设备维护制度，开展维护竞赛评比活动。

1. 设备使用程序

1）新员工在独立使用设备前，必须经过对设备的结构性能、安全操作、维护要求等方面的技术知识教育和实际操作与基本功的培训。

2）应有计划地、经常地对操作员工进行技术教育，以提高其对设备使用维护的能力。

3）经过相应技术训练的操作员工，要进行技术知识和使用维护知识的考试，合格者颁发操作证后，方可独立使用设备。

2. 凭证操作设备

设备操作证是准许操作员工独立使用设备的证明文件，是生产设备的操作员工通过技术基础理论和实际操作技能培训，经考试合格后所取得的上岗凭证。凭证操作是保证正确使用设备的基本要求。车间的部分公用设备可以不发操作证，但必须指定维护人员，落实保管维护责任，并随定人定机名单统一报送设备主管部门。

3. 定人定机制度

使用设备应严格岗位责任，实行定人定机制，以确保正确使用设备和落实日常维护工作。多人操作的设备应实行机台长制，由使用单位指定机台长，负责和协调设备的使用与维护。

4. 使用设备的基本功和操作纪律

（1）对设备使用单位的"三好"要求

1）管好设备。操作者应负责保管好自己使用的设备，未经领导同意，不准其他人操作使用。

2）用好设备。严格执行操作维护规程和工艺规程，严禁超负荷使用设备，禁止不文明的操作。

3）修好设备。设备操作人员要配合维修工人修理设备，及时排除设备故障，按计划交修设备。

（2）对操作人员基本功的"四会"要求

1）会使用。操作者应先学习设备操作维护规程，熟悉设备性能、结构、传动原理，熟悉加工工艺和工装刀具等，正确使用设备。

2）会维护。学习和执行设备维护、润滑规定，上班加油，下班清扫，经常保持设备内外清洁、完好。

3）会检查。了解自己所用设备的结构、性能及易损零件部位，熟悉日常点检、完好检查的项目标准和方法，并能按规定要求进行日常点检。

4）会排除故障。熟悉所用设备特点，懂得拆装注意事项及鉴别设备正常与异常现象，能完成一般的调整和简单故障的排除。操作工不能解决的问题要及时报告，并协同维修人员进行排除。

（3）设备操作者的"五项纪律"

1）实行定人定机制，凭操作证使用设备，遵守安全操作规程。

2）经常保持设备整洁，按规定加油，保证合理润滑。

3）遵守交接班制度。

4）管好工具、附件，不得遗失。

5）发现异常立即停车检查，操作者不能处理的问题应及时通知有关人员检查处理。

5. 设备岗位责任制

1）要对设备进行日常点检，认真记录，做到班前加油，正确润滑，班后及时清扫、擦拭、涂油。

2）管好设备附件。工作调动或更换操作设备时，要将设备和完整的附件办理移交手续。

3）认真执行交接班制度，填写交接班记录。

4）发生设备事故时，应采取措施，切断电源，保持现场，及时向班组长或车间机械员报告，等候处理。分析事故时应据实说明经过。对违反操作维护规程等主观原因所造成的事故，应负直接责任。

6. 交接班制度

企业生产设备为多班制生产时，必须执行设备交接班制度。交班人在下班前除完成日常维护作业外，必须将本班设备运转情况、运行中发现的问题、故障维修情况等详细记录在交接班记录簿上，并应主动向接班人介绍设备运行情况，双方当面检查、交接，完毕后在记录簿上签字。如连续生产设备或加工时不允许中途停机者，可在运行中完成交接班手续。

如操作员工不能当面交接生产设备，交班人在做好日常维护工作后，将操纵手柄置于安全位置，并将运行情况及发现的问题详细记录后，交生产班长签字代接。

接班员工如发现设备有异常现象，记录不清、情况不明和设备未清扫时，可以拒绝接班。如因交接不清设备在接班后发生问题，由接班人负责。

企业在用生产设备均须设交接班记录簿，并应保持清洁、完整，不准撕毁、涂改与丢失，用完后向车间交旧换新。设备主管应随时查看交接班记录，从中分析设备技术状态，为状态管理和维修提供信息。维修组内也应设交接班簿（或值班维护记录簿），以记录设备故障检查、维修情况，为下一班人员提供信息。设备管理部门和使用单位负责人要随时抽查交接班制度执行情况，并作为车间劳动竞赛评比考核内容之一。

对于一班制的主要生产设备，虽不进行交接班手续，但也应在设备发生异常时填写运行记录和记载故障情况，特别是对重点设备必须记载运行情况，以掌握技术状态信息，为检修提供依据。设备交接班簿的封面如图6-1所示，交接班记录见表6-1。

××××厂

<u>交 接 班 记 录 簿</u>

设备名称：　　　　　　型号规格：　　　　　　设备编号：

＿＿＿＿车间＿＿＿＿工段　　操 作 者：＿＿＿＿＿＿＿＿＿＿＿＿＿＿

　　　　　　　　　　　　　　操作证号：＿＿＿＿＿＿＿＿＿＿＿＿＿＿

图6-1　设备交接班簿封面

表 6-1 交接班记录

班次		I班	II班	III班
设备清扫及润滑				
设备各部情况	传动机构异状			
	零部件缺损			
	安全防护装置			
	新的磨损、伤痕			
	电气及其他			
	开车检查			
图样、工件质量问题				
故障、事故及处理情况				
开动台时记录		实际开动	实际开动	实际开动
		故障停车	故障停车	故障停车
I班	交班人	II班 交班人		III班 交班人
	接班人	接班人		接班人

注：交接班记录簿每本里共有 31 页，每天记录一页。

6.1.2 设备维护保养

设备的维护保养是保持设备的正常技术状态，延长使用寿命所必须进行的日常工作，也是操作者的主要责任之一。设备维护保养工作做好了，可以减少停工损失和维修费用，降低产品成本，保证产品质量，提高生产效率。

1. 设备维护保养的要求

设备维护保养的四项规定要求是：

（1）**整齐**　工具、工件、附件放置整齐，设备零部件及安全防护装置齐全，线路、管道完整。

（2）**清洁**　设备内外清洁，无黄泡；各滑动面、丝杠、齿条等无黑油垢，无碰伤；各部位不漏油、不漏水、不漏气、不漏电；切削垃圾清扫干净。

（3）**润滑**　按时加油、换油，油质符合要求，油壶、油枪、油杯、油嘴齐全，油毡、油线清洁，油标明亮，油路畅通。

（4）**安全**　实行定人定机和交接班制度；熟悉设备结构，遵守操作维护规程，合理使用设备，精心维护，监测异状，不出事故。

2. 设备维护保养的类别

设备的维护保养工作分为日常维护保养和定期维护保养两类。

（1）设备的日常维护保养　设备日常维护保养包括每班维护保养和周末维护保养两种，由操作者负责进行。每班维护保养要求操作员工在每班生产中必须做到：班前对设备各部分进行检查，并按规定加油润滑；规定的点检项目应在检查后记录到点检卡上，确认正常后才能使用设备。设备运行中要严格按照操作维护规程正确使用设备，注意观察其运行情况，发现异常要及时处理，操作者不能排除的故障应通知维修工检修，并由维修工在故障修理单上作好检修记录。下班前用15min左右时间认真清扫、擦拭设备，并将设备状况记录在交接班簿上，办理交接班手续。

周末维护保养主要是操作人员在每周末和节假日前，用$1\sim 2h$对设备进行较彻底的清扫、擦拭和涂油，并按设备维护保养四项要求进行检查评定，予以考核。

（2）设备的定期维护保养　设备定期维护保养是在维修工辅导配合下，由操作者进行的定期维护保养工作，是设备管理部门以计划形式下达执行的。两班制生产的设备约3个月维护保养一次，干磨多尘设备每月维护保养一次，其作业时间按设备复杂情况，一般为$0.3\sim 0.5h$计算停歇，视设备的结构情况而定。精密、重型、稀有设备（包括有严重污染的作业环境的设备）的维护和要求另行规定。

设备定期维护保养的主要内容是：

1）拆卸指定的部件、箱盖及防护罩等，彻底清洗、擦拭设备内外。

2）检查、调整各部位配合间隙，紧固松动部位，更换个别易损件。

3）疏通油路，增添油量，清洗过滤器、油毡、油线、油标，更换冷却液和清洗冷却液箱。

4）清洗导轨及滑动面，清除毛刺及划伤。

5）清扫、检查、调整电气线路及装置（由维修电工负责）。

设备通过定期维护保养后，必须达到：①内外清洁，呈现本色；②油路畅通，油标明亮；③操作灵活，运转正常。

各类设备维护保养的具体内容和要求，可根据设备特点，参照有关规定要求制定。

（3）设备维护保养评分标准

1）外观（40分）。

① 无积灰、油污，不得有黄泡。

② 传动部位灵敏可靠、不失油，油标、油位在规定范围内。

③ 附件齐全完好、摆放整齐。

④ 不缺少螺钉、螺母。

⑤ 工作台面无杂物积灰。

⑥ 阀门无泄漏。

2) 电气仪表 (15分)。
① 电气箱无积灰、油渍。
② 仪器仪表灵敏、指示正确。
3) 安全 (30分)。
① 安全防护罩、防护栏完好无损、安装牢固。
② 按钮、限位装置、安全阀灵敏可靠。
③ 安全指示灯有效明亮。
4) 作业环境 (15分)。
① 工件堆放整齐。
② 工位器具、模具、检具摆放整齐无积灰。
③ 地面清洁，无油垢、积水。
④ 废料及时清理。

3. 典型设备维护保养

【**案例6-1**】某轴承公司通过规范设备操作和维护工作，杜绝了人为造成的设备故障及事故，减少了设备维修费用，提高了设备的使用寿命周期，使企业效益增加。

(1) 叉车的维护保养　叉车维护应严格按照有关颁发的规定进行检查维护并参照以下规定进行。

1) 日常维护保养。日常维护保养是日常性的作业，由驾驶员负责执行，其作业内容是清洁、补给和安全检查。

① 检查发动机曲轴箱机油和空气滤清器，燃油量和冷却水量，不足时按要求添加、清洗。

② 检查液压制动器及制动液（刹车油）和手动制动器的自由行程及工作的可靠性，并视需要加入制动液和排除系统内的空气。

③ 检查液压系统的工作油量、管路、接头等处有无破损漏油现象。

④ 检查仪表、灯光、喇叭等工作情况是否正常。

⑤ 检查蓄电池极性柱是否安全可靠。

⑥ 检查起重链、货叉、门架、护顶架是否有裂纹及损坏。

⑦ 注入润滑油（脂）、清洗全车。

⑧ 上述各项检查完毕后，起动发动机，检查发动机的运转情况，并检查传动系统、制动系统及液压升降系统等的工作是否正常。

2) 定期维护保养（每月）。定期维护保养由专业维修工负责执行，其作业中心内容除日常的维护作业外，以清洁、润滑、紧固为主，并检查制动、操作等安全部件。

① 检查、紧固叉车的全部外露螺栓、螺母。

② 检查各总成内润滑油液面，视需要添加润滑油。

③ 检查发动机的机油量、机油粘度及清洁机油中的污物，按工作台时及公里数更换机油、液压油。

④ 检查发动机润滑过滤系统工作是否正常并清洗或更换三芯。

⑤ 解体汽（柴）油滤清器、化油器、喷油器、电喷嘴、汽（柴）油空气滤清器，进行清洗和调整。

⑥ 检查修理全车灯光。

⑦ 检查变速器、驱动桥（差速器）及工作油泵、水泵驱动装置有无异常，如图 6-2 所示。

⑧ 检查有无漏油现象并排除。

⑨ 检查蓄电池电解液密度，视需要进行充电。

3）定期维护保养（每季）。由专业维修工负责执行，其作业中心除日常维护保养、每月维护保养作业以外，以检查调整为主。其作业规范如下：

① 检查调整制动系统。

图 6-2　检查变速器、驱动桥、工作油泵

② 检查调整转向机构，检查方向机的自由行程及转向系横直拉杆的连接情况，并检查万向节和转向扇形臂架销轴的磨损情况。

③ 检查前后轮毂及轮胎并拆检轮胎，进行轮胎换位。

④ 检查离合器及制动踏板轴的工作性能，视需要加以调整更换。

注意车辆每季维护保养前，应进行检测诊断和技术鉴定，根据结果确定附加作业或项修项目，结合每季维护保养一起进行。

（2）数控设备的维护保养　数控机床是一种综合应用了计算机技术、自动控制技术、自动检测技术、精密机械设计和制造等先进技术的高新技术的产物，是技术密集程度及自动化程度都很高的、典型的机电一体化产品。与普通机床相比，数控机床不仅具有零件加工精度高、生产效率高、产品质量稳定、自动化程度极高的特点，而且它还可以完成普通机床难以完成或根本不能加工的复杂曲面的零件加工。但在企业实际生产中，数控机床是否能达到加工精度高、产品质量稳定、提高生产效率的目标，这不仅取决于数控机床本身的精度和性能，很大程度上也与能否正确地对数控机床进行维护、保养密切相关。数控机床的结构特点决定了它与普通设备在维护、保养方面存在很大的差别。只有正确做好对数控设备的维护、保养工作，才可以延长元器件的使用寿命，延长机械部件的磨损周期，防止意外恶性事故的发生，争取机床长时间稳定工作；也才能充分发挥数控机床的加工优势，达到数控机床的技术性能，确保数控机床能够正常工作。因此，数控机床的维护与保养非常重要，必须高度重视。对维护过程中发现的故障隐患应及时清除，避免停机待修，从而延长设备平均无故障时间，增加可利用率。开展点检是数控机床维护的有效办法。大型数控机床外观如图 6-3 所示。

1）数控机床维护保养。预防性维护的关键是加强日常保养，主要的保养工作有下列内容：

① 日检及维护，如图 6-4 所示。其主要项目包括液压系统、主轴润滑系统、导轨润滑系统、冷却系统、气压系统。日检就是根据各系统的正常情况来加以检测。例如当进行主轴润滑系统的过程检测时，电源灯应亮，液压泵应正常运转；若电源灯不亮，则应保持主轴停止状态，与设备员联系，进行维修。

图 6-3　大型数控机床外观　　　　　图 6-4　日检及维护

② 月检及维护。

a. 主要项目包括机床零件、主轴润滑系统，应该对其进行正确的检查，特别是对机床零件要清除铁屑，进行外部杂物清扫。

b. 对电源和空气干燥器进行检查。电源电压在正常情况下额定电压为 180～220V，频率为 50Hz，如有异常，要对其进行测量、调整。空气干燥器应该每月拆一次，然后进行清洗、装配。

③ 季检及维护。

a. 对机床床身进行检查。例如，对机床床身进行检查时，主要看机床精度、机床水平是否符合手册中的要求，如有问题，应马上和设备员联系。

b. 对机床的液压系统、主轴润滑系统以及 X 轴进行检查，如出现问题，应该更换新油，然后进行清洗工作。

④ 油压系统异常现象的原因与处理。全面地熟悉及掌握了预防性维护的知识后，还必须对其有更深的了解及掌握必要的解决问题的方法。如当液压泵不喷油、压力不正常、有噪声等现象出现时，应知道主要原因及相应的解决方法。对油压系统异常现象的原因与处理，主要应从三个方面加以了解：

a. 液压泵不喷油。主要原因可能有油箱内液面低、液压泵反转、转速过低、油粘度过高、油温低、过滤器堵塞、吸油管配管容积过大、进油口处吸入空气、轴和转子有破损处等。对主要原因相应的解决方法有：注满油、确认标牌，当液压泵反转时变更过来等。

b. 压力不正常。即压力过高或过低。其主要原因也是多方面的，如压力设定不适当、压力调节阀线圈动作不良、压力表不正常、液压系统有泄漏等。相应的解决方法有：按规定压力设置拆开清洗、换一个正常压力表、对各系统依次检查等。

c. 有噪声。噪声主要是由液压泵和阀产生的。当阀有噪声时，其原因是流量超过了额定标准，应该适当调整流量；当液压泵有噪声，原因及其相应的解决方法也是多方面的，如油的粘度高、油温低，解决方法为升油温；油中有气泡时，应放出系统中的空气等。

(3) 数控机床机械部分的维护保养　数控机床机械部分的维护保养主要包括：机床主轴部件、进给传动机构、导轨等的维护与保养。

1) 主轴部件的维护保养。主轴部件是数控机床机械部分中的重要组成部件，主要由主轴、轴承、主轴准停装置、自动夹紧等组成。数控机床主轴部件的润滑、冷却与密封是机床使用和维护过程中值得重视的几个问题。

① 良好的润滑效果，可以降低轴承的工作温度和延长使用寿命，为此，在操作使用中要注意到：低速时，采用油脂、油液循环润滑；高速时采用油雾、油气润滑方式。但是，在采用油脂润滑时，主轴轴承的封入量通常为轴承空间容积的10%，切忌随意填满，因为油脂过多，会加剧主轴发热。对于油液循环润滑，在操作中要做到每天检查主轴润滑恒温油箱，看油量是否充足，如果油量不够，则应及时添加润滑油；同时要注意检查润滑油温度是否合适。

为了保证主轴有良好的润滑，减少摩擦发热，同时又能把主轴组件的热量带走，通常采用循环式润滑系统，如图6-5所示。用液压泵强力供油润滑，使用油温控制器控制油箱油液温度。高档数控机床主轴轴承采用高级油脂封存方式润滑，每加一次油脂可以使用较长时间。新型的润滑冷却方式不仅要减少轴承温升，还要减少轴承内外圈的温差，以保证主轴热变形小。

② 常见主轴润滑方式有两种，油气润滑和喷注润滑。油气润滑方式近似于油雾润滑方式，但油雾润滑方式是连续供给油雾，而油气润滑是定时定量地把油雾送进轴承空隙中，这样既实现了油雾润滑，又避免了油雾太多而污染周围空气；喷注润滑方式是用

图6-5　数控机床循环式润滑系统外观

较大流量的恒温油（每个轴承 3~4L/min）喷注到主轴轴承，以达到润滑、冷却的目的。这里较大流量喷注的油必须靠排油泵强制排油，而不是自然回流。同时，还要采用专用的大容量高精度恒温油箱，油温变动控制在±0.5℃。

③ 主轴部件的冷却主要是以减少轴承发热，有效控制热源为主。

④ 主轴部件的密封则不仅要防止灰尘、屑末和切削液进入主轴部件，还要防止润滑油的泄漏。主轴部件的密封有接触式和非接触式两种。对于采用油毡圈和耐油橡胶密封圈的接触式密封，要注意检查其老化和破损；对于非接触式密封，为了防止泄漏，重要的是保证回油能够尽快排掉，要保证回油孔的通畅。

2）进给传动机构的维护保养。进给传动机构的机电部件主要有：伺服电动机及检测元件、减速机构、滚珠丝杠螺母副、丝杠轴承、运动部件（工作台、主轴箱、立柱等）。这里主要对滚珠丝杠螺母副的维护与保养加以说明。

① 滚珠丝杠螺母副轴向间隙的调整。滚珠丝杠螺母副除了对本身单一方向的进给运动精度有要求外，对轴向间隙也有严格的要求，以保证反向传动精度。因此，在操作使用中要注意由于丝杠螺母副的磨损而导致的轴向间隙，可采用调整法加以消除。

② 双螺母垫片式消隙（见图 6-6）。调整方法：改变垫片 3 的厚度，使螺母 2 相对于螺母 1 产生轴向位移。在双螺母间加垫片的形式可由专业生产厂根据用户要求事先调整好预紧力，使用时装卸非常方便。此法能较准确调整预紧量，结构简单，刚度好，工作可靠，但调整不方便，滚道磨损时不能随时进行调整。

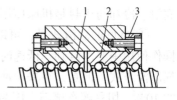

图 6-6 双螺母垫片式消隙
1、2—螺母 3—垫片

③ 双螺母螺纹式消隙（见图 6-7）调整方法：转动调整螺母 3，使螺母 2 产生轴向位移。利用一个螺母上的外螺纹，通过圆螺母调整两个螺母的相对轴向位置实现预紧，调整好后用另一个圆螺母锁紧，此法结构简单，调整方便，滚道磨损时可随时进行调整，但预紧量不够精确。

④ 齿差式消隙（见图 6-8）调整方法：在螺母 2 和螺母 3 的凸缘上各制有圆柱外齿轮，分别与固紧在套筒两端的内齿圈 1 和 4 相啮合。

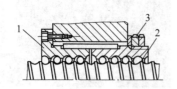

图 6-7 双螺母螺纹式消隙示意图
1、2—螺母 3—调整螺母

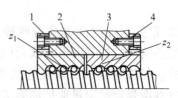

图 6-8 齿差式消隙示意图
1、4—内齿圈 2、3—螺母
z_1、z_2—齿轮的齿数

调整时，先取下内齿圈，让两个螺母相对于套筒同方向都转动一个齿，然后再插入内齿圈，则两个螺母便产生相对角位移，其轴向位移量为

$$s = \frac{p}{z_1 z_2}$$

式中　s——轴向位移量；

z_1 和 z_2——齿轮的齿数；

　　p——滚珠丝杠的导程。此法能精确微调预紧量，滚道磨损时调整方便。

⑤ 滚珠丝杠螺母副的密封与润滑的日常检查。滚珠丝杠螺母副的密封与润滑的日常检查是在操作使用中要注意的问题。对于丝杠螺母的密封，要注重检查密封圈和防护套，以防止灰尘和杂质进入滚珠丝杠螺母副；对于丝杠螺母的润滑，如果采用油脂，则定期润滑，如果使用润滑油，则要注意经常通过注油孔注油。

3）机床导轨的维护保养。导轨的维护保养主要是：导轨润滑和导轨防护。

① 导轨的润滑。导轨润滑的目的是减少摩擦阻力和摩擦磨损，以避免低速爬行和降低高温时的温升。对于滑动导轨，采用润滑油润滑；而滚动导轨，则润滑油或者润滑脂均可。导轨的油润滑一般采用自动润滑，操作使用中要注意检查自动润滑系统中的分流阀，如果它发生故障则会造成导轨不能自动润滑。此外，必须做到每天检查导轨润滑油箱的油量，如果油量不够，则应及时添加润滑油；同时要注意检查润滑液压泵是否能够定时起动和停止，并且要注意检查定时起动时是否能够提供润滑油。

② 导轨的防护。在使用中要注意防止切屑、磨粒或者切削液散落在导轨面上，否则会引起导轨的磨损加剧、擦伤和锈蚀。为此，要注意导轨防护装置的日常检查，以保证对导轨的防护。

4）回转工作台的维护保养。数控机床的圆周进给运动一般由回转工作台来实现，对于加工中心，回转工作台已成为一个不可缺少的部件。因此，在操作使用中要注意严格按照回转工作台的使用说明书要求和操作规程正确操作使用。特别注意回转工作台转动机构和导轨的润滑。

(4) 数控设备辅助装置的维护保养　数控设备辅助装置的维护保养主要包括：数控分度头、自动换刀装置、液压、气压系统的维护与保养。

1）数控分度头的维护保养。数控分度头是数控铣床和加工中心等的常用附件，其作用是按照 CNC 装置的指令作回转分度或者连续回转进给运动，使数控机床能够完成指定的加工精度。因此，在操作使用中要注意严格按照数控分度头的使用说明书要求和操作规程正确操作使用。

2）自动换刀装置的维护保养。自动换刀装置是加工中心区别于其他数控机

床的特征结构。它具有根据加工工艺要求自动更换所需刀具的功能，以帮助数控机床节省辅助时间，并满足在一次安装中完成多工序、多工步加工要求。因此，在操作使用中要注意经常检查自动换刀装置各组成部分的机械结构的运转是否正常工作、是否有异常现象，检查润滑是否良好等，并且要注意换刀可靠性和安全性检查。

3）液压系统的维护保养。

① 定期对油箱内的油进行检查、过滤、更换；检查冷却器和加热器的工作性能，控制油温。

② 定期检查更换密封件，防止液压系统泄漏。

③ 定期检查清洗或更换液压件、滤芯，定期检查清洗油箱和管路。

④ 严格执行日常点检制度，检查系统的泄漏、噪声、振动、压力、温度等是否正常。

4）气压系统的维护保养。

① 选用合适的过滤器，清除压缩空气中的杂质和水分。

② 检查系统中油雾器的供油量，保证空气中有适量的润滑油来润滑气动元件，防止生锈、磨损造成空气泄漏和元件动作失灵。

③ 保持气动系统的密封性，定期检查更换密封件。

④ 注意调节工作压力。

⑤ 定期检查清洗或更换气动元件、滤芯。

(5) 数控系统的使用维护　数控系统是数控设备电气控制系统的核心。每台设备数控系统运行一定时间后，某些元器件难免出现一些损坏或故障。为了尽可能地延长元器件的使用寿命，防止各种故障，特别是恶性事故的发生，就必须对数控系统进行日常维护和保养。主要包括：数控系统的正确使用和数控系统的日常维护。

1）数控系统的正确使用。

① 数控系统通电前的检查。

a. 数控装置内的各个印制线路板安装是否紧固，各个插头有无松动，如图 6-9 所示。

b. 数控装置与外界之间的连接电缆是否按随机提供手册的规定正确而可靠地连接。

c. 交流输入电源的连接是否符合 CNC 装置规定的要求。

d. 数控装置中各种硬件的设定是否符合要求。

② 数控系统通电后的检查。

图 6-9　数控系统装置外观

a. 数控装置中各个风扇是否正常运转。

b. 各个印制线路板或模块上的直流电源是否正常、是否在允许的波动范围之内。

c. 数控装置的各种参数（包括系统参数、PLC参数等），应根据随机所带的说明书一一予以确认。

d. 当数控装置与机床联机通电时，应在接通电源的同时，做好按压紧急停止按钮的准备，以备出现紧急情况时随时切断电源。

e. 用手动以低速移动各个轴，观察机床移动方向的显示是否正确。然后让各轴碰到各个方向的超程开关，用以检查超程限位是否有效，数控装置是否在超程时发出报警。

f. 进行几次返回机床基准点的动作，用来检查数控机床是否有返回基准点功能，以及每次返回基准点的位置是否完全一致。

g. 按照数控机床所用的数控装置使用说明书，用手动或编制程序的方法来检查数控系统所具备的主要功能。如定位、各种插补、自动加速/减速、各种补偿、固定循环等功能。

2) 数控系统的日常维护保养。

① 根据不同数控设备的性能特点，制定严格的数控系统日常维护的规章制度，并且在使用和操作中严格执行。

② 应尽量少开启数控柜和电控柜的门。机加工车间空气中一般都含有油雾、漂浮的灰尘甚至金属粉末，一旦散落在数控装置内的印制线路板或电子器件上，容易引起元器件间绝缘电阻下降，并导致元器件及印制线路的损坏。因此，除非进行必要的调整和维修，否则不允许加工时敞开柜门（见图6-10）。

③ 定时清理数控装置的散热通风系统。应每天检查数控装置上各个冷却风扇

图6-10 数控机床数控柜及电控柜外观

工作是否正常。视工作环境的状况，每半年或每季检查一次风道过滤器是否有堵塞现象，如过滤网上灰尘积聚过多应及时清理，否则会引起数控装置内温度过高（一般不允许超过60℃），致使数控系统不能可靠地工作，甚至发生过热报警现象。

④ 定期检查和更换直流电动机电刷。虽然在现代数控机床上有交流伺服电动机和交流主轴电动机取代直流伺服电动机和直流主轴电动机的倾向，但对于使用直流电动机的用户而言，电动机电刷的过度磨损将会影响电动机的性能，甚至

造成电动机损坏,为此,应对电动机电刷进行定期检查和更换,检查周期随机床使用频繁度而异,一般为每半年或一年检查一次。

⑤ 经常监视数控装置使用的电网电压。数控装置通常允许电网电压在额定值的±(10%~15%)的范围内波动,如果超出此范围就会造成系统不能正常工作,甚至会引起数控系统内的电子部件损坏。为此,需要经常监视数控装置使用的电网电压。

⑥ 存储器使用的电池需要定期更换。存储器如采用 CMOS RAM 器件,为了在数控系统不通电期间能保持存储的内容,设有可充电电池维持电路。在正常电源供电时,由+5V 电源经一个二极管向 CMOS RAM 供电,同时对可充电电池进行充电;当电源停电时,则改由电池供电维持 CMOS RAM 信息。在一般情况下,即使电池仍未失效,也应每年更换一次,以便确保系统能正常工作。电池的更换应在 CND 装置通电状态下进行。

⑦ 备用印制电路板的维护。印制电路板长期不用是容易出故障的。因此,对于已购置的备用印制电路板应定期装到数控装置上通电运行一段时间,以防损坏。

⑧ 数控系统长期不用时的保养。为提高系统的利用率和减少系统的故障率,数控机床长期闲置不用是不可取的。若数控系统处在长期闲置的情况下,必须注意以下两点:

a. 要经常给系统通电,特别是在环境温度较高的梅雨季节更是如此。应在机床锁住不动的情况下,让系统空运行,利用电气元件本身的发热来驱散装置内的潮气,保证电子元件性能的稳定可靠。在空气湿度较大的地区,经常通电是降低故障率的一个有效措施。

b. 如果数控机床的进给轴和主轴采用直流电动机来驱动,应将电刷从直流电动机中取出,以免由于化学腐蚀作用,使换向器表面腐蚀,造成换向性能变差,导致整台电动机损坏。

⑨ 数控系统发生故障时的维护。一旦数控系统发生故障,操作人员应采取急停措施,停止系统运行,并且保护好现场,协助维修人员做好维修前期的准备工作。

(6) 数控设备强电控制系统的维护保养 数控机床电气控制系统除了 CNC 装置(包括主轴驱动和进给驱动的伺服系统)外,还包括机床强电控制系统。机床强电控制系统主要是由普通交流电动机的驱动和机床电器逻辑控制装置 PLC 及操作盘等部分构成。这里简单介绍机床强电控制系统中普通继电接触器控制系统和 PLC 可编程控制器的维护与保养。

1) 普通继电接触器控制系统的维护与保养。经济型数控机床采用普通继电接触器控制系统。其维护与保养工作,主要是采取措施防止强电柜中的接触器、继电器产生强电磁干扰。数控机床的强电柜中的接触器、继电器等电磁部件均是 CNC 系统的干扰源。由于交流接触器、交流电动机的频繁起动、停止时,其电磁感应现象会使 CNC 系统控制电路中产生尖峰或波涌等噪声,干扰系统的正常工作。因此,一定要对这些电磁干扰采取措施予以消除。例如,对于交流接触器线圈,可在其两端或交流电动机的三相输入端并联 RC 网络来抑制这些电器产生的干扰噪声。此外,要注意防止接触器、继电器触头的氧化和触头的接触不良等。

2) 可编程逻辑控制器 (PLC) 的维护与保养。PLC 也是数控机床上重要的电气控制部分。数控机床强电控制系统除了对机床辅助运动和辅助动作控制外,还包括对保护开关、各种行程和极限开关的控制。在上述过程中,PLC 可代替数控机床上强电控制系统中的大部分机床电器,从而实现对主轴、换刀、润滑、冷却、液压、气动等系统的逻辑控制。PLC 与数控装置合为一体时则构成了内装式 PLC,而位于数控装置以外时则构成了独立式 PLC。由于 PLC 的结构组成与数控装置有相似之处,所以其维护与保养可参照数控装置的维护与保养。

4. 设备操作规程

设备操作规程是设备操作人员正确掌握设备操作技能与维护的技术性规范,它是根据设备的结构和运转特点,以及安全运行的要求,规定设备操作人员在其全部操作过程中必须遵守的事项、程序及动作等基本规则。操作人员认真执行设备操作规程,可保证设备正常运行,减少故障,防止事故发生。

(1) 设备操作规程的编制原则

1) 力求内容精练,重点突出,全面实用。一般应按操作顺序及班前、中、后的注意事项与维护要求分别列出,便于操作者掌握要点,贯彻执行。

2) 各类设备具有共性的项目,可统一编制通用规程。

3) 编制操作规程时,一般应按设备的型号、规格将设备的主要规范、特点、操作注意事项与维护要求分别列出,便于操作者掌握要点,贯彻执行。

4) 重点、高精度、关键设备的操作规程,要用醒目的板牌显示在设备旁,并注上重点标记,要求操作者特别注意。

(2) 操作规程的基本内容

1) 首先清理好工作场地,开动设备前必须仔细检查各种手柄位置是否在空位上,操作是否灵活,安全装置是否齐全可靠,各部状态是否良好。

2) 检查油池、油箱中的油量是否充足,油路是否畅通,并按润滑图表规定做好润滑工作。在上述工作完毕后,方可开动机器工作。

3) 操纵变速箱、进给箱及传动机构时,必须按设备说明书规定的顺序和方法进行。

4) 有离合器的设备,开动时应将离合器脱开,使电动机轻负荷起动。

5）变速时，各变速手柄必须切实转换到指定位置，使其接合正确，啮合正常，避免发生设备事故。

6）操纵反车时，要先停车再反向，变速时一定要停车变速，以免打伤齿轮及机件。

7）工件必须卡紧，以免松动甩出造成事故。

8）不得敲打校正已卡紧的工件，以免损伤设备精度。

9）发现手柄失灵或不能移至所需位置时，应先作检查，不得强力搬动。

10）开动机床时，必须盖好电气箱盖，不允许有油、水、铁屑、污物进入电动机或电气装置内。

11）经常保持润滑工具及润滑系统的清洁，不得敞开油箱、油盖，避免灰尘、铁屑等异物混入。

12）设备的外露基准面或滑动面上不准放置工具、产品，以免损伤和影响设备精度。

13）严禁超性能、超负荷使用设备及不正确的操作方法。

14）采用自动走刀时，首先要调整好限位器，紧急停车或变向的限位块，以免超越行程造成事故。

15）设备运行时，操作者不得离开工作岗位，并应经常注意各部位有无异声响、异味、发热和振动，发现故障应立即停止操作，及时排除。自己不能排除的，应通知维修人员排除。

16）操作者在离开设备或更换工装、装卸工件和调整设备以及清洗、润滑时，都应停车，必要时应切断电源。

17）设备上一切安全防护装置不得随意拆除，以免发生设备和安全事故。

18）做好交接班工作，交班时一定要向接班人交代清楚设备的运转使用情况。

【案例 6-2】某公司通过强化贯彻执行设备（安全）操作规程，确保设备一直处于良好技术状态，使设备故障减少，保证了产品质量，提高了生产效率，典型操作规程如下：

（1）滚齿机操作规程

1）操作者必须熟悉本机床的结构、性能、传动系统，凭证操作，严禁超性能使用。

2）工作前按设备点检卡检查机床各部位是否正常、良好，并按润滑规定加油，检查油标油位、油质情况，油路是否畅通，润滑是否良好。

3）齿轮毛坯必须牢固地安装在心轴上，如同时安放多件毛坯，其端面要紧密靠拢，各接触面间不得有铁屑和杂物。

4）铣刀杆装到主轴上时，必须用刀杆紧固螺钉将其固定，滚刀装上后，再将后轴承放上，旋紧螺钉片用压板压紧，最后将滚刀紧牢。

5）滚切不同螺旋角齿轮时，刀具转角度后应紧固牢靠。

6）刚开始工作时进刀量要小，待工作物锐角处铣开后才能加大刀量。

7）工作中要经常检查工件、刀具及挂轮架齿轮的紧固情况，防止松动。

8）在挂轮、卡压工件及更换刀具时，要停车进行。当加工中需停车时，应先退出刀具。

9）机床运转中严禁进行擦拭、调整、测量和清扫等工作。

10）要注意润滑和维护分度蜗轮与蜗杆，以保持精度。

11）机床发生故障或异响时，必须停机检查修理。

12）定期进行机床精度检查，如有误差应及时调整。

13）下班时必须将各手柄放在非工作位置，将刀架退到最后位置，切断电源，清扫机床，保持整洁、完好，并做好交接班工作及记录。

（2）插齿机操作规程

1）操作者必须熟悉机床的性能和结构，严禁超性能使用。

2）班前应按设备点检卡检查机床，并按润滑规定加油，检查油标油量、油质是否清洁、油路是否畅通、润滑是否良好。

3）停机 8h 以上再开动机床时，应先以手动来试验工作台或刀架鞍座的移动情况，并低速空运转 3~5min，检验各部的运转情况。

4）插齿刀装在插刀轴前，应先将心轴和轴孔擦干净后再装，并拧紧固定螺母。

5）齿轮毛坯必须牢固地装在心轴上，同时在其底部垫上相应厚度的垫圈，以保证插刀有一定的空刀行程，如同时在心轴上安装几个齿轮毛坯，必须使各端面紧密靠在一起，各接触面间不得有铁屑、棉纱和杂物。

6）按照齿轮宽度合理调整插程，并注意不得使插刀撞上卡盘。

7）机床运转中禁止变换速度，并注意变速箱两个手把位置，当一个手把起作用时，另一个手把必须在中间位置，否则不得开动。

8）工作中要经常检查工件、刀具及挂轮的紧固情况，不得松动。

9）机床运转中如发现轴承过热或有异响，应立即停车检查排除。

10）工作完毕或下班时，应将各手柄置于非工作位置，取下插刀，切断电源，清扫机床，保持整洁、完好，并做好交接班工作及记录。

11）妥善保管随机附件，保持完好。

（3）组合机床操作规程

1）操作者必须熟悉机床结构和性能，经考试合格并能熟练地掌握操作和调整技术后方能独立操作，严禁超性能使用。

2）班前要按设备点检卡的要求检查机床，并按润滑规定加油，检查油质、油量及润滑情况。

3) 开车前检查各动力头、滑台、主轴等有无异常,各按钮及转换开关是否处于原始位置,各部调整块、死挡板及刀、夹具的尺寸位置是否正确,装卡是否牢固。

4) 先低速空运转3~5min,调整旋钮拨到调整位置,观察动作是否正常,确认无误后再进行自动循环,待各部正常后才能进行工作。

5) 装卸工件时,必须根据工件质量及形状选用安全吊具和方法,并与行车工紧密配合。装卡的工件必须紧固牢靠。

6) 准确调整快速进给与工件间的距离,调整间隙要达到规定要求;机械传动凸轮进刀调整距离要求精确。

7) 移动主轴箱前,必须保证其滑动面的清洁和润滑良好。

8) 刀具磨损时应及时换刀,禁止使用磨钝或崩刃的刀具继续切削。更换刀具时要重新调整快速进给与工件之间的距离。

9) 工作中应经常检查工件、刀具的紧固情况,不得松动。

10) 禁止在主轴运转时变换速度、测量工件。在钻孔、镗孔及切削时,刀具未退离工件前不得停车。

11) 机床的导轨、滑动面及油漆面上,不准放置工件、毛坯、刀具等金属物品。

12) 机床出现故障或不正常现象时,应立即停车检查排除,或通知维修人员处理。

13) 工作完毕后,应将各动力头、手柄、按钮退回原始位置,并切断电源,清扫机床。

14) 机床的零部件、防护装置不准随意拆除,所有附件要妥善保管,保持完整。

15) 下班前清扫机床,保持整洁、完好,认真做好交接班工作及运行记录。

6.2 设备维修

通过组织专家对企业设备管理现状调研、抽查发现,从整体上看,老企业的基础管理和现场管理比较规范;一些新技术企业基础管理较为薄弱,现场管理存在安全隐患,设备管理体系也不够完善。同时,信息化技术的应用水平差异较大,部分企业还没有较完善的设备管理信息化系统,以及设备运行和业务数据采集、信息处理和传递等;关键是设备和主要部位缺少检测手段,给生产运行带来很大压力;维修管理、维修方法、维修技术手段以传统经验为主的多,维修标准和维修过程控制方法有待完善。

设备专家认为，我国企业设备管理的基本经验是必须坚持的，其中包括重视基础管理、设备维修和现场管理。早期的"鞍钢宪法"提倡"两参一改三结合"，大庆油田提倡"三老、四严、四个一样"，实际上就是全员管理。日本的全员管理理念就是从"鞍钢宪法"中吸取的。

改革开放后，我国在引进现代化装备的同时，也引进了先进的管理方法和管理技术，丰富了我国企业的设备管理手段和技术。近年来，我国企业设备管理基本形成了适合我国国情的现代化设备管理体系和管理模式。如重视推行设备综合管理等，通过创新和持续改进，有力地促进了设备管理现代化水平的提高。

6.2.1 维修的方式及分类

设备在使用过程中，其零部件会逐渐产生磨损、变形、断裂、蚀损等现象（统称为有形磨损）。随着零部件磨损程度的逐渐增大，设备的技术状态将逐渐劣化，失去原有的功能和精度，使整机丧失使用价值。设备技术状态劣化或发生故障后，为了恢复其功能和精度而采取的更换或修复磨损和失效的零件（包括基准件），并对整机或局部进行拆装、调整的技术活动，称为设备维修。

设备维修的经济效益是企业经济效益体系中的一个重要组成部分，它取决于：设备维修性设计的优劣、修理人员技术水平的高低、维修组织系统及装备设施的完善程度。因此，要提高企业设备维修的经济效益，应从三个方面综合考虑，采取对策。首先，对于在用设备，必须贯彻预防为主的方针，并根据企业的生产性质、设备特点及其在生产中所处的地位，选择适当的维修方式。其次，通过日常和定期检查、状态检测和诊断等各种手段，切实掌握设备的技术状况，按照生产工艺要求和针对设备技术状态劣化程度，编制预防性修理计划，修理前充分做好技术及生产准备工作，适时地进行修理。最后，修理中应积极采用新工艺、新技术、新材料和现代科学管理方法，以保证修理质量、缩短停歇时间和降低修理费用。同时，结合修理对设备进行必要的局部改进设计，以提高设备的可靠性和维修性，从而提高设备的可利用率。

1. 维修方式

（1）预防修理方式　为了防止设备性能和精度劣化，降低故障率，按事先规定的计划和相应的技术要求所进行的修理活动，称为预防修理。通常有两种预防修理方式，即状态检测修理和定期修理。

预防为主是工业交通企业设备维修管理工作的重要方针。对生产设备实行预防修理，是贯彻这一方针的重要管理工作内容。

1）状态检测修理。这是一种以设备技术状态为基础的预防修理方式。它是根据设备的日常点检、定期检查、状态检测和诊断提供的信息，经过统计分析和处理，来判断设备的劣化程度，并在故障发生前有计划地进行适当的修理。由于这种维修方式对设备适时地、有针对性地进行维修，不但能保证设备经常处于完好状态，而且能充分利用零件的使用寿命，因此比定期维修更为合理。状态检测修理方式适用的设备比较广泛，但由于进行状态检测需要使用价格高昂的监测仪器，故它主要是用于连续运转的设备、利用率高的重点设备和大型精密设备。

2) 定期修理。这是一种以时间为基础的预防修理方式。它具有对设备进行周期性修理的特点，根据设备的磨损规律，事先确定修理类别、修理间隔期及修理工作量和所需的备件、材料，预先确定修理时间，因此对修理计划有较长时间的安排。

定期修理方式适用于已掌握的设备磨损规律和在生产过程中平时难以停机进行维修的流程生产、动能生产、自动线以及大批量生产中使用的主要设备。

(2) 事后修理方式　设备发生故障或性能、精度降低到合格水平以下时所进行的非计划性修理，称为事后修理，也称为故障修理。

生产设备发生故障后，往往会给生产造成较大损失，也会给修理工作造成被动和困难。对故障停机后再修理并不会给生产造成损失的设备，采用事后修理方式往往更经济。例如对利用率低、修理不复杂、能及时提供备件、实行预防修理经济上不合算的设备，便可采用这种修理方式，如普通车床、砂轮机等。

2. 生产组织形式发生变化

(1) 生产线　生产线是指按对象专业化原则组织起来的多品种的生产组织形式。在一条生产线上，拥有为完成一种或几种产品的加工任务所必需的设备，这些设备的排列和工作场地的布置，是由生产线上主要产品或多数产品的工艺路线和工序劳动量决定的。生产线可组织多种产品的生产，因而生产线灵活性较大。目前我国工业企业的生产组织形式中，生产线是一种行之有效的方法，具有很强的使用价值，特别适合于品种、规格复杂多样，产量又不大的工业企业。

(2) 流水线　流水线是流水生产线的简称，是指劳动对象按照一定的工艺过程，顺序地经过各个工序的加工，并按统一的节拍完成工序的一种生产组织方式。流水线是比生产线更为先进的一种生产组织形式。和生产线相比较，流水线具有如下特点：

1) 作业点高度专业化，每个作业点只完成一道或几道工序。

2) 工艺过程是全封闭的，作业点按工艺顺序排列，加工对象在各工序之间平行地向前移动。

3) 各工序有节奏地生产，即在相同的时间内生产相同数量的产品。

由于流水线所具有的作业点专业化程度高、生产过程节奏性强、生产过程的连续性好等特点，在进行大批量的生产时，流水线是一种较好的生产组织形式。

在流水线上，因原材料、在制品的搬运量大大减少而节约了大量运输费用。同时，由于生产过程的节奏性和连续性，也使生产过程的管理和控制工作简化。但由于流水线是按产品专业化组织生产的，因而流水线上操作员工的技术水平也要比单件小批生产线上操作员工低，从而加大了管理的难度，特别是基层工段的管理难度。另外，流水线上的操作员工长时间重复一种操作，因而显得枯燥乏味。为了确保流水线正常运行，其各工序上的设备及装置必须保持完好状态，相对来讲从设备管理的角度看，流水线比生产线要求更高，即一旦发生故障必须在最短时间内修复，以减少停线带来的损失。

（3）自动线　自动线是指技术上更为先进的一种生产组织形式。它是在生产线和流水线的基础上发展起来的。它是由自动化设备实现产品工艺加工的一种生产组织形式。自动线和流水线的不同之处在于，自动线上操作员工的任务仅仅是监督、调整和管理自动线，不参与直接操作，劳动对象的传送、装卸、检验、加工等都是由自动线自行完成的。

自动线具有降低劳动成本、加速流动资金周转、缩短生产周期、稳定产品质量的优点。但是，自动线投资数额巨大，回收期长，自动线任一地方出现小故障，都会造成自动线生产和中断。因而采用自动线组织生产，需要企业有较为雄厚的技术管理实力，特别对自动线上设备设施及控制装置运行安全可靠性要求更高，产品结构和工艺稳定而先进，并且产品的市场需求量大。

（4）柔性制造生产系统　随着计算机在技术、工艺和制造领域的应用，以及先进技术装备（如数控、程控机床）的采用，并与先进的管理方法和技术结合，逐步发展为柔性制造系统、计算机集成制造系统等的生产组织形式。

1）柔性制造类型。柔性制造是指在计算机的支持下，能适应加工对象在一定的范围内迅速变化的制造系统，柔性制造系统可分为以下三种类型：

① 柔性制造单元。它是由一台或数台数控机床或加工中心构成的加工单元。该单元根据需要可以自动更换刀具和夹具，加工不同的工件。柔性制造单元适合加工形状复杂、工序简单、时间较长、批量小的零件，具有较大的设备柔性。

② 柔性制造系统。它是以数控机床或加工中心为基础，配以物料传送装置组成的生产系统。该系统由电子计算机实现自动控制，能在不停机的情况下满足多品种工件的加工。柔性制造系统适合加工形状复杂、加工工序多、批量大的零件，其加工和物料传送柔性大。

③ 柔性自动生产线。它是把多台可以调整的机床（多为专用机床）连接起来，配以自动运送装置组成的生产线。该生产线可以加工批量较大的不同规格零件。

2）柔性制造系统构成。柔性制造系统基本组成部分有：

① 自动加工系统。它是指以成组技术为基础，把外形尺寸、质量大致相似，

材料相同、工艺相似的零件集中在一台或数台数控机床或专用机床等设备上加工的系统。

② 物流系统。它是指由多种运输装置构成，如传送带、轨道、转盘以及机械手等，完成工件、刀具等的供给与传送的系统。

③ 信息系统。它是指对加工和运输过程中所需各种信息收集、处理、反馈，并通过电子计算机或其他控制装置（液压、气压装置等），对机床或运输设备实行分级控制的系统。

④ 软件系统。它是指保证柔性制造系统用电子计算机进行有效管理的必不可少的组成部分，包括设计规划、生产控制和系统监督等软件。

3) 柔性制造系统优点。柔性制造系统是一种技术复杂、高度自动化的系统，它将微电子技术、计算机和系统工程等技术有机地结合起来，圆满地解决了机械制造高自动化与高柔性化之间的矛盾，具体优点表现在：

① 设备利用率高。一组机床编入柔性制造系统后，产量比这组机床在分散单机作业时的产量提高数倍。

② 在制品减少80%左右。

③ 生产能力相对稳定。自动加工系统由一台或多台机床组成，发生故障时有降级运转的能力，物料传送系统也有自行绕过故障机床的能力。

④ 产品质量高。零件在加工过程中装卸一次完成，加工精度高，加工形式稳定。

⑤ 运行灵活。有些柔性制造系统的检验、装卡和维护工作可在第一班完成，第二、第三班可在无人照看的情况下正常生产，在柔性制造系统中，其监控系统还能处理诸如刀具的磨损调换、物流的堵塞疏通等运行过程中不可预料的问题。

⑥ 应变能力大。刀具、夹具及物料运输装置具有可调性，且系统平面布置合理，便于增减设备，满足产品需要。

4) 柔性制造系统的发展趋势。柔性制造系统的发展趋势大致有两个方面。一方面是与计算机辅助设计和辅助制造系统相结合，利用原有产品系列的典型工艺资料，组合设计不同模块，构成各种不同形式的具有物料流和信息流的模块化柔性系统；另一方面是实现从产品决策、产品设计、生产到销售的整个生产过程自动化，特别是管理层次自动化的计算机集成制造系统（CIMS）。

企业有多种生产组织形式，由于生产方式不同，对操作人员、维修人员有不同要求，企业应根据生产特点、操作人员和维修人员的素质以及产品的品质要求，合理编制规范要求，确保生产安全可靠，经济合理运行，各种生产组织形式对操作、维修人员的不同要求见表6-2。

企业中的设备由于在生产中具有不同的功能、作用，因此应根据设备运行不同的特点来选择不同的维修方式，不同设备可采用的各种维修方式见表6-3。

第6章 维护保养修理

表 6-2 各种生产组织形式对操作、维修人员的不同要求

名称	生产组织形式	对操作、维修人员的要求
生产线	(加工设备1→半成品堆放→加工设备2→半成品堆放→加工设备3→成品)	操作人员按规定工序进行作业,发现故障由操作、维修人员共同排除故障
流水线	(半成品→1→2→3→4→5→成品)	操作人员必须在规定时间内按质按量完成任务,维修人员必须确保流水线正常运行
自动线	(原料→加工设备1→半成品→加工设备2→半成品→加工设备3→成品,负责监督、调整、管理(自动线)、加工完毕)	操作、维修人员负责监督、调整、管理自动线
柔性制造生产系统	(原料→设备1→设备2→设备3→设备4→成品,半成品,控制系统,操作人员负责监控系统,确保生产安全可靠运行)	在计算机技术支持下,建成的技术复杂、高度自动化系统,操作人员主要负责监控系统,确保生产安全可靠运行

表 6-3 不同设备可采用的各种维修方式

维修方式	设备类型
预防维修	企业特种设备,变配电所,动力站房及特殊设备,生产关键设备
全员生产维修(TPM)	主要生产设备
事后维修(故障修理)	设备故障停机不影响生产、利用率低、修理简便等小型设备与装置
委外维修	专业性生产设备,便于组织委外维修,可分给若干专业维修单位进行

6.2.2 维修方式的创新

实施设备维修方式改变和创新,不断探索和总结设备状态受控管理,不但对提升企业产品品种、质量和实现企业长足发展具有重要意义,也能有效提高设备管理工作效率,进一步降低维修费用及保证设备作业率逐年提升,是实现设备管理整体水平提高和设备维修方式跨越式发展的根本保证。

【案例 6-3】某钢铁集团自投产以来，设备维修工作也在进行着不断地探索与创新，先后经历了事后维修和预防维修阶段。随着钢铁制造业竞争日趋激烈，要求企业的生产管理模式实现由追求产品产量向追求品种数量和质量的转变，从根本上消除设备维修工作的弊端势在必行。多年来松散的设备管理体制一直制约着企业设备管理整体水平的提高，因设备管理的信息化水平较低，点检工作仍然依靠人的感官和少量简易仪器进行，既影响设备运转效率，又制约企业经济效益提高。传统的事后维修管理模式，造成设备维修要么不足、要么过度。由于维修人员的技能水平较低，造成设备运行质量降低和检修时间拖延。因此，工厂要通过加大设备维修的改革和创新力度，实施和建立效益型的设备状态预知维修管理模式，进一步提高设备管理工作水平和企业竞争实力。

(1) 实施维修模式创新是市场发展的需要　设备管理工作创新与生产管理模式优化是相互关联的，它们既是共同促进和相互发展，又是互相依托、密不可分的关联体。由于当时中厚板产品市场主要以卖方为主，企业将工作重点主要放在了产能提高等方面，设备管理工作采用的是以事后维修和预防维修为主的粗放型管理模式。随着中厚板产品市场竞争日趋激烈，产品的品种和质量已被提升至前所未有的高度，粗放型的设备管理模式已不适应新形势生产的需求，主要体现在：设备管理工作中的不足导致设备作业率较低、设备的可靠性和稳定性较差及设备故障频发（多为重复故障），使生产运行及设备管理工作开展十分被动。为满足生产需求，在实施预防维修的基础上，注重设备管理模式创新和最大限度满足生产过程对品种及产品质量控制能力的提高。在引进、消化先进的设备管理经验基础上，以全员参与设备管理工作为基础，以追求设备管理效益最大化为目标，以操作、点检和检修三方为管理体制构架，以设备管理信息系统为平台，以实施设备状态点检管理为手段，对主要生产线设备采取以状态预知维修为主、生产线的动态平衡检修为辅的快速检修维护模式，形成了符合现代生产特点的设备维修管理体系，制定出制度化的、完善和科学的管理方法，保证了设备技术状态完好与生产能力提高，满足了企业生产新模式的需求。

(2) 设备管理模式创新　建立效益型的设备状态预知维修模式，强调的是发挥设备的综合效益和提高设备技术功能的预控性，而提高设备综合效益和预控性不能局限于设备管理本身，还应包括生产管理、质量管理和安全管理等多项内容，应通过进行综合评价找出能满足生产、质量和安全工作要求的最经济和最能发挥设备功效的关键点，还应实施以设备技术状态受控管理为基础的设备检修管理新模式。

1) 人员的合理配置是实现预知维修模式的前提，其具体要求如下：

① 建立高素质的专业维修队伍。为实现效益型设备状态预知维修模式，企

业采取了打造素质高、技术好的专业维修队伍与全员参与相结合的人力资源配置方案，以进一步提高对设备状态的预控能力。由操作人员、专业人员、修理人员组成了全员参与的立体维护管理网络，不仅使各级管理人员的工作职责更加明确，也更加具有科学性和规范性。例如，操作人员主要负责日常点检和维护，实现了对关键部位设备的全天候监控，负责及时向专业人员提供设备的技术状态信息，他们是执行设备点检管理的第一道防线；由专业人员组成的维护网络系统，负责设备的专业点检工作，监督和指导操作人员的日常点检，及时向修理人员下达检修指令并实施监督职能。修理人员由两部分人员组成：一部分是由企业内部人员组成的专业维修队伍；另一部分则是外协维修人员。他们共同按照点检中出现的缺陷开展检修工作，同时还要承担部分设备的大修任务。

② 采用内外结合的检修模式。在企业内部配置了由少量修理人员组成的专业维修队伍，并将其作为实现预知维修模式的主体，主要负责生产线上检修难度较大和关键设备的检修工作以及重要零部件的组装及修理工作。为有效控制设备检修的时间、质量和节约维修费用，同时兼对外协作项目情况进行监督与指导职能，外协维修人员主要负责一般设备检修。由于外协维修人员的流动性较大，人员和工作时间均不固定，因此他们主要负责弥补专业维修队伍人员不足时的情况，在专业修理人员指导下对一般设备实施检修。通过将二者进行优势互补，既解决了检修工作少时检修人员闲置问题，又缓解了检修工程多或检修工作量大时人手不够的矛盾。

2) 信息和设备故障诊断技术是实现预知维修模式的保障。随着计算机、网络及信息技术在设备状态监测与故障诊断领域的开发与应用，不但使设备点检人员能更快捷和高效地获取相关技术信息，对设备运行情况进行正确分析与诊断，还可及时掌控设备运行状况及劣化发展趋势，以便采取进一步措施实现对在线主要设备进行有效的预控和管理，解决了工厂长期存在的检修成本居高不下、不能进行及时检修和过度维修等问题。通过将设备状态点检与故障诊断管理系统相结合，实现了设备信息链管理，为实现由事后维修和预防维修向预知维修模式转变提供了有力的技术支持。例如通过对加热炉风机、高压水泵、粗轧机、精轧机等关键设备进行状态监测与故障诊断，不但可对设备的振动、温度等技术参数进行科学分析，还可编制出设备技术状况及劣化发展趋势图，把设备隐患等信息及时传递给点检人员，以便于采取相关的补救措施。

3) 完善的管理体制是实现预知维修模式的关键。建立科学的管理体制不但可有效调动和挖掘各车间参与设备管理工作的积极性与潜能，还能充分利用各级点检及维修人员的工作经验，弥补和解决外协人员经验少和现场情况不熟悉的缺陷，充分发挥检修资源功能和显示实施集中管理的优势，实现了设备管理工作重心下移，进一步提高了设备在生产运行中的保障能力。在建厂初期，采用的是生产车间与检修车间相互独立的管理模式,生产车间负责本车间的设备检修工作,检修车间负责全厂的设备检修任务,两者的工作职能在许多地方相互重叠,常出现相互推诿和扯皮现象。为了提高生产车间的操作人员及修理人员工作的积极性,工厂改革了原有的设备维修管理体制,对各生产车间的维修工作职能也进行了优化。例如检修车间只负责主要生产线上关键设备的检修任务,其他辅助设备则由各生产车间负责,明确了生产车间的设备管理工作职能及责任,在设备数量较多的生产车间还配备了主管设备的专职副主任,以进一步强化新体制下操作方的设备管理职责和加大设备综合指标的落实力度。在各生产车间还配备了少量的点检人员。他们在厂点检站统一指导下完成设备点检工作,并负责本车间设备日常维修及指导外协人员进行较大规模的检修工作。

为了实现预知维修模式的制度化,形成符合实际生产需求和操作性强的设备管理工作流程,厂里对原有的设备管理制度、技术标准等进行了修改和完善,主要包括《设备点检管理制度》《设备润滑管理制度》《设备状态监测管理制度》《点检技术标准》以及《润滑作业标准》等制度和标准。在定期开展效益型设备状态预知维修体系的专项检查时,对照标准及时纠正不合格项目,并通过开展系列培训和专题研讨会等形式,使员工进一步树立和加强了做好设备管理工作的理念及意识,认识到了开展预知维修模式的重要意义。

4) 效益最大化是实现预知维修模式的目标。效益最大化不仅体现在设备维修、备件、材料管理等方面取得的经济效益,还体现在实现品种质量效益的最大化。由于国内中厚板产品市场产能的不断扩大和释放,市场竞争更加激烈,只有提高产品的核心竞争力,例如具有管线钢、石油储备用钢、高强度机械用钢等高附加值产品的生产技术和生产能力,才能取得良好的经济效益和稳固的市场地位。良好的设备保障能力不仅是实施高端技术产品生产的工艺基础,也是提高产品性能和质量的保证,例如,辊道上的任何一个毛刺都可能造成几百吨钢板的表面划伤,对高表面质量钢板就会造成十几万元的经济损失。因此,设备管理工作已由过去的只为生产服务转变到如何提高企业在市场中的竞争实力上来,不仅要追求较高的设备作业率和完好率,还要以提高企业的总体经济效益和长远发展规划为中心,正确处理好设备维护与品种开发和产品质量提高的关系,为提高品种开发和质量提升创造良好的硬件环境。

(3) 取得效果 通过加大设备状态预知维修模式的推进力度,不但为企业设备管理工作整体水平提高提供了强有力的技术支持,也在确保设备技术状态完好和各项功能持续稳定发挥的同时,为产品的品种、质量及产量提高奠定了坚实基础,实现了设备作业率的快速提高和维修费用稳步下降的目标,设备管理的各项技术及经济指标,按工厂计划均得以顺利实现。具体效果为:

1) 新产品的开发能力和设备作业率得到大幅度提高。通过实施效益型的预知维修模式，不但提高了设备功能的稳定性和可控性，保证了品种板生产质量，还成功地开发出100kg级高强度钢、X80管线钢及油罐钢等高端技术产品。高级专用板的比例达到76.5%，大大提高了产品的竞争能力。设备作业率提高了3%，不但使中厚板的产能得到充分提高，也大幅度降低了生产成本，取得了较好的经济效益。

2）提高了检修时间的可控性。在预知维修模式实施以前，像轧机万向节轴、压下螺钉、机架辊等大型零部件的检修任务主要依靠外协人员完成，由于外协人员的检修经验少、工作主动性差及检修时间的控制能力低等，常造成检修工作的拖期，而零部件的检修时间又决定着全厂生产线停机的时间，因此严重影响了工厂生产的正常运行。通过实施预知维修模式，工厂将大型零部件的检修工作改由检修车间负责完成，不但使员工积累了实践经验，锻炼了队伍和提高了检修水平，也大幅度缩短了检修时间。例如，轧机万向节轴的更换时间由22h减至12h，轧机压下螺钉的更换时间由28h减至16h等。

3）设备事故大幅度减少。通过开展预知维修模式共发现和排除了轧机电动机转子轴裂纹、十字包轴承异常等多起安全事故及隐患，为设备的主动维修和安全生产提供了保障，设备事故发生率得到了有效控制，近两年的重（特）大设备事故率为零，较好地完成了各项生产任务。

1. 设备修理

根据修理内容和要求以及工作量大小，对设备修理工作的具体划分有大修、项修、故障修理。

（1）大修　设备的大修是工作量最大的一种计划修理。大修时需要将设备的全部或大部分部件解体，修复基准件，更换或修复全部不合格的零件，修理、调整设备的电力系统，修复设备的附件以及翻新外观等，从而达到全面消除修前存在的缺陷，恢复设备的规定精度和性能的目的。

（2）项修　项目修理（简称项修）是根据设备的实际技术状态，对状态劣化已难以达到生产工艺要求的零部件，按实际需要进行针对性的修理。项修时，一般要进行部分拆卸、检查、更换或修复失效的零件，必要时对基准件进行局部修理和校正坐标，从而恢复所修部分的性能和精度。项修的工作量视情况而定。

项修是在总结我国设备计划预修制正反两方面经验的基础上，随着状态监测修理技术的推广应用，在实践中不断改革而形成的。过去的设备计划预修中，往往忽视设备的出厂质量、使用条件、负荷率、维护优劣等情况的差异，而按照统一的修理周期结构及修理间隔期安排计划修理，从而产生以下两种弊病：一是设备的某些部件技术状态尚好，却按计划安排了大修，造成过度修理；二是设备的技术状态劣化已难以满足生产工艺要求，却因未到修理期而不安排计划修理，造成失修。采用项修可以避免上述弊病，并可缩短停修时间和降低修理费用。特别是对单一关键设备，可以利用生产间隙时间进行项修，从而保证生产的正常进行。因此，目前我国企业都已实行项修，并取得良好的效益。

（3）故障修理 设备的故障修理是工作量最小的一种计划修理。

1）对于实行状态（监测）修理的设备，故障修理的工作内容主要是针对日常点检和定期检查发现的故障，拆卸有关零部件，进行检查、调整、更换或修复失效的零件，以恢复设备的正常功能。

2）对于实行定期修理的设备，故障修理的工作内容主要是根据掌握的磨损规律，更换或修复在修理间隔期内失效或即将失效的零件，并进行调整，以保证设备的正常工作能力。

由此可见，两种预防修理方式的故障修理工作内容，主要均为更换或修复失效的零件，但确定失效零件的依据不同。显然，状态（检测）修理方式比定期修理方式针对性更强，故更为合理。

设备大修、项修与故障修理工作内容的比较见表6-4。

表6-4 设备大修、项修与故障修理工作内容的比较

修理类别 标准要求	大 修	项 修	故障修理
拆卸分解程度	全部拆卸分解	针对检查部位，部分拆卸分解	拆卸，检查部分磨损严重的机件和污秽部位
修复范围和程度	修理基准件，更换或修复主要件、大型件及所有不合格的零件	根据修理项目，对修理部位进行修复，更换不合格的零件	清除污秽积垢，调整零件间隙及相对位置，更换或修复不能使用的零件，修复未达到完好程度的部位
刮研程度	加工和刮研全部滑动接合面	根据修理项目决定刮研部位	必要时局部修刮，填补划痕
精度要求	按大修精度及通用技术标准检查验收	按预定要求验收	按设备完好标准要求验收
表面修饰要求	全部外表面刮腻子、打光、喷漆、手柄等零件重新电镀	补漆或不进行	不进行

2. 维修计划的编制

设备维修计划是企业组织管理设备修理工作的指导性文件，也是企业生产经营计划的主要组成部分，由企业设备管理部门负责编制。

企业的设备维修计划，通常是按时间进度安排的年、季、月计划及按修理类别编制的工作计划。设备维修计划是考核企业及车间修理工作的依据。设备维修

计划的格式见表6-5。

表6-5 设备维修计划　　　　　　年　　季　　月

序号	使用单位	资产编号	设备名称	型号规格	维修类别	主要内容	修理工时定额/h					停歇天数	计划进度												承修单位	备注
							合计	机械	电气	仪表	其他		1季			2季			3季			4季				
													1	2	3	4	5	6	7	8	9	10	11	12		

主管领导：　　　　　　设备部门负责人：　　　　　　编制：

6.2.3　设备委外修理

面对当今激烈的竞争环境，单个制造企业的价值链不断缩短，制造企业更专注于自身核心竞争力，并将许多生产服务性的业务包给外面的专业公司。例如，由于设备数量的增加、设备技术的复杂化、设备自我维护而产生的高额维修费用等，许多制造企业已将设备维修业务外包给专业维修公司或原设备制造商。随着我国服务经济的进一步发展以及我国维修外包市场的成熟，设备维修外包已成为发展趋势。我国制造企业迫切需要突破固有思维，探索发展设备维修外包的新模式，推进设备维修的专业化、社会化水平不断提高。

1. 设备委外修理的优势

1) 传统的设备维修管理模式主要是制造企业内部专门设立设备维修部门，负责所有的设备维修管理。这种小而全或大而全的维修模式是典型的自我封闭服务模式。随着开放的市场化服务模式的发展，逐渐暴露出以下几个方面的问题。

① 从组织管理角度上讲，传统的小而全或大而全的维修管理模式，导致组织机构臃肿，维修管理人员众多，造成维修管理效率低下。

② 从技术层面上讲，企业自身维修力量跟不上现代设备技术的发展速度，无法满足现代设备维修管理的要求。现代设备有两个显著的特点：一是设备种类繁多，数量庞大；二是结构复杂，是集机械、电气、液压、软件控制等一体化的复杂系统。因此，在技术发展日新月异的今天，没有任何一个企业能够掌握所有设备的维修技术。

③ 企业自身的维修能力有限，因此不得不将维修业务外包给专业维修公司，逐步向社会化、市场化维修体系转移。

2) 设备委外修理的优势表现在：

① 有效降低企业维修成本。实践表明，外包维修成本与内部维修成本相比可降低30%~50%。企业自我维修设备，将配备大量的维修人员，同时储备大量的维修备件，这些都导致维修成本上升。

② 专业维修服务有助于提高设备维修的专业化水平。制造设备在故障诊断及修理时，需要一些专业的检测设备和专用的维修工具。一般制造企业由于业务量少而不愿采购这些专业的检测设备。因此将维修业务委托给专业维修公司，可借助专业维修公司的专业检测设备和专业维修人员，得到专业化的维修服务。

③ 有利于促进维修社会化，优化配置社会资源。许多制造企业为了确保维修的及时性和生产设备的正常运转，储备大量的维修备件，占用了企业大量的资金。如果将设备维修外包给专业公司，不仅制造企业可降低大量维修费用以及大量的维修备件储存费用，而且有利于社会资源的优化配置，促进整个行业的发展。

2. 委外修理的实施

设备委托修理是指企业中内部的独立核算生产单位（如分厂、分公司等），由于本单位在维修技术条件或维修能力方面不能满足修理任务的要求，或者本单位自行修复不如委托专业修理单位进行修理更为经济合算时，往往需要将这些修理任务委托给设备专业修理厂、专业设备制造厂进行修理。有关这些方面的业务，称之为设备委外修理。

企业对设备委外修理的管理方式一般分为两种情况：一是由集团设备管理领导部门统一组织管理；二是分散管理，由企业内部各独立核算单位的设备维修部门自行负责管理。

经设备、生产、财会等部门共同审定，主管领导批准的年度委外设备修理计划，由分管设备委外修理的部门负责对外联系，办理委托修理合同，协调计划的实施。具体负责办理委外修理的人员，应熟悉设备修理业务，充分了解经济合同法。

(1) 设备委外修理的原则　为保证承修任务按照合同及验收标准保质保量按期完成，以满足生产要求。要掌握如下原则：

1) 本企业及各相关专业厂可以承修的设备修理任务，原则上应安排由本企业完成，以尽可能发挥企业内部潜力。

2) 对变配电及特种设备修理项目，要通过调查研究，选择取得国家有关部门资质认定证书，并持有营业执照，修理质量高，能满足进度要求，费用适中，服务信誉好的承修企业。

3) 优先考虑本地区的专业修理厂。

4) 对于重大、复杂的工程项目及费用超过一定额度的大项目，应通过招标来确定承修单位。

（2）承修单位应具备的条件　从事设备修理的企业应具备必要的条件，同时应保证设备修理质量和进度，保障委托单位的利益。

1）承修企业必须取得国家有关部门的资质认定证书，并持有营业执照，修理质量高，能满足进度要求，服务信誉好。

2）对于有特殊专业技术要求的修理项目，如起重设备、锅炉、电梯、受压容器等，承修单位必须有主管部门颁发的生产、维修、安全许可证。

3）修理场地、工艺装备及其他设施必须达到承修任务所必需的基本要求。

4）必须拥有与承修任务相关的技术资料、质量标准，同时应拥有相应数量的、经验丰富的、掌握多方面知识和技能的中高级设备工程师及工人技师，指导或参与设备修理工作。

5）要有符合实际需要的质量保证体系和完善的检测手段。

6）要有计算承修费用的价格标准、规范方法及有关规定，作为双方议定价格的依据。

（3）委外修理计划　设备委外修理计划是企业年度、季度设备检修计划的重要组成部分。应在编制年度设备大修计划的同时，根据委外修理的原则，将本年度的托修项目按季、月和修理类别（大修、项修、改造）编制出年度设备委外修理计划。

1）委外修理计划的编制。根据年度修理计划的安排，由机械、动力师提出委外修理计划方案，计划预修员汇总整理、编制设备委外修理年度计划。经设备、生产、财务等部门从人力、物力、财力及时间安排等方面综合平衡并会签后，由总经理批准。经审定批准后的年度委外计划，可作为实施与考核的依据。

关于委外修理计划的编制依据、程序以及修前准备工作基本上与设备修理计划相同。委外设备年（季）度修理计划见表6-6。

表6-6　委外设备年（季）度修理计划　　　年　月　日

序号	设备所在单位	设备资产编号	设备名称	型号规格	设备类别分类	特种设备	计划修理主要内容	计划修理时间		实际完成时间			修理费用/元			合同编号
								月份	停歇天数	月份	停歇天数	承修天数	计划	合同	决算	

计划编制单位：	委修主办单位
负责人	负责人

2）委外修理费用预算。委外修理费用预算是委外单位的计划人员根据委外

技术文件中提出的修理项目、内容和技术要求，参考以往同类委外实际支付费用并根据现行有关定额计算的修理费用，并在年度计划中列入预算的计划费用。承修单位则通过修前预检提出施工工艺方案，按照设备维修行业通用的规范计算出修理工程成本和运营费用。双方在有准备的基础上议定合同价格，以便根据进度进行拨款和竣工后的结算。费用预算质量直接影响委托方的支出与承修方的收入，双方必须认真对待，慎重从事。

3. 设备委外修理合同

（1）设备委外修理合同　设备委外修理合同应包括以下内容：

1) 委托单位（甲方）及承修单位（乙方）的名称、地址、法人（或法人代理人）及业务联系人姓名、联系方式、开户银行、账号、邮编。

2) 所签合同的时间与地点。

3) 所修设备的资产编号、名称与型号、规格、数量。

4) 修理作业的地点。

5) 主要修理内容。

6) 甲方应提供的条件及配合事项。

7) 修理费用总额（即合同成交额）及付款方式。

8) 验收标准和方法，以及乙方在修理验收后应提供的技术记录和图样资料。

9) 停歇天数及甲方可供修理的时间范围。

10) 合同任何一方的违约责任。

11) 双方发生争议事项的解决办法。

12) 双方认为应写入合同的其他事项，如乙方修后的服务内容及保修期，安全施工协议的签订及乙方人员在施工现场发生人身事故的救护，技术资料、图样的保密要求，包装与运输要求及费用的负担等。

13) 如需要提供担保，应另立合同担保书，作为合同附件。

有些内容若在乙方标准格式的合同用纸中难以写明时，可另写成附件，并在合同正本中说明附件是合同的组成部分。设备修理合同书见表6-7。

（2）执行合同注意事项　在执行合同中，双方都应认真履行合同规定的责任，并应着重注意以下事项：

1) 设备解体后，如发现双方在签订合同前均未发现并在委托书中没有标明的严重缺损状况，乙方应立即通知甲方商定，甲方应主动配合乙方研究措施补救，并对修理内容及质量要求修改补充，以保证按期完成修理合同。

2) 甲方要指派人员到修理现场监督检查修理质量及进度，如发现问题，及时向乙方提出并要求乙方采取措施纠正或补救。

表 6-7 设备修理合同书

设备名称		设备型号	
设备规格		设备编号	
设备购置原值		制造厂	
		出厂日期	
设备现有技术状况			
修理部位			
改装要求			
修理质量要求			
修理期限		修理费用	
其他事项			
托修单位（盖章）及负责人（签字）		承修单位（盖章）及负责人（签字）	
年 月 日		年 月 日	

3）企业负责委外修理的部门要做好工艺部门、使用单位和设备管理部门之间的协调工作，以保证试车验收工作顺利进行。

4）修理验收投产后，甲乙双方要经常保持联系，互通信息，特别是在保修期内发生较大故障时，承修单位接到通知后，应立即派人赶赴现场，分析原因，采取积极措施予以排除。

5）乙方到甲方现场实地调查了解设备状况、作业环境及拆装、搬运条件等，如乙方提出局部解体检查及其他需要配合的要求，甲方应给予协助。

6）双方就设备是否要拆运到承修单位进行修理，主要部位的修理工艺、质量标准、停歇天数、验收方法及相互配合事项等进行协商。

7）对于支出费用较大的工程，一般在开工前支付 30%的预付款，工程验收后再支付 60%，暂留 10%作为质量保证金，待保修期满合同完全履行后再支付给承修方。对于特大的工程可根据工程进度分期支付工程进度款，但合同付款方式中要有说明。对于小工程可不规定预付款。

（3）修后质量检查及竣工验收　委托修理验收是保证设备修后达到规定的质量标准和要求，减少返工修理，降低返修率的重要环节。承修、托修双方在工作中一定要严把质量关，把质量问题发现并解决在修理作业场地。具体有：

1）设备修理必须按技术文件中表明的内容完成，并按精度（性能）标准验收。

2）修理好的设备首先由承修单位质量检查部门进行外观检查、精度验收，并经空运转试车符合规定的标准与要求后，签发修理合格证之后再由承修、托修双方共同作负荷试车（即加工产品、检查加工质量），合格后双方在修理竣工验收单上签字，即可将设备运到生产场地安装调试生产。

3）承修单位在修理任务将要完成交质量检查部门全面验收之前，应及早通知托修单位准备试车验收，托修单位接到通知后应立即做好试车准备工作，派人前往联系，商定具体时间进度，按期进行设备试车验收，不得拖延。

4）对于项修设备的验收，应根据修理技术文件中的验收标准和合同中的说明进行，并以满足生产工艺要求为基本验收条件。

5）承修方在设备修理验收后，应将全部修理文件交给委托方，以便于委托方查阅（包括修理方案、改装部位、换件明细表等）。

6）托修的设备应规定保修期，具体期限由甲乙双方事先议定，写入合同中。目前国内一般规定为一年。在保修期内承修单位接到托修单位由于发生故障要求返修的通知，应及时派人前往现场了解故障原因。属于修理质量造成的故障，应由承修单位负责抢修，其费用由承修单位承担，并按合同中的规定负担用户的停产损失。如解体检查前难以确定故障原因和责任，承修单位也应先承担排除故障的修理，其修理费用应由最后确定的责任者一方承担。

7）承、托修双方在检查验收中，对修理内容、验收与否有争议时，应尽量协商解决。如合同发生纠纷难以协商解决时，双方均可申请经济合同仲裁机构或地方主管部门协商仲裁解决。

6.3 设备修理实施

按照生产工艺要求和针对设备技术状态劣化程度，编制预防性修理计划，修理前充分做好技术及生产准备工作，适时地进行修理。修理中应积极采用新工艺、新技术、新材料和现代科学管理方法，以保证修理质量、缩短停歇时间和降低修理费用。同时，结合修理对设备进行必要的局部改进设计，以提高设备的可靠性和维修性。

6.3.1 修前准备

修前准备工作包括技术准备和生产准备两方面的内容。

修前准备工作由主修技术人员负责，包括对需修设备技术状况的修前预检，在预检的基础上，编制出该设备的修理技术文件，作为修前生产准备工作的依据。

修前的生产准备工作由备件、材料、工具管理人员和修理单位的计划人员负责。它包括修理用主要材料、备件和专用工具、检具、研具的订货，制造和验收入库以及修理作业计划的编制等。

修前准备工作的完善程度和及时性，将直接影响设备的修理质量、停歇天数和经济效益。企业设备管理部门应认真做好修前准备工作的计划、组织、协调和控制工作，定期检查准备工作完成情况，发现问题应及时研究并采取措施解决，保证满足修理计划的要求。对重点、关键设备的修前准备工作，宜编制修理准备工作计划，下达给有关职能科（组）执行，并进行考核。修前准备工作的程序如图 6-11 所示。

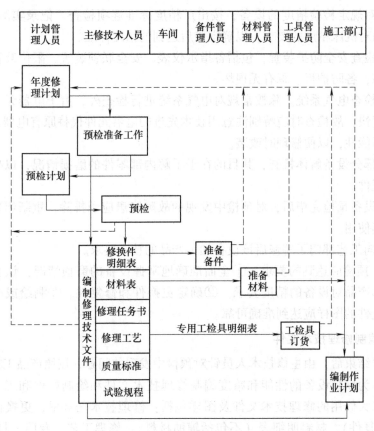

图 6-11 修前准备工作的程序

1. 设备状态的调查

为了全面深入掌握需修设备技术状态、具体劣化情况和修后对设备上加工产品的技术要求，以设备部门负责设备修理的技术人员（以下简称主修技术人员）

为主，会同设备使用单位及施工单位修理技术人员共同进行调查和修前预检。主要内容及步骤如下：

1) 向操作工人了解设备的技术状态，如精度是否满足产品工艺要求，性能出力是否下降，液压、气动、润滑系统是否正常和有无泄漏，附件是否齐全和有无损坏，安全防护装置是否灵敏可靠和设备的使用情况等；向维修工人了解设备的事故情况、易发故障部位及现存的主要缺陷等。

2) 检查各导轨的磨损情况（测出导轨的磨损量）和外露零件磨损情况。

3) 检查设备的各种运动是否达到规定的速率，特别应注意高速时的运动平稳性、振动和噪声，以及低速时有无爬行现象；同时检查操纵系统的灵敏性和可靠性。

4) 对规定检验精度的设备，按出厂精度标准逐项检查，记录实测精度值。了解产品对机床精度的要求，以确定修后达到的精度标准。

5) 检查安全防护装置，包括各指示仪表、安全联锁装置、限位装置等是否灵敏可靠，各防护板、罩有无损坏。

6) 检查电气系统。除按常规对电气系统进行检查外，由于电器元件的产品更新速度快，故检查时应特别注意用技术先进的电器元件代替原有电器元件的必要性与可能性，以便修理时改装。

7) 部分设备解体检查，其目的在于了解内部零件的磨损情况，以确定更换件及修复件。

8) 设备预检完毕后，对预检中发现的故障隐患应予排除，重新组装，交付生产继续使用。

9) 向工艺部门了解修后该设备加工产品的技术要求。

10) 预检应达到的要求：①全面准确地掌握设备的磨损情况，认真做好记录；明确产品对设备的精度要求。②确定更换件和修复件。③测绘或校对更换件、修复件的图样应达到准确可靠。

2. 编制修理技术文件

预检结束后，由主修技术人员针对预检中发现的问题，按照产品工艺对设备的要求，为恢复设备的性能和精度编制修理技术文件和绘制配件和工、检具图样。设备大修用的修理技术文件及图样包括：修理技术任务书，更换件明细表（包括修复件），材料明细表（不包括辅助材料），修理工艺，专用工具、检具、研具明细表及图样，修理质量标准。

对于项修，可按实际需要把各种修理技术文件的内容适当地加以综合和简化。

编制修理技术文件时，应尽可能地首先完成更换件明细表和图样以及专用工具、检具、研具图样，按规定工作流程传递，以利及早办理订货和安排制造。

3. 材料及备件准备

(1) 材料　企业设备主管部门在编制年度修理计划的同时，应编制年度分类材料计划表，提交企业材料供应部门。编制年度材料计划的依据是：①年度修理计划（包括大修、项修、定期修理，清洁换油等计划）所列设备各种修理类别。②按设备各种修理类别历年平均材料消耗量。③按年度大、项修计划中某些项目的修理内容，需用数量较多的某种材料。

按以上三方面综合分析，预测出按大类划分的年度需用材料数量。至于每一大类材料中需用的品种、规格及数量，则可参考历年实际消耗来预测。材料的大类可分为：碳素钢型材，合金钢型材，非铁金属型材，电线和电缆，绝缘材料，橡胶、石棉及塑料制品，油漆，润滑油及清洗剂等。

主修技术人员编制的设备修理用材料表是领用材料的依据。材料管理人员在收到某台设备修理用材料表后，应对照年度材料计划，对未列入年计划的材料品种、规格或虽已列入年计划但数量不能满足要求者及时提出（单台）设备修理用材料计划表，交材料部门组织供应，材料的代用应征得主修技术人员同意。

(2) 修换件　备件管理人员接到修换件明细表后，对需更换的零件核定库存量，确定需订货的备件品种、数量，列出备件订货明细表，并及时办理订货。原则上，凡能从机电配件商店、专业备件制造厂或主机制造厂购到的备件应根据交货周期及设备修理开工期签订合同，力求缩短备件资金周转期。

对必须按图样制造的专用备件（如改装件），原则上由机修车间或本企业其他车间安排制造。对重要零件的修复（如大型镗杆镀铬），如本企业装备技术条件达不到要求，应寻求有技术装备条件的外部企业，经协商签订订货合同。

4. 专用工具、检具、研具的准备

工具、检具、研具是保证修理质量的重要手段。检具和研具的精度要求高，应由工具管理人员向工具车间提出订货。工具、检具、研具的毛坯与自制件毛坯准备应列入企业生产计划考核。

工具、检具、研具制造完毕后，应按其精度等级，经具有相应检定资格的计量部门检验合格，并随附检定记录，方可办理入库。

5. 编制修理作业计划

修理作业计划是组织修理施工作业的具体行动计划，其目标是以最经济的人力和时间，在保证质量的前提下力求缩短停歇天数，达到按期或提前完成修理任务。

修理作业计划由修理单位的计划员负责编制，并组织主修机械及电气技术人员、修理工（组）长讨论审定。对一般结构不复杂的中、小型设备的大修，可采用顺序式作业计划并加上必要的文字说明；对于结构复杂的高精度、大型、关键设备的大修，应采用网络计划。

编制修理作业计划的主要依据是：各种修理技术文件规定的修理内容、工艺、技术要求及质量标准；修理计划规定的工时定额及停歇天数；修理单位有关工种的能力和技术水平以及装备条件；可能提供的作业场地、起重运输、能源等条件。

修理作业计划的主要内容是：①作业程序。②分阶段、分部作业所需的工人数、工时及作业天数。③对分部作业之间相互衔接的要求。④需要委托外单位劳务协作的事项及时间要求。⑤对用户配合协作的要求等。

设备大修理的一般作业程序如图 6-12 所示。根据设备的结构特点和修理内容，可以把某些阶段再分解为若干部件，并显示出各部件修理的先后程序及相互衔接关系。

图 6-12　设备大修理作业程序

6.3.2　修理工作的主要环节

在修理工作中应抓好以下几个环节。

1. 交付修理

设备使用单位应按修理计划规定的日期，在修前认真做好生产任务的安排，对由企业机修车间或企业委外修理的设备，应按期移交给修理单位。移交时应认真交接并填写设备交修单。设备交修单见表 6-8，一式两份，交接双方各存一份。设备修理竣工验收后，双方按设备交修单仔细清点。如设备在现场进行修理，使用单位应在移交设备前，彻底擦拭设备并把设备所在现场打扫干净，移走产成品或半成品，并为修理作业提供必要的场地。

表 6-8　设备交修单

资产编号	设备名称	型　　号	设备类别
修理类别		交修日期	年　月　日
随机移交的附件及专用工具			

序号	名　称	规　格	单位	数量	备　注

（续）

序号	名　称	规　格	单位	数量	备　注
需要记载的事项					

移交单位	单位名称		承修单位	单位名称	
	操 作 者			主修工人	
				修理工人	

由设备使用单位维修工段承修的修理或项修，可不填写设备交修单，但也应同样做好修前的生产安排，按期将设备交付修理。

2. 解体检查

设备解体后，以设备管理部门主修技术人员为主，与修理单位修理技术人员和修理工人密切配合，及时检查零部件的磨损、失效情况，特别要注意在修前未发现或未预测到的问题，并尽快发出以下技术文件和图样。

1）修理技术任务书的局部修改与补充，包括修改、补充的修换件明细表及材料明细表。

2）按修理装配先后顺序的需要，尽快发出临时制造配件的图样和重要修复图样。修理单位计划调度员和修理工（组）长根据解体检查的结果及修改补充的修理技术文件，及时修改和调整修理作业计划。修改后的总停歇天数，原则上不得超过原计划的停歇天数。作业计划应张贴在施工现场，便于参加修理的人员随时了解施工进度要求。

3. 配件制造

修复件和配件的修造进度，往往是影响修理工作不能按计划进度完成的主要因素。应按修理装配先后顺序的要求，对关键件逐件安排加工工序作业计划，采取有力措施，保证满足修理进度要求。

4. 生产调度

修理工（组）长必须每日了解各部件的修理作业实际进度，并在作业计划上作出实际完成进度的标志。对发现的问题，凡本工段能解决的应及时采取措施解决。例如，发现某项作业进度延迟，可根据网络计划中的时差，调动修理工人增加力量，把进度赶上去。对本工段不能解决的问题，应及时向计划调度人员汇报。

计划调度人员应每日检查作业计划的完成情况，特别要注意关键路线上的作业进度，并到现场实际观察检查，听取修理工人的意见和要求。对工（组）长提出的问题，要主动与技术人员联系商讨，从技术上和组织管理上采取措施及时解决。计划调度人员还应重视各工种作业衔接。利用班前、班后召开各工种负责人参加的简短会议，这是解决各工种作业衔接问题的好办法。

5. 质量检查

修理工人在每道作业工序完毕经自检合格后，须经质量检查员检验确认合格后方可转入下道作业工序。对重要工序（如导轨磨削），质量检查员应在零部件上作出"检验合格"的标志，避免以后发生漏检质量问题时引起麻烦。

6. 设备修理技术文件

设备修理用技术文件的用途是：①修前准备材料、备件的依据。②制定工时定额和费用预算的依据。③编制修理作业计划的依据。④指导修理作业。⑤检查和验收修理质量的标准。

设备大修理常用的修理技术文件包括：修理技术任务书、修换件明细表、材料明细表、修理工艺规程及修理质量标准。对于设备项修，可按修理内容繁简，把上述各种修理技术文件的内容适当合并简化。

修理技术文件的正确性和先进性是衡量企业设备修理技术水平的主要标准之一。正确性是指能全面准确地反映设备修前的技术状况，制定切实有效的修理方案；先进性是指所采用的修理工艺不但先进适用，而且经济效益良好（停修时间短、修理费用低）。企业的设备管理部门不但要组织编制好修理技术文件，而且要组织认真执行，设备修理解体检查后如发现磨损情况与事先预测的情况有出入，应对修理技术文件作必要的修正。设备修理竣工验收后，应将修理技术文件随竣工验收报告单归档。积累这些材料既可供以后参考使用，又可据以分析了解设备的磨损规律，从而更有效地进行设备修理。

（1）设备修理用主要技术资料　某公司设备修理用主要技术资料见表 6-9。其中的设备图册、动力管网图、设备修理工艺、备件制造工艺、修理质量标准等均应有底图和蓝图，各种资料在资料室均装订成册，可供借阅。

表6-9 某公司设备修理用主要技术资料

序号	名称	主要内容	用途
1	设备说明书	规格性能 机械传动系统图 液压系统图 电气系统图 基础布置图 润滑图表 安装、操作、使用、维修的说明 滚动轴承位置图 易损件明细表	指导设备安装、使用、维修
2	设备图册	外观示意图及基础图 机械传动系统图 液压系统图 电气系统图及线路图 组件、部件装配图 备件图 滚动轴承，液压元件，电气、电子元件，传动带，链条等外购件明细表	供维修人员分析排除故障；制定修理方案；购买、制造备件
3	各动力站设备布置图、厂区车间动力管线管网图	变配电所、空气压缩机站、锅炉房等各动力站设备布置图 厂区车间供电系统图 厂区电缆走向及坐标图 厂区、车间蒸汽、压缩空气、上下水管网图	供检查、维修
4	备件制造工艺规格	工艺程序及所用设备 专用工具、卡具图样	指导备件制造作业
5	设备修理工艺规程	拆卸程序及注意事项 零部件的检查修理工艺及技术要求 主要部件装配和总装配工艺及技术要求 需用的设备，工、检具及工艺装备	指导修理工进行修理作业
6	专用工具、检具图	设备修理用各种专用工具、检具、研具及装备的制造图	供制造及定期检定
7	修理质量标准	各类设备磨损零件修换标准 各类设备修理装配通用技术条件 各类设备空运转及负荷试车标准 各类设备几何精度及工作精度检验标准	设备修理质量检查和验收的依据
8	动能、起重设备和压力容器试验规程	目的和技术要求 试验程序、方法及需用量具及仪器 安全防护措施	鉴定设备的性能、出力和安全规程是否符合国家有关规定

(续)

序号	名称	主要内容	用途
9	其他参考技术资料	有关国际标准及外国标准 有关国家技术标准 工厂标准 国内外设备维修先进技术经验、新技术、新工艺、新材料等有关资料 各种技术手册 各种设备管理与维修期刊等	供维修技术工作参考

（2）修理技术任务书　修理技术任务书是设备修理的重要指导性技术文件，规定了设备的主要修理内容、应遵守的修理工艺规程和应达到的质量标准。它不但是修理工进行修理作业的依据，也是检查、验收修理质量的准绳。编制修理技术任务书时，应从设备修前的实际技术状况出发，采用切实可行的修理工艺，以达到预期的质量要求。

1）编制程序。修理技术任务书的编制程序一般如下：

① 编制修理技术任务书前，应详细调查了解设备修前的技术状况、存在的主要问题及生产、工艺对设备的要求。

② 针对设备的磨损情况，分析确定采用的修理方案、主要零部件的修理工艺以及修后的质量要求。修理技术任务书、修理工艺及质量标准三者是密切相关的，应结合起来考虑。

③ 将草案送使用单位负责人征求意见并会签，然后送主管工程师审查，并由有关技术负责人批准。一般设备的修理技术任务书由设备管理部门的技术组长批准；高精度、大型关键设备的修理技术任务书由总机械动力师或设备管理部门的主管领导批准。

2）修理技术任务书内容。

① 设备修前技术状况。它包括：a. 工作精度。着重反映工件精度下降情况，如典型零件的圆度、圆柱度、同轴度、直线度、平面度、平行度、垂直度、齿距、精度、粗糙度等误差。b. 几何精度。着重反映影响工件精度的主要精度检验项目的实际误差下降情况。c. 主要性能。着重说明金属切削机床的切削能力和运动速度等。d. 主要零部件的磨损情况。e. 电气装置及线路主要缺损情况。f. 液压及润滑系统的缺损情况。g. 安全防护装置的缺损情况。

② 主要修理内容：a. 主要解体零部件清单。b. 关键件的修理方法。c. 主要检查及调试项目要求。d. 检查安全防护装置。e. 修复外观要求。f. 改善性修理内容与工艺。g. 高级修复技术与工艺应用说明。

3）修理质量要求。逐项说明应按那些通用、专用修理质量标准检查和验收。通用质量标准应说明其名称及编号（国标、部标或厂标编号）；专用质量标准应附于修理技术任务书后。

4）修正与归档。设备解体检查后所确定的修理内容，一般不可能与修理技术任务书规定的内容完全相同。设备修理竣工后，应由主修技术人员将变更情况作出记录，附于修理技术任务书后，随同修理竣工验收单归档。

（3）修换件明细表　修换件明细表是预测修理时需要更换和修复的零（组）件明细表。它是修前准备备件的依据，应力求准确，既要不遗漏主要备件，以免因临时准备而影响修理工作的顺利进行，又要防止准备的备件过多，修理时用不上而造成备件积压。修换件明细见表6-10。

表6-10　修换件明细

资产编号				设备名称			型号规格			修理类别	
序号	零件图号或型号	名称	材质	数量	质量/kg		更换件储备形式			修复件工艺简介	单价/总价元	备注
					单重	总重	成品	半成品	毛坯			
修理计划人员			备件管理人员				主修技术人员				
							编制日期 　 年 　 月 　 日				

编制修换件明细表时一般应遵循以下原则。

1）下列零件应列入修换件明细表：

① 需要铸、锻毛坯及焊接件的更换件。

② 制造周期长、精度高的更换件。

③ 需外购的大型、高精度滚动轴承、滚动丝杠副、液压元件、气动元件、密封件、链条片式离合器的摩擦片等。

④ 制造周期虽不长，但需用量大的零件（如20件以上）。

⑤ 采用修复技术在施工时修复的主要零件。

2）对于常用材料，为便于领料，要填写材料明细表：

① 各种钢铁材料。

② 非铁金属材料。

③ 焊接材料。

④ 电气材料。

⑤ 橡胶、塑料及石棉制品，及各种衬板等。

⑥ 修理用粘接、粘补剂。

⑦ 润滑油脂。
⑧ 油漆。
⑨ 管道用保温材料。
⑩ 砌炉用各种砌筑材料及保温材料等。

6.3.3 设备修理质量标准与竣工验收

通常所说的设备修理质量标准是衡量设备整机技术状态的标准，包括修后应达到的设备精度、性能指标、外观质量及安全环境保护等方面的技术要求。它是检验和评价设备修理质量的主要依据。

通常设备的性能标准按设备说明书的规定；设备的几何精度及工作精度应按产品工艺要求制定标准；而设备零部件修理装配、运转试验、外观等的质量要求，则在修理工艺和分类设备修理通用技术条件中加以规定。

1. 制定设备修理质量标准的原则

制定设备修理质量标准前，应先确定其产品对象，制定标准时应遵循以下原则：

1) 以出厂标准为基础。

2) 修后的设备性能和精度应满足产品、工艺要求，并有足够的精度储备，如产品工艺不需要设备原有的某项性能或精度，可以不列入修理质量标准或免检；如设备原有的某项性能或精度不能满足产品、工艺要求或精度储备量不足，在确认可通过采取技术措施（如局部改装，采取提高精度修理工艺等）解决的情况下，可在修理质量标准中提高其性能、精度指标。

3) 对于整机有形磨损严重，已难以修复到出厂精度标准的机床，如由于某种原因需大修时，可按出厂标准适当降低精度，但仍应满足修后加工产品和工艺的要求。

4) 达到环境保护和安全法规的规定。

2. 设备修理质量标准的内容

综合各类设备的修理质量标准，主要包括以下五个方面的内容。

1) 外观质量。设备外观质量要求的基本内容是：①对设备外表面和外露零件的整齐、防锈、美观的技术要求。②对涂漆的技术要求。

2) 设备空运转试验规程。

3) 设备负荷试验规程。

4) 设备几何精度标准。

5) 工作精度标准。

3. 设备修理竣工验收

（1）修理竣工验收程序及技术经济要求　设备大修理完毕经修理单位试运转并自检合格后，按图 6-13 所示的程序办理竣工验收。

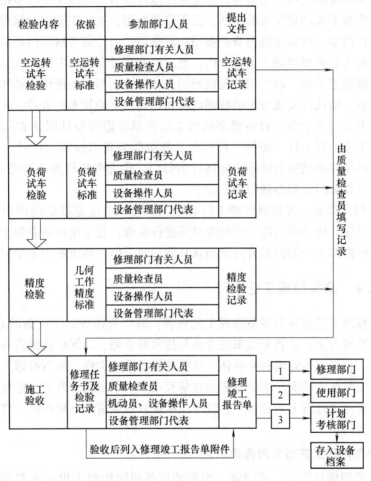

图 6-13　设备大修竣工验收程序

按规定标准，空运转试车、负荷试车及工作、几何精度检验均合格后方可办理竣工验收手续。验收工作由企业设备管理部门的代表主持，由修理单位填写设备大修、项修竣工报告单一式三份，随附设备解体后修改补充的修理技术文件及试车检验记录。参加验收人员要认真查阅修理技术文件和修理检验记录，并互相交换对修理质量的评价意见。各方按修理技术任务书的规定要求一致认为已达到要求后，在修理竣工报告单签字验收。如验收中交接双方意见不一，应报请企业总机械动力师（或设备管理部门负责人）裁决。如有个别遗留问题，必须不影响设备修后正常使用，并应在竣工报告单上写明经各方商定的处理办法，由修理单位限期解决。

设备修理竣工验收后，由修理单位将修理技术任务书、修换件明细表、材料明细表、试车及精度检验记录等，作为附件随同设备修理竣工报告单报送修理计划部门，作为考核计划完成的依据。关于修理费用，如竣工验收时修理单位尚不能提出统计数字，可以在提出修理费用决算书后，由计划考核部门按决算书上的数据补充填入设备修理竣工报告单内。然后由修理计划部门定期办理归档手续。

设备修理完毕后，以使用单位机械动力师为主，与设备操作人员和修理工一起共同检查、确认已完成规定的修理内容和达到规定的技术要求后，在设备修理竣工报告单上签字验收。设备修理的竣工报告单应附有换件明细表及材料明细表，其人工费可以不计，备件、材料费及外协劳务费均按实际数计入竣工报告单。此单由车间机械动力师报送修理计划部门，作为考核修理计划完成的依据，并由修理计划部门定期办理归档手续。

(2) 用户服务　设备修理竣工验收后，修理单位应定期访问用户，对运行中发现的问题，应及时利用生产间隙时间进行返修，直至用户满意为止。设备修理后应有保修期，一般由双方共同确认具体期限，但一般应不少于半年。

6.3.4 设备修理工艺

设备修理工艺也称为设备修理工艺规程，其中具体规定了设备的修理程序、零部件的修理方法、总装配试车的方法及技术要求等，以保证达到设备修理整体质量标准。它是设备修理时必须认真执行的修理技术文件。编制修理工艺应从设备修前的实际技术状况和本企业维修装备及技术水平出发，既要考虑技术上的可行性，又要考虑经济上的合理性，以达到保证修理质量、缩短停歇天数和降低修理费用的目的。

1. 典型修理工艺与专用修理工艺

(1) 典型修理工艺　指对某一类型的设备或结构型式相同的零部件，按通常可能出现的磨损情况编制的修理工艺，它具有普通指导意义，但对某一具体设备则缺少针对性的各种设备修理工艺即是典型修理工艺。

由于各企业修理用技术装备的条件不同，对于同样的零部件，采用的修理工艺也不尽相同。因此，各企业应按自己的具体条件并参考有关资料，编制出适用于本企业的典型修理工艺。

(2) 专用修理工艺　指企业对某一型号的设备，针对其实际磨损情况，为该设备修理专门编制的修理工艺。它对以后的修理仍有较大参考价值，但应根据实际磨损和技术进步情况作必要的修改和补充。

一般来说，企业可对通用设备的修理采用典型修理工艺，并针对设备的实际磨损情况编写补充工艺和说明。对无典型工艺的设备，则编制专用修理工艺，后者经实践验证后，可以补充完善成为典型修理工艺。

2. 修理工艺的内容

设备修理工艺一般应包括以下内容：
1) 整机及部件的拆卸程序，以及拆卸过程中应监测的数据和注意事项。
2) 主要零部件的检查、修理工艺，以及应达到的精度和技术条件。
3) 总装配程序及装配工艺，以及应达到的配合间隙和技术要求。
4) 关键部位的调整工艺和应达到的技术条件。
5) 需用的工具、检具、研具和量具、仪器明细表，其中对专用的工具、检具、研具应加注明。
6) 试车程序及需要特别说明的事项。
7) 施工中的安全措施等。

对结构较简单的设备，修理工艺的内容可适当简化。

3. 编制时应注意的事项

1) 零部件的磨损情况是选择修理工艺方案时的依据条件之一，但不可能在修前对所有零部件的磨损程度完全了解。因此，编制修理工艺时既要根据已掌握的修前缺损状况，也要考虑设备正常磨损的规律。
2) 选择关键部件的修理工艺方案时，应考虑在保证修理质量的前提下力求缩短停歇天数和降低修理费用。
3) 采用先进适用的修复技术时，应从本企业技术装备和维修人员技术水平出发。对本企业尚未应用过的修复技术，必要时应事先进行试验，以免施工中出现问题而贻误修理工作。
4) 尽量采用通用的工具、检具、研具，确有必要使用专用工具、检具、研具时，应及早发出其制造图样。
5) 修理工艺文件宜多用图形和表格的形式，力求简明。
6) 重视实践验证。在设备修理过程中，应重视对修理工艺的验证。为此，应做好以下工作：①设备解体检查后，发现修理工艺中有不切实际的应及时修改。②在修理过程中，注意观察修理工艺的效果，修后做好分析总结，以不断改进和提高工艺水平。

6.3.5 设备高级修复技术

1. 高级修复技术的形成

失效的零部件及设备大部分都可以修复。一般来说，修复零件比更换新件要经济,同时可以减少备件储备,减少更换件的制造,节约资源和费用,减少故障维修的停歇台时,修复一般费用不大,因此维修部门应配备一定的技术力量和装备,充分利用社会的设备维修技术资源,发展自主创新的高级修复技术。

传统修复技术的种类很多,使用主要方法有刮研、研磨、机械修复法、塑性变形、电镀喷涂、焊接、粘接等。选用修复技术主要考虑因素:

1) 对零件材料的适用性。
2) 能达到修补层的厚度。
3) 对零件物理性能的影响。
4) 对零件强度的影响。
5) 对零件精度的影响。

近些年来,电镀、喷涂、焊接、粘接等各种新技术有了很大的发展,已广泛地应用于设备维修中,大大提高了零件修复的技术水平和适用范围。但传统零件修复技术对原有零件的尺寸精度、几何精度、硬度、耐磨性、耐蚀性、粗糙度及力学必能等参数有一定影响。

高级修复技术是通过对废旧设备进行高技术修复、改进等形成市场化的过程。我国经济发展对设备修理有十分迫切的需求,高级修复技术初步应用取得非常明显的节能减排和节材的效果。在国际上,美国、欧盟等已建立十分完善的修复体系。近年来我国再制造发展迅猛,由于再制造研发新技术的影响和启发,设备传统修理技术进行不断吸收和创新,近年来国内出现了一种零部件特殊修复技术,即为高级修复技术,它由多种具有先进技术的专用设备、专门工艺和超强特殊材料复合而组成。在对设备(零部件)修理时,由于采用特殊工艺技术,设备修理时始终处于常温状态,由于不升温,零部件修复中不会发生变形;无内应力产生,使原有的尺寸精度、几何精度保持不变,这些新技术、新工艺将在设备修理中发挥更大的作用。

2. 高级修复技术发展特点

面向新时期根据不同材料、不同形状零部件,按不同精度要求、性能要求以及损伤情况,采用设备高级修复技术进行针对性修理,实现可靠、快速修复设备。其特点:

1) 零部件修复后的安全性能将明显提高。零件在修复过程中,始终处于常温状态,无内应力产生,在设备运行中,因无内应力释放而消除存在的断、裂等安全隐患。

2) 零部件修复后的力学性能将保持不变。修复工艺是根据零件局部磨损处的情况,在修后处仍能达到或高于原母材的力学性能,从而提高了零件的使用寿命。

3) 应用范围广。将广泛应用于缸筒、活塞、液压缸、导杆、铜瓦、曲轴、滚筒、轧辊、箱体、缸体、齿轮键槽、转子轴承位等各类机械零件的断、裂、磨损、棱角崩损、加工超差、锈蚀等方面的修复；可对大型精密设备零件进行现场不解体修复；可对碳钢、合金钢、不锈钢、铸铁、铸铜、铸铝等各种材料及不明材料材质进行修复；可对表面镀铬、镀钛、镀铜等复合材料及橡胶、塑料等非金属进行修复；也可对相同或不同材料进行连接、固定、密封及管道、容器的带压堵漏；还可用于零件表面的改性，使其分别具有减摩、耐磨、耐高温、防腐、防锈、防老化等各种性能。

4）不断开发先进的管理软件，以实现零部件的自修复或自愈合的功能与技术等。

3. 高级修复技术应用实践

高级修复技术主要包括有高频熔焊多金属修复技术、活化电刷镀修复技术、复合胶粘修复技术等，同时扼要介绍相关脉冲激光熔焊技术、强化离子束技术、摩擦旋转电火花深覆技术、远程监控实施修复技术等，这些典型的设备高级修复技术，在未来将在我国现代设备工程领域得到不断应用和发展。

（1）高频熔焊多金属修复技术

1）工作机理。高频熔焊多金属修复技术是利用高频熔焊多金属缺陷修补机（简称多金属缺陷修补机）对多种金属零部件表面的缺陷（如铸件的气孔、砂眼、不同金属零部件在使用过程中产生的剥落、磨痕等）进行修补、修复。多金属缺陷修补机在工作时可用 $10^{-3} \sim 10^{-1}$s 的周期电容充电，并在 $10^{-6} \sim 10^{-5}$s 的超短时间高频放电，以各种金属补材作为修补机的电极，与待修金属材料基体缺陷部位接触时会由高频放电电压将气体击穿形成等离子气，从而产生 3000℃ 以上高温的电火花，使电极（金属补材）与待修基体金属材料接触部位瞬间发生熔融，并进而过渡到待修件的表面层。由于补材与基材之间产生了合金化的作用，从而向待修件内部扩散、熔渗，形成了扩散层，得到了高强度的冶炼结合。

2）技术特点。高频熔焊可修复的材料有低碳素钢、中碳素钢、工具钢、模具钢、铸铁、铸钢、不锈钢、铝合金、铜合金、镍、铜等以及几乎所有的导电体材料，因此称为多金属缺陷修补机。其特点是：

① 操作简单、经过短期培训将可进行操作；修补机方便携带，使用 220V 的交流电源，在现场可以进行施工、修复。

② 大型设备、铸件及模具不拆卸即能现场作业。

③ 待修件不需预热和保温；由于补材与基体形成扩散层，结合强度高，不会脱落；修补余量可以控制得很小，从而减少了机加工时间。

④ 当修复层在使用中产生磨损，在同一部位还可进行多次修补；该机可以一机多用，修补铝、铜、不锈钢、铸铁、铸钢以及碳化钨硬质合金的涂层；在修补加工时不产生噪声、粉尘、废液、强光及异臭味，不影响操作人员健康。

3) 应用范围。

① 适用于各种牌号铝及铝合金、铜及铜合金、灰铸铁及合金灰铸铁、球墨铸铁及合金球墨铸铁、铸钢、不锈钢、合金钢及模具钢等制件缺陷的修补。

② 以上各种材料制件的缺陷，包括铸件的气孔、砂眼、疏松、冷隔、扎刀、崩角及模具的龟裂、磨损的修补。

③ 可修补的金属制件类型包括：各种受力、受压、受冲击、受高温、受腐蚀等状态下工作的铸件，如泵、阀、管道、发动机体、齿轮箱等；各种表面质量要求严格的铸件，如机床导轨面、卡盘面、曲轴轴颈、凸轮轴表面、缸套、活塞等表面。

(2) 活化电刷镀修复技术

活化电刷镀修复技术是应用电化学沉积原理，在金属表面选定部位快速沉积金属镀层的一种表面处理技术。

由于活化液的研发成功，结束了电刷镀技术只能在单一材料上沉积金属镀层的历史，从根本上拓宽了应用范围。该活化液在电刷镀工艺上的应用，使电刷镀技术可以在两种及两种以上材料上同时沉积金属镀层；也可以在不明材料材质及惰性材料上沉积镀层，使一些进口零件及表面镀铬的复合材料零件的成功修复将成为现实。更为重要的是，该项发明将实现了电刷镀技术与其他特种修复技术的复合应用。

1) 工作机理。电刷镀修复技术是采用专用的直流电源设备，刷镀时镀笔接电源正极作为刷镀时的工作阳极，工件接电源的负极作为刷镀时的阴极。电刷镀的镀笔采用高纯石墨作阳极材料，在石墨块外包裹棉花和耐磨的涤棉套。在电刷镀进行工作时，使浸满镀液的镀笔以一定的相对运动速度在工件表面上往返旋转移动，并保持一定的压力，在镀笔与工件接触的部位，镀液中的金属阴离子在电场力的作用之下，获得电子被还原成金属原子，这些金属原子沉积并结晶在工件上形成金属镀层，如图 6-14 所示。

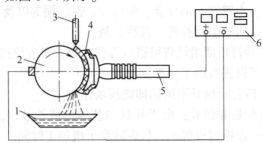

图 6-14　活化电刷镀修复技术基本原理示意图
1—溶液　2—工件　3—注液管
4—阳极及包套　5—镀笔　6—电源

2）技术特点。由于脉冲技术成功地应用于电刷镀电源的制造中，使电刷镀电源成为原直流电源的替代产品。电刷镀电源使得镀层结合强度有了显著提高，内应力有了显著降低，其特点为：

① 广泛与常温冷态重熔技术复合应用，可修复各类零件的磨损、划伤；零件在修复过程中，始终处于常温状态，无内应力、无变形。修复量控制精确，可进行复杂曲面的随形修复。

② 可有效提高修复材料的力学性能并降低表面粗糙度值，硬度将可达到58HRC，耐磨性为45钢调质处理后的1~1.5倍，防腐性是不锈钢的1倍，表面粗糙度值为$Ra0.03\mu m$。

③ 仅对零件的磨损位置局部施镀修复，未磨损区域不会出现施镀痕迹。

(3) 复合胶粘修复技术

复合胶粘修复技术也简称胶粘技术，是胶接技术与表面粘涂技术相结合的复合技术，该技术是用胶粘剂将各种材料、形状、大小、薄厚相同或不同的物件连接成为一个连续牢固整体的方法。

1）工作原理。复合胶粘修复技术是一种新型化学连接技术，了解胶粘的本质与胶粘的基本特性，即可将胶粘剂的正确选用和胶粘工艺的合理实施。胶粘作用的形成包括以下三方面：

① 浸润。当一滴液体与固体表面接触后，接触面自动增大的过程，即浸润，是液体与固体表面相互作用的结果。

② 化学键理论。当胶粘剂与被粘物在界面上产生化学反应，形成化学键结合把两者牢固地连接起来。由于化学键力要比分子间力大1~2个数量级，所以能获得高强度的牢固粘接。

③ 扩散理论。当胶粘剂与被粘物分子间互相扩散，使两者之间的界面逐渐消失，并相互交织而牢固地黏合。

2）胶粘特点（与其他连接方式，如铆接、焊接、螺纹连接、键接等比较）。

① 胶粘可以连接各种不同类的材料。金属与金属、金属与非金属都可以相互胶接；各种材料的表面缺陷均可进行表面粘涂。胶粘时零件不产生热应力与热变形。胶接与表面粘涂时，通常都在较低的温度下进行，因此，对薄壁零件、受热敏感的零件以及不允许高温焊接的零件，采用胶粘技术是非常有利的。

② 胶粘可提高抗疲劳寿命。对于结构粘接承受载荷时，由于应力分布在整个胶合面上，这就避免了高度的应力集中，特别是薄板的连接，如采用铆接或点焊，由于应力集中在铆钉或焊点上，容易产生疲劳破坏。因此在飞机制造中的某些结构，如蜂窝结构等均把铆接改为胶粘，其疲劳寿命可提高1~3倍。所以，现代的飞机制造业、宇航器等胶粘已逐步地代替了铆接。

③ 胶粘比铆、焊及螺纹连接可减轻结构的质量。在飞机及宇航器的制造中，

胶粘代替铆接后，质量可减轻 20%~30%；大型天文望远镜采用胶粘结构其重量也可减轻 20% 左右。

④ 工艺简单，不需要专门和复杂的设备，可现场施工，生产效率高，加工成本低、经济效益显著。胶粘与表面粘涂有耐高温特性，有机胶粘剂一般在 150℃ 左右，少数可达 250℃ 以上，无机胶粘剂可达 600~900℃。

3) 应用范围。我国的胶粘技术，近年来得到快速发展，应用领域不断扩大。一些传统的制造工艺与设备的维修工艺将会由于胶粘技术的发展而得到更新，随着不同性能和功能的新型胶粘剂（如高强度、阻燃、高粘合性、耐高温、耐高电压、高耐磨性、快速固化和低应力等）相继研制成功以及胶粘工艺的不断改进，使胶粘技术得到更迅猛发展，将成为制造业及特种修复技术中不可缺少的新技术。

① 零件断裂的胶粘。各种设备的零件由于在使用中承受的载荷超过设计指标或因制造及使用不当，产生断裂或裂纹是经常发生的，传统的工艺方法是采用焊接，而焊接给零件会带来热应力与热变形，特别是薄壁件更有甚之。对一些易于发生爆炸危险的设备，如储油罐、煤矿等井下设备，绝对不能用焊接法进行修复，而采用胶粘法与表面粘涂法则显得十分安全、可靠、方便。

② 铸造缺陷的修补。铸造缺陷，如气孔、砂眼、缩松，一直是造成铸件报废带来很大损失的问题。一般在铸件中发现气孔与砂眼大多采用回炉处理，但若采用复合胶粘技术修补铸造缺陷，既简便易行，又省工、省时、节约资金，其效果良好，而且修补部位可与各种铸件保持基本一致的颜色与强度。未来在液压泵、水泵、发动机缸体、变速箱体、机床床身等铸造行业，广泛使用铸造缺陷修补胶粘剂对气孔、砂眼进行填补，将会取得明显的经济效益。

③ 化工设备及零件的密封与堵漏。在化工企业，滴、冒、渗、漏是经常遇到的现象，过去很难用有效的方法来解决。用表面胶粘的方法进行堵补将会十分方便可靠，不仅可以停车堵补、密封，而且可以带压堵补。在不影响生产的条件下，带温、带压修复渗漏部位可迅速达到密封的效果。对化工企业进行带压堵补可使企业挽回巨大的经济损失，其经济效益十分显著。

④ 设备及零件防腐。各种设备及零件的腐蚀是导致其失效与发生意外事故的主要原因之一，会给企业带来重大的损失，特别是石油、化工行业对设备与零件的防腐及保护十分重要。今后将对表面进行防腐胶粘工艺应用到化工、石油、制药等行业，用于易受腐蚀部位的修复和预涂保护层。例如石油、化工的管道及储罐，船舶壳体及螺旋桨，水库闸门等均可采用胶粘防护的方法予以保护。

(4) 脉冲激光熔焊技术

脉冲激光熔焊技术是在世界科技高速发展的环境下逐步发展起来的一项先进的特殊技术。它的基本原理是把波长一定的连续脉冲光束，通过放大、反射、聚焦，使光束的束宽、束形、束能、峰值功率及重复频率等参数达到特定的技术要求后辐射到工作表面，形成特殊的熔池。一般将由 5 部分组成：提供特殊光束的激光发生器、用于传送光束的光束传输系统、工件自动装卡移动系统、整机计算机控制系统、显微检测监控系统。该技术具有熔点小、熔速快、精度高、变形小等突出特点，工业上主要应用于精密件的补焊、焊接及特殊加工或表面强化，将有效地解决常规熔焊方法解决不了的难题。

（5）强化离子束强化技术　强化离子束技术是国际上近期发展起来的一种特殊材料表面改性技术，其基本原理是由离子源获得高能离子束流，通过磁化、纯化、加速，再经过多维旋转扫描器后注入材料表面，注入的离子与原材料的原子之间发生辐射扩散效应以及晶格置换错位现象，出现成核化合物，生成弥散硬化相，使其表层显微组织结构发生突变，从而获得所需要的性能。该技术所采用的主要设备称为等离子注入机，分为磁过滤真空弧等离子注入机及金属蒸气真空弧等离子注入机，根据被注入零件的体积决定设备的容积及离子源设计，离子源的材料一般根据工件材料的硬度、耐磨性、耐蚀性、抗氧化性及减摩性等特殊要求而选择难溶金属、过渡金属或稀土金属。该技术主要应用于零件表面的强化，特别是精密零件的强化，将会应用于化工、机械制造业等，而美国则首先将此技术成功地用于火箭、卫星、飞机、舰艇及其他武器装备的改进提高，取得了显著的成效，该技术将在我国应用由尖端领域向工业产业转化。

（6）摩擦旋转电火花涂覆技术　摩擦旋转电火花涂覆技术是现阶段国际上最先进的过渡金属（硬质合金、金属陶瓷等）熔融涂层技术，其主要原理是过渡金属焊接材料与工件在接触的瞬间，产生高频率、高脉冲的大电流，击穿中间的气体介质，产生高热电火花离子团，焊接材料原子被瞬间离子化并形成高能离子流，撞击工件表面。在镶嵌力、扩散力、化合键力、原子引力等微观力的综合作用下，形成牢固、致密的过渡金属层，过渡金属焊接材料一般选择 WC、TiC、Cr_3C_2 等。该技术的优点是可以极大地提高工件表面的硬度、耐磨性、热硬性及耐蚀性等特性，不受质量、体积、形状的局限，工件不变形；未来将用于高精密零件及模具的表面强化。

（7）远程监控实施修复技术　充分采用互联网+与远程监控技术的高度结合，在实时监控设备运行状态的同时，融入智能化的设备维护与保养等功能，实现设备的自动维护与保养功能、设备故障的自动修复功能以及潜在缺陷的自动愈合的功能。

6.4　设备备件管理

备件管理的目的是用最少的备件资金，科学合理经济的库存储备，保证设备维修的需要，减少设备停修时间并做到：

1) 把设备突发故障所造成的生产停工损失减少到最低程度。

2) 把设备计划修理的停歇时间和修理费用降低到最低限度。

3) 把备件库的储备资金压缩到合理供应的最低水平。

4) 备件管理方法先进，信息准确，反馈及时，满足设备维修需要，经济效果明显。

6.4.1 备件管理内容

在设备维修工作中，为缩短修理的停歇时间，根据设备的磨损规律和零件使用寿命，将设备中容易磨损的各种零部件，事先加工、采购和储备好，这些事前按一定数量储备的零部件称备件。

1. 备件管理的主要任务

1) 建立相应的备件管理机构和必要的设施，科学合理地确定备件的储备品种、储备形式和储备定额，做好备件的保管供应工作。

2) 及时有效地向维修人员提供合格的备件，重点做好关键设备备件供应工作，确保关键设备对维修备件的需要，保证关键设备的正常运行，尽量减少停机损失。

3) 做好备件使用情况的信息收集和反馈工作。备件管理和维修人员要不断收集备件使用的质量、经济信息，并及时反馈给备件技术人员，以便改进和提高备件的使用性能。备件采购人员要随时了解备件市场的货源供应情况、供货质量，并及时反馈给备件计划员，及时修订备件外购计划。

4) 在保证备件供应的前提下，尽可能减少备件的资金占用量。影响备件管理成本的因素有：备件资金占用率和周转率；库房占用面积；管理人员数量；备件制造采购质量和价格；备件库存损失等。备件管理人员应努力做好备件的计划、生产、采购、供应、保管等工作，压缩备件储备资金，降低备件管理成本。

2. 备件管理工作内容

(1) 备件的技术管理　技术基础资料的收集与技术定额的制定工作包括：备件图样的收集、测绘、整理，备件图册的编制；各类备件统计卡片和储备定额等基础资料的设计、编制及备件卡的编制工作。

(2) 备件的计划管理　备件的计划管理指备件由提出自制计划或外协、外购计划到备件入库这一阶段的工作，可分为：①年、季、月自制备件计划。②外购备件年度及分批计划。③铸、锻毛坯件的需要量申请、制造计划。④备件零星采购和加工计划。⑤备件的修复计划。

(3) 备件库房管理　备件的库房管理指从备件入库到发出这一阶段的库存控制和管理工作。包括：备件入库时的质量检查、清洗、涂油防锈、包装、登记上卡、上架存放；备件收、发及库房的清洁与安全；订货点与库存量的控制；备件的消耗量、资金占用率、资金周转率的统计分析和控制；备件质量信息的收集等。

(4）备件的经济管理　备件的经济核算与统计分析工作，包括：备件库存资金的核定、出入库账目的管理、备件成本的审定、备件消耗统计、备件各项经济指标的统计分析等。经济管理应贯穿于备件管理的全过程，同时应根据各项经济指标的统计分析结果来衡量检查备件管理工作的质量和水平，总结经验、改进工作。

6.4.2　备件管理工作流程

备件管理工作流程如图 6-15 所示。

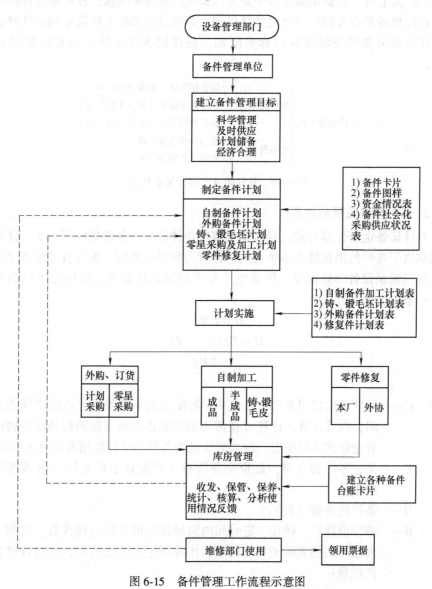

图 6-15　备件管理工作流程示意图

6.4.3 备件储备定额

1. 储备定额的意义及分类

确定备件的储备定额是备件管理的一项重要工作。它是编制设备维修各类备件计划的基础资料，是指导备件生产、订货、采购、储备，以及科学、经济地管理库房的依据。

从广义上讲，储备定额是指企业为保证生产和设备维修，按照经济合理的原则，在收集各类有关资料并经过计算机和实际统计的基础上所制定的备件储备数量、库存资金和储备时间等的标准限额，备件储备定额分类示意图如图 6-16 所示。

备件储备定额
- 按计量单位分
  - 储备量定额（数量单位：件）
  - 储备资金定额（资金单位：元）
  - 储备周期定额（时间单位：月）
- 按备件来源分
  - 自制备件储备定额
  - 外购备件储备定额

图 6-16 备件储备定额分类示意图

2. 备件储备定额的计算

备件储备定额计算公式，经常储备哪些备件取决于备件的使用寿命，储备多少则取决于备件的消耗量和本企业的机修能力和供应周期。确定备件储备量定额时，应以满足设备维修需要、保证生产和不积压备件资金、缩短储备周期为原则。一般可按下式计算：

当

$$D = KMZ$$

$$M = E/C, \quad 即$$

$$D = \frac{KEZ}{C}$$

式中　C——备件平均使用寿命，备件从开始使用到不能使用为止的平均寿命时间，以月计算。计算 C 值需不断积累备件的实际消耗情况并密切结合企业的实际情况。例如锻压设备备件的平均使用寿命见表 6-11；

　　　　E——某一零件拥有量，是指企业所有生产设备上所装同一种该零件的数量；

　　　　D——备件储备量（件）；

　　　　M——备件消耗量，指在一定时间内同种备件的实际消耗件数，可用一个大修周期的实际平均消耗量来代替理论上的消耗量，按月计算备件消耗量；

Z——供应周期，对自制备件指从提出申请到成品入库所需的时间；对外购备件则指从提出申请至到货入库的时间，按月计算备件供应周期或制造周期；

K——系数，根据企业的设备管理与维修水平、备件制造能力及制造水平、协作条件等确定，一般取值为 1~1.5，条件好的取 1，条件差的取 1.5。

表 6-11 锻压设备备件平均使用寿命

设备类别	备件名称	平均使用寿命 C/月	设备类别	备件名称	平均使用寿命 C/月
平锻机类	顶锻滑块轴瓦	24	自由锻锤类	锤杆	12
	顶锻滑块套筒	24		活塞杆	12
	传动轴轴圈	18		上、下锤头铁	40
	内齿轮毂	18		上、下锤头楔铁	24
	副摩擦片圆盘	18		枕座楔铁	60
	刹车飞轮摩擦垫片	24		操纵杆弹簧	13
	大型轴承	60		气阀衬套	18
	气动操纵部分：滚子	24			
	小轴	24			
锻压机类	曲轴	120 以上	模锻锤类	锤头（小锤）	24
	连杆	60 以上		（大锤）	40
	上推杆	36		10t 锤的	46
	下推杆	24		5t 锤的	36
	上推部分与凸轮接触的月牙形杠杆套	6		30t 锤以下的	24
				活塞	18
切边压床	摩擦片	36		活塞环	4
	离合器部分零件	36		气缸套	24
剪床	轴道调整气缸活塞杆	3		下模座	12
	上压杆	3		气阀	6
	空气垫之活塞杆	42		气阀衬套	36
	活塞	24			

注：本表为设备按每天工作 16h，全负荷正常情况下使用的寿命推荐值，仅供参考。

最低储备量 $D_{低}$ 计算：

$$D_{低} = KMZ$$

最高储备量 $D_{高}$ 计算：

$$D_{高} = KMG$$

式中 G——按月计算的最经济加工循环期，指第一次生产某种备件到第二次生产同一种备件最经济的时间。

【案例 6-4】某车床的 I 轴，每台设备一件，全厂共有同型设备 60 台，使用寿命为四年、制造周期为两个月，最经济加工循环期为 12 个月。求最小储备量、最大储备量。

根据给定条件：$Z = 2$ 月，$G = 12$ 月，按企业条件选取 $K = 1.1$，每一台车床 Ⅰ 轴为 1 件，共有同类设备 60 台，所以 E 为 1×60；C 指平均使用寿命为 4 年，一年为 12 个月，故 C 取 12×4。所以

$$M = E/C = \frac{1 \times 60}{12 \times 4} = 1.25$$

取 1 件/月。

$$D_{低} = KMZ = 1.1 \times 1 \times 2 = 2.2$$

取 2 件，故最低储备量为 2 件。

$$D_{高} = KMG = 1.1 \times 1 \times 12 = 13.2$$

取 13 件，故最高储备量为 13 件。

3. 确定备件储备定额的因素

1）备件生产、供应方式的转变的影响。随着备件管理逐步走向集中生产、集中供应及向市场化的转变，外购备件的数量必将增大，供应周期则会更趋缩短，因而在确定储备定额时，企业应根据本地区备件货源情况、质量信息，参考上述公式，确定合理经济的储备定额。

2）设备使用连续性的影响。例如两班或三班生产，其备件的使用寿命较一班制生产要缩短 1.5~2 年。

3）关键设备的备件、不易购得的备件及有订货起点的特殊备件，可适当加大储备定额。

6.4.4 备件库存资金核定

备件的库存管理是一项复杂而细微的工作，是备件管理工作的重要组成部分。制造或采购的备件，入库建账后应当按照程序和有关制度认真保存、精心维护，保证备件库存质量。通过对库存备件的发放、使用动态信息的统计、分析，可以摸清备品配件使用期间的消耗规律，逐步修正储备定额，合理储备备件。同时，在及时处理备件积压、加速资金周转方面也有重要作用。

1. 备件库房要求

备件库房的建设应符合备件的储备特点。备件库房要求具备以下条件：

1）备件库的结构应高于一般材料库房的标准，要求干燥、防腐蚀、通风、明亮、无灰尘，有防火设施。

2）配备有存放各种备件的专用货架和一般的计量检验工具，如磅秤、卡尺、钢直尺、拆箱工具等。

3）配备有存放文件、账卡、备件图册、备件订货目录等资料的橱柜。

4）配备有简单运输工具以及防锈去污的物料，如器皿、棉纱、机油、防锈油、电炉等。

2. 备件的 ABC 管理

备件的 ABC 管理法是物资管理中 ABC 分类控制法在备件管理中的应用。它是根据备件品种规格多、占用资金多和各类备件库存时间、价格差异大的特点，采用 ABC 分类控制法的分类原则而实行的库存管理办法，具体分类见表 6-12，备件的价值分布曲线如图 6-17 所示。

表 6-12 备件的 A、B、C 分类

备件分类	品种数占库存品种总数的比重（%）	价值占库存资金总额的比重（%）
A 类	10 左右	50~70
B 类	25 左右	20~30
C 类	65 左右	10~30

对不同种类、不同特点的备件，应当采用不同的库存量控制方法。

A 类备件的特点一般为储备期长（周转速度慢）、重要程度高、储备件数较少（通常只有一两件）、采购制造较困难而价格又较高的备件。对 A 类备件要重点控制，应在保证供应的前提下控制进货，尽量按最经济、最合理的批量和时间进行订货和采购。可采取定时、定量进货供应，保证生产的正常需要。对 B 类备件，订货批量可以适当加大，时间稍有机动，库存

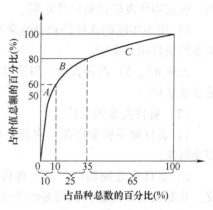

图 6-17 备件的价值分布曲线

量的控制也可比 A 类稍宽一些。C 类物资由于其耗用资金不太大而品种较多，为了简化物资管理，可按照计划需用量一次订货，或适当延长订货间隔期，减少订货次数。

3. 库存资金的核定

备件资金是企业用于采购或制造设备维修备件所占用的资金，也称备件储备资金，属于企业流动资金的一部分。

备件库存管理是物资运动与资金运动的统一。备件资金是在维修工作不断循环、周而复始的运动中发生的，因此应按照经济规律和价值形式进行管理。

（1）备件资金的核算方法 备件储备资金的核定，原则上应与企业的规模、生产实际情况相联系。影响备件储备资金的因素较多，由于储备资金定额指标对

设备管理有较重要的意义，故要求企业根据本身的实际情况，如生产任务量、全厂设备配置状况、设备新度、磨损情况、维修能力（包括自制备件能力）和供应协作条件等确定。同时，要注意对储备资金定额不断修正，以便较合理地确定企业的备件储备资金。

核算备件储备资金定额的方法有：

1）按备件卡规定的储备定额核算。其计算方法来源于备件卡确定的储备定额，故其合理程度取决于备件卡的准确性和科学性。

2）可按设备原购置总值的1%~2%估算。其计算依据为企业的设备固定资产原值，这种方法计算简单。但与企业的生产实际情况，特别是与设备的利用、维修和磨损情况联系关联不紧密，有一定片面性。

3）按照典型设备推算确定。这种方法计算简单，但准确性差。设备和备件储备品种较少的小型企业可采用此种方法，并在实践中逐步修订完善。

4）根据上年度的备件储备金额，备件消耗金额，结合本年度的设备维修计划，确定本年度的储备资金定额。

5）用本年度的备件消耗金额乘预计的资金周转期，加以适当修正后确定下年度的备件储备金额。

上述4）、5）两种方法一般为具有一定管理水平、一定规模和生产较为稳定的企业采用。

(2) 备件资金的考核

1）备件储备资金定额。它是企业财务部门给设备管理部门规定的备件库存资金限额。

2）备件资金周转期。减少备件资金的占用和加速周转具有很大的经济意义，也是反映供应备件的重要经济指标，其计算方法为

$$资金周转期（年）= 年平均库存金额/年消耗金额$$

备件资金周转期应在一年左右，周转期应不断压缩。若周转期过长造成占用资金多，企业便需对备件多的品种和数量进行分析、修正。

3）备件库存资金周转率。它用来衡量库存备件占用的每元资金实际用于满足设备维修需要的效率。其计算公式为

$$库存资金周转率 = 年备件消耗总额/年平均库存金额 \times 100\%$$

4）资金占用率。它用来衡量备件储备占用资金的合理度，以便控制备件储备的资金占用量，其计算公式为

$$资金占用率 = 备件储备资金总额/设备原购置总值 \times 100\%$$

5）资金周转加速率

$$资金周转加速率 = 上期资金周转率 - 本期资金周转率/上期资金周转率 \times 100\%$$

为了反映考核年度备件技术经济指标的动态，备件库每年都应填报年度主要

技术经济指标动态,见表 6-13。

表 6-13　年度备件库主要技术经济指标动态　　　　　（单位:元)

项目 年份	年初库存	收入			发出			期末库存	全年消耗量	周转率	周转加速率
		外购	自制	其他	合计	领用	外拨	其他	合计			

【案例 6-5】备件联合储备管理。

为确保电站安全、稳定和经济运行,储备一定数量的备件是必要的。如果单一电站备件的储备量过大,一方面将占用大量的流动资金,增加保管费用和加大生产成本;另一方面由于长期存放,备件容易锈蚀和损坏,在设备更新换代后也可造成备件的报废。因此,掌握好备件的库存量,是企业实现降低生产成本和挖潜增效的关键。2014 年年初,为确保电站安全稳定运行,在备件管理上采用的是确保供应的管理策略,造成备件库存量过大和占用金额较高。由于备件的利用率低,库存备件占用了企业大量的流动资金,库存备件管理已成为电站生产成本控制的重点问题。

(1) 备件联合库存模式的发展　库存管理一般包括三个要素,即库存地址、库存保管者及库存所有者,它们之间的不同组合会形成不同的库存管理模式。传统的库存管理模式是供应企业和需求企业均拥有自己独立的库存地址,每个企业既是库存的所有者,又是库存的保管者,库存三要素是统一的。这种旧的库存管理模式,往往会使供应链中的备件需求量虚高或变大,导致库存量远大于需求量。

随着备件供应链环境的不断变化和计算机信息技术的快速发展,逐渐出现了一些新的库存管理模式,如共享联合库存、实体联合库存、供应商参与的联合库存等,这些新型的库存管理模式不但极大减少了供应链上的总库存量,也降低了资金占用成本。

为降低各电站的库存量、保证电站对备件的潜在需求、适应电站对备件的急需性和及时性,引入了备件联合储备的管理模式。将同一制造厂家的同类型机组或同型号设备的备件采购,改为电站联合采购的方式,即多个电站将同类型的备件型号进行集中和归纳后,按照不同类型进行集中采购,由各电站分类储备。

(2) 备件联合库存模式的分析　由于电站的库存备件是专为设备修理而储备的,因此,设备的维修方式对备件的库存管理有着重要影响。目前电站的设备维修方式一般分为预防性计划维修和非计划检修。对预防性计划维修方式来说,备件的需求量一般是可预测的,如电站在大修时,可提前实施专项大修备件的采购工作。在非计划检修情况下，一般是按照缺货多少或停机造成损失的大小，将备件分为关键件和非关键件。关键件是指如不能立即提供将造成巨大经济损失的备件，因此，对关键件管理应实施安全库存的管理策略。如果每个电站都将关键件按照安全库存状态管理的话，就会使总的库存量远高于总需求量，而造成不必要的经济损失。备件联合库存模式是建立在集团一体化基础上的一种备件共存、共享的库存管理模式，强调各方同时参与，共同制定库存控制计划，可大幅度减少资金占用量和降低生产成本。根据备件库存管理要素的不同，联合库存一般分为共享联合库存、实体联合库存和供应商参与的联合库存等。

1）共享联合库存。共享联合库存模式的特点是，不设共同的实体联合仓库，用于共享的备件可分别存放于各参与方的仓库中，所有权属各参与方。由用户方共同制定备件的共享范围和方式，当一方需要他方仓库里的共享备件时，可借用或购买。此方式比较适于价格昂贵而使用较少的战略性备件。各基地备件库应将共享备件划分出来，借助 ERP（企业资源计划）信息系统将参与共享的备件库存状况及时公布，每个参与者均可通过该系统及时了解各企业的库存情况或寻找急需的备件。

2）实体联合库存。实体联合库存是指电站根据地址优化原则、在合适的地理位置选定联合仓库，用于存放共享备件，并共同制定仓库控制管理策略，备件的所有权归全体参与者。实体联合库存适于企业间地理位置相近，以及价值高和用量低的备件。其优点是，备件库实体由联合储备参与方共同掌控，实物清晰可见。

3）供应商参与的联合库存。供应商参与的联合库存方式，用户与供应商之间能够建立起比较稳定的战略合作伙伴关系，将共享备件的库存管理权和所有权统交由供应商掌管。各电站以较少的流动资金可赢得较大范围的备件储备，是供应商经营战略的延伸和发展，使供需双方的责任与权利更加平衡和明确。一方面减少了电站流动资金占用和备件积压的风险，另一方面加深了供应商与各电站之间的合作关系，可获取到更为准确的备件需求信息，增强了供货的可靠性和减少了自身冗余备件的库存量。此模式的最大优点是，供应商得到了用户比较准确的备件需求信息，保证了供货的可靠性。

(3) 对新项目多基地备件联合储备的设想

1) 建立联合储备的基本思路。

① 搞好备件联合储备模式的关键是，需要有一个带头的组织单位和一个网络平台。联合库存管理强调的是，供应链中各环节单位都应同时参与和共同制定库存计划，使供应链中的每个库存管理者都能基于在相互协调和相互负责的基础上考虑问题。

② 签署联合储备协议。为保证能较好地履行各自的权利与义务，通过签署

备件联合储备协议，使各电站成为联合储备的成员。成员可通过 ERP 系统网络平台发布本企业的库存状况和调剂信息，时时查询其他成员单位备件的储备情况，实现成员之间备件储备信息的在线共享。这样既解决了零散需求的集中处理，也进一步发挥了规模效应和提高了备件采购与储存的工作效率。

③ 确定备件储备定额。备件储备定额是控制库存的关键，是一个较复杂的课题。储备定额应根据在用设备的数量、重要程度和储备方式等因素制定。它是评价库存结构和实现科学储备的最基础工作。

④ 建立优化的备件联合储备机制。通过分析、比较适用范围和试行运作机制，以及电站的不同特点等因素，选择虚拟联合库存和供应商参与的联合库存模式并用是一种较好的方式。两种模式通过优势互补，既可以建立起更为优化的备件联合储备机制，又满足了各电站的不同需求。

2) 通过协议建立起的合作关系。联合储备成员通过签署备件联合储备协议，进一步明确了备件联合储备的管理方法、储备目标、内容和机制，更加明确了电站之间互惠互利的合作关系。在供应商参与的联合库存模式下，各电站应与供应商建立起更为相互信任的战略合作伙伴关系。

3) 联合储备信息系统的功能模块。联合储备信息系统的功能模块共分为两个部分，即电站内部管理层和集团归口管理层。

① 电站内部管理层信息模块。主要包括物资管理的基本功能，如能跟踪备件的使用状况，以及控制备件的各个流通和周转环节等。在采购申请、库存控制、验收入库、发放、退料（退货）和盘点管理等功能的基础上，还增加了联合储备模块，包括借出、借入、归还、结算和报表等功能。

② 集团归口管理层信息模块。主要包括储备计划、库存量管理、借用和监管等功能。以电站内部管理为基础，整合各电站联合储备的信息资源，实施网上办理调剂手续和实时更新库存信息等。建立统一的备件编码制度，保持各电站与集团 ERP 网络系统的畅通。

4) 从战略备件入手，逐步扩大联合储备范围。新项目应在投产前建立事故备件和消耗性备件的库存定额，库存定额应根据实际备件消耗规律和采购规律进行不定期的修订。设备变更后要及时提出修订建议，以便不断完善和制定合理库存量，满足生产需要。

新项目在工程施工阶段就应纳入联合储备的管理范畴。生产用的备件应满足投产后两年的正常维修需用量。在审核工程采购合同的备件清单时，应重点考虑联合储备对各电站事故备件和消耗备件库存量产生的影响。应由备件联合储备带头组织单位协调和分配好各电站工程合同中需要采购备件的种类和数量。从技术复杂、价值高的关键战略性备件入手，在工程合同的执行阶段应首先完成第一批联合储备的备件清单，再逐步扩大联合储备的范围。按照盘活库存、资源优化和科学合理的原则，首先考虑利用大电站的现有库存。将各电站的联合储备库存均视为一个整体，在集团范围内实现共享，各电站需用备件时，优先在集团内部调配。

在电力大发展的背景下，建立多基地备件联合储备平台的时机已经成熟，各方面的要求也更为迫切。建立适应新形势下的备件联合储备运行机制，推行备件联合库存的管理措施，一方面能扩大备件的储存范围，确保电站的安全、稳定运行，另一方面也可发挥出规模效应，进一步优化物资储备和加快物资周转。不仅具有明显的经济效益和现实意义，而且为集团公司实现集中打包式的采购进口物资，打下了良好的基础。

通过实施备件联合储备的新模式，确保了所有电站维修备件及时供应，缩短了维修时间20%，压缩备件资金占用35%，加快备件资金周转25%，减轻备件管理工作量30%，确保了电站安全、可靠、经济运行。

【案例6-6】加强备件管理确保设备高效运行。

无论是进口还是国产设备，要使设备潜能发挥到最大，必须保证备件消耗的经济与合理。某集团特钢有限公司炼钢厂的转炉特钢大棒生产线，是国内首条从国外引进的、具有国际一流技术水平的生产线。为使生产线的潜能发挥到最大，炼钢厂在保证设备高效和稳定运行的前提下，加强了对各类备件的科学管理，努力降低备件消耗。通过实施设备在线点检维护管理，延长设备正常运行周期，减少备件申报计划，缩短备件采购周期，用最佳性价比指导备件的招投标采购，用信息化管理手段建立"零库存"管理目标，实施备件统一库存管理和实现备件资源共享，坚持技术改造和修旧利废并举等措施，不但保证了设备综合效率最高，也实现了企业效益的最大化。

(1) 减少备件储备量和费用 炼钢厂为从源头上减少备件费用的发生，成立了设备技术管理小组，针对高温、粉尘多和生产环境恶劣的特点，实行了专职点检员区域的高效、低耗和稳定运行的设备管理承包制，加强了设备点检定修和预知性维护相结合的修理方法，狠抓了设备的日常润滑和冷却维护等工作。不但减少了备件的非正常损耗，也保证了设备的正常运行。

1) 制定措施减少事故备件储备。

① 减少非正常设备事故的发生。炼钢厂为了减少非正常设备事故发生，建立了设备事故应急抢修组织体系；加强了职工操作技能管理，制定了设备事故处理预案；选择与有实力的供应商合作，构建共赢战略的合作伙伴关系，组成应急备件供应管理模式。设备的非正常事故率得到了很好的控制。如转炉耳轴的倾动旋转大轴承（ϕ900mm），是转炉的核心部件，一旦出现损坏可导致转炉长时间停产。为便于安装需要进口可分式轴承，不但费用高昂，而且订货周期长（一般需要10个月以上）。为防止倾动旋转大轴承的非正常损坏，工厂采取了加强

设备操作规范和在线点检维护管理，如禁止用加料溜槽撞击炉口清理炉渣，以免巨大冲击力（近100t）损伤轴承；加大了对轴承润滑的管理力度，要求每天要有专人对轴承进行电动加油，直到有干油溢出为止，并将其列入点检员每天必查的项目。通过实施这些方法，预计该轴承的正常使用时间可保持在10年以上。

② 加强与供货商的技术交流。在加强设备使用与维护的同时，炼钢厂还加强了与有较强技术实力供货商的技术交流，制定了倾动轴承等大型备件的事故预警机制和应急补救处理预案等。对转炉加料输送带、倾动减速机等易发生故障或事故的设备，分别制定了严格的操作规范，并进行严格的管理。最大限度地减少了安全事故的发生。

2) 通过技术改造实现大型备件的互换。为减少备件费用的占用，组织技术人员通过技术改造实现了大型备件的互换。例如钢包车和渣罐车是装载钢包和渣罐的装置，工作环境十分恶劣，由于长期和钢液接触极易造成损坏。两者的结构和形状完全不同，价值都在40多万元。为了确保生产运行，按惯例都留有一台备用，不但占用了备件资金，而且也占用了库房面积。经过技术人员的技术攻关，用废钢坯在钢包车上制作了一个支架，即可当做渣罐车使用，解决了功能不同的问题。不仅能满足正常生产的需要，也可少购置一台渣罐车，减少了备件库存资金的占用。

（2）性价比指导备件采购

1) 实行分类管理。炼钢厂为了实现用最佳性价比来指导备件采购工作，将备件分为了关键工艺备件、一级重要备件、专用备件和普通备件四类，实行等级分类管理。对生产成本和产品质量影响大的关键工艺备件，例如，转炉氧枪喷头、结晶器铜管等备件，虽然备件本身价格不高，但直接影响着产品质量和生产成本，必须要重点管理。转炉氧枪喷头的采购价格仅为3000元，但它直接影响转炉的产量、物料消耗和煤气回收等重要生产指标。因此，对此类备件管理不但要做到及时供应，而且要保证做到质量稳定可靠和保持一定的储备量。为能用最佳性价比来指导备件采购，突出比价、比质采购的重要性，采取选择行业内业绩优秀、装备技术水平先进、质量稳定和供应可靠的生产厂家作为供应商，建立长期的合作伙伴关系，实行定点采购。

2) 实施多样式的招标采购。对一级重要备件主要选择的是装备实力强、供货周期短、有应急备件供应能力，以及诚信好的配套生产厂家，进行招标比价或议价直供。对普通和一般的专用备件既要价格便宜，又要保证质量。采取的方式是直接招标采购，并在集团内部互通供应信息，共享优质供应资源。

3) 实施国产化管理。积极探索进口备件的国产化改造，是降低进口备件费用的重要举措。如大圆坯连铸机塞棒控制系统的执行机构，备件损坏后只得送到国外修理，不仅价格高，而且修理时间长（需8个月左右）。为控制备件成本，又能满足生产需要,炼钢厂和国内相关专业的制造厂共同进行了技术攻关,成功地实现了这一备件的国产化。仅此一项每年就可为企业节约60余万元。由于国内厂家售后服务及时和供货周期短,钢厂已实现了该备件的零库存管理。

(3) 通过信息化管理实现零库存　采用信息化管理手段和强化备件的统一库存管理,是实现零库存管理的较好方法。在库存管理上,炼钢厂积极探索零库存的采购管理目标。对需求量大的通用备件,如制动器、焊条、转炉挡渣锥等,专用易耗备件,如转炉出钢口钻头、连铸结晶器等,根据上一年的总体需求情况,在年初实施一次性招标采购。方法是由中标厂家按月提前将备件送到厂内的指定仓库,厂里采取代管式的零库存采购供应模式,当有需求出库后再办理结账和入库手续。不但减少了钢厂的备件资金占用,也使供货商有了稳定的用户,达到了双赢的目的。2007年在实行代管零库存采购供应模式前,全年采购制动器312台、焊条44.594t,库房始终存有可满足一个月以上使用量的库存备件。仅制动器和焊条全年就需提前支付采购资金100多万元,库存资金占用30多万元。实行代管零库存采购供应模式以后,2008年采购制动器393台、焊条62.147t。备件的采购数量增加了,但未产生库存备件,库存资金占用金额始终为零。备件领取所发生的费用当月就可打入生产成本,也避免了需提前支付采购资金的问题。

取消了分厂二级库房,将通用备件全部通过ERP信息化平台系统进行统一管理,各分厂的备件计划统一由设备处汇总后,再通过ERP系统进行编排报公司审批。不但避免了备件的重复申购,而且实现了资源共享,减少了采购人员的工作量。通过强化备件库存的统一管理和搭建高信息管理平台,不仅使备件库存信息传输更加快捷、数字更加准确,而且也为相关人员及时了解备件的库存数量、出库流向、库存周转期、备件领用以及可代用应急备件情况等都提供了极大方便。当生产现场需用备件时,管理员通过网上查询,就可找到所需要或可代用的备件。

(4) 坚持技术改造和修旧利废并举　对经常出现备件非正常损坏的设备,组织技术人员进行了专题研究和技术攻关。在保证设备满足工艺功能要求的前提下,使设备结构尽可能简单化。不但降低了设备故障率,保障了设备长周期稳定运行,也大幅度降低了备件损耗。炼钢厂先后对连铸出坯辊传动系统、钢坯连铸振动台偏心机构、振动台摇臂等60多个项目进行了技术改造。仅连铸公共辊配柔性引定杆设备改造项目,就使连铸设备作业率提高了1个百分点,连铸辊道实现了免维护,年综合效益为500多万元。

在进行技术改造的同时,还注重备件的修旧利废工作。对经过修复可再利用的备件,只要下线就立即组织维修。如连铸烘烤器烧嘴,由于维修人员对其内部结构不太了解,加之烘烤工艺的技术要求比较严格,烧嘴一旦烧损都是更换新的备件，每只烧嘴的价值是 5000 多元。通过不断研究发现，烧嘴损坏只是烧嘴外部钢板和耐火材料被烧坏，其关键部位烧嘴芯还是完好的，只需重新制作钢板外壳和涂抹耐火泥，烧嘴仍可断续使用。采用此修理方法后，企业已有一年多没有购置新的烧嘴。对自己无法修理的备件则及时安排外协维修，如转炉旋转接头、一次风机叶轮等备件，在每次更换后都及时委外修理，此类备件仅需购置一次即能满足生产需求。

（5）执行奖惩激励机制　为调动全体员工积极参与备件管理工作，钢厂实施了量化指标分解考核到人的奖惩激励机制。在每年初制定备件费用的预算管理总额，并按月份分解落实到每个人，形成人人头上有指标，每个岗位有考核。厂部每月底根据备件的出库消耗情况，进行分类、统计、考核和按月兑现。

第 7 章

设备更新改造

以机床设备为例,2017年年末我国的机床保有量为810万台,其数控化率不到24.1%,仅为工业发达国家的1/2。在国有大中型企业的机床设备中,属于国内一般水平和落后水平的占1%;每年需要淘汰或报废的机床有10万多台,一大批机床需要尽快安排技术改造或更新。因此,一方面要对现有设备采用新技术、新工艺、新材料、新部件进行技术改造;另一方面要通过大力扶持国产先进设备的研发、制造及引进急需的国外先进设备,加速对国家明令淘汰的、高能耗的老旧设备更新,不断提高设备的新技术含量和设备的整体技术水平。随着国民经济发展和产品的升级换代,大力开展和推进设备改造、更新,未来方向将主要体现在:更加注重产业结构调整和产业升级;更加注重战略性的新兴产业的发展和创新;更加注重落实可持续发展的要求。设备改造和更新,是提高企业素质、促进企业技术进步、增强企业内在的发展能力和对外界环境变化的适应能力的需要。通过设备改造更新,必然会为企业的产品生产不断提升柔性生产能力、提高质量、增加产量、降低消耗、节约能源、提高效率等方面带来收益。

7.1 设备的寿命与磨损

设备在使用或闲置过程中由于受力和自然力的作用,设备零部件会发生摩擦、振动和疲劳,使设备产生损耗,性能逐渐弱化和贬值,所以考察设备改造更新问题时,首先要研究设备的磨损问题。设备的磨损一般有两种形式:有形磨损和无形磨损。

7.1.1 设备的有形磨损

设备在使用或闲置过程中发生实体磨损和损耗,称为有形磨损。有形磨损有两种情况：一种是设备在运行过程中，其零部件间隙配合表面因摩擦、振动和疲劳等产生的磨损。这种磨损使零部件的原始尺寸甚至形状发生变化，改变公差配合状况，使设备的精度下降，性能劣化，不能满足工艺要求，造成操作、维修、管理等费用的增加。这种磨损发展到严重程度时，设备就不能继续正常工作，故障频繁，甚至导致事故。另一种是设备在闲置或封存过程中，由于自然力和环境的作用，使设备生锈、金属腐蚀、橡胶和塑料老化，或由于维护管理不善，而丧失精度和工作能力。

7.1.2 设备的无形磨损

设备在使用或闲置过程中，不是由于使用或自然力的原因，而是随着时间的推移，科学技术的进步，引起设备价值的损失，称为无形磨损。无形磨损也分两种情况。一种是由于制造企业的技术、工艺和管理水平的提高，生产同样的设备所需的社会必要劳动耗费减少，因而使原设备相应贬值。另一种也是更重要的，是由于科学技术的发展而不断出现技术先进、结构新颖、性能更好、效率更高的设备，使原设备在自然寿命终了前就显得相对陈旧落后，原设备价值相对降低。

设备在有效使用期内，往往同时发生有形磨损和无形磨损，两者均使原设备价值贬低。有形磨损严重的设备往往不能正常运行，而无形磨损严重的设备虽可正常使用，但效率相对较低，经济效果很差。

7.1.3 设备磨损的补偿

1. 设备磨损

为了保证企业生产经营活动的顺利进行，使设备经常处于良好的技术状态，就必须对设备的磨损及时予以补偿。补偿的方式视设备的磨损情况、设备的技术状况和是否经济而定。基本形式是修理、改造和更新，但必须根据设备的具体情况采用不同的方式。设备磨损形式及其补偿方式如图7-1所示。

对可消除的有形磨损，补偿方式主要是修理，但有些设备为了满足工艺要求，需要改善性能或增加某些功能并提高可靠性时，可结合修理进行局部改造；对不可消除的有形磨损，补偿方式主要是改造；对改造不经济或不宜改造的设备，可予以更新。

无形磨损尤其是第二种磨损的补偿方式，主要是更新，但有些大型设备价格高昂，如果基本结构仍能用，可采用新技术加以改造。

2. 设备寿命

设备寿命是指设备从安装验收后，交付生产开始使用，直到不能使用以致报废所经过的时间。设备的寿命可分为物质寿命、技术寿命和经济寿命。

1) 设备的物质寿命又称为设备的自然寿命或物理寿命，设备经使用磨损后，通过维修可延长其物质寿命。但在一般情况下，随着设备使用时间延长，支出的维修费用日益增加，设备的技术状况也不断劣化。因此，过分延长设备的物质寿命在经济上、技术上不一定是合理的。

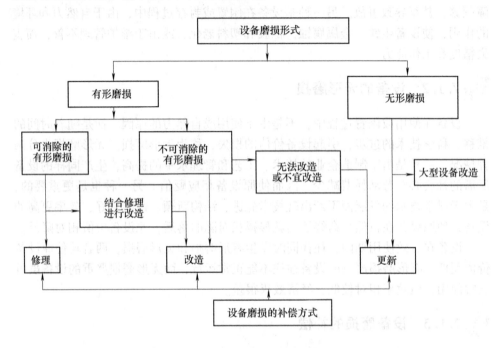

图 7-1　设备磨损形式及其补偿方式

2) 设备的技术寿命是指从设备开始使用，到因技术落后而被淘汰所经过的时间。科学技术的发展，特别是微电子技术和计算机技术的发展，加快了机电设备的更新换代，使设备的技术寿命趋于缩短。要延长设备的技术寿命，就必须用新技术加以改造。

3) 设备的经济寿命，是指设备从开始使用到创造最佳经济效益所经过的时间。也就是说，是从经济角度来选择最佳使用年限。设备的经济寿命期满后，如不进行改造或更新，就会影响企业的新产品开发、产品质量和生产成本，影响企业的经济效益。

我国在相当长的时间内，大多数企业是根据物质寿命来考虑更新设备的，甚至简单地按财务规定的年折旧率 4%~5% 计算使用年限，一台设备往往要用 20 年左右，大修理也仅按原样修复，对设备的改造和更新不重视。改革开放后，实行社会主义市场经济，扩大了企业自主权，一些企业根据自身发展需要与可能，实行加速折旧，大大加快了对现有设备的技术改造和更新。

7.2 设备更新

设备更新是以比较经济而先进的设备，代替物质上不能继续使用或经济上不宜继续使用的设备。设备改造是把科学技术新成果应用于企业的现有设备，改变现有设备落后的技术状况，不断提高现代化制造水平。对制造型企业的设备更新与改造尤为重要。制造业是科学技术和知识转化为生产力的最具深度、最有影响力的产业，技术装备作为技术载体，是科研成果从潜在效益转化为企业现实效益的重要手段，制造业的设备水平决定了我国整体国民经济的发展水平和现代化程度，做好新时代设备更新改造工作，对未来我国经济发展具有重大现实意义。

更新一般有两种方法：原样更新和技术更新。原样更新：指使用多年，大修多次，再修复已不经济的设备更新，适用于满足特定工艺要求，暂无新型号设备可替换的情况；技术更新：指选用性能好，技术先进，效率高或耗能少的设备进行替换，是更新的主要方式。

7.2.1 设备更新的原则

1）因增加产量，提高设备效率需要更新。
2）为发展品种，研制新产品需要更新。
3）为改进工艺，提高质量需要更新。
4）设备陈旧老化，无修复价值，需要更新。
5）耗能大或环境污染大，危害人身安全与健康需要更新。
6）国家或有关部门规定淘汰的设备需要更新。

7.2.2 设备更新规划编制

设备更新规划的制定工作应在企业主管领导下，以企业设备动力部门为主负责编制。规划的内容应包括：

1）企业的总体发展规划。
2）国内外同类设备的技术性能和精度指标。
3）同行业使用新设备的技术经济效果。
4）现有设备的技术状态分析和需要更新的具体理由。
5）企业生产的工艺要求。
6）更新设备的投产时间、资金来源、使用要求和环境条件等。

7.2.3 实施过程应注意的问题

设备更新规划经批准后，由企业设备动力部门组织实施。在更新实施过程中，还需要注意以下的问题：

1) 更新实施过程中要充分了解对当前生产的影响、生产需要的急迫性、国家对设备的鼓励或限制政策、设备的供货周期等。
2) 更新设备的安装尺寸、使用条件及生产工艺流程等变化因素。
3) 由于更新设备的使用而引起的对操作、管理、维修等人员的知识更新要求。
4) 相应的管理制度和操作制度的及时更新。
5) 对被更新设备的原有基础利用可能性。
6) 对被更新设备剩余价值的利用。
7) 被更新设备的库存备品、备件的处理。

7.2.4 贯彻执行《产业结构调整指导目录》

2011年3月经国务院批准，国家发展和改革委员会发布了《产业结构调整指导目录（2011年本）》，要求自发布之日起施行。2015年12月由国家发展和改革委员会重新公布《产业结构调整指导目录（2015年本）》。2019年8月由国家发展和改革委员会重新公布《产业结构调整指导目录（2019年本）》。

1. 执行《产业结构调整指导目录》

《产业结构调整指导目录》是引导投资方向，政府管理投资项目，制定和实施财税、信贷、土地、进出口等政策的重要依据，由发展和改革委员会同国务院的有关部门依据国家有关法律法规制定，经国务院批准后公布，《产业结构调整指导目录》由鼓励、限制和淘汰三类目录组成。

（1）鼓励类 主要是指对社会经济发展有重要促进作用，有利于节约资源、保护环境、产业结构优化升级，需要采取政策措施予以鼓励和支持的关键技术、装备及产品。

（2）限制类 主要是指工艺技术落后，不符合行业准入条件和有关规定，不利于产业结构优化升级，需要督促改造和禁止新建的生产能力、工艺技术、装备及产品。

（3）淘汰类 主要是指不符合有关法律法规规定，严重浪费资源、污染环境、不具备安全生产条件，需要淘汰的落后工艺技术、装备及产品。

2.《产业结构调整指导目录（2019年本）》（摘录）

第一类　鼓励类

（1）农林业（略）

(2) 水利（略）

(3) 煤炭（略）

(4) 电力（略）

(5) 新能源（略）

(6) 核能（略）

(7) 石油、天然气（略）

(8) 钢铁（略）

(9) 有色金属（略）

(10) 黄金（略）

(11) 石化化工（略）

(12) 建材（略）

(13) 医药（略）

(14) 机械

1）高档数控机床及配套数控系统：五轴及以上联动数控机床，数控系统，高精密、高性能的切削刀具、量具量仪和磨料磨具。

2）大型发电机组、大型石油化工装置、大型冶金成套设备等重大技术装备用分散型控制系统（DCS）、现场总线控制系统（FCS）、新能源发电控制系统。

3）具备运动控制功能和远程IO的可编程控制系统（PLC），输入输出点数512个以上，拥有独立的软件系统、独立的通信协议、兼容多种通用通信协议、支持实时多任务、拥有多样化编程语言、拥有可定制化指令集等。

4）数字化、智能化、网络化工业自动检测仪表，原位在线成分分析仪器，电磁兼容检测设备，智能电网用智能电表（具有发送和接收信号、自诊断、数据处理功能），具有无线通信功能的低功耗各类智能传感器，可加密传感器，核级监测仪表和传感器。

5）用于辐射、有毒、可燃、易爆、重金属、二噁英等检测分析的仪器仪表，水质、烟气、空气检测仪器，药品、食品、生化检验用高端质谱仪、色谱仪、光谱仪、X射线仪、核磁共振波谱仪、自动生化检测系统及自动取样系统和样品处理系统。

6）科学研究、智能制造、测试认证用测量精度达到微米以上的多维几何尺寸测量仪器，自动化、智能化、多功能材料力学性能测试仪器，工业CT、三维超声波探伤仪等无损检测设备，用于纳米观察测量的分辨率高于3.0 nm的电子显微镜。

7）城市智能视觉监控、视频分析、视频辅助刑事侦察技术设备。

8）矿井灾害（瓦斯、煤尘、矿井水、火、围岩噪声、振动等）监测仪器仪表和安全报警系统。

9）综合气象观测仪器装备（地面、高空、海洋气象观测仪器装备，专业气象观测、大气成分观测仪器装备，气象雷达及耗材等），移动应急气象观测系统，动应急气象指挥系统，气象计量检定设备，气象观测仪器装备运行监控系统。

10）水文数据采集仪器及设备、水文仪器计量检定设备。

11）地震、地质灾害监测仪器仪表。

12）海洋观测、探测、监测技术系统及仪器设备。

13）数字多功能一体化办公设备（复印、打印、传真、扫描）、数字照相机、数字电影放映机等现代文化办公设备。

14）时速200km以上动车组轴承，轴重23t及以上大轴重重载铁路货车轴承，大功率电力/内燃机车轴承，使用寿命240万km以上的新型城市轨道交通轴承，使用寿命25万km以上轻量化、低摩擦力矩汽车轴承及单元，耐高温（400℃以上）汽车涡轮、机械增压器轴承，P4、P2级数控机床轴承，2MW及以上风电机组用各类精密轴承，使用寿命大于5000h盾构机等大型施工机械轴承，P5级、P4级高速精密冶金轧机轴承，飞机发动机轴承及其他航空轴承，医疗CT机轴承，深井超深井石油钻机轴承，海洋工程轴承，电动汽车驱动电动机系统高速轴承（转速≥1.2万r/min），工业机器人RV减速机谐波减速机轴承，以及上述轴承的零件。

15）单机容量80万kW及以上混流式水力发电设备（水轮机、发电机及调速器、励磁等附属设备），单机容量35万kW及以上抽水蓄能、5万kW及以上贯流式和10万kW及以上冲击式水力发电设备及其关键配套辅机。

16）60万kW及以上超临界、超超临界火电机组用发电机保护断路器、泵、阀等关键配套辅机、部件。

17）60万kW及以上超临界参数循环流化床锅炉。

18）燃气轮机高温部件（300MW以上重型燃机用转子体锻件、大型高温合金轮盘、缸体、叶片等）及控制系统。

19）60万kW及以上发电设备用转子（锻造、焊接）、转轮、叶片、泵、阀、主轴护套等关键铸件、锻件。

20）高强度、高塑性球墨铸铁件，高性能蠕墨铸铁件，高精度、高压、大流量液压铸件，有色合金特种铸造工艺铸件，高强度钢锻件，耐高温、耐低温、耐腐蚀、耐磨损等高性能、轻量化新材料铸件、锻件，高精度、低应力机床铸件、锻件，汽车、能源装备、轨道交通装备、航空航天、军工、海洋工程装备关键铸件、锻件。

21）500kV及以上超高压、特高压交直流输电设备及关键部件：变压器（出线装置、套管、调压开关），开关设备（灭弧装置、液压操作机构、大型盆式绝缘子），高强度支柱绝缘子和空心绝缘子，悬式复合绝缘子，绝缘成型件，特高压避雷器、直流避雷器，电控、光控晶闸管，换流阀（平波电抗器、水冷设备），控制和保护设备，直流场成套设备等。

22）高压真空元件及开关设备，智能化中压开关元件及成套设备，使用环保型中压气体的绝缘开关柜，智能型（可通信）低压电器，非晶合金、卷铁芯等节能配电变压器。

23）二代改进型、三代、四代核电设备及关键部件，多用途模块化小型堆设备及关键部件，2.5MW以上风电设备整机及2.0MW以上风电设备控制系统、变流器等关键零部件，各类晶体硅和薄膜太阳能光伏电池生产设备，海洋能（潮汐、海浪、洋流）发电设备。

24）直接利用高炉铁液生产铸铁件的短流程熔化工艺与装备，铝合金集中熔炼短流程铸造工艺与装备，铸造用高纯生铁、铸造用超高纯生铁生产工艺与装备，黏土砂高紧实度造型自动生产线及配套砂处理系统，自硬砂高效成套设备及配套砂处理系统，消失模/V法/实型成套技术与装备，外热送风水冷长炉龄大吨位（10t/h以上）冲天炉，外热风冲天炉余热利用技术与装备，大型压铸机（合型力3500t以上），自动化智能制芯中心，壳型、精密组芯造型、硅溶胶熔模、压铸、半固态、挤压、差压、调压等特种铸造技术与装备，应用于铸造生产的3D打印和砂型切削快速成型技术与装备，自动浇注机，铸件在线检测技术与装备，铸件高效自动化清理成套设备，铸造专用机器人的制造与应用。

25）铸造用树脂砂、黏土砂等干（热）法再生回用技术应用，环保树脂、无机黏结剂造型和制芯技术的应用。

26）高速精密压力机（180~2500kN，750~2000次/min），黑色金属液压挤压机（150mm/s以上），轻合金液压挤压机（10mm/s以下），高速精密剪切机（2000kN以上，70~80次/min，断面斜度1.5°以下），内高压成形机（10 000kN以上），大型折弯机（60 000kN以上），数字化钣金加工中心（柔性制造中心/柔性制造系统），高速强力旋压机（径向旋压力每轮1000kN，轴向旋压力每轮800kN，主轴转矩240kN·m，主轴最高转速95 r/min），数控多工位冲压机（替换为伺服多工位压力机），大公称压力冷/温锻压力机（有效公称力行程25mm以上，公称力10 000kN以上），4工位以上自动温/热锻造压力机（公称力16 000kN以上），伺服多工位压力机（12 000~30 000kN），大型伺服压力机（8000~25 000kN），级进模压力机（6000~16 000kN），复合驱动热成型压力机（公称力≥12 000kN，对称连杆增力机构，行程次数14~18次/min，滑块行程1100mm，滑块调节量500mm，下行最大速度1000mm/s，回程最大速度1000mm/s，连杆增力系数≥6），高速复合传动压力机智能化冲压线（公称力≥30 600kN，复合液压缸驱动对称连杆增力机构，单机连续行程次数≥12次/min，生产线节拍6~8件/min），新一代飞机蒙皮综合拉形智能化成套装备研发与制造

[最大拉伸力≥15MN，板料厚度≤10mm，钳口最大开口度≤80mm，钳口极限负载系数（单位宽度最大拉伸力）≥63kN/mm，主缸拉伸位置同步精度±0.5mm，延伸量控制精度≤0.2%]，航空航天大型及超大型钣金零件充液成形工艺及装备（大涵道比发动机进气道整体唇口制造技术）：设备公称力200MN，拉深吨位16 000t，压边吨位4000t，滑块行程3000mm，工作台面尺寸5000mm×5000mm，液室压力10MPa，液室容积6000L，排水量4300L，径向锻造机（精锻机）和旋锻机（630～22 000kN），脉动挤压机（振动挤压机）（630～22 000kN），高速镦锻机（100件/min，锻件质量1.6kg以上）。

27）乙烯裂解三机，40万t级（聚丙烯等）挤压造粒机组，50万t级合成气、氨、氧压缩机等关键设备。

28）大型风力发电密封件（使用寿命7年以上，工作温度-45～100℃），核电站主泵机械密封（适用压力≥17MPa，工作温度26.7～73.9℃），盾构机主轴承密封（使用寿命5000h），轿车动力总成系统以及传动系统旋转密封，石油钻井、测井设备密封（适用压力≥105MPa），液压支架密封件，高pv值旋转动密封件，超大直径（≥2m）机械密封，航天用密封件（工作温度-54～275℃，线速度≥150m/s），高压液压元件密封件（适用压力≥31.5MPa），高精密液压铸件（流道尺寸精度≤0.25mm，疲劳性能测试≥200万次）。

29）高性能无石棉密封材料（耐热温度500℃，抗拉强度≥20MPa），高性能碳石墨密封材料（耐热温度为350℃，抗压强度≥270MPa），高性能无压烧结碳化硅材料（抗弯强度≥200MPa，热导率≥130W/m·K）。

30）智能焊接设备，激光焊接和切割、电子束焊接等高能束流焊割设备，搅拌摩擦、复合热源等焊接设备，数字化、大容量逆变焊接电源。

31）大型（下底板半周长度冲压模＞2500mm、下底板半周长度型腔模＞1400mm）、精密模具（冲压模精度≤0.02mm、型腔模精度≤0.05mm）、多工位自动深拉深模具、多工位自动精冲模具。

32）大型（装炉量1t以上）多功能可控气氛热处理设备，程控化学热处理设备，程控多功能真空热处理设备及装炉量500kg以上真空热处理设备，全纤维炉衬热处理加热炉。

33）合金钢、不锈钢、耐候钢高强度紧固件、钛合金、钛合金紧固件和精密紧固件；航空、航天、高铁、发动机等用弹簧；高精度传动联结件，大型轧机联结轴；新型粉末冶金零件：高密度（≥7.0g/cm³）、高精度、形状复杂结构件；高速列车、飞机摩擦装置；含油轴承；动车组用齿轮变速箱，船用可变桨齿轮传动系统、2.0MPa瓦以上风电用变速箱、冶金矿山机械用变速箱；汽车动力总成、工程机械、大型农机用链条；重大装备和重点工程配套基础零部件。

34）海水淡化设备。

35）机器人及集成系统：特种服务机器人、医疗康复机器人、公共服务机器人、个人服务机器人、人机协作机器人、双臂机器人、弧焊机器人、重载AGV、专用检测与装配机器人集成系统等。机器人用关键零部件：高精密减速器、高性能伺服电机和驱动器、全自主编程等高性能控制器、传感器、末端执行器等。机器人共性技术：检验检测与评定认证、智能机器人操作系统、智能机器人云服务平台。

36）500 万 t/年及以上矿井、薄煤层综合采掘设备，1000 万 t/年及以上大型露天矿关键装备。

37）18MW 及以上集成式压缩机组、直径 1200mm 及以上的天然气输气管线配套压缩机、燃气轮机、阀门等关键设备；单线 260 万 t/a 及以上天然气液化配套的压缩机及驱动机械、低温设备等；大型输油管线配套的 3000m^3/h 及以上输油泵等关键设备。

38）单张纸多色胶印机（幅宽≥750mm，印刷速度：单色多面≥16 000 张/h，双面多色≥13 000 张/h），商业卷筒纸胶印机（幅宽≥787mm，印刷速度≥7m/s，套印精度≤0.1mm），报纸卷筒纸胶印机（印刷速度：单纸路单幅机≥75 000 张/h，双纸路双幅机≥150 000 张/h，套印精度≤0.1mm），多色宽幅柔性版印刷机（印刷宽度≥1300mm，印刷速度≥400m/min），机组式柔性版印刷机（印刷速度≥250m/min），环保多色卷筒料凹版印刷机（印刷速度≥300m/min，套印精度≤0.1mm），喷墨数字印刷机（出版用：印刷速度≥150m/min，分辨率≥600dpi，包装用：印刷速度≥30m/min，分辨率≥1000dpi，可变数据用：印刷速度≥100m/min，分辨率≥300dpi），CTP 直接制版机（成像速度≥35 张/h，版材幅宽≥750mm，重复精度 0.01mm，分辨率 3000dpi），无轴数控平压平烫印机（烫印速度≥10000 张/h，加工精度为 0.05mm）。

39）100 马力（1 马力 = 735.499W）以上、配备有动力换档变速器或全同步器换档变速器、总线控制系统、安全驾驶室、动力输出轴有 2 个以上转速、液压输出点不少于 3 组的两轮或四轮驱动的轮式拖拉机、履带式拖拉机。配套动力 50 马力以上的中耕型拖拉机、果园用拖拉机、高地隙拖拉机（最低离地高度 40cm 以上）。

40）100 马力以上拖拉机配套农机具：保护性耕作所需要的深松机、联合整地机和整地播种联合作业机等，常规农业作业所需要的单体幅宽≥40cm 的铧式犁、圆盘耙、谷物条播机、中耕作物精密播种机、中耕机、免耕播种机、大型喷雾（喷粉）机等。

41）100 马力以上拖拉机关键零部件：动力换档变速器、液压机械无级变速器、一体式泵马达、轮式拖拉机用带轮边制动和限滑式差速锁的前驱动桥、ABS制动系统，电动拖拉机电池、电动机及其控制系统、离合器、液压泵、液压油缸、各种阀及液压输出阀等封闭式液压系统，闭心变量、负载传感的电控液压提升器，电控系统，液压转向机构等。

42）农作物移栽机械：乘坐式盘土机动高速水稻插秧机（每分钟插次350次以上，每穴3~5株，适应行距20~30cm，株距可调，适应株距12~22cm）；盘土式机动水稻摆秧机（乘坐式或手扶式，适应行距为20~30cm，株距可调，适应株距为12~22cm）等。

43）农业收获机械：自走式谷物联合收割机（喂入量6kg/s以上），自走式半喂入水稻联合收割机（4行以上，配套发动机44kW以上），自走式玉米联合收割机（3~6行，摘穗型，带有剥皮装置，以及茎秆粉碎还田装置或茎秆切碎收集装置），穗茎兼收玉米收获机（摘穗剥皮、茎秆切碎回收），自走式玉米籽粒联合收获机（4行以上，籽粒直收型），自走式大麦、草苜蓿、玉米、高粱等青贮饲料收获机（配套动力147kW以上，茎干切碎长度10~60mm，具有金属探测、石块探测安全装置及籽粒破碎功能），棉花采摘机（3行以上，自走式或拖拉机背负式，摘花装置为机械式或气力式，适应棉珠高度35~160cm，装有籽棉集装箱和自动卸棉装置），马铃薯收获机（自走式或拖拉机牵引式，2行以上，行距可调，带有去土装置和收集装置，最大挖掘深度35cm），甘蔗收获机（自走式或拖拉机背负式，配套功率58kW以上，宿根破碎率≤18%，损失率≤7%），残膜回收与茎秆粉碎联合作业机，牧草收获机械（自走式牧草收割机、悬挂式割草压扁机、指盘式牧草搂草机、牧草捡拾压捆机等），自走式薯类收获机械，杂交构树联合收获机械。

44）节水灌溉设备：各种大中型喷灌机、各种类型微滴灌设备等，抗洪排涝设备（排水量1500m³/h以上，扬程5~20m，功率1500kW以上，效率60%以上，可移动）。

45）沼气发生设备：沼气发酵及储气一体化（储气容积300~2000m³系列产品）、沼液抽渣设备（抽吸量1m³/min以上）等。

46）大型施工机械：30t以上液压挖掘机、6m及以上全断面掘进机、320马力及以上履带推土机、6t及以上装载机、600t及以上架桥设备（含架桥机、运梁车、提梁机）、400t及以上履带起重机、100t及以上全地面起重机、25t及以上集装箱正面吊、1000t·m及以上塔式起重机、钻孔100mm以上凿岩台车、1m宽及以上铣刨机、75t及以上矿用车、220马力及以上平地机、18t及以上振动液压式压路机、9m及以上摊铺机、1m及以上铣刨机、20t及以上集装箱叉车、8t及以上内燃叉车、3t及以上电瓶叉车、40m及以上混凝土泵车、8m³及以上混凝土搅拌车、90m³/h及以上混凝土搅拌站、400kW及以上砼冷热再生设备、2000mm及以上旋挖钻机、400mm及以上地下连续墙开挖设备，关键零部件：动力换档变速器、湿式驱动桥、回转支承、液力变矩器、为电动叉车配套的电动机、电控、压力 25MPa 以上液压马达、泵、控制阀。

47）智能物流与仓储装备、信息系统，智能物料搬运装备，智能港口装卸设备，农产品智能物流装备等。

48）非道路移动机械用高可靠性、低排放、低能耗的内燃机：寿命指标（重型 8000~12 000h，中型 5000~7000h，轻型 3000~4000h），排放指标（符合欧ⅢB、欧Ⅳ、欧Ⅴ、国三、国四排放指标要求），影响非道路移动机械用内燃机动力性、经济性、环保性的燃油系统、增压系统、排气后处理系统（均包括电子控制系统）。

49）制冷空调设备及关键零部件：热泵、复合热源（空气源与太阳能）热泵热水机、二级能效及以上制冷空调压缩机、微通道和降膜换热技术与设备、电子膨胀阀和两相流喷射器及其关键零部件，使用环保制冷剂（ODP 为 0、GWP 值较低）的制冷空调压缩机。

50）12 000m 及以上深井钻机、极地钻机、高位移性深井沙漠钻机、沼泽难进入区域用钻机、海洋钻机、车装钻机、特种钻井工艺用钻机等钻机成套设备。

51）危险废物（含医疗废物）集中处理设备。

52）大型高效二板注塑机（合型力 1000t 以上），全电动塑料注射成型机（注射量 1000g 以下），节能型塑料橡胶注射成型机（能耗 0.4kW·h/kg 以下），高速节能塑料挤出机组（生产能力：30~3000kg/h，能耗 0.35kW·h/kg 以下），微孔发泡塑料注射成型机（合型力：60~1000t，注射量：30~5000g，能耗 0.4kW·h/kg 以下），大型双螺杆挤出造粒机组（生产能力：30~60 万 t/年），大型对位芳纶反应挤出机组（生产能力 1.4 万 t/年以上），碳纤维预浸胶机组（生产能力 60 万 m/年以上，幅宽 1.2m 以上），纤维增强复合材料在线混炼注塑成型设备（合型力 200~6800t，注射量 600~85 000g）。

53）纳滤膜和反渗透膜纯水装备。

54）安全饮水设备：组合式一体化净水器（处理量 100~2500t/h）。

（15）城市轨道交通装备（略）

（16）汽车

1）汽车关键零部件：汽油机增压器、电涡流缓速器、液力缓速器、随动前照灯系统、LED 前照灯、数字化仪表、电控系统执行机构用电磁阀、低地板大型客车专用车桥、空气悬架、吸能式转向系统、大中型客车变频空调、高强度钢车轮、商用车盘式制动器、商用车轮胎爆胎应急防护装置、转向轴式电动助力转向系统（C-EPS）、转向齿条式电动助力转向系统（R-EPS）、怠速启停系统、高效高可靠性机电耦合系统、双离合器变速器（DCT）、电控机械变速器（AMT）、7 档及以上自动变速器（7 档及以上 AT）、无级自动变速器（CVT）、高效柴油发动机颗粒捕捉器、电控高压共轨喷射系统及其喷油器、高效增压系统（最高综合效率≥55%），废气再循环系统、电制动、电动转向及其关键零部件。

2）轻量化材料应用：高强度钢（符合 GB/T 20564《汽车用高强度冷连轧钢板及钢带》或 GB/T 34566《汽车用热冲压钢板及钢带》）、铝合金、镁合金、复合塑料、粉末冶金、高强度复合纤维等，先进成形技术应用：3D 打印成型、激光拼焊板的扩大应用、内高压成形、超高强度钢板（强度≥980MPa、强塑积20~50GPa%）热成形、柔性滚压成形等，环保材料应用：水性涂料、无铅焊料等。

3）新能源汽车关键零部件：高安全性能量型动力电池单体（能量密度≥300W·h/kg，循环寿命≥1800次），电池正极材料（比容量≥180mA·h/g，循环寿命 2000 次不低于初始放电容量的 80%），电池负极材料（比容量≥500mA·h/g，循环寿命 2000 次不低于初始放电容量的 80%），电池隔膜（厚度≤12μm，孔隙率为 35%~60%，拉伸强度 $MD≥800kgf/cm^2$，$TD≥800kgf/cm^2$），电池管理系统、电动机控制器、电动汽车电控集成、电动汽车驱动电动机系统（高效区：85%工作效率≥80%）、车用 DC/DC（输入电压 100~400V）、大功率电子器件（IGBT，电压等级≥750V，电流≥300A），插电式混合动力机电耦合驱动系统，燃料电池发动机（质量比功率≥350W/kg）、燃料电池堆（体积比功率≥3kW/L）、膜电极（铂用量≤0.3g/kW）、质子交换膜（质子电导率≥0.08S/cm）、双极板（金属双极板厚度≤1.2mm，其他双极板厚度≤1.6mm）、低铂催化剂、碳纸（电阻率≤3MΩ·cm）、空气压缩机、氢气循环泵、氢气引射器、增湿器、燃料电池控制系统、升压 DC/DC、70MPa 氢瓶、车载氢气浓度传感器、电动汽车用热泵空调，电动机驱动控制专用 32 位及以上芯片（不少于 2 个硬件内核，主频不低于 180MHz，具备硬件加密等功能，芯片设计符合功能安全 ASIL C 以上要求），一体化电驱动总成（功率密度≥2.5kW/kg），高速减速器（最高输入转速≥12000r/min，噪声＜75dB）。

4）车载充电机（满载输出工况下效率≥95%），双向车载充电机，非车载充电设备（输出电压 250~950V，电压范围内效率≥88%），高功率密度、高转换效率、高适用性无线充电、移动充电技术及装备，快速充电及换电设施。

5）汽车电子控制系统：发动机控制系统（ECU）、变速器控制系统（TCU）、制动防抱死系统（ABS）、牵引力控制（ASR）、电子稳定控制（ESC）、网络总线控制、车载故障诊断仪（OBD）、电控智能悬架、电子驻车系统、电子油门、车道保持辅助系统（LKA）、自动紧急制动系统（AEBS）、电控制动系统（EBS）、载货汽车用轴荷自动测量系统等。

6）智能汽车、新能源汽车及关键零部件、高效车用内燃机研发能力建设。

7）智能汽车关键零部件及技术：传感器、车载芯片、中央处理器、车载操作系统和信息控制系统、车网通信系统设备、视觉识别系统、高精度定位装置、线控底盘系统、智能车用安全玻璃、新型智能终端模块、多核异构智能计算平台技术、全天候复杂交通场景高精度定位和地图技术、传感器融合感知技术、车用无线通信关键技术、基础云控平台技术、新型安全隔离架构技术、软硬件协同攻击识别技术、终端芯片安全加密和应用软件安全防护技术、无线通信安全加密技术、安全通信及认证授权技术、数据加密技术，测试评价体系架构研发，虚拟仿真、实车道路测试等技术和验证工具，整车级和系统级测试评价方法，测试基础数据库建设。

（17）船舶（略）

（18）航空航天（略）

（19）轻工（略）

（20）纺织（略）

（21）建筑（略）

（22）城镇基础设施（略）

（23）铁路（略）

（24）公路及道路运输（含城市客运）（略）

（25）水运（略）

（26）航空运输（略）

（27）综合交通运输（略）

（28）信息产业（略）

（29）现代物流业（略）

（30）金融服务业（略）

（31）科技服务业（略）

（32）商务服务业（略）

（33）商贸服务业（略）

（34）旅游业（略）

（35）邮政业（略）

（36）教育（略）

（37）卫生健康（略）

（38）文化（略）

（39）体育（略）

（40）养老与托育服务（略）

（41）家政（略）

（42）其他服务业（略）

（43）环境保护与资源节约综合利用

1）矿山生态环境恢复工程。

2）海洋环境保护及科学开发、海洋生态修复。

3）微咸水、苦咸水、劣质水、海水的开发利用及海水淡化综合利用工程。

4）消耗臭氧层物质替代品开发与利用。

5）区域性废旧汽车、废旧电器电子产品、废旧船舶、废钢铁、废旧木材、废旧橡胶等资源循环利用基地建设。

6）流出物辐射环境监测技术工程。

7）环境监测体系工程。

8）危险废物（医疗废物）及含重金属废物安全处置技术设备开发制造及处置中心建设及运营，放射性废物、核设施退役工程安全处置技术设备开发制造及处置中心建设。

9）流动污染源（机车、船舶、汽车等）监测与防治技术。

10）城市交通噪声与振动控制技术应用。

11）电网、信息系统电磁辐射控制技术开发与应用。

12）削减和控制二噁英排放的技术开发与应用。

13）持久性有机污染物类产品的替代品开发与应用。

14）废弃持久性有机污染物类产品处置技术开发与应用。

15）"三废"综合利用与治理技术、装备和工程。

16）"三废"处理用生物菌种和添加剂开发与生产。

17）含汞废物的汞回收处理技术、含汞产品的替代品开发与应用。

18）废水零排放，重复用水技术应用。

19）高效、低能耗污水处理与再生技术开发。

20）城镇垃圾、农村生活垃圾、农村生活污水、污泥及其他固体废弃物减量化、资源化、无害化处理和综合利用工程。

21）废物填埋防渗技术与材料。

22）节能、节水、节材环保及资源综合利用等技术开发、应用及设备制造，为用户提供节能、环保、资源综合利用咨询、设计、评估、检测、审计、认证、诊断、融资、改造、运行管理等服务。

23）高效、节能、环保采矿、选矿技术（药剂），低品位、复杂、难处理矿开发及综合利用技术与设备。

24）共生、伴生矿产资源综合利用技术及有价元素提取。

25）尾矿、废渣等资源综合利用及配套装备制造。

26）再生资源、建筑垃圾资源化回收利用工程和产业化。

27）废旧木材、废旧电器电子产品、废印制电路板、废旧电池、废旧船舶、废旧农机、废塑料、废旧纺织品及纺织废料和边角料、废（碎）玻璃、废橡胶、废弃油脂等废旧物资等资源循环再利用技术、设备开发及应用。

28）废旧汽车、工程机械、矿山机械、机床产品、农业机械、船舶等废旧机电产品及零部件再利用、再制造，墨盒、有机光导鼓的再制造（再填充），退役民用大型飞机及发动机、零部件拆解、再利用、再制造。

29）综合利用技术设备：4000马力以上废钢破碎生产线，废塑料复合材料回收处理成套装备（回收率95%以上），轻烃类石化副产物综合利用技术装备，生物质能技术装备（发电、制油、沼气），硫回收装备（低温克劳斯法）。

30）含持久性有机污染物土壤修复技术的研发与应用。

31）削减和控制重金属排放的技术开发与应用。

32）工业难降解有机废水处理技术。

33）有毒、有机废气、恶臭高效处理技术。

34）餐厨废弃物资源化利用技术开发及设施建设。

35）碳捕集、利用与封存技术装备。

36）冰蓄冷技术及其成套设备制造。

37）电动汽车废旧动力蓄电池回收利用：梯级利用、再生利用等，废旧动力蓄电池回收利用技术装备，自动化拆解技术装备，自动化快速分选成组技术装备，电池剩余寿命及一致性评估技术装备，残余价值评估技术装备，梯次利用技术装备，正极、负极、隔膜、电解液高效再生利用及无害化处理技术装备。

38）废弃木质材料回收工程。

39）垃圾分类技术、设备、设施。

40）环境污染第三方治理。

41）挥发性有机物减量化、资源化和末端治理及监测技术。

42）废硫酸裂解回收技术。

43）工业副产盐资源化利用。

44）离子型稀土原矿绿色高效浸萃一体化技术。

45）余热回收利用先进工艺技术与设备。

(44) 公共安全与应急产品（略）

(45) 民爆产品（略）

(46) 人力资源和人力资本服务业（略）

(47) 人工智能

1）人工智能芯片。

2）工业互联网、公共系统、数字化软件、智能装备系统集成化技术及应用。

3）网络基础设施、大数据基础设施、高效能计算基础设施等智能化基础设施。

4）虚拟现实（VR）、增强现实（AR）、语音语义图像识别、多传感器信息融合等技术的研发与应用。

5）无人自主系统等典型行业应用系统。

6）人工智能标准测试及知识产权服务平台。

7）智能制造关键技术装备，智能制造工厂、园区改造。

8）智能人机交互系统。

9）可穿戴设备、智能机器人、智能家居。

10）智能医疗，医疗影像辅助诊断系统。

11）智能安防，视频图像身份识别系统。

12）智能交通，智能运载工具。

13）智能教育。

14）智慧城市。

15）智能农业。

第二类　限制类

（1）农林业（略）

（2）煤炭（略）

（3）电力（略）

（4）石化化工（略）

（5）信息产业（略）

（6）钢铁（略）

（7）有色金属（略）

（8）黄金（略）

（9）建材（略）

（10）医药（略）

（11）机械

1）2臂及以下凿岩台车制造项目。

2）装岩机（立爪装岩机除外）制造项目。

3）$3m^3$及以下小矿车制造项目。

4）直径2.5m及以下绞车制造项目。

5）直径3.5m及以下矿井提升机制造项目。

6）$40m^2$及以下筛分机制造项目。

7）直径700mm及以下旋流器制造项目。

8）800kW及以下采煤机制造项目。

9）斗容$3.5m^3$及以下矿用挖掘机制造项目。

10）矿用搅拌、浓缩、过滤设备（加压式除外）制造项目。

11）仓栅车、栏板车、自卸车和普通厢式车等普通运输类专用汽车和普通运输类挂车企业项目、三轮汽车、低速电动车。

12）单缸柴油机制造项目。

13）配套单缸柴油机的带传动小四轮拖拉机，配套单缸柴油机的手扶拖拉机，滑动齿轮换档、排放达不到要求的50马力以下轮式拖拉机。

14）30万kW及以下常规燃煤火力发电设备制造项目（综合利用机组除外）。

15）6kV及以上（陆上用）干法交联电力电缆制造项目。

16）非数控金属切削机床制造项目。

17）6300kN及以下普通机械压力机制造项目。

18）非数控剪板机、折弯机、弯管机制造项目。

19）普通高速钢钻头、铣刀、锯片、丝锥、板牙项目。

20）棕刚玉、绿碳化硅、黑碳化硅等烧结块及磨料制造项目。

21）直径450mm以下热电联产机组的各种结合剂砂轮（钢轨打磨砂轮除外）。

22）直径400mm及以下人造金刚石切割锯片制造项目。

23）P0级、直径60mm以下普通微小型轴承制造项目。

24）220kV及以下电力变压器（非晶合金、卷铁芯等节能配电变压器除外）。

25）220 kV及以下高、中、低压开关柜制造项目（使用环保型中压气体的绝缘开关柜以及用于爆炸性环境的防爆型开关柜除外）。

26）酸性碳钢焊条制造项目。

27）民用普通电能表制造项目。

28）8.8级以下普通低档标准紧固件制造项目。

29）一般用途固定往复活塞空气压缩机（驱动电动机功率560kW及以下、额定排气压力1.25MPa及以下）制造项目。

30）普通运输集装干箱项目。

31）56in及以下单级中开泵制造项目。

32）通用类10MPa及以下中低压碳钢阀门制造项目。

33）5t/h及以下短炉龄冲天炉。

34）有色合金六氯乙烷精炼、镁合金SF_6保护。

35）冲天炉熔化采用冶金焦。

36）无再生的水玻璃砂造型制芯工艺。

37）盐浴氮碳、硫氮碳共渗炉及盐。

38）电子管高频感应加热设备。

39）亚硝酸盐缓蚀、防腐剂。

40）铸/锻造用燃油加热炉。

41）锻造用燃煤加热炉。

42）手动燃气锻造炉。

43）蒸汽锤。

44）弧焊变压器。

45）含铅和含镉钎料。

46）全断面掘进机整机组装项目。

47）万吨级以上自由锻造液压机项目。

48）使用淘汰类和限制类设备及工艺生产的铸件、锻件，不采用自动化造型设备的粘土砂型铸造项目、水玻璃熔模精密铸造项目、规模小于20万t/年的离心球墨铸铁管项目、规模小于3万t/年的离心灰铸铁管项目。

49）动圈式和抽头式手工焊条弧焊机。

50）Y系列（IP44）三相异步电动机（机座号80~355）及其派生系列，Y2系列（IP54）三相异步电动机（机座号63~355）。

51）背负式手动压缩式喷雾器。

52）背负式机动喷雾喷粉机。

53）手动插秧机。

54）青铜制品的茶叶加工机械。

55）双盘摩擦压力机。

56）含铅粉末冶金件。

57）出口船舶分段建造项目。

（12）轻工（略）

（13）纺织（略）

（14）烟草（略）

（15）民爆产品（略）

（16）其他（略）

第三类　淘汰类

注：条目后括号内年份为淘汰期限，淘汰期限为2020年12月31日是指应于2020年12月31日前淘汰，其余类推；有淘汰计划的条目，根据计划进行淘汰；未标淘汰期限或淘汰计划的条目为国家产业政策已明令淘汰或立即淘汰。

1. 落后生产工艺装备

（1）农林业（略）

（2）煤炭（略）

（3）电力（略）

（4）石化化工（略）

(5) 钢铁（略）
(6) 有色金属（略）
(7) 黄金（略）
(8) 建材（略）
(9) 医药（略）
(10) 机械

1）热处理铅浴炉（用于金属丝绳及其制品的有铅液覆盖剂和负压抽风除尘环保设施的在线热处理铅浴生产线除外）。
2）热处理氯化钡盐浴炉（高温氯化钡盐浴炉暂缓淘汰）。
3）TQ60、TQ80 塔式起重机。
4）QT16、QT20、QT25 井架简易塔式起重机。
5）KJ1600/1220 单筒提升绞机。
6）3000kV·A 以下普通棕刚玉冶炼炉。
7）4000kV·A 以下固定式棕刚玉冶炼炉。
8）3000kV·A 以下碳化硅冶炼炉。
9）强制驱动式简易电梯。
10）以氯氟烃（CFCs）作为膨胀剂的烟丝膨胀设备生产线。
11）砂型铸造黏土烘干砂型及型芯。
12）焦炭炉熔化有色金属。
13）砂型铸造油砂制芯。
14）重质砖炉衬台车炉。
15）中频发电机感应加热电源。
16）燃煤火焰反射加热炉。
17）铸/锻件酸洗工艺。
18）位式交流接触器温度控制柜。
19）插入电极式盐浴炉。
20）动圈式和抽头式硅整流弧焊机。
21）磁放大器式弧焊机。
22）无法安装安全保护装置的冲床。
23）无磁轭（≥0.25t）铝壳中频感应电炉。
24）无芯工频感应电炉。

(11) 船舶（略）
(12) 轻工（略）
(13) 纺织（略）
(14) 印刷（略）

（15）民爆产品（略）

（16）消防（略）

（17）采矿（略）

（18）其他（略）

2. 落后产品

（1）石化化工（略）

（2）铁路（略）

（3）钢铁（略）

（4）有色金属（略）

（5）建材（略）

（6）医药（略）

（7）机械

1）T100、T100A 推土机。

2）ZP-Ⅱ、ZP-Ⅲ 干式喷浆机。

3）WP-3 挖掘机。

4）0.35m³ 以下的气动抓岩机。

5）矿用钢丝绳冲击式钻机。

6）BY-40 石油钻机。

7）直径 1.98m 水煤气发生炉。

8）CER 膜盒系列。

9）热电偶（分度号 LL-2、LB-3、EU-2、EA-2、CK）。

10）热电阻（分度号 BA、BA2、G）。

11）DDZ-Ⅰ 型电动单元组合仪表。

12）GGP-01A 型皮带秤。

13）BLR-31 型称重传感器。

14）WFT-081 辐射感温器。

15）WDH-1E、WDH-2E 光电温度计，PY5 型数字温度计。

16）BC 系列单波纹管差压计，LCH-511、YCH-211、LCH-311、YCH-311、LCH-211、YCH-511 型环称式差压计。

17）EWC-01A 型长图电子电位差计。

18）XQWA 型条形自动平衡指示仪。

19）ZL3 型 X-Y 记录仪。

20）DBU-521，DBU-521C 型液位变送器。

21）YB 系列（机座号 63~355mm，额定电压 660V 及以下），YBF 系列（机座号 63~160mm，额定电压 380V、660V 或 380/660V），YBK 系列（机座号

100~355mm，额定电压 380/660V、660/1140V）隔爆型三相异步电动机。

22）DZ10 系列塑壳断路器、DW10 系列框架断路器。

23）CJ8 系列交流接触器。

24）QC10、QC12、QC8 系列起动器。

25）JR0、JR9、JR14、JR15、JR16-A、B、C、D 系列热继电器。

26）以焦炭为燃料的有色金属熔炼炉。

27）GGW 系列中频无心感应熔炼炉。

28）B 型、BA 型单级单吸悬臂式离心泵系列。

29）F 型单级单吸耐腐蚀泵系列。

30）JD 型长轴深井泵。

31）KDON-3200/3200 型蓄冷器全低压流程空分设备、KDON-1500/1500 型蓄冷器（管式）全低压流程空分设备、KDON-1500/1500 型管板式全低压流程空分设备、KDON-6000/6600 型蓄冷器流程空分设备。

32）3W-0.9/7（环状阀）空气压缩机。

33）C620、CA630 普通车床。

34）C616、C618、C630、C640、C650 普通车床。

35）X920 键槽铣床。

36）B665、B665A、B665-1 牛头刨床。

37）D6165、D6185 电火花成型机床。

38）D5540 电脉冲机床。

39）J53-400、J53-630、J53-1000 双盘摩擦压力机。

40）Q11-1.6×1600 剪板机。

41）Q51 汽车起重机。

42）TD62 型固定带式输送机。

43）3t 直流架线式井下矿用电机车。

44）A571 单梁起重机。

45）快速断路器：DS3-10、DS3-30、DS3-50（1000、3000、5000A）、DS10-10、DS10-20、DS10-30（1000、2000、3000A）。

46）SX 系列箱式电阻炉。

47）单相电能表：DD1、DD5、DD5-2、DD5-6、DD9、DD10、DD12、DD14、DD15、DD17、DD20、DD28。

48）SL7-30/10~SL7-1600/10、S7-30/10~S7-1600/10 配电变压器。

49）刀开关：HD6、HD3-100、HD3-200、HD3-400、HD3-600、HD3-1000、HD3-1500。

50）GC 型低压锅炉给水泵，DG270-140、DG500-140、DG375-185 锅炉给

水泵。

51) 热动力式疏水阀：S15H-16、S19-16、S19-16C、S49H-16、S49H-16C、S19H-40、S49H-40、S19H-64、S49H-64。

52) 固定炉排燃煤锅炉（双层固定炉排锅炉除外）。

53) 1-10/8、1-10/7型动力用往复式空气压缩机。

54) 8-18系列、9-27系列高压离心通风机。

55) X52、X62W 320×150升降台铣床。

56) J31-250机械压力机。

57) TD60、TD62、TD72型固定带式输送机。

58) E135二冲程中速柴油机（包括2、4、6缸三种机型），4146柴油机。

59) TY1100型单缸立式水冷直喷式柴油机。

60) 165单缸卧式蒸发水冷、预燃室柴油机。

61) 含汞开关和继电器。

62) 燃油助力车。

63) 低于国二排放的车用发动机。

64) 机动车制动用含石棉材料的摩擦片。

65) 非定型竖井罐笼，$\phi 1.2m$以下（不含$\phi 1.2m$）用于升降人员的提升绞车，KJ型矿井提升机，JKA型矿井提升机，XKT型矿井提升机，JTK型矿用提升绞车，带式制动矿用提升绞车，TKD型提升机电控装置及使用继电器结构原理的提升机电控装置，专门用于运输人员、油料的无轨胶轮车使用的干式制动器，无稳压装置的中深孔凿岩设备。

66) 每小时10t及以下燃煤锅炉。

67) 国三及以下排放标准营运柴油货车，采用稀薄燃烧技术和"油改气"的老旧燃气车辆。

(8) 船舶（略）

(9) 轻工（略）

(10) 消防（略）

(11) 民爆产品（略）

(12) 其他（略）

7.3 设备技术改造

设备的技术改造是运用新的技术成就和先进理念，改变原有设备的结构或性能，装上或更换上新部件、新附件、新装置，或将单机组成自动流水线等所采取的技术措施，以补偿设备的有形磨损和无形磨损。

7.3.1 设备改造规划

（1）根据企业的发展规划、新产品的开发计划确定设备的改造　随着市场经济的发展，企业的设备活动必须服从企业的发展规划。在这个大前提下来确定设备改造要达到的性能、规模、时间、范围等。

（2）根据生产工艺、生产组织的变化确定设备的改造　随着科学技术的发展，新工艺、新材料的大量涌现，必然导致企业的生产工艺和相应的生产组织发生变化，单台或部分设备的改造必须与其相适应。

（3）根据企业人力资源、物质资源确定设备的改造　设备的技术改造既是一项技术活动，也是一项经济活动。根据企业现有的各种资源水平来确定合理的设备改造活动，是保障改造成功的重要前提。

（4）结合设备修理，有针对性地进行设备改造　设备的修理是目前企业中经常性的设备活动。利用修理的停机时间，有准备地、针对性地进行局部改造，往往能起到事半功倍的效果。

7.3.2 设备改造原则

设备的技术改造要遵循必要性、可能性、先进适用性和经济性的原则。

1. 明确改造的必要性

1）解决设备本身的问题。例如设备的电气系统经长期使用后，元器件老化，参数偏移，氧化腐蚀产生接触不良，绝缘性能下降造成漏电，信号畸变等，使电气系统不能正常连续工作；设备的机械系统磨损严重，丧失精度，运动部件材质疲劳造成变形或断裂等，使得机械系统也不能正常工作。

2）解决外部使用条件的变化带来的问题。由于机械技术和电子技术的迅速提高和发展，原来的设备制造系统的理论、技术、工艺、材料等已淘汰或将要淘汰，为原系统配套服务的机构、生产厂家、备件供应等已不复存在或联系越来越困难，使得设备的正常使用已失去保障。

3）适应产品变化的要求。企业经过若干年的发展，新的产品已大量设计出来，一般来讲，要求新的设备加工的零件形状更复杂，精度要求更高，加工时间希望更短；而老的设备就显得功能不强，运行速度较慢，控制精度较低，加上故障率较高，修理时间较长。所以迫切需要将仍有经济价值的大量设备经改造来满足新产品的加工。

4）市场经济发展的要求。企业走向市场，企业的装备水平已成为适应市场竞争的重要因素之一。国际上先进设备的引进，使得人们的认识水平有了一个飞跃，原有设备的无形价值迅速下降，甚至消失。通过设备的先进性改造，能使企业在竞争中处于不败之地，此外，企业要长久生存和发展，也需要培养、造就一批能掌握现代设备技术的操作、维修、编程的人员。

2. 必须对改造的可能性作实事求是的分析

设备改造的成功很大程度上取决于对可能性分析的认真程度。

1) 分析被改造设备的真实状态。设备经过若干年的使用后，一般都会出现变形、磨损、疲劳、泄漏、接触不良、绝缘下降等现象，导致设备精度下降、控制失灵等。因此，在改造前必须对该设备的真实状态进行了解、检测、分析，用以决定改造的可能性。

2) 分析参与改造的有关人员的技术素质、工作素质。设备的改造是一项高技术活动，需要从事这项活动的人员具备较高的技术水平，较扎实的基本功，认真负责的工作态度。企业是否具备有条件的、足够的人才，还是需要对外协作、共同合作或委托国内外专业厂家进行设备改造，需作中肯的分析。由于盲目或勉强地实施导致改造失败的例子必须引以为鉴。

3. 国产和进口部件、控制系统、执行机构等的性能、价格及适用性

由于国产和进口件在性能、价格、质量、可靠性等各方面差异的存在，因此不能认为价格高的一定性能好，而应该根据本企业的加工要求、使用条件、经济能力、被改造设备现况、执行改造人员的水平以及性能价格比、自动化程度、可维修性、备件供产渠道等诸方面综合考虑，选取最佳方案，并应尽可能选用同一品牌和模式。

4. 企业的现况和发展规划

各个企业生产的状况不一，发展的趋势也不尽相同。由于市场经济大环境的逐步形成，企业转产、人员分流、机构改变等不断发生，因此在作改造可能性分析时，必须考虑产品加工对象和周围环境的变化，考虑目前的适用性和未来数年的可用性，以求得技术和经济的最佳结合点。

7.3.3 实施过程应注意的问题

（1）修复与改造的合理结合　一般来说，需进行改造的设备，都不同程度地存在机械或电气系统的修复内容。要确定修复、改造的要求、范围、内容，也要确定因改造而需进行的机械或电气部分接口的改动要求和内容，还要确定改造过程中机电之间的交叉先后要求。

（2）先易后难，先局部后全局　确定改造步骤时，应把整个改造内容先分成若干个子系统进行，待各子系统基本完成后再互联完成整个改造工作。这样做使得改造工作的实施思路比较清晰，减少遗漏和差错。在每个子系统工作中，应先做技术性较低的、工作量较大的工作，然后做技术性高的、要求精细的工作，使注意力能集中到关键地方。

（3）根据使用环境选择合适的结构与器件　针对被改造的设备，应确定它的使用环境条件，如温度、湿度、灰尘、电源、光照度甚至虫害、鼠害等的外部影响因素，这样才能对选用机械或电气系统的防护性能、抗干扰性能、冷却或加热性能、空气过滤和干燥性能等提供正确的依据，使改造后的设备有可靠的使用保证。当然，选用的结构和器件应尽可能是标准和成熟产品，性能合理、适用，有备件及维修支持，功能及性能有一定富裕度。

（4）改造范围与周期　设备的改造并不一定包含该设备的各个组成部分的全部，应根据科学的测定和分析后，决定其改造范围。改造的周期时间，建议根据各企业的实际情况确定。相关的因素有生产紧张程度，人员技术水平高低，准备工作充分程度，新系统大小与匹配难易程度，甚至还有天气情况等。

（5）参与人员与责任落实　设备改造工作是一个系统工程，搭好班子十分重要。除了人员的技术、素质条件外，根据项目的大小，合理地确定参与人数与分工是个关键。人员太少不利于有条不紊地开展工作，人手太多则容易引起协调困难。应根据各个划分开的子系统，确定人员职责，做到有主有次，以便于组织和协调。

7.3.4　改造的技术准备工作

改造前的技术准备必须充分，它在很大程度上决定改造工作的成败。技术准备工作包括以下内容：

（1）机械部分的技术准备　机械部分的改造一般是在原有设备的主要构件不变的情况下进行，因此对不变部分进行充分的测量、计算，甚至局部地修复应认真预先完成。同时对需停机或拆机后才能进行的工作，应尽可能先从图样资料上实现规划，明确其需求。需改造部分应预先设计、绘图，零件制作或（和）采购到位。

（2）电气部分的技术准备　一般来说，改造后的电气系统不同于原有的旧系统，会有许多新功能、新指标、新技术，因此改造前应将技术资料准备充分，包括原理说明、线路图、PLC 梯形图及文本、安装调试说明、使用手册、编程手册等。留一段比较充裕的时间来对上述资料进行翻译（进口系统）、消化、整理、核对工作，做到思路清晰，层次分明。

（3）系统接口的转换　根据每台设备改造范围的大小不同，需事先设计接口部分转换。若全部改造的，应涉及机电转换接口、操作面板控制与配置、互联部分接点、参数测量点、人机维修位置等，要求操作与维修方便、合理，线路走向通顺，中间连接点少，强弱电干扰最小，备有适当裕量等。局部改造的，还需要考虑新旧系统的性能匹配、电压极性与大小变换、安装位置空间、数模转换等，必要时需自行制作转换接口。

（4）操作、编程人员的技术培训　机床电气系统改造后，必然对操作、编程人员提出了新的要求。因此对操作人员和编程人员进行新系统知识培训十分重要，否则将影响改造后的机床迅速投入生产。培训内容一般应包括新的操作面板配置、功能、指示含义；新系统的功能范围、使用方法及与旧系统的差别；维护保养要求；编程标准与自动化编程等。

（5）调试与验收　调试工作涉及机械、液压、电气、控制、传感等方方面面，因此必须由项目负责人主持进行，其他人员配合。调试步骤可从简到繁、从小到大、从外到里进行，也可先局部后全部，先子系统后整系统进行。重要的是必须思路清晰，有条有理，有保护措施，以防止损坏。验收标准是对新系统的考核，制定时必须实事求是，过高或过低的标准都会对改造工作产生负面影响。标准一旦定下来以后，不能轻易修改，因为它涉及整个改造工作的各个环节。

1. 改造的实施过程

具体实施过程：

（1）设备的全面保养　设备经长期使用后，不同程度地会在机械、液压、润滑、清洁等方面存在缺陷，所以首先要经过全面保养，解决那些可能会影响改造成功的因素；其次，应对机床做一次改前的几何精度、尺寸精度测量，并记录在案，这样既可对改造工作用作指导参考用，又可在改造结束时作对比分析用。

（2）保留的机械、电气部分进行最佳化调整　若是对设备的机械或电气部分作局部改造，则必须对保留部分做好最佳化调整工作，如伺服驱动装置的最佳化调整，老化的电器元件更换，机械传动丝杠的预紧力调整，床体的润滑及摩擦力调整，液压系统的压力、流量、冷却装置的调整等，还包括连接件的紧固，电气插接件、接线端子的紧固等。只有对保留的部分做好认真的最佳化调整工作，才能有效保证改造后的设备有较低的故障率。

（3）改造部分的拆除　拆除工作必须对照原图样仔细进行，及时在图样上作出标记，防止遗漏或过拆。在拆的过程中如发现改造设计中欠考虑的地方，应及时补充或修正。拆下的零件（包括电气部件）应保持完整、分门别类、妥善保管，以备局部失败时作暂时恢复使用；还有一定使用价值的，可作为其他设备备件用。

（4）合理安排改造部分相互连接　根据改造的设计图样，合理安排位置，正确定位，包括箱体固定，运动件空间，保护件尺寸，电气线路走向和固定，操作面板及支架设置，电控箱就位等。安装和连接工作的实施必须分工明确，并有第三方复查检验；连接工艺规范，路线合适，确保正确无误，可靠美观。

（5）调试　调试工作必须按事先确定的步骤和要求进行，调试人员要求头脑冷静，主次分明，随时记录，以便发现和解决问题。调试中首先测试安全保护系统灵敏度，防止人身、设备事故发生。调试现场必须清理干净，无多余物品；各运动机构处于全行程中心位置；能手动的，先手动后自动；能分隔试验的，先分隔后整体；能空载试验的，先空载后负载；能模拟试验的，先模拟后正式运行。

（6）验收及后期工作　验收工作是改造成功与否的标志，应聘请有关的人员共同参与，并按已制定的验收标准进行。改造的后期工作也很重要，它有利于项目的完整、技术水平的提高和使设备尽早投产。其具体工作包括：

1) 设备力学性能验收。经过设备改造前的机械修理及全面保养，加上新改造部分，设备的各项力学性能应完善和达到要求，几何精度应在规定的范围内。

2) 电气控制功能和控制精度验收。按说明要求，电气控制的各项功能必须达到动作正常，灵敏可靠。控制精度应用系统本身的功能与标准计量器具（如坐标测量仪等）对照检查，确保在精度范围之内。同时还应该与改造前设备的各项功能和精度作出对比，获得量化的指标差。

3) 试件切削验收。机床最终要用于生产，故试件切削验收不可缺少，可以参照有关数控机床切削试件标准，在有资格的操作工、编程人员配合下进行试切削。试件切削可验收机床刚性、切削力、噪声、运动轨迹、关联动作等综合指标。一般不宜直接采用产品零件作试件使用。

4) 图样、资料验收。设备改造完成后，应及时将正确的图样（包括原理图、配置图、接线图、梯形图等）、资料（包括各类说明书）、改造档案（包括改造前、后的各种记录）归总，整理，正规化，移交归档。保持资料的完整、有效、连续，对该设备今后的稳定运行是十分重要的。

5) 总结、提高。经过一番艰苦的改造工作，在取得了成绩的同时也发现了问题，必定有许多的改善改进。因此，每次改造结束后，及时总结经验教训对每个技术人员来讲尤其有益处，因为这既有利于提高个人的业务水平，也有利于整个企业的技术进步。

2. 设备改造的规范要求

设备改造是一项系统工作，除了应完成改造的主要功能、参数、精度等技术指标外，改造工作十分重要的一个方面是必须遵循国家和行业对设备的规范要求。这些规范要求主要有：

（1）安全规范　机械部分包括材质选用的刚性、强度，设计的结构、受力点分布、防护等；电气部分包括防干扰、容量参数、接地、连锁、报警、标记等。

（2）标准规范　改造采用的元器件尽可能是国际和国家标准系统，图样和资料中的表示方法，元器件的布置，线路的走向、固定，操作面板上的图形、符号等也必须符合最新标准。

(3) 环保规范　将旧设备改造成新设备，要充分注意该设备使用中的环保要求，包括噪声、粉尘、电网畸变、介质排放、废气、废热、光污染等，严格执行"三同时"政策，即环保措施同时设计、同时施工、同时验收。

(4) 产业规范　随着国家经济发展和科技进步，已有大量的机电产品进入国家明确规定的淘汰产品目录，同时也有大量的、更可靠、更节能的推荐产品出现。因此在改造工作中应禁止采用淘汰产品，积极选用成熟的、可靠的新产品、新技术、新工艺、新方法。

7.3.5　推进设备改造新技术的应用

1. 健康修复改造技术

健康修复改造技术是指最大限度地利用传感器获取设备运行数据的使用维护记录，通过对设备进行故障诊断手段，定期对设备进行修复和改造，确保设备及系统处于健康状态的技术活动。

随着经济持续发展，设备改造必然长期客观存在，特别是大工程、大系统的装备技术改造，本身具有复杂性，是时间性、技术性相当强的系统工程。通过推进健康修复改造技术，使设备修复与改造达到合理结合。设备改造中都不同程度地存在机械或电气系统的修复内容，当确定改造的要求、范围、内容，也要确定因改造而需进行的机械或电气部分修复及改进要求和内容，还要确定改造过程中机电之间的交叉要求，确保设备修复与改造达到健康绿色环保。

图 7-2 所示为健康修复改造技术示意图，表 7-1 为泵类设备、压缩机健康修复改造技术内容。

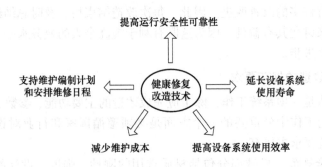

图 7-2　健康修复改造技术示意图

2. 大系统设备改造技术

产能与产出过剩、能源和环境问题日益突出，是我国工业经济存在的主要问题,未来我国工业必须从规模、速度型向质量、成本和可持续发展型转变,实施基于工业互联网的设备健康能效监测诊断与大系统设备改造技术,提高装备技术性能和智能化水平,充分发挥现有装备作用,也是制造业加快经济转变发展方式的必由之路。

表 7-1 泵类设备、压缩机健康修复改造技术内容

类型	技术内容
泵类设备	1. 采用高级变频调速装置 2. 泵叶轮改进及减少叶轮级数 3. 优化泵系统工艺流程,达到节电效果 4. 提高泵的功率数 5. 泵系统过流部件合理选用,减小流体阻力
压缩机	1. 压缩机采用气量无级调节系统 2. 压缩机主要构件修复与改造升级 3. 完善健康监控系统升级和改进 4. 完善能效监控系统升级和改进

应用大系统设备改造技术是在智能和能效监测诊断基础上,对老旧、性能低下、故障频发及技术落后的在役大设备大系统进行个性化再设计和改造升级,使其与生产过程匹配和谐,极大地提高设备及系统高效和智能化水平。大系统设备改造技术主要有:

1)对在用大系统、大设备进行能效监测和系统诊断,查明存在的缺陷和问题。

2)依据大设备、大系统实际运行工况及原设计存在问题,应用新技术对系统或设备进行再设计,确保装备与运行过程更匹配,并提高智能化水平适应生产过程的需要,使运行效率更优。

3)按照再设计要求,进行机件和调控系统的预制。

4)对主要机件和调控系统进行全面升级改造,图 7-3 所示为大系统设备改造技术未来进程。

在执行大设备、大系统技术改造总体规划时,应根据时间、资金等条件分步实施。确定改造步骤时,应把整个改造方案先分成若干个子系统进行,待各子系统基本完成后再互联完成整个改造工作。这样做使得改造工作的实施思路清晰,减少遗漏和差错。在每个子系统工作中,应先做工作量较大的工作,然后做技术性高的,要求精细的工作,使注意力能集中到关键主要构件,确保项目安全可靠完成。

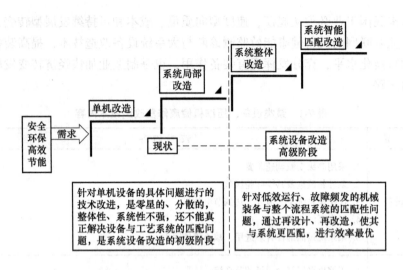

图 7-3　大系统设备改造技术未来进程

7.3.6　确保设备寿命周期费用最经济

随着生产技术的不断发展，高精度、高效能、高稳定性、高自动化的设备不断增多，很多企业对生产线进行大规模技术改造。加强设备技术改造的成本管理，降低设备寿命周期费用在提高企业经济效益中占有十分重要的地位。传统设备管理的主要目标是保持设备的正常生产能力，延长设备的寿命，其工作内容绝大部分是设备使用的技术管理。现代设备管理追求的目标是综合经济效益，强调获得较高的设备综合效率和降低设备的全过程寿命周期费用，必须把使用过程的技术管理与设计、加工、安装过程的经济管理结合起来，获得最佳经济效益。为使设备寿命周期费用最经济，在设备技术改造中应着重做好如下工作。

1. 设备规划、设计要适应技术改造周期

设备的寿命周期指设备从规划、设计、制造、安装调试、使用、维修、改造直至报废的全过程。设备的寿命周期费用指设备的全过程中消耗的总费用。由于资金相对比较充足，设备更新改造周期逐步变短。一些大型企业的设备更新改造周期逐渐缩短，从原来的 15~20 年提前到现在的 8~10 年。在进行设备规划、设计时，有的企业只考虑设备满足工艺性能的程度，或者设备效率与产品质量保证程度的提高，而忽视设备寿命周期内的运行费用。设备的规划、设计要随着设备更新改造周期的缩短而相应决策，以免由于过高设计而造成大量浪费。

2. 注重改造项目整体性与协调性

设备的技术改造规划、设计是体现设备技术改造任务的最重要环节。设备技术改造设计中经常受到资金总量的制约,而不得不将部分改造任务划到二期或三期工程,由于技术改造的整体连续性或技术衔接协调性不尽合理,一是影响整体改造效果,二是造成大量技术与资金的浪费。例如某厂生产车间上马一套中央空调,由于受资金限制,只安装了一台 150 万 kcal/h[⊖]的制冷机组,仅够该车间使用。生产工艺变化其邻接车间拟安装空调,需再购置一台相应冷量的制冷机组,两台制冷机组同时工作要比冷量相同的单台机组消耗能源高。所以工厂车间在空调安装改造过程中,由于改造前期对生产工艺与当地气候条件等论证不够充分,尤其对晴天与阴雨天室内的湿度变化以及季节改变带来的室内外湿度影响分析、研究不够,造成湿度控制难以达到工艺要求,给企业造成损失。

3. 重视备品配件的统一性

设备技术改造中应重视备件的牌号或类别尽可能一致。一些同类设备的技术设计,往往由于备件选择不一致,导致备件库存种类、数量、资金的不合理增加。2009 年某工厂进行设备技术改造,由于设计时设备备件尤其是电气备件选型较杂,车间在生产时所用备件品种、数量及费用都大大超过了预期数额。同时,由于同类备件选型的不同,配件之间的互换性差,给设备维修带来不便。

4. 重视设备使用反馈信息

一方面,在设备技术改造协议、合同签署过程中,设备使用厂家主动将设备可靠性、维修性、资源消耗、人机配合等方面的信息,准确地向制造部门反映;另一方面,制造部门技术人员通过客户走访或技术服务的方式,及时对设备使用厂家有关设备技术使用信息进行整理与分析,不断改进设备设计,使设备的性能和质量不断改善和提高。某研究所生产电子秤,该所设计人员每年都定期到使用厂两到三次,听取使用方技术人员的意见,然后进行有针对性的技术改进,同时吸收同类设备先进经验,确保了该类设备在技术上的领先地位。

5. 确定合理工期,注重制造、安装调试质量

在设备改造中,一些企业往往由于改造时间紧,而随意压缩设备制造、安装调试工期。虽然按时完成了改造任务,设备却由于制造、安装质量达不到技术要求而不能正常运行。2005 年某公司设备技术改造中,由于生产任务紧,经与安装厂协商,将安装工期一减再减。安装厂昼夜加班加点工作,虽然保证了按时投料生产,但也不可避免地留下了一些质量隐患。例如叶片回潮机循环风加热器的蒸汽入口处保温层与风道密封不好,生产时造成的污垢不断泄漏,后来只好将加热器拆下来,重新焊接处理,既影响了工效,又浪费了人力、物力、财力。同时,要加强设备在安装调试过程中各安装公司的统筹协调管理。一些大型设备技

⊖ 1kcal/h = 1.163W。

术改造涉及的安装厂不止一家，在设备安装调试过程中，各安装厂家之间的工作如果协调不到位，必然造成设备安装的各种缺陷，影响工期的同时也影响了设备运行的可靠性，从而导致运行费用的增加。在2009年的设备技术改造中，该公司吸取了以往的经验教训，针对安装现场交叉作业繁多的情况，成立专门的管理协调小组，每天召开例会协调解决问题，这样，工作进度得到了保证，顺利完成了改造安装任务。

【案例7-1】镗铣床技术改造。

T6925/1落地数显镗铣床是一台初级数控机床，由于设备役龄已10多年，运转情况不佳，各轴精度下降，机械磨损严重，原有数显已无法满足加工产品精度的要求，有较多部件必须更换，因此决定对机床进行大修和改造，恢复或接近原有镗铣床出厂时的精度。

（1）T6925/1镗铣床机械部分修理

1）修理床身导轨面。床身导轨面的研伤，先将电砂轮机安装千叶片对导轨表面进行打磨，然后用砂带机对导轨面进行手动平磨，再用淬火机对导轨表面进行斜网纹淬火。导轨表面淬火后，用油石磨平。

17m长床身中段磨损下沉严重，首先进行床身水平调整，整体中部调整略高于端部0.04mm，床身三条导轨中前端调整略高于后端0.02mm。这样处理的目的是使镗铣床有一些精度储备。调整后，用光学准直仪检查床身的直线度，床身导轨（全长）直线度误差是0.04mm，符合技术要求。

关于床身表面淬火，使用的是一台自制简易淬火机。可以用单项交流手把焊机改制淬火机。选择电焊机功率在13~16kW，空载、负载电压，交流4~6V，电流400~600A。二次电路上接一个较大接触器，目的是防止淬火机开始划道时电流过大，避免烧损导轨表面。电焊机上安装一台控制变压器，输出交流控制电压是110V，前端作成手电钻形状，内部有一启动开关，控制二次电路上的接触器。与淬火导轨面接触的一端是20mm宽、3mm厚的尖端铜条。再用3mm厚的绝缘板，制作一个45°角尺，便于划斜网纹。淬火机划道深度为0.15mm，斜网纹间距以15mm为宜。导轨表面淬火后，可提高导轨硬度、增强耐磨性，效果是未处理导轨面的2倍以上。

2）滑座修理。滑座接合面的铜板严重磨损，必须进行修磨、刮研。首先将电砂轮机安装千叶片对滑座铜板接合表面进行打磨，再用油石修磨打磨面。滑座与床身导轨合研，并制作工装，顶住滑座，防止滑座左右过大晃动，保证滑座侧面与床身侧面平行合研、配刮。研刮过程进行了10天时间，直到滑座与床身导轨接触良好，四周用0.03mm塞尺不能塞进，每25mm×25mm范围内与导轨接触点数≥10~12个。最后清洗滑座内部油管等各元器件，回装滑座于床身导轨上。

3）立柱部分修理。立柱90°主导向面磨损严重，中间常用部分凹下

0.1/1000mm，用 2m 标准平尺作为研磨工具，反复用电砂轮安装千叶片及人工修刮，导轨面达到 0.02/1000mm。原有镶条面与 90°主导向面用同样方法平行配刮。

立柱正导轨面磨损不严重，也应做淬火处理。立柱正导轨面、原有镶条面及 90°主导向面都用砂带机打磨平后，用淬火机淬火成网状斜纹，再用油石修磨。

4) 主轴箱部分修理。主轴箱 90°导向面上铜板磨损 0.45/1000mm，严重超差，造成镗杆伸出抬头 0.3/1000mm，必须对此项进行改造。

主轴转数在 170r/min 以上时严重漏油，造成漏油的主要原因是原主轴滑枕前部无抽油装置，润滑油全靠自流回油。可借助原结构上的孔，增加一套双联抽油泵，将泵安装在主轴箱后部，接两根长吸油管到滑枕前部抽油。这样处理后，可保证滑枕前部回流的润滑油全部被抽回油箱。

(2) 电气部分修理 仍使用原有电气控制柜，更换控制线，其他方面做常规维护保养和检修。增加滑枕补偿系统 PLC 程序。数显原是老一代的同步感应器，此次使用进口球珊尺，提高了机床加工精度。

(3) T6925/1 镗铣床的改造

1) 与立柱 90°主导轨面接触的主轴箱铜板改造。与立柱 90°主导轨面接触的主轴箱铜板固定镶嵌在主轴箱上，维修刮研难度较大，并且恢复镗铣床原出厂检验记录中 G9 项（G9 镗轴回转轴线对主轴箱沿立柱垂直移动的垂直度精度为 0.02/1000mm）很难实现。

将原有与立柱 90°主导面轨接触的铜板在镗床上铣掉，上、下各装配一块与主轴箱原有镶条一样配置的装置。改造后，可减少反复配刮主轴箱铜板的工作量，更重要的是便于调整主轴箱前、后镶条，可保证镗铣床 G9 项精度，还可防止镗铣床上飞刀盘水平横向加工工件时平面出现的接刀台。

2) 滑枕补偿系统改造。原有滑枕补偿系统是用四组专门的减压阀来控制平衡液压缸油压大小的，运行时效果不显著。滑枕移动时滑枕上 0.5t 的立铣头及 1.5t 的平行盘都易造成滑枕移动误差。机床拆解前，滑枕伸出后低头 0.43/1000mm，从 400mm 长以后开始低头，1000mm 到 1500mm（全长）低头最大。

将滑枕补偿系统改为目前较为先进的电液比例阀控制系统（ATOS）。电液比例阀的电磁铁推力与基准信号成正比，因此，阀芯抵抗弹簧复位力后的位移也就与基准信号成正比。控制系统工作原理是：高压泵站输出油压，压力可在 3~12MPa 范围调整。根据滑枕伸出 8 个不同位置，对应 8 个行程检测接近开关，通过三菱 PLC FX2N-32MR-001，输出 0~10V 不同直流模拟电压，从而改变电液比例阀输出压力。压力输出随着滑枕向前伸出逐渐递增，向后回缩逐渐递减。通过控制主轴箱配重平衡液压缸压力大小，改变主轴箱升降前、后链条张力，达到对滑枕平行运动补偿的目的。

3) 静压和润滑液压泵改造。原有液压泵运转时噪声大，油管（铜管）及油管接头由于液压泵振动容易断裂。此次大修，改造成液压泵与液压泵电动机直接连接，中间没有一个附件，降低了液压泵工作噪声。油管改用高压软管，杜绝了液压泵运转时油管及油管接头损坏故障。在液压泵输出油路上加大了过滤器。

(4) 安装调试过程的处理

1) 有崩刀现象。加工工件侧平面时，出现加工崩刀现象，说明主轴箱丝杠与螺母调整间隙过大。重新调整上、下对合螺母间隙后，加工工件平面合格。

2) 出现接刀台。正对垂直加工工件平面时出现 0.03mm 的接刀台。原因是立柱水平直线度及滑座镶条没有调整到最佳状态。镗铣床交检时合格，运行一段时间后出现偏差。用百分表，重新调整立柱与滑座位置及滑座镶条间隙后，接刀台消除。

3) 主轴箱快速运行时丝杠晃动大。主轴箱上下快速运行时，丝杠左右晃动较大，目测能够观察到，这说明丝杠上端压帽松动。重新预紧丝杠上端压帽，直到丝杠快速运行不出现晃动为止。

4) 直流电动机换向器产生较大火花。直流电动机驱动装置是晶闸管调速驱动装置 V57 系统，镗铣床共有三套驱动装置。由于是早期产品，设计欠佳，直流电动机测速机必须是负反馈。当测速机极性接错，与电动机驱动装置接成正反馈时是相当危险的，直流电动机点动时，就会造成换向器因电动机电流过大产生较大火花，换向器表面有烧点，同时会烧损电动机（主轴）驱动装置 V57 进线电源 250A 的熔断器，或烧损直流电动机电枢的 350A 熔断器。

为了防止电动机驱动装置 V57 接成正反馈，拆解机床前要标记好各直流电动机测速机接线号，每台测速机必须和原直流电动机一致。如果测速机有损坏，更换测速机时，一定要用万用表校正好两台测速机极性是否一致。万用表打到 20V 直流电压档，用手向同一个方向顺（或逆）时针转动，测量时红、黑表笔接触接线柱方向要一致，看指针万用表指针摆动方向是否一致（或看数字表万用表正、负极性），若一致连接线不动，连接测速机是负反馈；若不一致，将进入测速机的两根线对调。这样检测后，可保证更换的测速机与直流电动机驱动装置接成负反馈。

5) 主轴电动机制动过快。主轴 75kW 直流电动机转动时不能制动过快，过快会影响主轴齿轮使用寿命，同时主轴停止反向制动时驱动装置电流大会烧损晶闸管模块。在调试过程中发现主轴电动机制动过快，可调整 V57 驱动装置 A1 板上的可调电位器 R8 电阻值（R8 为加速调节器加速时间调节的电位器，可调节时间范围 0.2~2.5s），调大加速时间，主轴停止柔和，同时减小主轴停止时主轴齿轮箱内噪声。立柱、主轴箱、镗杆（或滑枕）停止时间短比较好，不能滑行，以便保证镗铣床加工工件精度。

6) 主轴箱与镗杆（或滑枕）匹配运行异常。主轴箱与镗杆（或滑枕）是一套 V57 驱动装置，安装后两台直流电动机测速机与其他测速机接混，由于测速机型号不一致，造成主轴箱与镗杆（或滑枕）调试始终匹配不佳，镗杆（或滑枕）直流电动机速度慢，电动机运行时噪声大，电动机运转费用较高。两台测速机调整一致后，主轴箱与镗杆（或滑枕）运行正常。

7) 主轴停止瞬间反转且主轴转速表有读数故障。镗铣床加工工件时，出现主轴停止时瞬间反转且主轴转速表有读数故障。原因是主轴驱动装置 V57 A1 板内有故障，集成块 N3 损坏，型号 LM348N。集成块内部击穿，导致主轴转速表输入端有直流电压。击穿后，直流电压通过在路电子元件反馈到主轴测速机上，造成主轴停止时反转。更换 N3 集成块后，主轴运转正常。

【案例 7-2】空压机变频控制改造。

(1) 控制的改造方法选择　目前，对空压机控制普遍采用以下两种方法：

1) 利用电动机的频繁起、停来控制管路压力。设定管路压力的上、下数值，控制电动机断、通电，使管路压力在上、下数值内变化，这种方式控制简单、成本低，缺点是电动机起、停频繁，只适用于小功率电动机的驱动。

2) 利用空压机的压力气阀控制。设定压力上、下限后，开、关进气阀门。整个控制过程中，避免了电动机的频繁起、停，适用于大功率的电动机驱动。目前企业的空压机房普遍使用的是 20 世纪 90 年代生产的空压机，基本上采用的是这种控制方式，主要存在以下的问题：①管路空气压力波动较大。②空压机频繁加载、卸载造成电网电压波动大。③空压机始终处于高速运转状态，造成空压机机械故障增多和空压机机体温度升高，同时运营成本增加。④空压机运转噪声大，此噪声一方面由空压机高速运转产生，另一方面由空压机气阀动作产生。⑤电动机运转效率低，能耗大，尽管空压机处于卸载时，电动机负载小，消耗的电能小，但大功率电动机在轻载时的功率因数很低。⑥空压机运转状态无实时监控。

(2) 计算机变频控制　随着微电子技术的发展，尤其是计算机技术和大功率半导体技术的日益成熟，为空压机运行的计算机控制变频改造提供了可靠的技术支持，一方面，变频控制技术解决了电动机的调速控制；另一方面，计算机的检测监控系统解决了空压机运转的状态监测。

1) 变频控制原理。与传统的空压机运行控制管路压力的方法不同，变频控制方式是通过控制电动机的运转转速来控制空压机的单位时间出风量，从而达到控制管路压力的目的，其压力控制框图如图 7-4 所示。

2) 运行监测：①冷却水监测。其目的是预防由于水泵故障等原因造成的冷却水供应异常，监测管路中的水流量或水的压力。②润滑油监测。其目的是监测润滑油是否需要补充和润滑泵油器工作是否正常，监测润滑油压力。③机体温升监测。检测冷却水出口处的水温来间接反映机体温度。

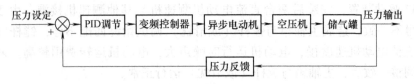

图 7-4 压力控制框图

上述检测的检测元件均安装于空压机外部管路，对空压机机体无需任何改装，安装工作量小，简单易行。

3）计算机控制变频设计。

① 硬件设计系统组成如图 7-5 所示，由空压机、电动机、变频控制器、计算机监控系统和传感器组成。计算机系统采用 PC 总线工业控制机，内存 32MB，硬盘 10.3G、550S 15in○ 显示器。变频器采用 G7A41320F，132kW。PCL735 参数检测元件：0~1.6MPa、0~0.4MPa 远传压力表，Pt100 温度传感器。参数检测仪表为 16 路多路循检仪表 SWP—MD809—20—18。监控系统配置多路 AD 转换接口板，检测各压力传感器的模拟信号。配置多路继电器输出接口板，用于变频器、报警输出和电动机的接触器控制。根据通信距离选择相应的通信接口，如

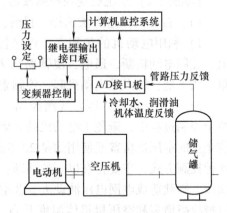

图 7-5 硬件设计系统组成

RS232C、422、485 或加 MODEM。根据压力检测范围选择成本低、安装方便和接口设计容易的压力传感器。

② 系统监控的软件设计及调整在 Windows 98 环境下，采用 BORLAND 公司的 C++BUILDER4.0 设计语言。系统软件包括以下功能模块：主界面模块、数据管理模块、参数模块、控制运行主模块、查询模块和在线帮助模块。主界面是整个系统的框架，所有的系统功能实现都是基于这个模块；数据管理界面用于系统运行的数据管理，包括用风单位的用风记录、空压机运行的异常记录；控制运行界面用于空压机运行管理，运行中管路压力值、机体温度、润滑油压力值和冷却水状态显示等，同时可显示系统的运行模式，如设定运行或自由运行，还包括自由运行、设定运行、停止运行和返回的命令按钮；在线帮助用于方便用户在线查询系统的使用方法。参数调整的主要项目有各传感信号的数值整定和 PID 控制

○ 1in = 0.0254m。

的参数整定，其中 PID 参数要经过多次试调，保证系统压力在短时振荡后稳定于设定的值。

（3）效果　通过对 110kW 20m³ 的空压机和 75kW 10m³ 的空压机成功实施了计算机控制变频改造，通过改造前后多组数据对比，可以看出，效果非常显著。

1）设备故障率大大降低。改造前空压机设备老化，通常每个月都要发生两三次故障。改造后的空压机运转平稳，负荷冲击少，各部位都得到了有效的监控，设备故障率相对大大减少。

2）噪声大大降低，改善了工作环境。改造后工作场所的噪声由 95dB 降为 68dB。

3）实现了在线监控，设备更加安全可靠。由于监控程序界面可视化，空压机运行的所有参数均在界面上直接数字显示，出现异常情况声光报警，若危及安全时直接切断电源停机。采用触摸式屏幕，两台空压机每两小时自动交替运行，所有操作一指敲定，操作简单方便。

4）节能效果显著。根据现场用风的情况，75kW 10m³ 空压机单台运行时，电动机电源工作频率不超过 42Hz。按每天运行 12h，每年 250 个工作日计算（下同），投入运行后，每年可节电 8.91 万 kW·h。110kW 20m³ 空压机单台运行时，满足现场生产用风要求，电动机的电源最大工作频率是 43.9Hz。每年节电 9.3 万 kW·h。

空压机实际工作时，110kW、75kW 电动机变频电源一般分别只需要 37Hz、34Hz 的输出就能满足生产现场用风要求，此时的节电效果要比工作在最高频率时更优，变频改造后两年比改造前两年用电总量减少 19.30 万 kW·h。

参考文献

[1] 杨申仲,等. 现代设备管理 [M]. 北京：机械工业出版社, 2012.

[2] 中国机械工程学会设备与维修工程分会. 设备管理与维修路线图 [M]. 北京：中国科学技术出版社, 2016.

[3] 杨申仲,等. 压力容器管理与维护问答 [M]. 2版. 北京：机械工业出版社, 2018.

[4] 杨申仲,等. 企业节能减排管理 [M]. 2版. 北京：机械工业出版社, 2017.

[5] 徐小力. 机电设备故障预警及安全保障技术的发展 [J]. 设备维修与管理, 2015 (8)：7-10.

[6] 徐小力. 机电系统状态监测及故障预警的信息化技术综述 [J]. 电子测量与仪器学报, 2016, 30 (3)：325-332.

[7] 杨申仲,李秀中,杨炜,等. 特种设备管理与事故应急预案 [M]. 北京：机械工业出版社, 2013.

[8] 张孝桐. 设备点检管理手册 [M]. 北京：机械工业出版社, 2019.

[9] 杨申仲. 精益生产实践 [M]. 北京：机械工业出版社, 2010.

[10] 徐小力,王红军. 大型旋转机械运行状态趋势预测 [M]. 北京：科学出版社, 2011.

[11] 中国机械工程学会设备与维修工程分会. 设备管理、监测诊断及维修改造 第七届全国设备管理 第八届全国设备维修与改造学术会议论文集 [M]. 北京：机械工业出版社, 2013.

[12] 杨申仲,等. 工业锅炉管理与维护问答 [M]. 2版. 北京：机械工业出版社, 2018.

[13] 杨申仲,等. 数控机床管理与维护问答 [M]. 2版. 北京：机械工业出版社, 2020.

[14] 王庆锋,高金吉. 过程工业动态的以可靠性为中心的维修研究及应用 [J]. 机械工程学报, 2012, 48 (8)：135-143.

[15] 杨申仲,等. 空调制冷设备管理与维护问答 [M]. 2版. 北京：机械工业出版社, 2019.

作者简介

杨申仲，1944年出生于上海，1968年毕业于同济大学（1963—1968年），曾赴国外进行工商管理（MBA）研修，曾多年在企业与政府管理部门担任领导、在外商独资公司担任总经理。1991年荣获"全国节能先进工作者"称号，2013年和2017年两次荣获"中国机械工业科学技术奖"三等奖，近年来在高校和全国培训机构讲授课程，得到一致好评。编写并正式出版书籍35本，累计编写文稿已达1302万字，其中包括：国家出版基金项目《装备制造业节能减排技术手册》（上、下册），国家出版基金项目《工程科技人才队伍建设》，中国机械工程技术路线图丛书之一《设备管理与维修路线图》，普通高等教育新工科/智能制造系列规划教材《智能运维与健康管理》《高校工程实验实训设备与安全管理》《现代设备管理》《设备管理与维修工作手册》《设备工程实用手册》《精益生产实践》《特种设备管理与事故应急预案》等。